中国外交と台湾

「一つの中国」原則の起源

福田円
Madoka Fukuda

慶應義塾大学出版会

目次

序章——中国外交と台湾

1 「台湾解放」の追求から「一つの中国」原則の形成へ

本書は、一九五四年から六五年における中華人民共和国政府の対台湾政策のなかで外交という手段の重要性が高まり、それに伴い「一つの中国」原則が形成されはじめた過程を明らかにする、政治外交史研究である(1)。

今日における中国政府の対台湾政策において、「一つの中国」原則を堅持することは基本的な方針と位置づけられている。また、「一つの中国」原則は国際社会においても広範な支持を得ていると、中国政府は主張している。しかし、この「一つの中国」原則は一体どのような論理によって構成され、それぞれの論理はいかなる経緯を辿って、今日のような「一つの中国」原則へと収斂してきたのだろうか。東アジア冷戦史研究や現代中国政治・外交研究において、この問題が実証的かつ体系的に考察されることはこれまで決して多くなかった。

そもそも、一九四九年に中華人民共和国が成立した時点において、共産党の指導者たちは国民党の残存勢力が撤退した台湾・澎湖諸島や中国大陸沿岸に位置する小島のすべてを、数年以内に「解放」する計画であった。もしも、中国の指導者たちがこれらすべての領域を「解放」し、国家統一を完成していれば、当然のことながら「一つの中国」原則などは必要とされなかったであろう。しかし、一九五〇年六月の朝鮮戦争勃発を契機として、米政府が積極的な対華支援と対中封じ込めの方針を固めたことで、中国人民解放軍（以下、解放軍）による台湾攻略は決定的に困難となったのであった。[2]

朝鮮戦争休戦後も、米政府が対華支援と対中封じ込めを継続する状況下において、中国の指導者たちが台湾を軍事的な手段によって攻略する場合のコストは高かった。その上、朝鮮半島とインドシナ半島における停戦ラインが画定されるなかで、台湾海峡における分断状態も固定化される可能性が高まったのである。そこで、中国の指導者たちは外交という手段によって、台湾海峡を挟む国府の統治領域との分断に対処する必要に迫られた。それはすなわち、台湾海峡を挟んで米華といかに対峙するのかという問題であり、いかに国際社会における国府との併存状態に対する態度を決定し、将来的な「台湾解放」の可能性を保持するかという問題であった。一九五四年から一九六五年へと至る時期は、西側資本主義諸国、社会主義諸国、アジア・アフリカ諸国との相互作用のなかで、中国外交がこの問題を問われ続けた時期だったのである。

第二次大戦後、朝鮮戦争を経て、東アジアにおける冷戦構造が明確化するなかで、中国の指導者たちは「台湾解放」と国家統一の完成を一体どのように構想するようになったのであろうか。また、その構想を実現するために、どのような具体的手段を講じようとしたのだろうか。そこに、挫折や方針の転換などは存在しなかったのだろうか。本書は、これらの問いをめぐる考察を通じ、中国の対台湾政策における重点が軍事闘争から外交闘争へと移行し、その実質的な内容が、「台湾解放」の追求から「一つの中国」原則の形成へと変容していった過程を明らかにすることを試みる。

2 「一つの中国」原則の形成過程をめぐる今日的解釈

今日、中国政府が主張する「一つの中国」原則は、台湾に対する原則と、国際社会に対する原則の二つから構成されている。台湾に対する「一つの中国」原則は、①世界で中国はただ一つ、②台湾は中国の領土の不可分の一部、③中国と台湾の政府は一つであり、すなわち中華人民共和国政府である、という三要素から成り、台湾にも中国と同様に「一つの中国」原則を堅持してきた歴史があると、中国政府は主張している。国際社会に対する「一つの中国」原則は、①世界で中国はただ一つ、②台湾は中国の領土の不可分の一部、③中華人民共和国政府はすべての中国人民を代表する唯一の合法政府である、という三要素から成る。国際社会は中国政府との関係を正常化するなかで同原則を認めており、同原則はすでに「国際的なコンセンサス」になっているというのが、中国政府の公式の立場である。

中国における「一つの中国」原則をめぐる歴史的解釈は、上記のような中国政府の立場を正当化するための重要な論拠として利用されている。その解釈においては、①台湾も同様に「一つの中国」原則を主張してきたことと、②各国および国際連合（以下、国連）が中国政府を承認する際に、それぞれ「一つの中国」原則に対する支持を表明してきたことが強調される。一九九三年と二〇〇〇年に国務院台湾事務弁公室が発表した、「台湾問題」に関する二つの『白書』は、このような歴史的解釈の雛形となっている。一九九三年に発表された『台湾問題と中国統一』は台湾に向けて中国政府の立場を示すための『白書』であり、二〇〇〇年に発表された『一つの中国原則と台湾問題』は国際社会に向けて中国政府の立場を示すための『白書』である。[3] そして、この二つの『白書』は現在においてもなお、中国の対台湾政策における基本的立場を示す、重要文書と位置づけられている。

二〇〇〇年の『白書』における説明によれば、カイロ宣言、ポツダム宣言、および日本の降伏文書に基づき、「中国政府は台湾、澎湖諸島を回復し、台湾に対する主権を回復し」、その後「一九四九年一〇月一日に、中華人民共和国中央人民政府が成立を宣言し、中華民国政府に代わって、全中国の唯一の合法政府、国際社会における唯一の合法的な代表となり、中華民国はこの時点において歴史的な地位を終了させた」。しかし、このような中国政府の主張は、朝鮮戦争を契機に「米政府により阻害された」ため、中国政府はアメリカを中心とする国際社会に対して「主権と領土の保全を守る正義の闘争」を行い、そのなかで「一つの中国」原則が「現れた」という。

ところがこの『白書』においては、中国が行った「闘争」に関する詳細な説明はなされず、次の二つの「事実」が主張されるにとどまっている。その一つは、「一九四九年以降の三〇年から四〇年間、台湾当局は中華人民共和国政府が全中国を代表するという合法的地位を認めなかったが、台湾当局も台湾は中国の一部分であり、一つの中国しかなく、『二つの中国』や『台湾独立』に反対するという立場を堅持してきた」という「事実」である。もう一つは、「中国政府の一つの中国原則の堅持という厳格な立場と合理的な主張は、次第に多くの国家や国際組織の理解と支持を勝ち取り、一つの中国原則は少しずつ国際社会が普遍的に受け容れるところとなった」という「事実」である。しかし、これらの説明は「闘争」の結果とその解釈であり、中国政府が主張する「一つの中国」原則が形成された過程を説明するものではない。

他方で、台湾において、中国政府が主張する「一つの中国」原則に対する立場は、今日においても政治的な争点であり続けている。しかし、「一つの中国」原則をめぐる歴史的経緯に関して、蔣介石・蔣経国父子の時代の国民党政権が「一つの中国」の立場を主張していたというコンセンサスは、台湾にも存在する。例えば、総統府直属の歴史研究機関である国史館が二〇〇〇年に編纂した『一つの中国論述史料集（一個中国論述史料彙編）』の序文は、蔣父子時代の「一つの中国」の立場について、「中華民国が中国を代表する唯一の合法政府であり、中華民国が大陸の主権と統治権を擁することを強調することが、その主要な目的」であり、それは「一九七〇年代以前の中華民国の国際的な地位を保護するのに有益であった」と評価している(4)。同様の歴史的経緯について、台湾独立派に近い「台湾シンクタンク（台湾智庫）」が編集した『「一つの中国」を脱構築する（解構「一個中国」）』の序文は、「台湾へ撤退した国民党と蔣家政権は、『漢賊並び立たず（漢賊不両立）』の立場をもって『一つの中国』政策を堅持し、諸外国が台湾に国際空間を与える機会を拒絶し、中国と諸外国が『一つの中国』の罠を我が国の頭上にかけることを許した」と、蔣介石父子の時代の強硬な外交原則が今日の台湾の国際空間を狭めたことに批判的である。(5)

これらの台湾における二つの説明は、評価は大きく異なるものの、蔣介石時代の「一つの中国」の立場に対する認識はほぼ同じである。すなわち、蔣介石政権は、①世界で中国はただ一つであり、②台湾は中国の領土の不可分の一部であるという点に関しては、中国政府と同様の主張を行っていたが、「中国」の主権に関しては、国府こそが正統政府であると主張し、「漢賊並び立たず」の立場を採っていた。(6)さらに、蔣介石は「賊」である共産党政権から中国大陸を取り戻すために、「大陸反攻」を標榜していた。

ただし、「中国はただ一つ」など、後に「一つの中国」原則を構成する主張を個別に行っていたとしても、毛沢東や蔣介石はそれらの主張を体系化し、「一つの中国」原則と称したことはなかった。また、毛沢東が「漢賊並び立たず」という論理によって、「中国」としての正統性を主張したこともなかった。つまり、一九五〇年代から七〇年代に、国際場裡に実在したのは、国府による「漢賊並び立たず」の主張のみであった。

このことは、中国政府による「一つの中国」原則の歴史的解釈において、「闘争」の過程に関する説明が大幅に割愛されている理由でもあるのではないかと推測できる。つまり一九五〇年代から七〇年代までは、国府に「一つの中国」の解釈権があり、正統中国を示す「漢」とは国府のことであり、中国政府は「賊」にすぎないとされていた。中国政府は無論その解釈を認めていなかったが、西側諸国を中心とする国際社会の大半は、米華との関係に鑑み、「漢賊並び立たず」の主張に一定の配慮を示していた。中国政府にとって同時期は、このような「一つの中国」の解釈権を国府から奪取すべく、地道な外交闘争を演じ続けた時代だったのである。

確かに「漢賊並び立たず」の立場を貫き、「大陸反攻」を標榜しつづけるという意味において、国府は「一つの中国」の立場を「堅持」したと言えるかもしれないが、同時代史的な観点から見れば、それもまた結果論にすぎない。米華関係史の研究において、蔣介石による「漢賊並び立たず」と「大陸反攻」の主張が、米華関係における最大の論争点であったことは、これまで再三指摘されてきた[7]。これらの研究からは、一九五〇年代から六〇年代において、米政府から国府へ「漢賊並び立たず」や「大陸反攻」の主張を放棄、あるいは後退させるよう度々圧力がかけられ、国府はその立場の再検討を繰り返してきたことを見て取れる[8]。こうした研究を見れば明らかであるが、当時の中国政府が国府の政策決定に及ぼし得る直接的な影響力はほとんどなく、国府が「漢賊並び立たず」の立場を放棄するのではないかという懸念を中国政府は常に抱いていなければならなかった。

また、近年の日本政治外交史研究においては、台湾海峡を隔てて併存した「二つの中国」に対する日本政府や西側諸国の対応を論じた研究成果が次々と出てきている[9]。これらの研究は、国際社会が中国政府による「一つの中国」の主張を完全に受け容れたわけではなく、互いが譲歩しあう外交交渉を通じて「一つの中国」に関するコンセンサスが次第に形成されたことを示唆している。

このように、異なる視点から考察すれば、「一つの中国」原則とは中国政府が主張するように、「正義の闘争」を行った結果として必然的に勝ち取られたものではないことが見えてくる。「一つの中国」原則はむしろ、戦後国際政治のなかで極めてパワーポリティカルに争われ、中国、国府、アメリカ、ソ連、および関係諸国の様々な選択の結果として形成されてきたものであると考えるほうが妥当なのではないか。本書はこのような問題関心のもと、一九五四年から六五年の台湾問題をめぐる中国外交の「闘争」と「一つの中国」原則の起源を、政治・外交史的な手法を用いて跡づける。そのような論述を通じて、「一つの中国」の論理を形成してきた個々の政策決定および外交交渉を丹念に追うことにより、中国政府の『白書』において主張されるよりも重層的に「一つの中国」原則を構成する論理を分析することがその目的である。

3　「一つの中国」原則の形成過程をめぐる研究史

冷戦期台湾海峡における米中の軍事的、政治的対峙を論じる研究には多くの蓄積が存在する。ただし、史料上の制約から、大部分の研究が米政府の対中抑止と封じ込め政策、あるいは米華同盟関係について論じてきた。それらの研究において、中国の行動は所与として扱われ、そのなかでは「一つの中国」原則もまた、一貫して中国の行動を規定する所与の条件として捉えられがちであった。

台湾海峡を挟む中国と米華の軍事的、政治的な対峙は、東アジア冷戦史研究の中心的な論点であり、とりわけ一九五四―五五年、一九五八年の二度にわたる台湾海峡危機については、数多くの先行研究が存在する。それらは、対中イメージおよび米政府の対中政策の成否を問う論争と密接に関係しながら展開されてきた[10]。すなわち、一九七〇年代までにアメリカでなされた研究の多くが、ソ連と一枚岩で、国際共産主義的なイデオロギーに基づいて行動する、抑止すべき客体として中国を描いた[11]。これに対し、米中和解後の台湾海峡危機に関する研究においては、中国の指導者たちが国益を重視して政策決定を行った側面を分析する研究が主流となった[12]。なかでも、一九八〇年代になされたストルパー（Thomas Stolper）の研究は、二度の危機を通じた中国指導者たちの金門・馬祖に対する限定的な攻撃に焦点をあて、中国は金門・馬祖の「解放」ではなく、「二つの中国」を防ぐことを意図していたと論じた点において注目に値する[13]。また、一九九六年の台湾海峡危機後には、アメリカの台湾海峡における抑止政策が再び注目を集めた[14]。

一九九〇年代以降、冷戦が終結し、ソ連、東欧、中国などの史料公開が進んだことによって、冷戦史研究は「冷戦国際史（The Cold War International History）研究」と呼ばれる新たな段階を迎えたと言われる[15]。研究環境の変化は、それまでの「封じ込め」に関する研究からは見えてこなかった米中双方の認識のギャップや相互作用を明らかにした。

なかでも二度の台湾海峡危機の分析を通じ、米中相互の誤解や戦略文化の相違が台湾海峡における抑止構造を固定化させたと論じたチャン（Zhang Shu Guang）の研究や、米中双方を取り巻く国際環境と国内における政治的動員の連関こそが危機を引き起こしたと論じたクリステンセン（Thomas J. Christensen）の研究はその代表的な成果である。[16]しかし、チャンやクリステンセンの研究は、一九四九年から五八年までの米中関係を構造的に説明することには成功しているが、同時期に確立した米中対立と抑止の構造が、中国の対台湾政策にどのような影響を与えたのかを論じているわけではない。

さらに、一九九〇年代以降は、中国や台湾においても学術環境の変化に伴い、中国や台湾の指導者たちの認識や政策決定過程が論じられるようになった。特に、台湾における民主化の結果として大量に公開された蔣介石時代の公文書を利用し、中国と対峙していた国府指導者の認識や政策決定、その連続性や非連続性は詳細に論じられるようになっている。[17]しかし、中国の指導者たちの認識や政策決定の解明については、未だ史料上の制約が大きく、ほとんどの先行研究が二度の台湾海峡危機に研究対象を限定している上に、公式の歴史観や現行の対台湾政策に規定され、台湾の「平和統一」や「一つの中国」原則の正当性を過度に強調する研究も少なくない。

中国では、一九八〇年代に入ってようやく、一九四九年以降の中国共産党史（党史）および中華人民共和国史（国史）について学術的な研究を行うことが可能となり、指導者の文集、年譜、伝記、および関係者の回顧録などの公刊史料が続々と出版された。ただし、これらの内容は共産党政権の公式の歴史観や現行の政策が許容できる暗黙の「枠組み」ともいうべき制約の範囲内に限定されてきた。つまり、中国の対台湾政策に関する研究は、台湾に対する「平和統一」政策の正当性を裏づける類のものに偏っているといわざるを得ない。また、対台湾政策の決定や外交交渉のほとんどは中国共産党の「主動」によるものとして描かれている。

例えば、改革開放後の現代中国外交研究の「枠組み」を設定したともいえる初期の成果には、『現代中国外交（当代中国外交）』や『中華人民共和国外交史』などがある。これらの文献の台湾問題に関する叙述を整理すると、第一に、二度の台湾海峡危機はアメリカによる「二つの中国」をつくり出す「陰謀」に対する「闘争」であると位置づけられ、第二に、その「闘争」において中国は常に「主動的な地位」を維持し、一九五四年にその「陰謀」を「暴露」し、一九五八年に「打ち破った」という。さらに、国際社会における中国の地位をめぐる「闘争」においても、中国外交はアメリカの「中国敵視と孤立の陰謀」を「暴露・打撃」し、「広範な同情と支持を勝ち取った」と主張する。(18)

こうした「枠組み」に沿ってなされた研究の例として、台湾海峡危機と金門・馬祖をめぐる共産党指導部の政策決定を論じた何迪や徐焰の研究は、一九五四年や五八年の金門砲撃作戦はアメリカによる台湾海峡における分断への反対という、政治的な目的を達成する手段であったと結論づける。(19)さらに、一九五〇年代半ば以降、中国政府は台湾に対する「平和解放」政策を展開してきたと主張する研究は、中国は「台湾問題を平和的に解決するために不断の努力を続けて」きたにもかかわらず、「米政府の干渉と妨害」によって、「未だ平和統一は達成されていない」ことを強調する。(20)

日本には、中国における公式史観や現行の政策に拘束されず、同時期における対台湾政策の変遷を客観的に論じた研究もある。『人民日報』を丹念に読み込むという、日本の中国研究における伝統的な手法が持つ利点を生かし、中川昌郎の研究は対台湾政策に対する中国国内政治の影響を論じ、松田康博の研究は一九五〇年代の台湾に対する「平和解放」と「武力解放」の関係を論じた。(21)しかし、『人民日報』には一定期間における党の方針や政策の変化を明らかにできるという利点がある一方で、ある方針や政策が出てくるまでの議論を跡づけることは困難であるし、その背景にあった認識について明らかにできることも限られている。

近年では、中国人研究者による冷戦史研究や他国の冷戦史研究との交流といった研究の国際化に伴い、中国政治・外交史研究に架された公式史観や現行の政策による「枠組み」は、過去の研究に比べると緩和されてきているようにも見える。(22)その主要な担い手たちは、一九八〇年代以降のアメリカにおける冷戦史研究が当時の中国のパワーを過大評価し、米ソと同等の合理的な主体と見なす傾向が強かったことへの反論として、毛沢東外交独自のイデオロギーを強調する傾向にあり、台湾海峡危機は毛沢東をイデオロギー外交へと突き進ませた主要な要因であると捉えている[23]。

例えば、牛軍の研究は、一九五四年、五八年、九六年の三度の台湾海峡危機を①台湾統一戦略における軍事闘争の位置づけ、②米中関係との相互作用、③軍事闘争における政策決定の基本的な特徴に着目して分析し、中国の政策決定は本質的には「中国の台湾統一戦略の必然的な反映であった」という結論を導いた[24]。また、楊奎松は、二度の台湾海峡危機における毛沢東の政策決定を事例に、台湾問題をめぐるアメリカの対中敵視政策は、毛沢東が強硬かつイデオロギー的な外交を展開する大きな動機であったと指摘した[25]。そして、沈志華は中ソ対立の要因としての台湾問題に着目し、中国の対台湾政策においてはソ連との関係も考慮しなければならなかったことを指摘した[26]。彼らの研究は、中国や諸外国の先行研究や一次史料を活用し、アメリカやソ連の対中政策と中国外交の相互作用を明らかにした点において、もっぱら中国外交の「主動的地位」を強調してきた過去の研究とは一線を画している。しかし、彼らの主眼は台湾海峡危機が中国外交全般に及ぼした影響を明らかにすることにあり、中国の対台湾政策に与えた影響を論じることは回避している。このことは、中国にとっての台湾問題が現在も未解決の問題であるという政治的現実と決して無関係ではないだろう。

近年は、日本でもこうした中国における現代史研究の成果を積極的に取り入れた研究が数多く見られるようになった。青山瑠妙や服部隆行は、中国の公刊史料と研究成果に依拠し、中華人民共和国成立の前夜から第一次台湾海峡危機までの台湾海峡における軍事作戦の変遷を論じた[27]。また、平松茂雄の研究は、第一次台湾海峡危機から第二次台湾海峡危機までの期間における金門・馬祖の攻略作戦と一九五〇年代の中国における軍事建設の関係を論じた[28]。そして、張紹鐸の研究は中国の公刊史料と台湾の公開公文書を利用して、一九六〇年代の国連代表権をめぐる中国政府と国府の外交闘争について論じている[29]。以上のような研究は、本書の参考となる事実や論点を複数指摘しているものの、やはり一九五〇年代から六〇年代における中国の対台湾政策と、そのなかで外交という手段が果たした役割を体系的に論じているとはいえない。

4　中国における新たな史料公開とマルチ・アーカイブ

本書においては、従来の冷戦史研究や中国政治外交史研究において、史料上の制約があったために、実証的かつ体系的には論じられてこなかった、冷戦期中国の外交と対台湾政策との関係について論じることを試みる。その際、一九五四年から一九六五年に至る中国の対台湾政策が、「台湾解放」の論理を徐々に「一つの中国」の論理へと変容させるなかで、外交という手段が重要性を増し、関係諸国との相互作用のなかで「一つの中国」論から「一つの中国」原則を構築する役割を担ったことを実証する。そのために、以下に示すような、①中国において新たに公開された史料と②関連する各国の公開史料を活用して、分析と考察を進めたい。

第一点として、本書の視角と問題関心からいえば、当然中国で公開・出版された史料は叙述の軸となる。中国の現代史研究をめぐる状況には未だ制約が大きく、特に一次史料である档案（公文書）の公開状況には少なからぬ問題がある。[30]ただし、その状況にも改善の兆しが見られないわけではない。

中国では、一九八七年の国家档案法制定、一九九六年の同法改正を経て、作成から三〇年を経過した档案は中央、地方の各種档案館で公開することが可能となった。しかし、中華人民共和国成立以降の档案の公開度は決して高いとはいえない。[31]中華人民共和国および中国共産党の档案は、北京の中央档案館に保存されているといわれる。しかし、所蔵档案の概要は秘密のベールに包まれている。実際に中央档案館で档案を閲覧できるのは、党中央党史研究室や中央文献研究室など、中国でも特定の研究者に限られている。[32]

このような事情から、外部の研究者は彼らが編纂した指導者の文集、選集、年譜、伝記などの公刊史料に頼ることとなる。[33]これらは、八〇年代に中国において現代史の研究が本格的に開始されるようになって以来、続々と出版されているものである。中国人研究者複数による証言を総合すると、史料の編纂に際し、史料や史実が「造られる」ことは滅多になく、党の公式史観や現在の政治的状況との調整は、史料や史実を「公表しない」ことによりなされているようである[34]。そのため外部の研究者には、「何が公表されていないのか」、「それはなぜか」を推測しながら公刊史料を利用する姿勢が求められている。

このような状況のなか、中華人民共和国外交部は二〇〇四年より档案館を設置し、一九四九年から一九六五年までの外交档案八万件あまりを外部へ公開した[35]。外交部档案には、外交部と党の間の報告や指示、外交部内の記録や電報類、他国政府と交わした照会や備忘録などが含まれる。もちろん、外交部档案の公開も党の公式史観や現在の政治的状況の制約から自由ではない。例えば、他国政府との会談が複数回行われたことは確認できていても、すべての会談記録を閲覧できることは稀であるし、公開された電報類を時系列的に並べてみても、外交交渉の過程を完全に再構成できることは滅多にない。そういった意味では、公開された外交部档案は公刊史料に書かれたことの細部を明らかにしているにすぎないのではないかという印象さえ受ける。また、党中央における政策決定について、外交部档案から読み取れることはほとんどないという点にも留意が必要である。

それでも、時には、公式史観による説明や『人民日報』などの言説と、対外政策執行の詳細にズレが見られることもある。そして、「一つの中国」原則の形成過程はまさにそのようなケースが頻繁に見られる事例の一つであろう。例えば、当時の外交交渉に今日的な「一つの中国」原則の条件が登場していたわけではなかったことは、外交档案から度々読み取れる。また、『人民日報』紙上においてアメリカやソ連を厳しく非難していた時でも、外交档案からは慎重な対米、対ソ外交を行いながら、台湾問題をめぐる妥協点を探っていた場合もあったことが読み取れるのである。

第二点として、上記のように中国の現代史史料を最大限に活用したうえで、そこから読み取れる歴史が、実際はどのような文脈におかれていたのかということを再検討する必要がある。それは、いわば「外堀を埋める」作業であり、中国の現代史史料を簡単には参照できなかった時代に、外国人研究者が行っていたことである。現在もなお史料的制約が大きい台湾問題について論じる場合には、関係諸国の文書からわかることと、中国の文書からわかることとを突き合わせてみることがとりわけ重要である。アメリカのみならず、台湾における文書公開も飛躍的に進んだことは、当時の台湾海峡において中国外交が置かれていた状況を再現し、限られた情報のなかから推論を行う際の判断材料を増やすことに繋がっている。

一九五〇年代、六〇年代の台湾問題に関して、最も多くの史料が公開されているのはアメリカであろう。これらの史料は目新しい史料ではないが、本書のように中国が直面した状況や、ある出来事に対する中国の反応を論じるためには有用である。本書では、国務省一般政務文書（RG59）のセントラル・ファイルのうち中国関係の文書を収録したマイクロフィルムと、アメリカ国立公文書館に所蔵される各部局のロット・ファイル、および統合参謀本部文書（RG218）の一部を利用した(36)。また、大統領府文書に関しては、ドワイト・D・アイゼンハワー（Dwight D. Eisenhower）大統領文書についてはマイクロフィルムを利用し、ジョン・F・ケネディ（John F. Kennedy）大統領文書については、大統領図書館所蔵の国家安全保障関係文書（National Security Files）を利用した(37)。とはいえ、本書の目的はアメリカの政策決定過程を明らかにすることではないので、大統領府の文書よりも、米華の会談記録、台湾や香港からの電報類など国務省の文書、中央情報局（ＣＩＡ）の分析レポートなどに重きを置いて米公文書を利用している。

台湾では一九九〇年代以降、政治的環境の変化に伴い、档案の公開が急速に進んだ。国府の政策決定過程から考えて、重要な文書は国史館に所蔵されている総統・副総統の档案である(38)。本書においては「蔣中正総統文物」、「陳誠副総統文物」、および「蔣経国総統文物」を利用したが、これらの戦後部分は未だ公開されていない档案も多い。また、スタンフォード大学フーバー研究所では二〇〇九年一〇月に『蔣介石日記』の戦後部分も含む公開が完了した。『日記』には蔣介石の国際情勢認識が継続的に記されており、当時の国共関係や台湾問題をめぐる国際政治上の論点を理解するうえで有用である(39)。さらに、国民党中央委員会文化委員会党史館（以下党史館）所蔵の『国民党中央常務委員会会議記録』は欠落も少なく、国民党内の議論を継続的に追跡できるのみならず、中国大陸に対する工作を担当していた国民党中央委員会第二組や第六組の報告が会議資料として添付されているため、中国大陸の状況を理解するうえでも利用価値の高い史料である[40]。これら以外に本書では、国史館と中央研究院近代史研究所において公開されている中華民国外交部档案、国防部史政編訳局所蔵の中華民国国防部档案を利用した[41]。

さらに、本書では、国連安全保障理事会の常任理事国であり、中国の「一つの中国」原則の形成に大きな影響を与えたと考えられる、英仏ソの関係文書も可能な限り利用した。イギリス国立公文書館に所蔵される台湾海峡危機に関する外務省本省一般政務文書（FO371）、フランス外務省公文書館に所蔵される中仏国交正常化に関する中国（Chine 1956-1967）および台湾（Formose 1956-1967）関係の文書は、中国と関係諸国の交渉が「一つの中国」原則の形成に与えた影響を明らかにするうえで有用である[42]。さらに、中国外交に与えた影響といえば、最も重要なのはソ連関係の文書であるが、本書ではウッドロウ・ウィルソン・センターのHP上にて英訳されている文書や沈志華主編の史料集などを利用するにとどまっている[43]。しかし、これらウィルソン・センターや沈志華氏が広範にわたり収集した史料のなかには、本書の問題関心から見ても重要なものが数多く含まれていた。また、これら史料は多くの冷戦史研究者の協力のもとで収集、公表、利用されているものであり、その信頼性は高いと言える。

5　本書の分析視角と構成

以上のような研究史上の課題と史料状況を踏まえたうえで、本書は、中国と国府、米ソ、その他諸国が取引や交渉を通じて相互に影響を及ぼしあうなかで、元来は中国政府の究極的な目標であった「台湾解放」の論理が、より短期的な手段としての「一つの中国」論へと変容し、さらにその「一つの中国」論が外交上の「原則」へと漸進的に形成された過程を明らかにする。その目的は、中国政府による『白書』等で主張されるよりも重層的に「一つの中国」原則を構成する論理を描き出すことにある。すなわち、「一つの中国」原則が形成された過程は、中国政府が今日主張し、中国の現代史研究において暗黙の「枠組み」となっているような、「既定の路線」ではなかったし、ましてや中国外交が常に「主動的な地位」を維持していたわけでもなかった。それは実際の状況に対応した政策決定と交渉の繰り返しであった。「一つの中国」原則とは、その過程のなかで、「台湾解放」という究極的な目的と、国際環境の変容に即応する現実主義的な行動を均衡させ調和させる中国外交の選択とその結果であり、その選択を正当化し、利用するための論理だったのである。

このことをより明快に指摘するために、本書においては次の二つの論点を交互に軸として、各章における論証を進めたい。

第一の論点は、金門・馬祖「解放」をめぐる中国の指導者たちの政策決定である。先行研究を通じてわかるように、朝鮮戦争休戦後の台湾海峡における米中対峙の争点は、実のところ「台湾解放」ではなく、金門・馬祖「解放」の問題であった。今日でこそ金門・馬祖は中国大陸と台湾を繋ぐ「紐帯」と位置づけられているが、朝鮮戦争休戦直後は中国の指導者たちにそのような意識は希薄であった。それではいつ、どのような論理によって、金門・馬祖は中国大陸と台湾を繋ぐ「紐帯」へと変わったのか。これは二度の台湾海峡危機における中国の金門砲撃の目的をどのように解釈するのかという問題と関わり、先行研究においてはその解釈に相違が見られる点でもある。中国では、「一つの中国」原則が強調されるにつれ、金門・馬祖が「紐帯」の役割を担ったとされる時期が遡って解釈され、二度の金門砲撃にはいずれも軍事的な目的がなかったと見なされる傾向にある。これに対し、本書は中国の指導者たちが対米外交闘争を繰り返すなかで、徐々に金門・馬祖を「解放」するという選択肢を失っていったことを実証する。その上で、金門・馬祖の「解放」を短期的には棚上げするという決定を正当化し、利用するために「紐帯」の論理が生み出されたことを指摘する。

第二の論点は、西側諸国が中心となって模索した「二つの中国」政策に対抗する、中国の指導者たちの認識と政策決定である。中国外交は金門砲撃によって中国内戦を維持し、「一つの中国」原則は各国の認めるところとなった、という中国における公式的な論理には、実は議論の余地がある。実際には、台湾海峡の軍事的緊張が高まると、米中戦争を懸念する国際世論は中国政府と国府との停戦交渉を求めた。そして緊張が緩和すると、事実上の停戦状態を固定化し、中国政府と国府の併存状態を制度化しようとする議論が起きた。つまり、金門砲撃によって台湾海峡の軍事的緊張を高めることは、実際には「二つの中国」状態の制度化を志向する国際世論を喚起するという結果をもたらす行動でもあった。そして、「二つの中国」の制度化による台湾海峡の安定を望んだのは、アメリカよりもむしろ、そのほかの西側諸国、アジアの周辺国、そしてソ連を筆頭とする社会主義諸国であった。中国政府と国府を対等な主体として扱うかのような停戦交渉の呼びかけを、中国は無下に拒否するわけにはいかなかった。なぜなら、停戦交渉を拒否することによって国際社会において平和を脅かす主体としてのイメージが強まり、ともすれば「台湾解放」の正当性に傷をつけることにもなりかねなかったからである。中国の指導者たちはこのジレンマに、どのように対処してきたのであろうか。「一つの中国」原則に、国際世論からの非難をかわす論理が内在しているとするならば、それはどのような論理なのだろうか。

こうした問題関心のもと、本書は以下のような章立てに沿って論考を進める。

第一章「第一次台湾海峡危機と『二つの中国』問題の生起（一九五四–一九五五年）」では、第一次台湾海峡危機の段階において、中国の指導者たちはあくまでも「台湾解放」の論理で政策を決定していたことを明らかにする。すなわち、この段階において、中国の指導者たちは台湾・澎湖諸島の「解放」に先行し、適当な時期に金門・馬祖を「解放」することを想定していた。しかし、浙江省沿海の島々を攻略し、金門・馬祖の攻略を検討する過程において、中国は対外的な危機を招き、米政府に米華相互防衛条約の締結や停戦案の提起を許すこととなった。「二つの中国」の「陰謀」に対する批判は、こうした相互防衛条約や停戦案において認められた国府の国際的な主権を否定する文脈から開始されたものであった。

第二章「『平和共存』の時代と『二つの中国』問題の深刻化（一九五五－一九五七年）」では、中国の指導者たちが対米交渉によって金門・馬祖の放棄を迫ることに挫折し、それと並行して、西側諸国における「二つの中国」論の高まりに対する危機感を強めていく過程を明らかにする。ただし、中国の指導者たちはこの段階においても、台湾・澎湖諸島に先行して、金門・馬祖を早期「解放」することを諦めていなかった。また、西側諸国による「二つの中国」論についても、「二つの中国」が生じ得る事案に関わることを拒否し、それは「陰謀」であると非難する以外の方策は持たなかった。

第三章「第二次台湾海峡危機と『一つの中国』論の生起（一九五八年）」においては、中国による一九五八年の金門砲撃作戦は、アメリカとの交渉によって、国府軍に金門・馬祖からの撤退を迫り、金門・馬祖を「解放」しようとする試みの延長線上にあったことを指摘する。そのうえで、金門・馬祖の「解放」を目的として開始された砲撃・封鎖作戦が破綻を迎えるなかで、金門・馬祖を「蔣介石の手中にとどめる」という決定が下されたことを明らかにする。この決定は、金門・馬祖を「解放」できないことを正当化すると同時に、国際社会が再び提起した台湾海峡における停戦、すなわち「二つの中国」状態の制度化を拒否するための論理でもあった。

第四章「中ソ対立と『一つの中国』論の動揺（一九五八－一九六一年）」においては、中国が「金門・馬祖を蔣介石の手中にとどめる」と決定したにもかかわらず、米ソ双方から出てきた金門・馬祖の放棄論に対する対応を迫られたことを論じる。「二つの中国」問題への対処をも含むソ連との外交政策上の齟齬が顕在化するなかで、米ソがそれぞれの立場から金門・馬祖放棄と引き換えの停戦を提案したことは、中国の指導者たちにとって深刻な問題であった。また、一九六一年の国連代表権問題に端的に示されるように、西側諸国の「二つの中国」論は「二つの中国」政策としてさらに明確化し、中国の指導者たちは危機感を強めていった。

第五章「『大陸反攻』への反対と『一つの中国』論の確認（一九五九－一九六二年）」においては、金門・馬祖を国府に保持させることに固執しつつも、「大陸反攻」に対する脅威認識を高めた中国が、東南沿海地域において、台湾海峡の現状変更を意図しない軍事動員を行ったことを明らかにする。この軍事動員と、それを梃子に行ったアメリカとの交渉において、中国の指導者たちは「一つの中国」論の前提となる、一九五八年以降の台湾海峡における事実上の停戦ラインを確認した。それは、停戦協定を締結しなくとも、中国が金門・馬祖のみを先に「解放」する意図はもはやなく、米華は金門・馬祖を放棄する必要がないということの確認であった。さらに、中国は国府の「大陸反攻」が米政府から支持されておらず、中国全土を代表する政権であるとの国府の主張が正統性を失いつつあるということをも確認しようとしたのである。

第六章「冷戦構造の多極化と『一つの中国』原則の形成（一九六二―一九六五年）」においては、中ソ対立を背景に新たな外交空間の打開を求めた中国が、「二つの中国」問題が生起し得る事案にも積極的に関わり、交渉相手から「一つの中国」論への関与を引き出すことで、関係諸国との間で「一つの中国」原則を築きはじめたことを明らかにする。ラオス連合政府、フランス、旧仏領アフリカ諸国との外交関係打開に際し、中国は国府と断交した政府とのみ外交関係樹立の交渉に入るという従来の外交方針を見直した。その代わりに「唯一の合法政府である」という自らの主張に対する、相手国からの公開の同意を求めたが、フランスに対してはそれさえも譲歩したほどであった。ただし、これらの譲歩は、「二つの中国」の立場を受け容れる用意があるとの「誤解」を西側諸国へ与えぬよう用心深く行われた。

なお、「一つの中国」原則の形成過程を完全に明らかにするためには、本来ならば、一九七〇年代の中国と西側諸国との国交正常化過程の分析を含むべきであろう。しかし、中国外交部の档案は一九六五年までしか公開されていないことが示すように、この作業を行うための史料状況は本書が対象とする時期に対する史料状況にも増して不完全である。より重要なこととして、一九七〇年代を待つまでもなく、「一つの中国」原則の基本的な論理は一九六五年までに確立しており、それに対する国際社会の関与を勝ち取ろうとする試みもすでに始まっていた。これこそが、本書が従来の現代中国外交史に対して、新たに指摘する事実である。つまり、「一つの中国」原則は先行研究が所与としてきたように、中華人民共和国成立以来一貫していたものではないが、「一つの中国」原則という言葉が中国政府の公式発言や文献に頻繁に登場する一九七〇年代に突如として形成されたというわけでもない。本書が分析対象とする一九五四年から一九六五年こそが、「一つの中国」原則が形成された過程において核心となる時期であったと位置づけることが可能であろう。

上記の各章を通して導かれる結論を先取りすれば、一九五四年から一九六五年の台湾海峡において、中国政府と国府の統治領域の現状変更は困難であり、台湾海峡における分断が固定化していくことを中国の指導者たちは受け容れていかざるを得なかった。そして、その分断状況が固定化するに伴い、西側諸国は「二つの中国」政策を模索し、東側諸国やアジア・アフリカ諸国も実質的には「二つの中国」や「一つの中国、一つの台湾」の立場を採るようになっていった。この状況に対応するために、中国が漸進的に形成してきたのが「一つの中国」論であった。それは、将来必ず「台湾解放」を達成し、旧社会の象徴である国府を打倒しなければならないという究極的な目標と、「台湾解放」は長期的な課題であり、国際社会における国府の存在を事実上否定できないという現実的な判断を均衡させる論理であった。そして、「一つの中国」論に対する国際社会の関与を引き出し、「一つの中国」原則を構築することによって、中国はいわば「賊」から「漢」へと転換することを試みたのである。

(1) 本書において、「中国」は一九四九年に成立した「中華人民共和国」を指し、略称を「中」とする。「国府」とは中華民国国民政府(一九二五年に成立し、一九二八—二九年に国際的に承認された南京政府)以降の「中華民国政府」を指し、略称を「華」とする。また、特に断りがない限り、「共産党」とは中国共産党、「国民党」とは中国国民党を指し、「国共」とは国民党と共産党を指す。「台湾」とは、台湾移転以降の国府が実効支配を続けている全領域を指すが、台湾、澎湖諸島、金門、馬祖など個々の領域の名称を表わす場合には台湾島を指す。なお、本書において、「金門」とは福建省廈門市に近接する、大金門島、小金門島などから成る国府統治下の島嶼群を指し、「馬祖」とは福建省連江県に近接する、南竿島、北竿島などから成る国府統治下の島嶼群を指す。金門と馬祖は地理的に中国大陸に近接し、その歴史も台湾および澎湖諸島とは異なることから、台湾海峡を挟む冷戦下の中国と米華の対峙状況における争点であった。このような当時の議論に鑑みて、本書においては便宜上、台湾および澎湖諸島を「台湾・澎湖諸島」、金門および馬祖を「金門・馬祖」と区別して記すこともある。

（2）もっとも、一九四九年一〇月に解放軍は金門島の古寧頭や浙江省沿海の登歩島に対する攻略作戦に失敗し、海空軍に対するソ連からの支援も思ったように得ることができていなかった。朝鮮戦争勃発以前においても、解放軍が数年内に予定していた「台湾解放」へ連なる一連の計画は、先延ばしを繰り返さざるを得ない状況だったのである。この点については、青山瑠妙『現代中国の外交』（慶應義塾大学出版会、二〇〇七年）一二六―一三四頁、下斗米伸夫『アジア冷戦史』（中央公論新社、二〇〇四年）五五頁などを参照のこと。

（3）中華人民共和国国務院台湾事務弁公室「台湾問題与中国統一（一九九三年九月一日）」、および中華人民共和国国務院台湾事務弁公室「一個中国的原則与台湾問題（二〇〇〇年二月）」（いずれも中華人民共和国国務院台湾事務弁公室ホームページ、http://www.gwytb.gov.cn/zt/baipishu、二〇一三年一月一日アクセス）。

（4）一個中国論述史料彙編小組『一個中国論述史料彙編』（台北：国史館、二〇〇〇年）五―六頁。

（5）羅致政・宋允文『解構「一個中国」―国際脈絡下的政策解析』（台北：台湾智庫、二〇〇七年）三頁。

（6）「漢賊不両立」は、『正史三国志』のなかで、諸葛亮が建興六年（二二八年）に蜀の若き皇帝劉禅に上奏したとされる「後出師表」のなかの一節である。諸葛亮は劉禅に対し、魏の力はあまりにも強大化してしまったが、王業を継ぐ蜀は逆賊である魏に滅ぼされる前に、魏を討伐すべきであると説いたとされる（陳寿〈裴松之注・井波律子訳〉『正史三国史』五〈筑摩書房、一九九三年〉一三〇―一三三頁）。蔣介石の認識では、蜀が置かれた状況は、台湾へ撤退した後の国府に重なるところが多かったのではないかと考えられる。

（7）Nancy Bernkopf Tucker, *Taiwan, Hong Kong, and the United States, 1945-1992: Uncertain Friendships* (New York: Twayne Publishers, 1994), pp. 47-51; John W. Garver, *The Sino-American Alliance: Nationalist China and American Cold War Strategy in Asia* (New York: M. E. Sharpe, 1997), pp. 218-229. 一九五〇年代も国府が「大陸反攻」を追求していたことについては、松田康博「台湾の大陸政策（一九五〇―五八年）―『大陸反攻』の態勢と作戦」『日本台湾学会報』第四号（二〇〇二年七月）一―一九頁。冷戦外交における「信頼性」を維持するために、米政府が国府の「漢賊並び立たず」や「大陸反攻」を支持していた側面を強調する研究

として、石川誠人「第二次台湾海峡危機へのアメリカの対応─大陸反攻放棄声明に至るまで」『法学研究』第二九号（立教大学、二〇〇二年）八五─一一七頁、同「国府の『大陸反攻』とケネディ政権の対応」『国際政治』第一四八号（二〇〇七年三月）一一八─一三二頁、同「信頼性の危機と維持─一九六一年国連中国代表権問題をめぐる米華関係」『中国研究月報』第六一巻第一二号（二〇〇七年一二月）二一─三三頁。

（8）　清水麗「台湾における蔣介石外交─一九六一年の国連問題をめぐる原則と妥協」『常磐国際紀要』第六号（二〇〇二年三月）七三─九四頁、同「第三章　日華関係再構築への模索とその帰結」川島真ほか『日台関係史』（東京大学出版会、二〇〇九年）六七─九四頁など、清水麗による一連の業績は、一九六〇年代の蔣介石が原則論に固執したことは、国府の外交が妥協点を探る外交力を失う過程であったと指摘している。近年の研究業績として、王文隆「中法断交與我国対非洲農技援助策略的改変」『近代中国』第一五七（二〇〇四年六月）一二五─一四七頁、同「台海両岸政府在達荷美的外交競逐（一九六四─一九六六）」『国史館館刊』第二一期（二〇〇九年）一五五─一九〇頁、および同「中華民国與加拿大断交前後政府的処置（一九六八─一九七〇）」『国立政治大学歴史学報』（二〇〇九年）二六三─三〇四頁は国府の「漢賊不両立」の立場が各国との外交交渉にどのように表れたのかを詳細に論じている。

（9）　代表的な研究として、陳肇斌『戦後日本の中国政策』（東京大学出版会、二〇〇〇年）、池田直隆『日米関係と「二つの中国」─池田・佐藤・田中内閣期』（木鐸社、二〇〇四年）、井上正也『日中国交正常化の政治史』（名古屋大学出版会、二〇一〇年）など。

（10）　日本において、台湾海峡危機を事例としてアイゼンハワー＝ダレス外交に再検討を加えた研究として、高松基之「第一次台湾海峡とアイゼンハワー・ダレスの対立─心理的、力学的、史的考察」『アジアクォータリー』第一〇巻第二号（一九七八年四月）、同 "A Comparative Analysis of the Eisenhower Administration's Response to Two Taiwan Strait Crises in 1954-55 and 1958" 『アメリカ研究』二一号（アメリカ学会、一九八七年）一二九─一四六頁、中逵啓示 "The Short Life of the U.S. Official 'Two China' Policy: Improvisation, Policy, and Postponement, 1950" 『社会文化研究』第一五号（広島大学総合科学部、一九八九年）二四一─二六五頁、同「アイゼンハワー政権と朝鮮停戦─「大量報復」戦略を軸に」『社会文化研究』第一四号（広島大学総合科学部、一九八八年）二九─五三頁。アイゼンハワー政権の対中政策について論じた研究には、山極晃『米中関係の歴史的展開─一九四一年─一九七九年』（研文出版、一九九七年）二八一─二九八頁、湯浅成大「冷戦初期アメリカの中国政策における台湾」『国際政治』第一一八号（一九九八年五月）四六─五九頁、同「アイゼンハワー期の対中国対策─米中『非』接近の構図」『国際政治』第一〇五号（一九九四年一月）四五─五九頁などがある。

(11) そのような研究の代表例として、Alexander George and Richard Smoke, *Deterrence in American Foreign Policy: Theory and Practice* (New York: Columbia University Press, 1974); J. H. Kalicki, *The Pattern of Sino-American Crises: Political-Military Interaction in the 1950's* (London: Cambridge University Press, 1975); Leonard H. D. Gordon, "United States Opposition to Use of Force in the Taiwan Strait, 1954 - 1962," *Journal of American History*, Vol. 72, No. 3 (Dec. 1985), pp. 637-660 など。

(12) 例えば、Allen Whiting, "Quemoy 1958: Mao's Miscalculations," *The China Quartely*, No. 62 (Jun. 1975), pp. 263-270. また、米政府の対中封じ込め政策の解明に主眼を置く研究のなかでも、所与としての中国政府の行動を合理的なものとして理解する研究が増えてきた。そのような研究の代表作として、John Lewis Gaddis, *Strategies of Containment: A Critical Appraisal of Postwar American National Security Policy* (New York: Oxford University Press, 1982); Robert Accinelli, *Crisis and Commitment: United States Policy toward Taiwan, 1950-1955* (Chapel Hill: University of North Carolina Press, 1996) など。

(13) Thomas Stolper, *China, Taiwan, and the Offshore Islands: Together with Some Implications for Outer Mongolia and Sino-Soviet Relations* (New York: M. E. Shape, 1985).

(14) 松本はる香「台湾海峡危機（一九五四―五五）と米華相互防衛条約の締結」『国際政治』第一一八号（一九九八年五月）八五―一〇一頁、同「台湾海峡危機（一九五四―五五）における国連安保理停戦案と米国議会の台湾決議」『紀要』第一一四号（愛知大学国際問題研究所、二〇〇〇年一二月）一七三―一九四頁、前田直樹「台湾海峡における『一中一台』状況の原型成立と米国の介在」『現代台湾研究』二八号（二〇〇五年七月）三三―四三頁、同「『反共』から『自由中国』へ―末期アイゼンハワー政権の台湾政策の変化」『日本台湾学会報』六号（二〇〇四年五月）九三―一〇六頁。

(15) ジョン・ルイス・ギャディス（赤木完爾・齊藤祐介訳）『歴史としての冷戦』（慶應義塾大学出版会、二〇〇四年）まえがき。ウッドロウ・ウィルソン・センターの冷戦国際史研究プロジェクト（Woodrow Wilson Center, The Cold War International History Project (CWIHP http://www.wilsoncenter.org)、二〇一三年一月一日アクセス）やハーバード大学フェアバンク・センターの米中関係史プロジェクトからは米中双方の史料を利用した研究が多数発表されている。ハーバード大学の米中関係史プロジェクトの成果として出版された論文集に以下がある。Robert S. Ross and Jiang Changbin eds., *Re-examining the Cold War: U.S.– China Diplomacy, 1954-1973* (Cambridge: Harvard University Press, 2001); Robert S. Ross and William C. Kirby, eds., *Normalization of U.S.–China Relations: An International History* (Cambridge: Harvard University Press, 2006).

(16) Zhang Shu Guang, *Deterrence and Strategic Culture: Chinese-American Confrontation, 1949-1958* (Ithaca: Cornell University

Press, 1992); Thomas J. Christensen, *Useful Adversaries: Grand Strategy, Domestic Mobilization, and Sino-American Conflict, 1947-1958* (Princeton: Princeton University Press, 1996).

(17) 民主化以降の台湾において公開された档案史料を活用した研究の成果として、張淑雅「一九五〇年代美国対台決策模式分析」『中央研究院近代史研究所集刊』第四〇号（二〇〇三年六月）一―五四頁や、同「同床異夢?：一九五〇年代美国対台政策探源」（中央研究院近代史研究所報告稿、二〇〇六年四月六日）などにまとめられた張淑雅による一連の研究は、国府から見た米華同盟関係を論じている。また注8に示した王文隆による一連の研究は、国府から見た中国政府との外交闘争について論じるものである。また、台湾における公開公文書を活用した日本における研究成果として、注8に示した清水麗による一連の研究は日華関係や国連代表権問題を、注7に示した石川誠人による一連の研究は「大陸反攻」をめぐる米華関係を、それぞれ国府の視点から論じている。本書は中国の視点から同様の問題を論じるものであり、これらの研究成果と直接的に論点を競うものではないが、論点、問題設定、研究方法などの面においてこれらの研究から大きな影響を受けている。

(18) 韓念龍主編『当代中国外交』（北京：中国社会科学出版社、一九八七年）第七章および第九章、王泰平主編『中華人民共和国外交史』第二巻（北京：世界知識出版社、一九九八年）第八章。中央文献研究室の章百家によれば、『現代中国外交』は、「中華人民共和国期の中国と外国の関係に関する研究に、基本的な手がかり（綫索）と枠組み（框架）を与えた」ものであり、『中華人民共和国外交史』は「豊富で精確な史料によって以前の枠組みを充実させたもの」とされている（章百家「中共対外政策和新中国外交史研究的起歩与発展」『当代中国史研究』第九巻、第五期〈二〇〇二年九月〉九一頁)。

(19) 何迪「『台湾危機』和中国対金門・馬祖政策的形成」『中国現代史』第一〇号（一九八八年三月）三八―四一頁、除焰「五十年代中共中央在東南沿海闘争中的戦略方針」『中共党史研究』一九九二年第二期、五二―六〇頁。

(20) 劉守仁「対中共争取和平解放台湾方針的歴史考察」『軍事歴史』一九九五年第一期、二四―三九頁、賀之軍「五〇年代中期『和平解放台湾戦略』形成初探」『台湾研究集刊』一九九六年第三期、三八―四二頁。

(21) 中川昌郎「中国における台湾人組織―その現在的意義について」石川忠雄教授還暦記念論文集編集委員会編『現代中国と世界―その政治的展開』（石川忠雄教授還暦記念論文集編集委員会、一九八二年）五五五―五八四頁、同「中国における台湾問題―二・二八事件記念集会をめぐって」衛藤瀋吉編『現代中国政治の構造』（日本国際問題研究所、一九八二年）二七六頁―三一四頁、松田康博「中国の台湾政策―『解放』時期を中心に」『新防衛論集』第二三巻第三号（一九九六年一月）三二―四八頁。

(22) 注15に挙げた米中関係史の研究書は、姜長斌、羅伯徳・羅斯編『従対峙走向緩和』（北京：世界知識出版社、二〇〇〇年）、宮力主編『従解凍走向建交』（北京：中央文献出版社、二〇〇四年）として中国語版も出版されている。また、台湾、日本の研究者なども参加した、牛大勇・沈志華編『冷戦與中国的周辺関係』（北京：世界知識出版社、二〇〇四年）などもある。

（23） こうした傾向を示す代表的な研究成果として、Chen Jian, *Mao's China and the Cold War* (Chapel Hill: University of North Carolina Press, 2001).

（24） 牛軍「三次台湾海峡軍事闘争決策研究」『中国現代史』二〇〇五年第一期、一〇九―一二〇頁、Niu Jun, "Chinese Decision Making in Three Taiwan Strait Crisis," Michael D. Swaine, ed., *Managing Sino-American Crises: Case Studies and Analysis* (Washington, D.C.: Carnegie Endowment for Internaional Peace, 2006), pp. 293-326.

（25） 楊奎松「毛沢東与両次台海危機―二〇世紀五〇年代中後期中国対美政策変動原因及趨向」『史学月刊』二〇〇三年第一一期、五二―五九頁および第一二期、一一四―一二九頁。

（26） 沈志華「一九五八年砲撃金門前中国是否告知蘇聯?―兼談冷戦史研究中史料的解読与利用」『中共党史研究』二〇〇四年第三期、三五―四〇頁、同「炮撃金門―蘇聯的應対与中蘇分岐」『歴史教学問題』二〇一〇年第一期、四―一二頁。

（27） 青山瑠妙「中国の台湾政策―一九五〇年代前半まで」『日本台湾学会報』第四号（二〇〇二年七月）一〇―三九頁、同『現代中国の外交』第二章、および服部隆行『朝鮮戦争と中国』（溪水社、二〇〇七年）。

（28） 平松茂雄『台湾問題―中国と米国の軍事的確執』（勁草書房、二〇〇五年）第二章および第三章。

（29） 張紹鐸『国連中国代表権問題をめぐる国際関係（一九六一―一九七一年）』（国際書院、二〇〇七年）。

（30） 中国語の「档案」は、実際はより幅広い公的文書を指す総称であるが、ここでは公文書と同義で用いる。

（31） 中国における档案史料をめぐる状況については、川島真「中国における行政文書史料の状況」（グローバリゼーション時代におけるガバナンスの変容に関する比較研究HP、http://www.juris.hokudai.ac.jp/eastasia/china、二〇一三年一月九日アクセス）。

（32） 楊奎松「関於中共歴史档案的利用与研究問題」（楊奎松HP、http://www.yangkuisong.net/xsyj/000068.htm、二〇一〇年一月二四日アクセス）。

（33） 毛沢東時代の党指導者の文集や選集、党文書に依拠して書かれた伝記、側近や家族が記した回顧録などに関しては、毛里和子「参考文献・使用文献リスト Ⅳ．全集・選集・年譜・伝記類」『新版 現代中国政治』（名古屋大学出版会、二〇〇四年）一七―一九頁（巻末から）を参照のこと。また、資料公開の経緯、信憑性などを解説したものとして、ユージン・ウー「現代中国の研究―情報源の問題」ロデリック・マックファーカー、ティモシー・チーク、ユージン・ウー編（徳田教之ほか訳）『毛沢東の秘められた講話』上巻（岩波書店、一九九三年）二二三—三五頁、および村田忠禧「わたしの蔵書からみた晩年の毛沢東—訳者解説にかえて」林克・徐濤・呉旭君（村田忠禧訳・解説）『「毛沢東の私生活」の真相』（蒼蒼社、一九九七年）二四五—二六六頁。毛沢東時代に関する各史料については、すでにこれらの優れた解説があるため、ここでは詳細を割愛する。

（34）楊奎松「関於中共歴史档案的利用与研究問題」、および沈志華「歴史研究与档案的開放和利用」『冷戦国際史研究』第五巻（世界知識出版社、二〇〇八年）一五六—一七四頁など。

（35）中華人民共和国外交部档案館ＨＰ（http://dag.fmprc.gov.cn/chn/二〇一〇年二月一九日アクセス）。

（36）University Publications of America, *Confidential U.S. State Department Central Files, China,* 1950-1954 / 1955-1959 / 1960-January 1963 / February 1963-1966 の各巻。出版社のＨＰ（http://www.lexisnexis.com/academic/upa_cis/、二〇一三年一月一日アクセス）からFinding Aidをダウンロードできる。

（37）アイゼンハワー大統領図書所蔵の文書については、University Publications of America, *President Dwight D. Eisenhower's Office Files, 1953-1961, Part2: International Series* (Bethesda, 1990) などを利用した。ケネディ大統領図書館については、同館ＨＰ（http://www.jfklibrary.org/、二〇一三年一月一日アクセス）を参照のこと。ジョンソン大統領期については、本書の分析時期とわずかしか重ならないため、アジア・太平洋地域の国家安全文書マイクロフィルムのみ利用した（University Publications of America, *The Lyndon B. Johnson National Security Files, Asia and the Pacific*〈Frederick, 1987〉）。

（38）これらは国史館のデジタル化史料検索システム（http://ahdas.drnh.gov.tw/、二〇一三年一月一日アクセス）にて目録の閲覧、検索が可能である。

（39）蔣介石日記については、スタンフォード大学フーバー研究所ＨＰ（http://www. hoover. org/、二〇一三年一月一日アクセス）を参照のこと。

（40）一九五七年（第七期）までの中央常務委員会会議記録は、スタンフォード大学フーバー研究所でも閲覧可能。同研究所の検索システム（http://hoohila.stanford.edu/kmt/、二〇一三年一月一日アクセス）にて検索できる。

（41）中華民国外交部档案は元来、北投にある中華民国外交部档案館に保存されていた档案のうち一部が国史館へ移管され、公開されていた。その後、北投に保存されていた档案が中央研究院近代史研究所档案館にて公開されることとなった経緯がある。そのため、現状では統合目録などが編纂されておらず、国史館所蔵の外交部档案は国史館のデジタル化史料検索システムから検索し、中央研究院近代史研究所档案館所蔵の档案は同档案館ＨＰの「外交部档案目録（http://archives.sinica.edu.tw/main/fdir.html、二〇一三年一月一日アクセス）」から検索する必要がある。国防部档案については、「国軍史政档案影像借調閲系統（http://newarchive.mnd.gov.tw/、二〇一三年一月一日アクセス）」から档案の検索および閲覧申請が可能。

(42) 英国国立公文書館の所蔵史料検索は同館ＨＰ（http://www.nationalarchives.gov.uk/、二〇一三年一月一日アクセス）の検索システム（Search the Archive）から可能。仏外務省文書館の情報は外務省のＨＰに随時掲載され（http://www.diplomatie.gouv.fr/、二〇一三年一月一日アクセス）、所蔵史料は現地にて目録閲覧が可能。

(43) ウッドロウ・ウィルソン・センターが英訳した史料については、CWIHP Digital Archive (http://www.wilsoncenter.org/digital-archive、二〇一三年一月一日アクセス）を参照のこと。沈志華氏が編纂した中ソ関係に関するロシア側史料集には、『蘇聯歴史档案選編』全三四巻（北京：社会科学文献出版社、二〇〇二年）、『朝鮮戦争：俄国档案敵解密文件』全三巻（台北：中央研究院近代史研究所、二〇〇三年）、『中蘇関係：俄国档案原文復印件匯編』全一九巻（華東師範大学所蔵、未公刊、二〇〇四年）などがある。なお、沈志華氏からは、未公刊収集文書の閲覧を快くお許しいただいたのみならず、一部文書の中国語訳を提供していただいた。

第一章——第一次台湾海峡危機と「二つの中国」問題の生起（一九五四—一九五五年）

はじめに

本章においては、中国の指導者たちが第一次台湾海峡危機の過程を通して、朝鮮戦争休戦後の国内外情勢をいかに考慮し、「台湾解放」をどのように構想するに至ったのかを論じる。

朝鮮半島およびインドシナ半島の休戦について話し合われたジュネーブ会議が閉幕して間もなく、中国は「台湾解放」のスローガンとともに、中国大陸東南部における軍事活動を活発化させ、一九五四年九月には金門に大規模な砲撃を行い、翌一九五五年一月には浙江省沿海に位置する大陳列島への攻撃を行った。解放軍の軍事行動は一九五五年の初夏まで継続し、台湾防衛の観点からそれを警戒する米政府との間に台湾海峡危機を引き起こした。

解放軍による一連の軍事行動が米政府との間に軍事的緊張を招いたことに着目する研究は、軍事行動は「台湾解放」を訴えるための対米闘争であったと理解することが多かった(1)。そのなかには、米中双方の視点から事態と相互認識の推移を論じた研究、危機における米中の戦略文化の違いに着目した研究などがある(2)。近年では、毛沢東の対米認識の変遷を中心に据えて、台湾海峡危機は毛沢東の「米帝国主義」に対する挑戦であったと論じる研究も出てきた[3]。

これに対して、解放軍が台湾海峡において行った各作戦の軍事的な性質の違いを強調し、中国の目的は東南沿海部の島々を「解放」し海上航路を確保するという、より限定的なものであったと論じる研究もある[4]。例えば、朝鮮戦争の停戦交渉が開始された頃から、解放軍がこれらの島々に対する攻略作戦を再び検討しはじめた経緯に着目する研究は、解放軍の軍事行動には、作戦を通じて対米闘争を展開するというような意識は希薄であったと主張する[5]。

確かに、一連の過程を「台湾海峡危機」として捉える研究は、金門砲撃と大陳列島攻撃を一まとまりの作戦として捉えるために、両作戦の目的の相違を軽視してきた。しかし逆に、各作戦の軍事的性質を区別するアプローチは、国際政治史的な文脈を軽視している。解放軍において金門・馬祖と一江山・大陳列島の攻略は別々の文脈で計画されたかもしれないが、作戦が連続して行われたことで、米中間の軍事的緊張を高めたことは事実である。さらに、いずれの先行研究も、解放軍が大陳列島を「解放」した後、一九五五年の春に金門・馬祖の「解放」をめぐる議論が共産党内で再びなされたことを看過している。これら一連の経緯はどのように理解するのが適当であろうか。

また、この第一次台湾海峡危機の過程を中国にとっての「二つの中国」問題が生起した起点と捉えるならば、この危機を通じた中国と友好国、あるいは中立国との関係も重要な論点となってくる。しかし、従来の研究のほとんどは、第一次台湾海峡危機の過程における中国の指導者たちの認識の変化や政策決定を、アメリカや国府との関係に特化して論じている。危機を通じて、指導者たちのより広範な国際情勢認識と、台湾問題について国際社会を味方につけるための闘争の方針は、どのように変化していったのだろうか。例えば、この時期における中国の政策決定に対するソ連の影響力は大きかったと推測される。しかし、この問題については、ロシアの公文書に依拠して中ソ関係史を実証的に論じた研究が、その一端を明らかにしたにすぎない[6]。また、アジア・アフリカ会議の開催を控え、インドやビルマを筆頭とするアジア・アフリカ諸国が中国の政策決定に及ぼした影響も看過できないとも推測される。しかし、それについて論じた研究は、管見の限りほとんど見当たらない。

以上のような先行研究の論点を踏まえたうえで、本章においては以下の問題に着目しながら、第一次台湾海峡危機における中国の指導者たちの認識および政策決定の推移を再検討したい。

第一に、台湾海峡における解放軍によるそれぞれの軍事行動は、なぜそのようなタイミングおよび順序で行われたのか。中国の指導者たちは、沿海島嶼を攻略するための軍事作戦と当時の国内外の環境に対する政治的闘争の双方をいかに整合させながら、作戦の決定を下したのだろうか。

第二に、毛沢東や周恩来、あるいは彭徳懐などの軍事指導者は、当時の国内外環境のなかに「台湾解放」を推進するうえでどのような機会、あるいは制約があると認識していたのか。第一の問題を明らかにするためにも、事態の推移と並行して、「台湾解放」をめぐる国内外情勢に対する指導者たちの認識の推移が明らかにされなければならない。

第三に、台湾海峡における一連の作戦とその帰結は、その後の台湾問題をめぐる中国外交に対して、いかなる前提や条件を準備したといえるのか。とりわけ、再三その「解放」を検討したにもかかわらず、結局は「解放」に至らなかった金門・馬祖に対する方針は、どのように想定されたのであろうか。

上記のような問題を明らかにするために、本章は以下の節によって考察をすすめる。第一節においては、朝鮮戦争休戦後の国際環境下において、共産党が朝鮮戦争勃発に伴い中断していた「台湾解放」を目標とする一連の作戦をどのように再検討し、「台湾解放」の宣伝工作を展開しはじめるに至ったのかを論じる。そのうえで、第二節においては「台湾解放」のスローガンとともに展開された金門砲撃作戦を、第三節においては大陳列島攻略作戦と台湾海峡の軍事的緊張をめぐる外交交渉について論じる。そして、第四節においては、中国の指導者たちが台湾海峡において招いた危機を、いかなる論理でどのように終息させたのかを論じる。

以上の考察を通じて、本章は台湾海峡における分断と分断線をめぐる議論の争点が金門・馬祖の問題へと収斂していく過程を追跡し、第一次台湾海峡危機の段階において、中国の指導者たちはこれらの島々を早期に「解放」する意向であったことを明らかにする。ただし、台湾海峡における軍事行動は中国と国府を同等の「二つの中国」と見なす停戦論を喚起したため、中国は米華や西側諸国の反応のみならず、ソ連を筆頭とする東側諸国やインドを筆頭とするアジア・アフリカ諸国との関係をも考慮してそれを回避せざるを得ず、その結果として金門・馬祖の早期「解放」を追求する手段が軍事闘争から外交闘争へと移行していったことを指摘する。

1 「台湾解放」の再提起

(1) 朝鮮戦争休戦交渉と台湾問題

中華人民共和国の成立後、国民党軍が未だ占領する地域の「解放」は、共産党の最重要課題であり、解放軍は海空軍力の圧倒的劣勢に苦慮しつつも、中国大陸に近接する小島を順番に攻略する作戦を立てていた。(7) しかし、一九五〇年六月に朝鮮戦争が勃発すると、米国のトルーマン(Harry S. Truman)政権は台湾の地位に関する問題を棚上げし、共産党による「台湾解放」と国民党による「大陸反攻」を同時に抑制する台湾海峡の「中立化」を宣言した。(8) また、一〇月に中国人民義勇軍が朝鮮戦争に参戦すると、米政府は一方で中国政府の不承認と対中禁輸を掲げ、他方では国府と相互防衛協定を締結し、台湾に軍事顧問団を派遣した。さらに、国連総会においても、米国を中心とする西側諸国は中国を「侵略者」として非難する決議を可決した。これに対し、朝鮮戦争への参戦を決定した共産党は、解放軍の主力を朝鮮半島の戦線に移動させ、台湾海峡に面する東南沿海部では軍備増強、土地改革、および残存する「匪賊」の殲滅など防衛力の向上に重点を置いた。(9) つまり、朝鮮戦争の勃発と中国の参戦は、最終段階にあった台湾海峡を挟む国共内戦を凍結させ、国際社会における台湾問題を生起させたといえる。

一九五一年六月、朝鮮半島における休戦交渉の開始について中ソ朝三カ国間で協議を開いた際、毛沢東中国共産党中央委員会主席は高崗東北局書記を特使としてスターリン(Joseph V. Stalin)ソ連共産党書記長や金日成朝鮮労働党中央委員会委員長との会談に派遣し、休戦交渉と台湾問題との関係について以下のような意向を伝えた。

中国が国連に加盟する問題については、我々はこの問題を条件として提起しなくてもよいと考えている。なぜなら、中国は国連が実際には侵略の道具となってしまった以上、現在、我が国が国連に加盟する問題に特別な意義があるとは考えていないからである。

台湾問題を条件として提起する価値はあるだろうか。彼らとの駆け引きのために、我々はこの問題を提起すべきであると考える。

アメリカが台湾問題を別途解決することに固執するならば、我々はそれ相応の譲歩をするだろう。[10]

上記のような毛沢東の意向について中ソ朝間において議論がなされたり、国連軍との休戦交渉のなかで台湾問題に関する議論がなされたりした様子を、公開された史料から窺い知ることはできない。[11]また、少なくとも休戦交渉開始直前に毛沢東が提示した交渉条件に、台湾関連の項目は含まれていなかった。[12]このことから、毛沢東は朝鮮休戦を成し遂げた後、台湾問題を国際社会に提起する構えであったと推測できる。

朝鮮戦争の休戦交渉は、休戦ライン、休戦監視方法、捕虜引き渡しなどの問題をめぐり長期化したが、一九五三年にはいりアメリカでアイゼンハワー政権が登場し、ソ連でスターリンが死去すると、交渉はようやく妥結へと動きはじめた。朝鮮戦争の早期終結を掲げて登場したアイゼンハワー政権の基本的な方針は、①国連軍による攻勢を強化し、②台湾海峡の「中立化」を解除し、③朝鮮戦争における核使用の威嚇を通じて中ソ朝に圧力をかけ、休戦交渉の膠着状態を打開しようとするものであった。[13]スターリンを亡くしたソ連の新指導部は、国内問題への対応を重視するという観点からも、朝鮮戦争早期休戦の意向を示すようになった。このような状況下で、周恩来総理（兼外交部長）は三月三〇日、交渉を膠着させていた捕虜送還問題において譲歩の意向を示し、四カ月後の七月二七日に休戦協定が成立した。

アイゼンハワー大統領が一般教書演説において言及した台湾海峡における「中立化」解除は、トルーマン政権の「中立化」を「共産主義中国の盾として第七艦隊を使う」ものであったと批判し、第七艦隊にその任務を停止させるものであった。台湾「中立化」は中国から台湾への攻撃と、台湾から中国への攻撃の両方を抑止する施策であったことを考えれば、アイゼンハワーが宣言した「中立化」の解除は、その一方のみを停止するものであり、同政策は蔣介石の「解き放ち」とも呼ばれた[14]。しかし、実のところ、アイゼンハワー政権は国府に対して、「中立化」解除がいかなる攻撃的な意図も持っていないことを事前に伝えるなど、国府の対大陸攻撃を警戒していた[15]。また、国府との相互防衛条約についても、国府側はアイゼンハワー政権発足当初から積極的であったのに対し、アメリカ側は慎重であった[16]。

アイゼンハワー政権によって「解き放」たれた国府の蔣介石総統も、直ちに大陸に対する反撃、すなわち「大陸反攻」に出ようと考えていたわけではなかった。当時の蔣介石は、国府が単独で「大陸反攻」を行う実力は備わっていないことを自覚し、大戦勃発など国際環境が変化するまで、米国の支援を得て実力を蓄える戦略だったようである[17]。そのため、当時の蔣介石は米政府と相互防衛条約を締結することを最重要課題に据え、対大陸攻撃を抑制する米政府の警告にも表向きは従順に従っていた[18]。ただ、将来の「大陸反攻」に備えるための援助に関して、蔣介石のアイゼンハワー政権に対する期待は大きかった。蔣介石は一九五三年の初頭、日記の「大事表」欄に大規模な兵力補充、それらの装備を可能とする軍事援助、作戦経費などのほか、「我が国固有の領土を回復する際には、チベット、新疆、外モンゴル、東北および旅順・大連を含む」よう米政府へ要求する必要があると記している[19]。

しかし、アイゼンハワー政権に対する蔣介石の期待は、間もなく失望へと変わった。一九五三年三月、顧維鈞駐米大使はダレス（John Foster Dalles）国務長官に対して相互防衛条約の締結を提案したが、内戦中の国家との条約は適用範囲を定められないことを理由に、ダレスは条約締結に対して慎重な姿勢を崩さなかった[20]。六月、蔣介石はアイゼンハワーに対し、アジア太平洋における反共諸国連合の組織を提案したが、アイゼンハワーは各国の自主的な動きを側面支援することしかできないと回答し、その後の蔣介石と李承晩によるアジア共同防衛の模索に対する態度も冷淡であった[21]。朝鮮半島において、アイゼンハワー政権が北進を主張する李承晩大統領を説得し、相互防衛条約締結を条件に休戦を承諾させたことも、蔣介石を失望させた。朝鮮半島の休戦について蔣介石総統は、「アメリカの軍事援助に頼って反攻復国を成し遂げようとする幻想を完全に放棄できなければ、国家は永久に復興と独立を達成することができないだろう」と日記に記している[22]。

一九五三年一一月に完成したアイゼンハワー政権の台湾および国府に対する戦略（NSC146/2）は、トルーマン政権時よりも積極的に「台湾および澎湖諸島を効果的に米国の極東防衛網に組み込み、通常戦争の危険を冒してもこれを防衛する」ことを掲げていた。しかし、日本、韓国、フィリピン、オーストラリア、ニュージーランドなど米国が自動的に防衛義務を負う極東防衛ラインの国々と、台湾やインドシナなど内戦状態が継続している地域の防衛は依然として区別されていた。台湾および澎湖諸島の防衛は「アメリカがいかなる攻撃に対しても反応することを明確にする」地域、中国東南部（浙江省と福建省）の沿海に位置する国府占領下の島々（この段階では大陳、馬祖、金門の島々、以下沿海島嶼と略記）はアメリカが直接的な関与をせずに、防衛を支援する地域と位置づけられるにすぎなかった[23]。米政府がこのような固有の位置づけを台湾に与えた理由は、大陸中国を封じ込めるための台湾の戦略的価値を認める一方で、その「大陸反攻」に巻き込まれることを警戒していた表れであった。さらに、台湾・澎湖諸島とも区別された沿海島嶼は、対中封じ込めの最前線であると同時に、「大陸反攻」の橋頭堡、あるいは対中戦争の引き金ともなり得る、米政府の対華湾政策におけるジレンマが最も先鋭に現れる地域だったのである。

（2）沿海島嶼「解放」作戦の検討

台湾海峡が「中立化」されていた時期も、沿海島嶼は国府軍の大陸東南沿海地域に対する突撃作戦と封鎖の基地であり、同地域では解放軍と国府軍の小規模な戦闘が頻発していた。国府の突撃作戦はこれら島嶼自体の防衛、近接す

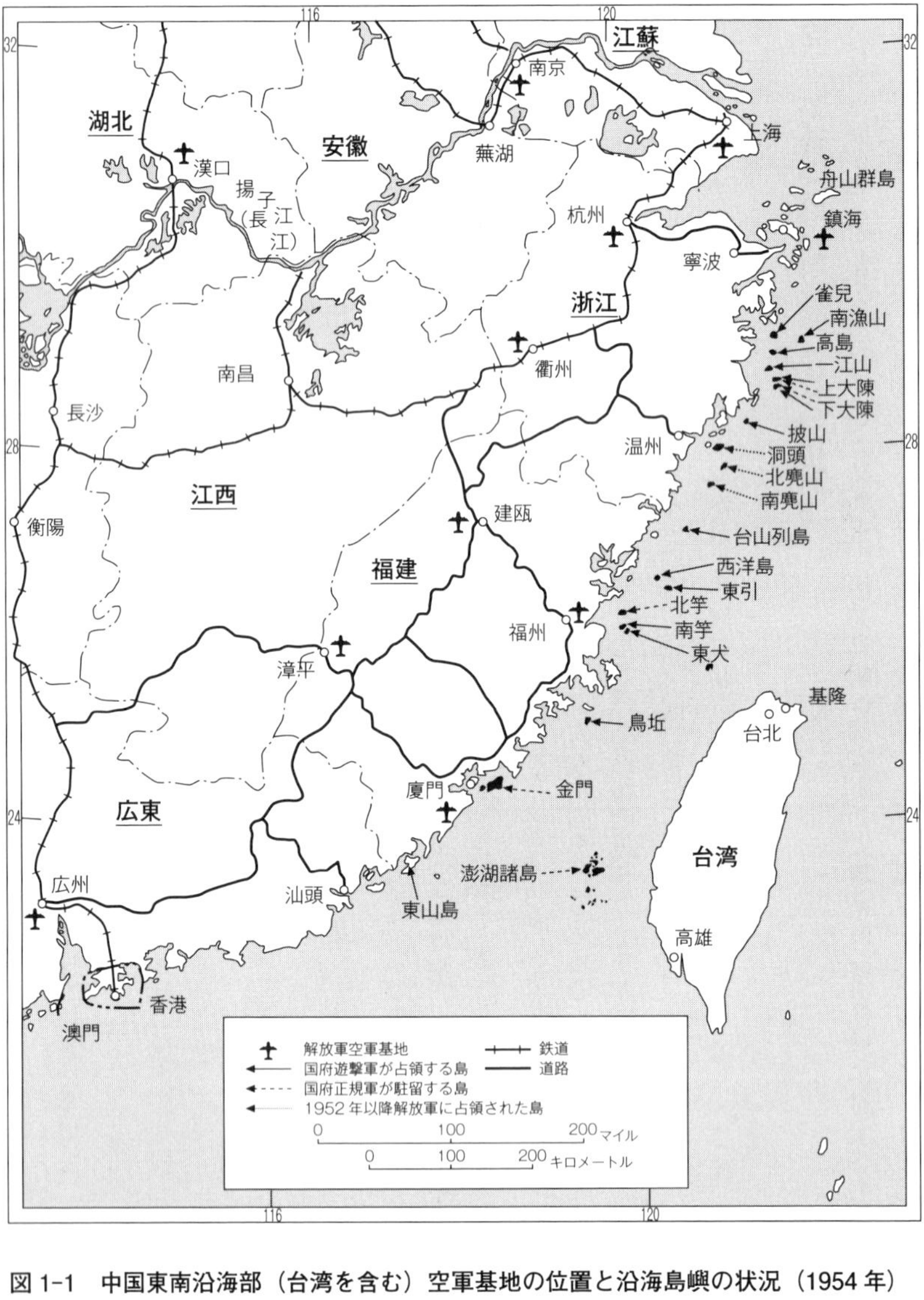

図 1-1　中国東南沿海部（台湾を含む）空軍基地の位置と沿海島嶼の状況（1954 年）

出典：Central Intelligence Agency: The Chinese Offshore Islands, Sep. 8, 1954, *President Dwight D. Eisenhower's Office Files*（以下、*DDEOF*）, *1953-1961* [microform], Part 2 : International Series, Reel 6 をもとに筆者作成。

る島嶼の奪還、捕虜から解放軍内部の情報を聞き出すことなどを目的としていた。[24] 封鎖は中国大陸東南部の主要な航路と港を監視し、中国との貿易、とりわけ軍事物資の輸送を阻むことを目的としていた。[25] これらの活動を、トルーマン政権は公式に支援していなかったが、中国の朝鮮戦争参戦後は事実上容認しており、ＣＩＡのダミー会社であるウエスタン・エンタープライズ（Western Enterprise）と民航空運大隊（Civil Air Transport）がこれら島嶼の駐在部隊への訓練や装備・資金などを支援していた。[26]

朝鮮戦線が膠着化し、ソ連からの空海軍への援助が一定の成果を上げはじめた一九五二年末以降、解放軍はこうした沿海島嶼の国府軍に対する攻勢を一気に強めた。一九五三年五月、解放軍は浙江省温州湾に近接する大小鹿山、羊嶼などを攻略し、続く七月には国府軍と攻防を繰り返していた福建省の東山島で、国府軍の上陸部隊を撃退した。[27] さらに、朝鮮戦争休戦後、解放軍は寧波に新設した空軍基地に朝鮮戦争で活躍したＭＩＧ‐15型戦闘機部隊を配備し、浙江省沿海部における防空能力を飛躍的に向上させた。当時の国府軍が単独で保有する海軍力は解放軍と同程度、空軍力は朝鮮戦争時にソ連の援助を受けた解放軍に劣っており、国府軍が配備するＦ‐47型戦闘機やＰ‐51型戦闘機よりもＭＩＧ‐15型戦闘機の方が優れた性能を持っていると見られた。[28] このような状況をうけた米太平洋軍司令部は、①台湾・澎湖諸島の防衛および心理戦のために不可欠な金門・馬祖と、②「それ以外の目的」のために利用価値がある大陳列島のみが米軍にとって重要であることを確認し、これら以外の離島防衛に対して本格的な援助を行わなかった。[29]

大陸沿海に位置するすべての島々の「解放」を目指すなかで、解放軍はまず金門の攻略を検討した。国府軍が占拠する離島のなかで戦略的価値が最も高い金門を先に攻略すれば、その他の島々は比較的小規模な戦闘か戦わずとも「解放」できるとの期待があったためである。一九五三年九月、毛沢東は解放軍総参謀部に対し、「一九五五年一月末までに金門を解放するすべての準備を完成させよ」と指示し、金門攻撃の準備に関する計画を立てさせた。[30] しかし、総参謀部が立てた計画に対し、毛沢東は明確な立場を示さず、関係部門の責任者に計画に対する再検討と意見を求めた。[31] その後、彭徳懐中央軍事委員会副主席や陳毅華東軍区司令員は、張愛萍華東軍区参謀長、葉飛福建軍区司令員

表 1-1：解放軍と国府軍の軍事バランス（1954 年）

		解放軍	国府軍
陸上兵力	陸上兵力	2,300,000 人	285,000 人
	装甲部隊	5 個師団	省略
	砲兵隊	19 個師団	省略
海上戦力	艦艇	軽巡洋艦（使用不可）1 隻 フリゲート（護衛艦）9 隻 旧式大小砲艦 7 隻 旧式魚雷艇 40-50 隻 （潜水艦　3 隻） 揚陸艦 45 隻	駆逐艦 3 隻 護衛艦 6 隻 哨戒艇 38 隻 機雷敷設艦 9 隻 *揚陸艦 35 隻
	小舟	300 隻	100 隻
航空戦力	作戦機	1500 機	850 機
	レシプロ戦闘機	170 機	334 機
	ジェット戦闘機	720 機 （Mig9 ／ Mig15　700 機）	81 機 （F84G　76 機）

表 1-2：東南沿岸部における解放軍兵力（1954 年９月）

陸上兵力	160,000-200,000 人（廈門から 150 マイル圏内） 廈門---最低でも 1 方面軍と水上輸送分隊 廈門から 150 マイル圏内--- A）汕頭に 1 方面軍 B）福州から北にかけて 1 方面軍 C）残りの水上輸送部隊
航空兵力	戦闘機部隊 2 個師団：広東、南昌 レシプロ軽爆撃機部隊：上海、長沙、広東 前線空軍基地4カ所：衢県（衢州）、建甌*、南台島（福州）*、高崎（廈門）*
海上兵力	小型哨戒艇 6 隻、モータ型ジャンク 15-20 隻、ジャンク 400-500 隻 戦闘時はフリゲート、砲艦、揚陸艇が 72 時間以内に上海から到着する見通し

＊補給不可

表 1-3：沿海島嶼における国府軍兵力（1954 年９月）

島名	兵力	装備
大陳列島	（正規軍）10,000 人 （遊撃軍）1,000 人	第 46 歩兵師団
南麂山島	（正規軍）3,000 人 （遊撃軍）1,300 人	
馬祖・白犬列島	（正規軍）5,000 人	第 205 連隊（第 69 歩兵師団の一部）
金門島*	（正規軍）43,000 人 （遊撃軍）11,000 人	第 33、34、68、69 歩兵師団・第 45 歩兵師団

＊正規軍のうち 15-20%が米華相互防衛協定によって装備された部隊

出典：National Intelligence Estimate (NIE-13-54): Communist China's Power Potential Through 1957, Jun. 3, 1954, National Intelligence Council, *Tracking the Dragon: National Intelligence Estimate on China during the Era of Mao, 1948-1976* (Washington, D.C.: U.S. Government Printing Office, 2004), p. 111, Central Intelligence Agency: The Chinese Offshore Islands, Sep.8, 1954, *Ibid.* をもとに筆者作成。

（兼福建省委員会第一書記）らこの地域の軍事指導者の見解、王尚栄総参謀部作戦部長による予算面の報告などを検討し、金門の攻略には予想を遥かに超える経費がかかることを確認した[32]。彭徳懐や陳毅からの報告を受けた毛沢東は、「少なくとも一九五四年にはこれほど多くの経費を支出できない」と、金門攻撃の準備延期を決定した[33]。

金門攻撃の延期を決定した解放軍は、続いて大陳列島の攻略について検討した。一九五四年一月、張愛萍主管のもとで華東軍区が中心となり、陸、海、空三軍による大陳列島攻略計画を立てた[34]。同計画は、上下大陳島の北側にある小さな島嶼を北から順に攻略し、大陳島の入口にある一江山島を拠点に大陳列島へ陸海空軍による爆撃作戦を行うというものであった。この計画に基づき、ジュネーブ会議開催中の一九五四年五月一五日から二〇日の間に、解放軍は雀児島、高島などからなる東磯列島を攻略した[35]。この時、アイゼンハワー政権は東磯列島の陥落を大陳列島攻略の第一歩であり、米空軍の援助がなければ国府軍は大陳列島を防衛できないと認識していた。しかし、同政権は国府による沿海島嶼防衛への関与を公式に表明することに否定的であり、それこそがまさに米華相互防衛条約の締結に消極的な要因ともなっていた。そこで、アイゼンハワー政権は、公式な関与表明を避けつつも、米軍のプレゼンスを示す対策として、大陳列島付近の海域に海軍第七艦隊を派遣した[36]。

第七艦隊の派遣によって、大陳列島防衛に対する米軍の関与が示唆される状況であったにもかかわらず、七月一一日、中央軍事委員会は華東軍区に対し、一江山島および大陳列島に対する作戦準備に取りかかるよう命じた。この命令は、「台湾海峡における漁業権や航路の保護」、「台湾の蔣介石軍との闘争の状況」、および「アメリカが蔣介石集団と『共同防衛』を企んでいる状況」などを考慮したものであったとされる[37]。ところが、八月二八日、中央軍事委員会は大陳島への攻撃を一〇月五日以降まで延期すると命じた。「国際情勢に鑑み、アメリカを孤立させ」、「第一期全国人民代表大会が開催されること」、「国慶節の閲兵で空軍の一部を徴用すること」などを考慮したというのがその表向きの理由であった[38]。しかし実のところ、同決定は次節で示すように、金門に対する砲撃作戦を浙江省沿海における作戦に優先させる決定であった。

(3) ジュネーブ会議と「台湾解放」再提起の決定

ソ連では、マレンコフ(Teorgy M. Malenkov)をはじめスターリンの後継者たちが、西側資本主義諸国との「平和共存」を積極的に掲げていた。中国もこれにならったが、その意味するところはアメリカとの関係をどのように位置づけるのかという点において、ソ連の「平和共存」とは趣が異なっていた。ソ連が掲げる「平和共存」はアメリカも含む西側諸国との「共存」をうたっていたが、中国が掲げる「平和共存」には、第三世界や西欧諸国との「共存」によってアメリカを孤立させるという意図がより明確にあらわれていた。朝鮮戦争停戦後も米政府による対華支援と対中封じ込めが継続していたことを考慮すれば、それは中国外交にとって必然的、あるいはやむを得ない選択であったともいえよう。このような中国の対米強硬姿勢にソ連の新指導部は不安感を抱いていた。一九五四年一月末からベルリンにて開催された米ソ英仏四カ国外相会談において、ソ連のモロトフ(Vyacheslav M. Molotov)外相は、中国も加えた五大国会議を開催するよう提案し、中国政府との関係改善が米政府の利益となることをダレスに説いた[39]。ダレスは共産党政権の非合法性を主張していたが、同会議においてモロトフが同盟国中国への不安感を度々示したことに関心を持ち、同年四月に中国も含むすべての関係諸国を招請し、朝鮮およびインドシナ問題に関するジュネーブ会議を開催することに同意した[40]。

一九五四年三月二日、ソ連を通じてジュネーブ会議への招請を受けた中国政府は、ソ連の指示どおりに、ジュネーブ会議への参加を公表した[41]。周恩来は二月下旬から会議への参加準備を進めており、「ジュネーブ会議の計画と準備工作に関する初歩的な意見」(以下「意見」)を党中央書記処会議に提出し、「ジュネーブ会議へ積極的に参加し、外交と国際活動を強める」ことで、米政府による「封鎖、禁運、軍拡と戦争に備えた政策」を打破し、「国際的な緊張状態を緩和」することをその目標として設定した。そのために、朝鮮とインドシナ以外にも「中国、極東、およびアジアの平和と安全に関わる問題に関する材料と意見を準備し、各国間の経済関係と貿易往来を発展させ、国際的な緊張

表 1-4　ジュネーブ会議中国代表団一覧

【代表団】

代表団長：周恩来（国務院総理兼外交部長）

代表　　：張聞天（外交部副部長兼駐ソ大使）、王稼祥（外交部副部長）、李克農（外交部副部長）

秘書長　：王炳南（外交部部長助理兼弁公庁主任）

顧問　　：雷任民（対外貿易部副部長）、師哲（マルクス・レーニン著作編訳局局長）、喬冠華（外交部部長助理）、黄華（外交部欧亜司長）、陳家康（外交部部長助理兼亜太司長）、柯柏年（外交部美欧司司長）、宦郷（駐英代理大使）、龔澎（外交部新聞司司長）、雷英夫（周恩来総理軍事秘書）、王倬如（外交部交際処処長）、呉冷西（新華社社長）

秘書　　：陳明、章文晋、浦山、熊向暉、李川、謝爽秋、石志昴、陳定民、浦寿昌、李慎之、常化知、鐘永驥、呂富功、黎克強、張翼、林風、何方、何謙、曹桂生、丁昇烈

出典：中華人民共和国外交部档案館編『1954 年日内瓦会議』15 頁をもとに筆者作成

とアメリカによる経済封鎖を打破する有効な一歩とする」ことを確認した(42)。

三月六日、張聞天駐ソ大使はモロトフと会談し、この「意見」を伝えた。この時、モロトフは張聞天に対し、台湾問題など、朝鮮とインドシナ以外の緊張緩和について提案する必要があるか否かを問うた(43)。その後、周恩来が四月一日から一二日までモスクワを訪問し、ソ連指導者とジュネーブ会議に関する問題について協議を行っているので、ここで台湾問題について何らかの摺り合せが行われた可能性が高い。中国外交部には、ジュネーブ会議代表団総合組が準備した、「台湾問題に関する発言（初稿）」と「中華人民共和国が国際機関と国際会議において合法な権利を回復することに関する声明（初稿）」という発言草稿が残されている(44)。しかし、ジュネーブ会議の記録を見てみると、中国代表団が発言稿を準備したような、アメリカの台湾「侵略」への批判やすべての国際機関における国府追放と中国政府参加の訴えを行った形跡は見当たらない。その経緯を現段階で明らかにすることはできないが、朝鮮半島とインドシナ半島の停戦ラインを画定する同会議で台湾海峡の問題を提起することは、台湾海峡における停戦と停戦ラインをめぐる論争を引きおこし、国府の国際的主権を認めることにも繋がりかねない点においてリスクが高いと中国指導部が判断したためではないかと、その後の推移からは推測できる。

四月二四日、対ソおよび対欧米関係の要職を担う外交官らによって構成された大型代表団を率いて、周恩来はジュネーブに到着した（**表1―4**）。ジュネーブ会議において、朝鮮半島における平和協定は締結されなかったが、インドシナ半島における停戦協定は締結に至った。朝鮮とインドシナの問題以外にも、周恩来を団長とする中国代表団は、関係各国との二国間関係改善に向け、積極的に活動した。代表団は米代表団とは互いの国籍を持つ居留民および留学生の帰国問題に関する交渉を重ね、イギリス代表団とは臨時代理大使交換に関する交渉を妥結させ、フランス代表団やカナダ代表団に対しては外交関係樹立をも視野に入れた働きかけを行った。[45]

ジュネーブ会議においてインドシナ問題に関するコミュニケがまとまった六月二〇日以降、周恩来はインドとビルマを訪問し、広州でホーチミン（Ho Chi Minh）ベトナム労働党主席らと会談し、七月六日に北京へと戻った。[46]七月七日、中央政治局拡大会議に出席した周恩来は、ジュネーブ会議と帰路の外遊について報告を行った。「今回の会議において我々が採った方針は、イギリス、フランス、東南アジア諸国、インドシナ三国と団結してアメリカを孤立させ、世界における覇権を拡大しようとするアメリカの計画を打破」したというのが周恩来の総括であった。毛沢東は周恩来の報告を高く評価したという。[47]

同会議において、毛沢東はジュネーブ会議後の諸国との「平和共存」について論じた。毛沢東は、アメリカと関係諸国間の矛盾に言及し、アメリカ以外の西側諸国やアジア・アフリカ諸国との「平和共存」によって、アメリカを孤立させる必要があると論じた。そして、次なるアメリカとの外交闘争において「台湾問題」を提起するよう、以下のように提案した。

現在、アメリカと我々の関係において重要な問題は台湾問題であるが、この問題自体は長期的な問題である。我々はアメリカと台湾による条約締結の可能性を破壊せねばならず、そのためによい方法を考え、宣伝を行わなければならない。我々は一連の宣伝を組織し、米国が台湾を侵略し、蔣介石が売国行為を続けることを罵らなければならない。そのほかに、外交面では例えば民間人（引用者注：送還）の問題で接触するなど適当なサインを送り、アメリカに台湾との条約締結を思いとどまらせなければならない。私の見解では、アメリカと台湾による条約締結をイギリスは恐れ、反対し、フランスも反対する可能性が高い。条約締結は彼ら自身にとっても利益がなく、長期間にわたる膠着状況をつくりだすことになるだろう。[48]

前項で論じたとおり、当時の解放軍は「台湾解放」の準備どころか、金門・馬祖を攻略できる環境を整えるにも海空軍力や基地、それらを整える資金が不足している状態であった。それにもかかわらず、毛沢東が「台湾問題」を国際社会へ提起する必要性を感じた理由が、上記提案から見て取れる。朝鮮およびインドシナの停戦ラインが画定され、アメリカとアジア諸国の同盟網が構築されるなか、毛沢東は米国が国府とも条約を締結し、台湾海峡の分断が固定化することを恐れていたのであろう。また、毛沢東はジュネーブ会議での感触を根拠に、米華条約の締結はイギリスやフランスはじめ西側諸国にも支持されないであろうと見積もり、台湾問題を国際社会において突出させるための宣伝工作が必要であると考えたのであろう。

（4）国内外に対する「台湾解放」の宣伝工作

七月二一日、インドシナ和平に関する一連の文書への署名がなされ、ジュネーブ会議は閉幕した。その直後の七月二三日、『人民日報』は社説「必ず台湾を解放しなければならない（一定要解台湾）」を掲載し、台湾問題を国際社会に対して提起する宣伝工作の口火を切った。この社説は「台湾は中国の領土であり、中国人民は必ず台湾を解放する」ことを宣言し、「偉大な中国人民は我が国の領土主権に対するいかなる侵犯も容認できない」として、アメリカの台湾海峡における介入を批判する内容であった。[49]

再び訪れたジュネーブからの帰路、東ドイツ、ポーランド、ソ連などを歴訪中であった周恩来に対し、ジュネーブ会議後の国際情勢とそれに対する中国政府の方針を記した党中央からの電報が七月二七日に届けられた。そこには、

「アメリカはジュネーブ会議における敗北に甘んじず、必ず国際情勢を緊張させ、英仏からさらに多くの勢力圏を奪い、軍事基地を拡大し、戦争準備と我が国への敵視政策を続けるであろう」との情勢認識とともに、米華条約の締結や対中封鎖の範囲拡大に対する警戒が記されていた。そして、米華条約の締結を阻むのみならず、国家建設に対する民衆の熱情を呼び起こし、国防力を強化するためにも「台湾解放」を提起する必要があると、同電報は伝えた[50]。これらの内容から、「台湾解放」がこのタイミングで提起された意図は、アメリカの対中封じ込め同盟網の構築に圧力をかけると同時に、それを国家建設や軍事建設に利用することにもあったと見て取れる。七月二九日、周恩来はソ連でフルシチョフ（Nikita S. Khrushchev）第一書記やマレンコフと会談し、党中央からの電報の内容を紹介しながら「台湾解放」を提起する意図を説明した[51]。

中国国内における「台湾解放」の宣伝工作の展開は、新たな国家憲法と国家機構のもとで国家建設が始動する過程と軌を一にしていた。毛里和子が「五四―五六年体制」と特徴づけたように、それは当初、共産党が権力を独占する中央集権体制を基本的特徴としつつも、民主諸党派との新たな協力を模索しようとするものでもあった[52]。「台湾解放」の宣伝工作は、一方ではこのような体制を利用して推進され、他方ではこのような体制を強化するために利用されようとしたように見える。八月一一日の中央人民政府委員会第三三回会議は、周恩来の「外交政策に関する報告」を受け、全国の人民と解放軍に対し、「台湾解放」のために「奮闘」するよう呼びかける決議を採択した[53]。続く二二日、各民主党派および人民団体は「台湾解放のための共同宣言」を発表した。この「共同宣言」は、周恩来の「外交政策に関する報告」において示された立場を踏襲したうえで、「台湾解放」のために「全国の人民がさらに固く団結」することを求め、「台湾の同胞」は「誰でも反動集団から離れて革命に参加し、大陸へ戻って家族と団欒することが許されている」と呼びかけた[54]。さらに、第一期全国人民代表大会第一回会議で行った政治報告において、周恩来は中央人民政府委員会の決議と各民主党派および人民団体の「共同宣言」に言及した上で、「我々の社会主義建設」と「台湾解放」はともに「正義の事業」であると宣言した[55]。

解放軍においては七月三〇日、彭徳懐主宰のもとに大軍区の指導者が集まり、「台湾の蔣介石集団との闘争における軍事行動計画」について議論した。翌三一日に彭徳懐は同会議において、①朝鮮戦争停戦後、未だに「台湾解放」の長期的な方針が定まっていない問題、②「台湾解放」の軍事闘争によって解放軍の戦闘能力を向上させること、③闘争において対米政策の限界を自覚し、自衛の原則を堅持し、弱みを見せないこと、④大陸沿海の国府占領島嶼の攻略計画、⑤政治工作と敵を瓦解させることなどについて講話を行い、その内容を関係部門に伝達した[56]。このように、沿海島嶼に対する作戦以外は、解放軍における「台湾解放」も政治工作を主とする長期的な計画であるとされたため、解放軍総政治部が中心となって全軍に対する政治教育や政治動員、前線での政治工作、そして敵軍への政治攻勢と瓦解工作の方針を策定した。そして、総政治部の指示にも、「『戦いながら軍事建設を行う（辺打辺建）』方針をさらに貫徹する」ことや、「軍事闘争は我が国の平和的な外交政策に服従しなければならない」ことなどが明示された[57]。

さらに、党中央は宣伝の方針を「台湾解放の宣伝方針に関する党中央の指示」（以下、「指示」）としてまとめ、関係各機関や地域に「台湾解放の宣伝方針」を徹底し、長期的に継続しようとした。「指示」は、九月初旬に周恩来が陸定一中央宣伝部長、廖承志中央統一戦線工作部主任、鄧拓人民日報社長、呉冷西新華社社長などとともに起草し、九月二五日に発出したものである[58]。「指示」にはこのタイミングで党中央が「台湾解放」の宣伝工作を展開する意図が明確に書かれている。その根底にあるのは、台湾海峡に対する米政府の関与はすでに既成事実となっているため、「台湾解放」は長期的かつ極めて困難な課題になっているという認識である。ただし、党中央は宣伝工作を展開することによって、台湾から大陸への攻撃を威嚇し、対外的には米華条約の締結やアジアの集団防衛に台湾が組み込まれることを阻止し、対内的には「台湾解放」の意志が風化することを防ぎ、国家の社会主義建設にこのスローガンを利用しようとしていた。党中央は、台湾、華僑、アジアの近隣諸国を主要な宣伝対象とし、新聞・ラジオ、各地党組織による動員、国民党人士の家族や親友による台湾向け書簡の募集などを宣伝の方法とし、中央宣伝部と統一戦線工作部、公安局、解放軍総政治部など関係機関を連携させて、宣伝工作を展開しようとした（**巻末史料1—1**）[59]。

2　金門砲撃と台湾海峡危機

（1）金門砲撃と国内外の情報収集

一九五四年九月の解放軍による金門島への大規模な砲撃は、前項で論じたような中国の外交、内政、そして対台湾工作が一体となった複合的な宣伝工作を開始することを中国内外に示し、国内外の反応を窺うためになされた。中国の指導者たちは「台湾解放」の宣伝とそれに対する国内外の反応に関する情報収集を行いつつ、台湾海峡における軍事的緊張を徐々に高めていったのである。まず、政治協商会議の「共同宣言」が発表された翌日の八月二三日、解放軍偵察部隊は金門島への小規模な襲撃を行った。この時、外交部情報司は特に、①米華相互防衛条約に関する米華交渉の進捗、②アメリカにおける台湾や沿海島嶼防衛に対する関与をめぐる議論、③これらに対するイギリスの論調の三点に注目し、国際社会の反応を分析した(60)。

続く八月二八日、準備中であった一江山島および大陳列島に対する作戦の延期と同時に、中央軍事委員会は「福建砲兵の金門島砲撃を九月一日から五日の間に行う」ことを華東軍区に命令した(61)。そしてこの命令に従い、九月三日、四日に連続して、福建前線の砲撃部隊は金門島に大規模な砲撃を加えた。この作戦に際しても、外交部情報司は引き続き、米華相互防衛条約締結交渉やイギリスの反応に関する情報収集を行った。外交部情報司は、砲撃に対し米政府は慎重な態度を採り、英政府は沈黙を保持しているとしたうえで、米英の主要紙における報道を分析した。その結果、米華相互防衛の範囲に台湾・澎湖諸島以外の離島を含むか否かについて、金門砲撃を目の当たりにした米政府は「頭を痛め」、その結果として相互防衛条約の締結自体についても「迷いが出てきている」と報告した(62)。

外交部情報司が分析したように、解放軍の金門砲撃は、米華相互防衛条約の締結交渉に新たな障害をもたらしたことは確かである。「台湾解放」の宣伝攻勢に続いて金門に対する砲撃がはじまると、国府は相互防衛条約の締結をより切迫した問題として認識するようになり、大陸に対する攻撃を米政府との事前相談事項としても差しつかえないとする譲歩の姿勢を米政府に対して以前より明確に示すようになった[63]。しかし、九月九日に台湾を訪問したダレスは、米華相互防衛条約の締結に際しては、国府の大陸に対する攻撃の抑制と、沿海島嶼防衛の問題が存在することを改めて指摘し、条約の締結には依然として消極的であった[64]。ダレスは国府が条約締結の要求を強めているのは、解放軍の金門砲撃に対応するために過ぎず、米政府を「恐ろしいジレンマ（horrible dilemma）」に陥れている沿海島嶼をめぐる問題をまずは解決すべきであると認識していた[65]。アメリカが陥っていたのは、沿海島嶼の防衛を放棄すればアジアにおける共産主義の拡張を招くこととなるが、関与すれば中国との戦争に巻き込まれるというジレンマであった。

そこで、九月一二日の国家安全保障会議（NSC）においてダレスは、沿海島嶼から撤退せず、解放軍に反撃もしない折衷案を提案した。それは、英政府の協力を得て、国連安全保障理事会に台湾海峡の問題を提起し、現状を維持しつつ停戦を求める案であった[66]。英政府は停戦案の協議に中国政府を招請することを条件に、共同提案国になることを承諾し、ニュージーランドを提案国とする停戦案（以下、ニュージーランド案）が作成された。しかし、現状を変更せず、「金門地区における軍事衝突」を停止することのみをアメリカが求めたのに対し、イギリスやニュージーランドは紛争の火種となっている沿海島嶼の問題を根本的に解決し得る、より全面的な停戦案を期待していた。また、英政府の提案により、解放軍の行動が国連憲章第七章「平和に対する脅威」であることを訴えるのではなく、「中華人民共和国と中華民国」の双方に第六章「紛争の平和的解決」を呼びかけることで、ソ連による拒否権の行使を回避することとなった[67]。

ところが、この停戦案の存在が、結果的には米政府と国府の相互防衛条約交渉を後押しすることとなった。同案には拒否権が適用されないことから、米政府は必ずしも同案に対する国府の了解を必要とはしなかったが、ニュージーランド案に対する国府の反応は想像以上に強硬であった。国府は中国政府に国連出席の機会を与え、その国際的地位を高めることによって被る損失と心理的打撃は、他のどのような埋め合わせをもってしても補い難いと主張した[68]。とはいえ、説得のために訪台したロバートソン（Walter S. Robertson）極東担当国務次官補に対し、蔣介石は停戦案への強硬な批判を展開しつつ、同案提出前に米華相互防衛条約締結の交渉開始を対外的に表明し、同案の表決前に条約を締結するのであれば、やむを得ないとの姿勢を見せるなど、ニュージーランド案の黙認と引き替えに相互防衛条約の締結を確実なものにしようとした[69]。そこで、ダレスはイギリスおよびニュージーランドにも了解を求めたうえで、米華相互防衛条約の締結とニュージーランドによる停戦案提案を並行して進めることによって、台湾海峡の現状を維持する戦略をＮＳＣにおいて確定したのであった[70]。

国際社会の反応に関する情報収集と並行して、共産党は国内における各階層の人々の反応にも注目していたことが、当時の『内部参考』から窺える。福建省や浙江省を中心とする全国各地の新華社から寄せられた「各層人民」の反応をまとめると、『人民日報』社説や、周恩来の外交報告に対する国内の反応は、以下の三つに分けられた。第一の反応は「敵の軽視」であり、台湾はすぐに「解放」でき、共産党は一刻も早く「解放」すべきという楽観的なものであった。これに対し、第二の反応は「信頼不足」であり、解放軍の能力では現段階において台湾を「解放」できないという悲観的なものであった。そして、第三の「恐米」は、台湾海峡でアメリカを挑発すれば、第三次世界大戦が勃発し、自分たちが危険にさらされるかもしれないと憂慮するものであった[71]。これらいずれの反応も「台湾解放」に対するアメリカの介入を前提としており、共産党にとっては厳しいものであった。なぜなら第一の立場に立つならば、「能力があるのに、なぜ解放しないのか」という疑問に繋がり、第二、第三の立場に立てば、「台湾解放」の宣伝や台湾海峡における軍事行動を批判することに繋がるからであった。実際に金門砲撃後、国府軍から反撃をうけた福建省沿海部を中心に、共産党の方針を疑問視する声が広がった。この地域の民衆は、「台湾解放はいいが、政府が公表するのは早すぎた。すべてを周到に準備してから、奇襲攻撃で一気に攻め落とすべきである」と、偵察のための攻撃が敵の反撃を招き、漁業活動や商業活動など生活に支障をきたしていることを批判していたのである[72]。

以上のような経緯から、「台湾解放」というスローガンの再提起と金門砲撃を通して、ジュネーブ会議後の「台湾解放」を取り巻く国内外の状況を、共産党の指導者たちは再確認したものと思われる。「台湾解放」の宣伝工作を開始するに際し、共産党は「米華条約の締結を阻む」ことをその目的の一つに掲げていたが、中国の宣伝と金門砲撃は、米政府内部において国府軍による反撃の抑制や沿海島嶼防衛に対する関与の是非をめぐる議論を喚起することはあっても、米華条約の締結自体は結果的に後押ししてしまった。また、国内において「台湾解放」の宣伝工作に導かれるべき大衆の反応も、必ずしも共産党が想定したような方向には向わなかった。アメリカが台湾防衛に介入するのであれば、「台湾解放」を掲げるのは賢明ではないという声が全国の各階層から上がり、福建前線の住民などは、新たな紛争の犠牲となることを強く警戒していたのであった。

(2) 台湾海峡におけるソ連の支援

スターリンの死と朝鮮戦争休戦を経て、中国とソ連の同盟関係も再構築を迫られていた。一九五四年一〇月一日は中華人民共和国の建国五周年であり、フルシチョフ第一書記やブルガーニン (Nikolai A. Bulganin) 国防部長、ミコヤン (Anastas I. Mikoyan) 外国貿易相、後に外相となるシェピロフ (Dmitri Shepilov)『プラウダ』編集長らが揃って訪中した。(73) ズボックの研究によれば、スターリンの死後、権力争いを行っていたソ連指導者にとって、中国はもはや単なるジュニア・パートナーではなく、中国の指導者との良好な関係を築くことは、新指導者の要件であると言っても過言ではなかった。(74) この訪中は、フルシチョフが指導者の座について初めての外遊であり、フルシチョフ外交の試金石であると同時に、政敵であるマレンコフやモロトフを追い落すチャンスでもあった。(75) このようなフルシチョフに対し、中国の指導者たちは台湾海峡において国府軍と対峙するために、より多くの軍事的、政治的援助を要求したと、ズボックは指摘している。(76)

確かに、この訪中においてフルシチョフは、多くの軍事的、政治的支援を中国に与えた。九月三〇日に行った中華人民共和国成立五周年の記念講話において、フルシチョフは「中華人民共和国政府と六億の中国人民の台湾——中国の領土における不可分の一部——を解放するという願望はソ連にとっても共感でき、また完全に理解できるものである」と述べ、米政府の対華政策を糾弾した[77]。また、フルシチョフ訪中に先立つ八月一〇日、ソ連から中国政府へ送付されたメモランダムによれば、具体的支援として、地対空砲やミグ戦闘機の製造をはじめとする国防工業への技術および資金援助が提案されていた。そのほか、五億二〇〇〇万ルーブル以上の長期借款や四億ルーブル以上の工業建設協力など、この訪中で両国首脳が署名した経済協力の規模は「ソ連のマーシャルプラン」とも呼ばれるほどであった[78]。

フルシチョフ訪中の最中の一〇月一〇日、周恩来は台湾問題に関する意見書を第九回国連総会へ提出した[79]。金門砲撃直後の九月六日、台湾問題を国連総会で提案する必要があるか否か、ソ連政府は中国政府に照会していた[80]。それ以降、この意見書提出をめぐる中ソ間の外交交渉記録は公開されていないが、同意見書と一〇月一二日に発表された中ソ会談の共同声明は台湾問題についてほぼ同様の立場を示していることから、ソ連の同意のもとで発出された文書と見なすことが可能である[81]。意見書は台湾に対する「アメリカの侵略」、あるいは「中立化」や「国連信託統治」の名のもとに台湾を中国から引き離す行為は絶対に容認できないと訴えるものであるが、具体的な抗議項目としては、米政府が国府軍を支援し、沿海島嶼から中国への攻撃、封鎖、偵察等を行っていることに重点が置かれている[82]。同意見書の発出には、台湾海峡における軍事行動に伴う中国の立場とその正当性を主張するほか、西側諸国から出される停戦案に対して先手を打とうという思惑もあったかもしれない。

このような経緯を見れば、中国の指導者たちは、解放軍の金門砲撃によってソ連の新指導部からより多くの支援を引き出し、「台湾解放」への支持を得ることをも意図していたのではないかと思えてくる。しかし他方で、中ソ同盟関係がこのように良好ななかにあっても、「台湾解放」の問題をめぐる中ソ間の温度差も見て取れる。例えば、フルシチョフはこの訪中において、旅順と大連に駐留するソ連軍を一九五五年五月までに撤退させるという決定を正式に下した[83]。中国がそれまで、「台湾解放」の際にソ連軍から支援を得ることを視野に入れて、ソ連軍の旅順・大連駐留を容認していた経緯に鑑みれば、これは「台湾解放」にソ連軍は関わらないという意思表示と見ることも可能である[84]。実際、北京市や福州市では、旅順口が中国へ返還されたことを祝いつつも、「台湾解放まで（旅順口は）返還されるべきでない」、「（米華が攻めてきた場合）解放軍だけで旅順口を防衛できるのか」など不安の声が上がっていたことを、『内部参考』は報告している[85]。

当時、米政府の内部においても、ソ連は表面上中国の主張を支持しているが、実は台湾海峡における解放軍の軍事行動に懸念を抱いているのではないかとの見方が根強かった[86]。確かに、フルシチョフが訪中していた一〇月上旬から中旬の間、浙江省沿海における解放軍の軍事活動は沈静化しており、新たな作戦は発動されなかった。ソ連は中国の「台湾解放」という究極的な目標を否定したわけではなかったが、台湾海峡を契機とした米中衝突に巻き込まれることを相当程度警戒していたはずである。中国もそれを承知したうえで、同盟国ソ連へ懸念を与えぬよう、配慮していたのではないかと推測できる。

(3) 米華相互防衛条約の締結

フルシチョフらソ連首脳訪中団が帰国し、一一月にはいると、解放軍は大陳列島の攻略作戦に向けた作戦準備を本格化させ、空軍機による大陳島爆撃を開始した。しかし、九月に金門砲撃を行ったことにより、米華、および国際社会の台湾海峡における解放軍の軍事行動に対する警戒は強まっていた。金門砲撃は「台湾解放」の宣伝工作の一部と大陳島に対する爆撃は大陳列島攻略作戦の準備というように、解放軍による軍事行動の意図はそれぞれ異なっていたとしても、大陳列島への爆撃開始は「台湾解放」を呼号する中国のさらなる軍事攻勢であると捉えられ、相互防衛条約をめぐる米政府と国府の交渉は加速することとなった。また、台湾海峡における停戦を要請する国際世論も、英連邦諸国やアジア・アフリカ諸国を中心として、さらに強まることとなった。

例えば、英政府は沿海島嶼を契機とする大戦勃発への危機感を強め、中国政府との外交関係を生かして、台湾海峡における軍事的緊張を緩和しようと試みた。一一月六日、イギリスのカッチャ（Harold Caccia）外務副大臣が宦郷駐英代理大使を緊急に訪れ、解放軍の軍事行動に警告を加え、中国が沿海島嶼をめぐる協議を関係国と行うのであれば、「英政府は全力で協議達成のための努力をする」と伝えた。(87) これに対し、宦郷は、「沿海島嶼と引き換えに台湾問題で中国に若干の譲歩を迫ることがイギリスの思惑であろう」との分析を外交部に報告した。(88) このような英政府からの警告に対し、英米の活動に連動が見られることなどを理由に、外交部は原則的な主張をもって英政府の提案を退けることを決定した。(89) ただし、外交部は同時に、もしも英政府が次に具体的な協議案を提案してくる場合は、原則的な立場を主張しつつも、その協議案について検討する価値はあると考えていた。(90) しかし、英政府から再び具体的な方案が提示されることはなかった。それは、米華相互防衛条約の締結交渉において、沿海島嶼の防衛と国府軍による大陸への反撃に対する米政府の関与が曖昧化されており、そうであれば沿海島嶼を契機とする大戦に巻き込まれる可能性は大幅に低下することを、英政府が確認したためであった。(91)

この間、一一月二日からワシントンにおいて、米華相互防衛条約締結の最終交渉が行われた。米政府が国府との条約締結に課した大きな条件は、沿海島嶼は条約の適用範囲としないことと、中国大陸に対する国府の反撃を抑制することの二点であった。このうち、前者については米政府の予想に反し、「台湾および澎湖諸島」以外は「相互の合意によって決定されるその他の領域」とすることで、早々に妥結した（第六条）。なぜなら、国府も適用範囲が台湾・澎湖諸島に限定されないのであれば、沿海島嶼を拠点とする軍事行動の自由を担保できるほうが望ましいと考えたからである。後者について、国府は攻撃に対する集団的自衛権の発動が無条件で行われることを保障し、国連安保理への報告義務は削除するよう主張したが、米政府の草案どおり集団的自衛権の発動は「自国の憲法上の手続きに従って」行い、国連安保理への報告義務が課されることとなった（第五条）(92)。

以上のような条約本文に関する交渉は一一月六日に終了したものの、国府の対大陸攻撃を抑制するために米政府が提案した付属議定書をめぐり、その後の交渉は長期化した。アメリカ側は、自衛を除くあらゆる軍事配備と武力の使用を米華事前協議の対象とすることを国府に要求したが、この提案に国府は強硬に反対した。[93] 確かに国府側は対大陸軍事行動を米政府に事前に相談するという条件を次第に受け容れつつあり、それを米政府に伝えてもいたが、条約に付属する議定書として明文化する用意はなかった。また、米政府のみが国府の軍事行動を抑制できるような議定書は、あまりにも「一方的」であると主張した。[94] しかし、その後七回の交渉を経て、国府は議定書ではなく交換公文として、大陸に対する軍事行動に関する米政府との事前協議を約すことに合意した。ただし、国府は条約への署名よりも交換公文への署名のタイミングを遅らせ、その内容を極力公表しないよう、米政府に要請した。[95]

以上のような経緯を経て一二月二日にダレスと葉公超外交部長の間で米華相互防衛条約への署名、一一日にダレス・葉公超交換公文への署名が行われた。条約締結の翌日、国府外交部の沈昌煥政務次官は記者会見を行い、同条約の締結は「大陸反攻」の国策に何ら変更を加えるものではなく、その適用範囲は台湾・澎湖諸島に限らず、将来回復する中国大陸の領土にも及ぶと説明した。[96] その後も、国府は同条約が西太平洋において米国がすでに締結している集団防衛体制の一翼を担うものであることを強調し、これを外交上の重大な勝利と位置づけたうえで、大々的な宣伝を行った。蒋介石も自らの日記に、条約締結は「一〇年間屈辱に耐え、五年間奮闘してきた成果」であり、台湾を「反攻基地」として大陸の民心を奮い立たせるうえでも、「黒雲のなかに一筋の光が見えた」と記したほどであった。[97]

米華相互防衛条約の締結は、中国にとっては「台湾解放」へのハードルを決定的に高めることとなった。一二月一〇日に毛沢東、劉少奇中央委員会副主席、鄧小平中央秘書長等に宛てた書簡に、周恩来は「米政府が緊張緩和に応じるならば、台湾、澎湖、および台湾海峡から一切の武力を撤退させ、中国内政への干渉をやめるであろう。そうすれば、台湾の平和解放が可能である。台湾は大陸の北京や長沙、綏遠などのように平和解放できる」と記した。[98] 北京や長沙、綏遠などはいずれも国共内戦において国民党が自主的に撤退し、共産党が国民党と戦わずして「解放」した都市であった。このことから、同書簡は一見「台湾解放」への楽観的な見通しを示しているようにも見えるが、実際にアメリカとの戦争を回避せざるを得ない状況下においては、「台湾解放」のためにはもはや米政府との緊張緩和、さらには台湾海峡からの撤退を待つしかないということを認める論理であるとも取れる。

それでも対外的には、一二月一八日、米華相互防衛条約の締結に対し、周恩来は抗議の声明を発表した。同声明は、米華条約を「アメリカが中国の領土たる台湾を占領している自己の行為を正当化するとともに、台湾を基地として中国に対する侵略を拡大し、新たな戦争を準備しようと企てている」と、厳しく非難した。同声明に引き続き、共産党は国内において米華条約に反対する運動を展開した。しかし、『内部参考』に収集された情報によれば、国内の反応は冷淡であった。各都市においては、米華条約によって「台湾解放」は第三次世界大戦を招くことが決定的となったという認識のほか、「米華条約が締結されようが、されまいが、台湾は解放できない」、「台湾を解放できるのであれば、こうなる前に解放すればよかったではないか」というような認識も見られたという。(99)

3 浙江沿海島嶼攻略と危機の継続

(1) 一江山島攻略作戦と外交闘争の継続

米華条約が締結されたことによって、中国の指導者たちは大陳列島への軍事作戦に対してさらに慎重になった。それは、米華条約がすでに締結されたことにより、大陳列島に対する解放軍の攻撃をアメリカが座視する可能性は低いと判断されたことによると思われる。しかしながら、大陸沿海の島々は米華条約の適用範囲上、曖昧な領域とされたため、大陳列島に対する攻撃はアメリカの真意を試すテストケースであるとも考えられるようになった。つまり、かねて準備を進めてきた大陳列島攻略作戦には、締結された米華相互防衛条約の適用範囲を試すという新たな目的が付与されたのである。

大陳列島攻略の前提となる一江山島攻略作戦が提起されたのは、一九五四年一二月九日であった。「一江山攻撃は適当か否か」との毛沢東の問いに対して、彭徳懐や粟裕総参謀長は「米蒋条約はすでに締結され、台湾地区は風が強い季節である。また、我々の準備は未だ完成していない。一江山攻撃を急ぐ必要はなく、来年の一月まで延期することができる」と答えた[100]。一九五五年一月一二日、浙東前線の部隊は一月一三日から一九日の間に最後の戦闘準備を完成させ、前線司令官を担った張愛萍は一八日に一江山島攻撃を開始する旨を総参謀部と華東軍区に報告した。総参謀部からは「一江山作戦は米蒋に対する闘争に大きく影響するので、成功しか許されず、勝利を確信してから発動されなければならない」との返電が届いたため、張愛萍は現地の天候や部隊の状況をよく検討して攻撃開始を指示し、部隊は一月一八日に一江山島への上陸作戦を成功させた[101]。

一九五三年夏の段階において、米軍は大陳列島を米軍にとって重要であると位置づけ、国府軍の同島防衛を間接的に支援していた。ところが、一江山島が陥落すると、ダレスは葉公超と会談し、大陳列島から撤退するよう勧告した。中国大陸に近接し、台湾の空軍基地から距離が離れている大陳列島の防衛は困難であり、軍事的重要性もそれほど高くはないというのが、その理由であった。同時にダレスは、大陳列島からの撤退を米海空軍が護衛すること、台湾・澎湖諸島の防衛により重要な金門を防衛するためにも、行政命令による米軍出動を可能とするような議会決議を行うことを提案した。さらに、国府が国際社会における支持を得るためには、国連へのニュージーランド案提出が肝要であることも伝えた[102]。

葉公超からこの報告を受けた蔣介石は、軍事的合理性と米議会にて米華相互防衛条約を通過させることの重要性に鑑み、米華条約の発効後にそれを公表するという条件を付して、大陳列島からの撤退に同意した。ただし、大陳列島からの撤退と引き換えに、米政府が金門・馬祖防衛に対する関与を公式に表明し、国連安保理へのニュージーランド案の提案は思いとどまるよう、米政府を説得しようとした[103]。中華人民共和国を中華民国と対等な主体として国連に招請し、「二つの中国」を促すような提案を、蔣介石はどうしても容認できなかった。一月二二日にロバートソンと会談を行った葉公超と顧維鈞は、上記を中心とする蔣介石からの七項目の要求をアメリカ側に伝えたが、アメリカ側は金門・馬祖防衛への関与を公式に表明することに消極的であり、ニュージーランド案の提出は国府にとっても有利であるとの立場を繰り返すのみであった[104]。

米政府の金門・馬祖防衛への関与に対する消極姿勢は、英政府が金門・馬祖の放棄を主張していたこととも密接に関係していた。英政府は、大陳列島のみならず金門・馬祖も放棄し、台湾海峡における停戦ラインを明確化しなければ、軍事的緊張の火種はなくならず、ニュージーランド案を中国政府が受け容れる可能性は極めて低くなると主張していた[105]。大陳列島からの国府軍撤退と金門・馬祖の防衛、そして国連安保理へのニュージーランド案提出について、国府および英政府との交渉が続くなか、アイゼンハワー大統領は議会に対して台湾防衛に関する新たな議決を要請した[106]。これを受けて一月二九日に上下両院にて合同で決議された、いわゆる「台湾決議」は、台湾・澎湖諸島の防衛のために必要な米軍の使用権限を大統領に与えることでアメリカの決意を示し、中国政府に軍事的挑発を思いとどまらせようとするものであった。ただし、台湾決議においても、台湾および澎湖諸島に加え「関連する基地および地域」の防衛に言及がなされたのみで、金門・馬祖防衛に対する米政府の関与が明確に示されたわけではなかった[107]。

（2） 台湾海峡停戦案における「二つの中国」問題

アメリカ、イギリス、ニュージーランドの三カ国から成る停戦案のためのワーキング・グループは、一月二八日にニュージーランド案を提案することを決定し、英政府が同停戦案の趣旨を中国とソ連へ通知することとなった[108]。中ソの態度はともに同案に否定的であったが、それぞれの対応には温度差があった。一月二八日にトレベリヤン（Humphrey Trevelyan）駐中国代理大使と会談を行った周恩来は、非常に強硬な様子で、米政府は中国を侵略するために国連を利用しようとしていると非難し、沿海島嶼の回復は中国の国内問題であり、国連が関与する権利はないと主張した[109]。他方で、同日イギリスのヘイター（William Hayter）駐ソ大使と会談したソ連のモロトフ駐英大使は、まず台湾海峡における軍事的な緊張を緩和することに関心を示し、カイロ宣言とポツダム宣言に従えば台湾は中国の領土であるという見解を述べた。しかし、モロトフは、国連が台湾海峡の情勢に関与する権利がないとは述べなかった(110)。

翌二九日、ソ連共産党の機関紙『プラウダ』は、米政府が台湾海峡における緊張を造り出していると非難し、ヘイターとモロトフの会談内容を公表して、ニュージーランド案を批判した(111)。そして三〇日、ソボレフ（A. A. Sobolev）ソ連国連代表が、「中華人民共和国の領土である台湾・澎湖諸島および沿海島嶼」から米軍が撤退することを要求する停戦案（以下、ソ連案）を国連安保理へ提出し、中国政府を議事に招請したうえで、ニュージーランド案と同時に審議することを要求した(112)。一九六三年に中国外交部が中ソ論争に備えて作成した文書によれば、ソ連政府は同案について、国連安保理への提出直前に、中国政府に一方的に通達したのみであった。その通達には、解放軍による軍事行動が米政府の警戒を招き、米議会において「台湾決議」を通過させたことへの危機意識が綴られ、「アメリカが中国台湾とその他の地域で行っている中華人民共和国に対する侵略活動を安全保障理事会で討論する時がすでに訪れた」との認識が記されていたという。ソ連案は大筋では中国の主張と合致するものであったが、「いずれの一方も台湾海峡において軍事的挑発を行わないよう呼びかける」との一節が盛り込まれていたことは、中国の立場に対するソ連の「無理解」であったと、同文書は評価している(113)。確かに、『人民日報』は一月三〇日付一面においてイギリスのヘイター駐ソ連大使とモロトフの会談を報じ、翌三一日付一面では「米軍は台湾海峡地区から撤退するよう、国連安保理は要求すべき」との論理でニュージーランド案を非難したものの、ソ連案には触れなかった(114)。このことは中国の指導者たちの動揺を示すかのようでもある。

一月三一日に開会された第六八九回国連安全保障理事会では、まず、審議における国府代表権の不承認を訴えたソ連提案に対し、国府を排除するいかなる提案にも反対する米提案が一〇対一（ソ連）で採択された。そのうえで、続く第六九〇回国連安全保障理事会において、ニュージーランド案は賛成九、反対一（ソ連）、棄権一（国府）で、ソ連案は賛成一〇、反対一（国府）で議題として承認され、賛成一〇、反対一（ソ連）でニュージーランド案の後にソ連案の審議を行うことが決定された。さらに、賛成九、反対一（国府）、棄権一（ソ連）で、ニュージーランド案の審議に際して中国代表を国連安保理へ招請することが決定された[115]。

この決定を受け、ハマーショルド（D. H. A. C. Hammarskjöld）国連事務総長は、周恩来に対し、国連安全保障理事会においてニュージーランド案とソ連案がともに議題として承認されたことを伝え、中国政府招請に対する中国側の意向を打診した[116]。しかし、二月三日、周恩来はハマーショルドに宛て、長文公電を送付し、ソ連案への賛成とニュージーランド案への反対を表明し、「蒋介石集団の代表を追い出し、中華人民共和国の代表が中国を代表して出席するという状況のもとでのみ、代表を派遣して安全保障理事会の討議に加わる」と宣言した[117]。その後、ハマーショルドは駐中国スウェーデン大使館を通じ、中国政府をさらに説得しようと試みたが、中国政府の姿勢は頑なであった。国府がニュージーランド案に反対していたのと同様に、中国政府にとっても国府と同時に国連安保理に出席し、「双方の武力不行使」について交渉することは、事実上、「二つの中国」の存在を認めることに他ならなかった。中国政府は、台湾海峡を軍事的に緊張させているのはあくまでも米国であり、緊張緩和を望むのであれば、米中直接交渉を行うべきであると主張した[118]。

中国が国連安全保障理事会における協議を受け容れる見通しがなくなると、英政府は中ソの微妙な立場の相違に期待をかけた。二月二日、イギリスのイーデン（R. Anthony Eden）外相はベロクヴォスティコフ（M. Belokhvostikov）駐英ソ連代理大使と会談し、中国の軍事的挑発を停止させるための協力をソ連政府に求めた[119]。これに応え、二月五日、ソ連政府は英政府に対し、「台湾海峡の緊張状況を緩和する方法はこの国際会議を開催する以外にない」として、中国、アメリカ、イギリス、ソ連、フランス、インド、ビルマ、インドネシア、パキスタン、セイロンから成る一〇カ国政府による会議（以下、一〇カ国会議）を、上海またはニューデリーにて開催することが望ましいと提案した[120]。

中国外交部は、国連安全保障理事会への代表派遣を拒否したことで、平和や交渉を否定しているとの印象を国際社会に与えることを懸念していた。そこで外交部は、自らの立場を説明するための宣伝を増やし、「二つの中国」には反対しつつも、緊張緩和のための交渉には応じる姿勢を打ち出すことが肝要であるとの方針を立てた[121]。このような観点から、周恩来はソ連が提唱した国際会議案にも応じる姿勢を見せた。周恩来は二月五日にスウェーデン大使、二月六日および八日にはインド大使と会談し、ニュージーランド案に賛同できない理由を説明し、米政府との交渉には応じるが、蔣介石との交渉に応じることはできないと述べた。中国政府はただ交渉を拒絶するのではなく、蔣介石が参加せず、国連と関係がないのであれば、一〇カ国会議に向けた各国との接触には反対しないとの立場へと転換したのである。[122]その背景には、国府を招請せずに台湾問題を論じる一〇カ国会議にアメリカ、イギリス、フランスなどが応じるはずはないという、中国の見通しがあった。

前出の一九六三年に作成された外交部資料によれば、中国はソ連に対しても、一〇カ国会議に賛同するが、国府代表の招請、同会議と国連を関連づけることには断固として反対することを訴え続けたと記録されている。[123]実のところ、同会議への国府代表の招請問題をめぐり、ソ連、イギリス、インド政府の足並みは揃わなかった。ソ連は中国の主張を叶えるべく交渉を行ったが、米政府が国府代表を招請しない会議を容認する見込みはないという観点から、英政府は国府の参加を要請していた。「関係各国はすべて参加できる」とするインド政府の態度は不明瞭であった。中国政府はこのような状況を窺い、一〇カ国会議開催には障害が多いため、まずは関係各国の接触を少しずつ進め、米中が直接接触できる基盤を築くべきであると主張しはじめた。[124]

(3) 大陳列島「解放」と金門・馬祖「解放」の再検討

アイゼンハワー政権が金門・馬祖の防衛を表明せず、国府が単独で米政府の金門・馬祖防衛に言及することにも同意しなかったため、国府は大陳列島からの撤退を引き延ばしていた。そのため米政府から国府への圧力は強まり、二月五日には、大陳列島からの国府軍撤退を護衛する第七艦隊はあと二四時間しか待機できないとの最後通牒が通達された。[125]そこで、蔣介石はまず米政府が撤退の護衛と声明発表を行うことを容認し、それから国府声明の内容を検討することを決定した。[126]二月六日、アイゼンハワー政権は米第七艦隊と第五空軍に対し国府軍の撤退を護衛するよう命じ、大陳列島からの国府軍の「移動」、および「台湾および澎湖諸島の防衛に不可欠な地域」の防衛を援助すると表明した。[127] 翌日、国府は「米政府との交渉により」、「離島の兵力を部分的に移動」することを決定し、「大陳列島の兵力で、金門、馬祖などその他重要な島々」の防衛力を強化するとの声明を発表した。[128]

大陳列島からの国府軍撤退に対し、解放軍では「護衛する米軍はもちろん、撤退中の国府軍に攻撃を加えない」との指示が徹底された。[129] その後、二月八日から一四日の間に、解放軍の浙東前線部隊は、北麂山島、漁山島、披山諸島など浙江省沿岸に位置する小島を次々と占領した。二月一二日に大陳列島からの国府軍撤退が完了すると、二二日、解放軍空軍は浙江省沿岸では大陳列島の次に多くの国府軍が駐留していた南麂山島を爆撃した。[130] 米政府は国府軍の士気などを考慮し、国府にこれ以上の撤退を促さなかったが、この島を共同防衛はしないことを決定した。そのため、国府軍は二四日に南麂山島からも自主的に撤退した。[131] これで浙江省沿海の島々はすべて中国の占領下に置かれることとなった。

浙江省沿海に位置するすべての島々から国府軍が撤退すると、米政府と国府および英政府の間では、金門・馬祖からも撤退すべきか否かという論争が再び巻き起こった。中国政府が国連安保理への出席を拒否したことを受け、英国は金門・馬祖から国府軍を撤退させ、台湾海峡に停戦ラインを引く必要性を、ますます強く主張するようになっていた。イーデン外相は二月初旬に下院議会に対し、台湾の地位に関する英政府の立場を明示した。台湾・澎湖諸島は日本が放棄した後「法的主権が不明確もしくは未確定の領土」であるのに対し、「中国大陸にごく近い国民党支配下の島々は、明らかに中華人民共和国の領土の一部を成している」というのが英政府の立場であった。[132] チャーチル（Winston S. Churchill）英首相もアイゼンハワー宛てに書簡を送付し、中国大陸沿海の島々から国府軍を撤退させるよう説いた。[133]

さらに、二月の末にバンコクで開催されたＳＥＡＴＯ会議において、ダレスとイーデンは台湾海峡の問題について議論した。ダレスは中国の侵略的意図を強調し、これ以上の後退は国府による台湾防衛の士気を崩壊させると主張した。これに対し、イーデンは、大陸沿岸の島々すべてからの国府軍撤退と引き換えに、台湾・澎湖諸島を武力によって回復することを放棄するとの保証を中国へ求めることを提案し、自ら仲介役を買って出た。[134] イーデンは周恩来に対し、香港あるいは深圳にて会談する可能性を至急打診した。[135] 同時に、イーデンはモロトフとインドのネルー（Pandit Jawaharlal Nehru）首相に対しても、周恩来への会談打診が台湾問題に関する国際会議開催と補完的な関係にあることを伝え、協力を依頼した。[136]

モスクワでは、ヘイターがモロトフと会談し、イーデンが周恩来に対して台湾問題をめぐる会談開催を提案することを伝えた。[137] しかし、イーデンの提案について、モロトフは「よく検討」し、「中国側の見解も知りたい」と述べるにとどまった。[138] 週末を挟んだ二日後、トレベリヤンは周恩来に対し、中国政府が台湾・澎湖諸島を回復する手段として武力行使に依らないということを公開または非公開で表明するならば、英政府は金門・馬祖からも国府軍を撤退させるよう米政府を説得すると伝えた。トレベリヤンはまた、イーデンがバンコクからの帰路に香港へ立ち寄る用意があることも伝えた。これに対し、周恩来は一部の問題については検討する余地があると答えつつも、イーデンの提案するような「汚い取引」には応じられないと、厳しい態度を示した。[139]

このような中国の強硬な姿勢に対し、ソ連から中国への事態収拾に向けた圧力は、英政府の仲介工作をきっかけに強まったようである。一九六三年一二月の外交部資料によれば、イーデンの提案が前提条件を付していないことなどを理由に、ソ連政府はイーデンと周恩来との会談実施を後押しした。[140] 二月二八日、フルシチョフは毛沢東に書簡を送り、金門・馬祖をめぐる軍事的緊張の高まりに対する懸念を改めて表明し、台湾海峡における軍事活動の状況説明を求めると同時に、平和交渉に応じることを呼びかけた。しかし、毛沢東はフルシチョフに回答するよりも先に、イーデンとの会談には応じないという結論を出していた。三月一日付で周恩来がイーデンに宛てた回答は、英政府の仲介案を「アメリカの侵略行為を合法化するもの」と非難し、台湾海峡の緊張を緩和する方策を検討するのならば、イーデンが北京を訪問するよう逆提案した。[141] これに対し、イーデンは「停戦交渉を行うための共通の基盤が存在しない」

と判断し、周恩来との会談を見送った(142)。

三月五日、毛沢東はフルシチョフからの二月二八日付書簡に対する返書を発出し、フルシチョフに対して、現在福建省沿岸で行っているのは長期間を要する軍用航路や空軍基地の修理・建築であることを説明した。また、それら攻撃の準備が完了しても、同地域における米軍の状況を見て、軍事作戦を発動するか否かを決定すると報告した。当時の軍事的状況について毛沢東は、金門の国府軍兵力は大きいが、米海軍が中国大陸に近接する金門防衛への関与を維持することは難しく、かといって米陸軍が金門に駐留する可能性も低いと見積もっていた。そのため、解放軍の作戦、国府軍の撤退、または国際会議の決定により沿海島嶼の問題が「解決」すれば、米軍が駐留する限り中国は台湾・澎湖諸島への軍事作戦を行えないため、「台湾地区の緊張情勢は自然と緩和する」という見通しを示していた。

また、毛沢東はイーデンとの交渉を拒否しても、その仲介活動は継続する可能性が高く、そうであれば「インドを利用してイギリスに圧力をかけ、アメリカに譲歩をさせることで、台湾問題の解決を手中に収めたいという米英の企図を、我々に有利なものへ転換させられる」と主張し、以後の台湾問題をめぐる外交方針について、以下のように述べた。

> 我々はアジア・アフリカ会議の期間、インド、ビルマ、インドネシアとさらに多く接触する機会があり、この三国、特にインドと接触、会談する機会を利用して台湾地区の情勢を解決する機会をつくることが、我々に有利であると考え始めている。このようなやり方は当然イギリスとの接触、特にイギリスとソ連の接触を排除するものではなく、主には沿海島嶼の問題をソ連政府が提案する一〇カ国会議に関連づけるものである。我々は、一〇カ国会議を実現させるためには、比較的長期にわたり多方面に対する外交活動を行っていく必要があると考える。

さらに、国際会議や対米交渉により大陸沿海島嶼の問題を平和的に解決するための方策について述べた後、毛沢東は以下のように主張した。

国際会議においても、それ以前においても、我々は絶対に沿海島嶼と台湾澎湖を交換し、「二つの中国」を造成する米英の要求には同意できない。その場合、国際会議を行うまでに多くの紆余曲折が予想されるものの、この一点は我々の譲れない部分である。つまり、我々はしばしの間アメリカ人が事実上台湾を占領し、台湾へ進攻できないことは許容できるとしても、アメリカの占領を合法化し、台湾解放のスローガンを放棄し、「二つの中国」を認めることはできない。アメリカがこの状態に満足するのであれば、沿海島嶼を非合法的なしばしの安定状態と交換すべきである（傍線引用者）[143]。

毛沢東がフルシチョフに説明したように、浙江省沿岸の島嶼を「解放」した後、解放軍においては再び金門や馬祖に対する攻略作戦が検討されていたが、軍事指導者たちは、国府軍が自主的に撤退しない限り、直ちに作戦を発動することは難しいとの結論に達した。三月三日から四日にかけて粟裕総参謀長らが行った作戦会議においては、以下の諸点が確認された。①金門を攻略すれば馬祖から敵が退却することは間違いないが、馬祖を攻略したからといって、金門から敵が退却するとは限らない。②ただし金門を攻略する場合、作戦の規模は大きくなるので、準備には比較的長い時間がかかり、③その結果米海軍の介入を招けば受動的な状況に立たされる可能性もある。このような認識に基づき、粟裕らは、半年以内に馬祖を「解放」し、一年半以内（一九五五年四月から一九五六年一〇月）に金門を「解放」する方針を提案した[144]。彭徳懐は三月九日、粟裕らが提起した方針、すなわち「先に馬祖を解放する」ことに同意した[145]。これに加え、毛沢東は三月一四日、大陳列島の時と同様、馬祖から国府軍が撤退する際にも攻撃を加えないよう指示を出した[146]。この指示からは、国府軍が金門・馬祖からも撤退する可能性に、毛沢東が期待していた様子を窺うことができる。

中ソ間の交渉や解放軍の決定を知る由もなく、米英は金門・馬祖の防衛をめぐる論争を継続していた。毛沢東が予想したとおり、英政府は仲介工作を継続しようとした。イーデンは台湾海峡の緊張緩和を議題とする国際会議の参加

図 1-2 砲撃戦で殉職した兵士を慰霊するため、宋美齢を伴って金門島を訪れた蔣介石（1955 年 4 月 12 日：金門島、国史館所蔵：典蔵号 002-050113-00008-220）。

国や議題について会談を行うよう、周恩来に提案し続けたが、周恩来とイーデンの会談はとうとう実現しなかった[147]。とはいえ、三月にはいると共産党による「台湾解放」の宣伝は相当程度減少し、米政府内部の各種情報分析においても、解放軍が金門・馬祖に大規模な攻撃を行う可能性は低いとの観測が有力になってきた。すると、情勢に対する悲観的な認識や国府への配慮から、三月上旬には金門・馬祖防衛のために小型核兵器を使用することさえ示唆していたアイゼンハワーやダレスも、情勢の変化に伴い、国府が自主的に金門・馬祖から撤退することが望ましいと考えるようになった[148]。

アイゼンハワー政権における金門・馬祖放棄の議論には、大陸東南沿岸部における解放軍の空軍増強を受け、国府が対岸の空軍基地に対する爆撃を提案したことも大きく影響していた。アメリカが中国との戦争に巻き込まれることを防ぐためには、国府に金門・馬祖を放棄させるか、少なくとも金門・馬祖の防衛は台湾における国府の存続を左右しないと表明させる必要があった[149]。この考えを国府と共有するために、ダレスは国府が金門・馬祖から撤退すれば、台湾・澎湖諸島を拠点に温州から汕頭に至る大陸沿岸部を封鎖する共同作戦を行うという案を策定し、ロバートソンとラドフォード(Arthur W. Radford)統合参謀本部議長を特使として訪台させた[150]。しかし、ロバートソンとラドフォードを迎えた蔣介石は、金門・馬祖からの撤退はもちろんのこと、それらの島々の防衛を国府存続の必要条件としないと表明することすらも頑に拒んだ。蔣介石はそれどころか、米政府が金門・馬祖の防衛に関与しなければ、台湾を失うという非常に大きな損失を被るであろうことを強調したのであった[151]。ロバートソンとラドフォード訪中の直前、次節で示すように周恩来がバンドンにて米政府との直接対話に言及しており、上記のような金門・馬祖の防衛をめぐる米華間の軋轢は、アイゼンハワー政権が中国との大使級会談に踏み切る大きな要因となった。

4　「二つの中国」問題の回避

（1）アジア・アフリカ会議への参加

金門・馬祖を軍事的に攻略するには時間がかかることを確認した中国の指導者たちは、一九五五年四月のアジア・アフリカ会議を皮切りに、平和攻勢へと転じた。

一九五四年、ヨーロッパでジュネーブ会議が開催された頃、セイロンの首都であるコロンボにおいては、東南アジア首相会議が開かれた。コテラワラ（John Kotelawala）セイロン首相の提唱にもとづき、インド、インドネシア、パキスタン、ビルマ五カ国の首相が集まり、インドシナ休戦や中国承認問題などについて議論を行った。アジアの平和維持と相互協力で原則的に一致した五カ国は、以降「コロンボ・グループ」と呼ばれるようになる。また、セイロンを除く四カ国は一九五一年までに中国政府と外交関係を樹立しており、とりわけ対中関係に積極的なインド、ビルマ、インドネシアの三カ国は、中国の対アジア外交の拠点と位置づけられるようになっていた(152)。

ジュネーブ会議の合間を縫ってインドとビルマを訪問した周恩来はそれぞれの首脳と会談し、東南アジア首脳会議を支持し、「平和共存五原則」を盛り込んだ共同声明を発表した(153)。「平和共存五原則」とは、①領土主権の尊重、②相互不可侵、③内政不干渉、④平等互恵の原則に則ってこそ、⑤社会制度の異なる国家は「平和共存」できるとする一種の規範である。「平和共存五原則」は、一方では中国とインドやビルマとが共有する反帝国主義的な国際情勢認識を確認するものであり、他方では中国とインドやビルマとの間の国境など主権にかかわる問題を棚上げするための方策であったという理解が可能であろう。つまり、当時の中国外交は近隣諸国との主権問題は棚上げにしても、アジアの近隣諸国との関係を改善し、対米統一戦線を形成することに重きを置いていたと見なすことができる。

しかし、中国外交部がアジア・アフリカ会議への参加に際して作成した資料（表1―5）からも明らかなように、コロンボ諸国を除くアジア・アフリカ諸国のほとんどは国府との外交関係を有していたものの、大使級の外交関係を有していた国家はわずか三カ国で、情況は依然として流動的であった[154]。一九五四年一二月、コロンボ・グループは第二回東南アジア首脳会議を開催し、翌年四月にインドネシアの首都バンドンにてアジア・アフリカ会議を開催し、中華人民共和国を含むアジア・アフリカ二五カ国を招請する旨を決定した。しかし、アジア・アフリカ会議への中華人民共和国招請には、異論が存在しないわけではなかった。一九五四年九月から継続していた解放軍の沿海島嶼への攻撃、それによってアメリカとの間に軍事的緊張が生じていたことは、中立主義を掲げるアジア・アフリカ会議の理念とは矛盾していた。さらに、招請予定のアジア・アフリカ諸国から国府の招請問題が提起されることも、容易に想像できた。

一九五四年後半に訪中したネルーやウー・ヌ（U Nu）ビルマ首相に対し、周恩来はアジア・アフリカ会議への参加を希望する旨を訴え、ウー・ヌとの会談においては早くもこの時から台湾の「平和解放」に言及していた。一〇月一九日から二七日まで中国を訪問したネルーに対し、周恩来は台湾海峡の緊張が「平和共存五原則」と矛盾しないことを説明した。周恩来はアメリカが中国の内政に干渉していると指摘したうえで、①中国外交は「平和共存」を志向しており、アメリカもその対象に含まれること、②ただし、中国への侮辱には抵抗すること、③沿海島嶼や台湾を「解放」しなければならないが、いかなる行動を採るにも注意していることを主張した[155]。一二月一日から一二日まで中国を訪問したウー・ヌに対して、周恩来は「もしも台湾を平和的に解放できるならば、戦争に訴える道理はない。しかし、台湾の平和解放の前提は、台湾は中国のものであるという点であり、台湾の中立化、独立国化、公民投票などは受け入れられない」と述べた[156]。このように、「平和共存」と「台湾解放」の間に、中国外交は矛盾を抱えており、

表 1-5　アジア・アフリカ会議への参加国と国府の関係

関係		国名
1. 外交関係なし		ベトナム民主共和国、インド、ビルマ、インドネシア、パキスタン、セイロン、ラオス、ネパール、アフガニスタン
2. 大使を交換		日本、フィリピン、トルコ
3. 大使館を設置	代理大使を交換	タイ
	大使館設置のみ	イラン、イラク、エジプト（カイロ）
4. 領事館を設置		ベトナム共和国…外交関係樹立の交渉中 カンボジア…承認を迫っている サウジアラビア…その他関係は不明
5. その他の関係		リビア…国府が 1951 年に「承認」 シリア、リビア…大使館設置との情報もあるが不明
6. 関係不明		ヨルダン、イエメン、コートジボアール、中央アフリカ、エチオピア、リベリア、スーダン
※その他の情況		韓国…大使を交換 南アフリカ…ヨハネスブルクに領事館設置 イスラエル…外交関係なし

出典：「亜非会議与会国家和蔣賊有無外交関係（未定稿）」中国外交部档案（档号 207-0021-01）をもとに筆者作成

台湾の「平和解放」とはその矛盾を解消すべく考案された論理であった。翌一九五五年一月一五日付で北京に届けられたアジア・アフリカ会議への参加要請に対し、中国政府は二月一〇日まで回答を発出しなかった。その経緯は明らかになっていないが、大陳列島を「解放」し、台湾海峡の情勢が一段落するのを待ってからアジア・アフリカ会議への正式な参加表明がなされたとの解釈も可能であろう。

金門・馬祖の「解放」をめぐる議論にも一区切りがついた四月五日、周恩来の提案により、毛沢東は中央政治局委員、鄧小平、王稼祥外交部副部長、陳毅などを招集して政治局会議を主宰し、「アジア・アフリカ会議への参加に関する方案」を採択した[157]。同「方案」は会議に臨む中国外交の「総方針」を、「世界の平和統一戦線を拡大し、民族独立運動を促進し、我が国と若干のアジア諸国の実務関係や外交関係を樹立または強化する条件を勝ち取ることにある」とまとめた。そのうえで、台湾問題をも含む「国際的な緊張情勢を緩和する問題」については、同会議において台湾海峡情勢の緊張緩和を論じることは差しつかえないが、国府を招請する国際会議の開催

表1-6　アジア・アフリカ会議中国代表団および記者団の一覧

【代表団】	
代表団長	：周恩来（国務院総理兼外交部長）
代表	：陳毅（国務院副総理）、葉季壮（対外貿易部部長）、章漢夫（外交部副部長）、黄鎮（駐インドネシア大使）
顧問	：廖承志（中央華僑事務委員会副主任兼統一戦線部副部長）、楊奇清（公安部副部長）、喬冠華（外交部部長助理）、陳家康（外交部部長助理兼亜太司長）、黄華（外交部欧亜司長）、達浦生（中国・インドネシア友好協会理事）
秘書長	：王倬如（山東省副省長）
秘書	：浦寿昌、浦山、姚力、康茅召、陳鼎隆、韓叙
【記者団】	
	呉文（人民日報）、李慎之（中国青年報）、張彦（人民中国）、銭嗣杰（新華撮影部）、呉夢濱（中央制片廠）、劉茂倹（新華社）、陳定民（北京日報）、郭英会（新観察社）、劉麟瑞（世界知識）、楊春松（大公報）、張維冷（新華社）

出典：中華人民共和国外交部档案館編『中華人民共和国代表団出席1955年亜非会議』45-46頁、『人民日報』1955年4月17日をもとに筆者作成

には断固として反対するという方針を立てた。また、国連の代表権問題に関しても、「我々は国連憲章を支持し、国連憲章に違反する各種の行為に反対し、そのなかには中華人民共和国の国連における合法的な地位をはく奪する行為も含まれる」との方針が立てられた[158]。

四月六日、周恩来は国務院会議にて「アジア・アフリカ会議に参加する問題に関する報告」および「中華人民共和国アジア・アフリカ会議出席代表団名簿の批准に関する報告」を採択し、第二期全国政治協商会議常務委員会第四回会議にて、「アジア・アフリカ会議出席に際する任務と方針」に関する報告を行った。そして翌七日、周恩来率いるアジア・アフリカ会議代表団は、北京を出発した（**表1―6**）。代表団は昆明を経由して、一四日にヤンゴンに入ったが、この間一一日にはいわゆるカシミール号事件が起きた。代表団が搭乗予定であった航空機が香港離陸後に爆破されると、中国政府はこれを香港で活動する国民党特務の仕業であると断じ、国府を批判する宣伝攻勢をかけた[159]。

周恩来はヤンゴンにてウー・ヌと会談を行ったほか、ヤンゴンにネルー、ナセル（Gamal Abdel Nasser）エジプト大統領などを迎え、非公式会談を行った。ウー・ヌとの会談において、周恩来はアジア・アフリカ会議に際する、台湾問題をめぐる中国政府の立場を明確に説明した。それは、以下の三点にまとめられる。①蒋介石集団

との間の戦争は内戦の継続であり、アメリカが台湾に干渉していることは国際問題である。②よって、米軍が中国の領土である台湾への干渉を放棄すれば、平和的な方法で台湾を解放でき、アメリカとは平和共存五原則に基づく声明を発表する用意がある。③平和的な方法で台湾を解放する際には蒋介石集団と交渉できるが、その場合は蒋介石集団が中央人民政府を承認することが前提となる。[160] バンドンにおける中国代表団は、上記のような論理をもって台湾海峡における軍事行動を正当化し、アジア・アフリカ諸国の中国に対する警戒心を懐柔しようと試みたのであった。

（2）「平和解放」と対米交渉の表明

四月一八日にインドネシアのバンドンで開幕したアジア・アフリカ会議は、中国外交にとって、アジア・アフリカ諸国との関係を改善するほか、アメリカに対抗する国際統一戦線を強化する外交闘争の舞台でもあった。バンドンの空港に到着した周恩来は、アジア・アフリカ諸国の代表が初めて集う同会議の歴史的な意義を称えつつ、「我々の会議を快く思っていない人々がいることを指摘せざるを得ず、彼らは会議を妨害しようと必死である」と、カシミール号事件への国府の関与を強調した。[161]

会議二日目である四月一九日午前中、全体会議に登壇した周恩来は「平和共存五原則」を強調し、アジア・アフリカ諸国へ関係改善を呼びかけた。しかし、アジア諸国、特に近隣諸国の中国に対する警戒心には根強いものがあった。[162] そのため、周恩来は同日の午後、再度登壇し、補足発言を行った。周恩来は、アジア・アフリカ各国との関係において、「小異を捨てて大同につく」という中国外交の基本姿勢を強調し、台湾海峡における緊張については以下のように述べた。

アメリカが一手に引き起こした、台湾海峡における緊張情勢について、我々はこの場においてソ連とともに提出したような国際会議の開催において解決を求めるような議案を提出することもできる。中国人民が自らの領土である台湾と沿海島嶼

図 1-3　第 1 回アジア・アフリカ会議に参加する周恩来と、それを取り囲む報道陣（1955 年 4 月：インドネシア・バンドン、PANA 通信社）

> を解放しようとする要求は正義であり、これは完全に内政であり、自らの主権行使であり、多くの国家の支持を得ているものである。我々は本会議において、国連における中華人民共和国の合法的な地位を承認し、回復することを提案することもできる。昨年、コロンボ五カ国の首脳会談とアジアのその他諸国は、国連における中華人民共和国の地位を支持した。（引用者：そのことに乗じて）中国が国連において受けている不公正な待遇を、ここで批判することもできる。しかし、我々はここでそれを行わない。なぜならば、そのようなことを始めれば、我々の会議はすぐに解決しようのない論争に陥るからである。[163]

このようにアジア・アフリカ会議に台湾問題を持ち込まないという姿勢を示しつつも、周恩来はバンドンにて各国首脳と一二回におよぶ非公開会談を行い、そのなかでは台湾問題に関する説明を行ったという。それらの会談について、周恩来は党中央に「出国後の各地における台湾問題をめぐる交渉に関する報告」を提出した。報告の全文は未だ公表されていないが、『周恩来年譜』がこの「報告」を抜粋している部分をまとめると、周恩来は各国首脳との会談において「台湾解放」の問題を論じ、以下の二点を強調したという。第一点は、台湾問題には中国大陸における内戦の延長としての「台湾解放」と、米政府が国府を支持し、台湾や沿海島嶼の防衛に干渉している問題の二つの側面があり、中国政府は先に後者の問題を解決すべきであるという主張であった。第二点は、中国はあらゆる手段を使って「台湾解放」を実現する権利があり、「平和解放」もこれに含まれるが、「平和解放」は米政府が侵略と干渉を停止し、台湾海峡からすべての軍事力を撤退させて初めて可能となるという主張であった。[164]

上記二点の主張は、四月二三日の午前中に開催された政治委員会における周恩来の発言にも、端的にまとめられた。周恩来は「平和共存」のための七点の基礎について発言を行った後、さらに国際紛争を平和的手段により解決することの重要性を補足し、以下のように述べた。

中国人民はアメリカと戦争をしたいわけではなく、平和的な方法をもって国際紛争を解決したいと考えている。もしも皆が平和的な方法で中米間の紛争を解決したいと考えているのであれば、それは極東の緊張情勢を緩和することに利するものとなり、世界大戦を遅らせ、防ぐことに利するものとなろう。(165)

このような台湾海峡における軍事的緊張に対する中国政府の説明は、アジア・アフリカ諸国にどのように受け止められたのだろうか。四月二三日の午後、周恩来はコロンボ五カ国およびタイ、フィリピンの代表と台湾問題に関する議論を行った。(166) 外交部が作成した報告書によれば、同会議はアジア・アフリカ会議中に行われた台湾問題をめぐる議論のなかで、最も重要な会議であったという。同会議において、周恩来はこれまで各国代表に対して個別に伝えた台湾問題をめぐる中国政府の立場と意見について、改めて全体的な説明を行った。(167)

外交部の報告書は、会議にていずれの国からも中国の主張に対する反対意見が出なかったことを高く評価しているが、各国の反応は当時の国際情勢を如実に反映するものであった。まず、フィリピンとタイは、とりたてて反対の意思表示をしたわけでもなかったが、中国政府の立場を支持するとも表明しなかった。インドネシア、インド、ビルマは基本的に中国政府の立場と方針を支持した。しかし、インドネシアに関しては、インドネシアのイリアンジャヤ州領有権を中国政府が支持することと引き換えに、中国の立場への支持を示したに過ぎなかった。インドのメノン（V. K. Krishna Menon）駐国連大使は金門・馬祖を中国へ返還し、アメリカが中国の統一を承認、中国は台湾の平和解放を保障するという条件下で、台湾を自治省とする案を考えているようであった。ビルマのウー・ヌは、まず中国政府と国府との交渉が必要であると主張し、自ら仲介を買って出た。(168) つまり、八カ国の代表はいずれも、平和的な手段により台湾問題を解決することには賛同していたが、中国政府が主張する「二つの中国」への反対を正確に理解していたわけではなかった。

会議を終えた八カ国の代表は、会議内容を極秘とすることで合意した。ただし、インドネシアのスカルノ(Sukarno)大統領は、中国政府が自ら台湾問題に対する立場を対外的に表明するよう提案した。外交部の報告書によれば、この提案をうけて、周恩来は同日、「極東の緊張情勢を緩和する問題に関する声明」を発表し、翌二四日の閉幕会議でも台湾問題に言及することを決定した[169]。この声明は、「米政府と交渉のテーブルにつき、極東の緊張情勢、特に台湾地区の緊張情勢を緩和する問題について討論する用意がある」と、米中交渉に応じる意向を初めて対外的に表明するものであった[170]。これに加え、閉幕会議において周恩来は、「台湾地区の緊張状態を緩和または解消するのは中国とアメリカの交渉に依るべきであるが、中国人民による主権の行使――つまり台湾解放の正義の要求は、それによっていかなる影響も受けてはならない」と、アメリカと交渉しても「台湾解放」の権利は決して放棄しないことを改めて強調した[171]。なお、アジア・アフリカ会議において周恩来はアメリカとの交渉の形態には言及していない。周恩来が帰国後に全人代常務委員会で行った報告によれば、交渉の形態について、周恩来はこの段階において、「ソ連が提案する一〇カ国会議の提案を支持し、それ以外の形式も受け容れる」という程度の構想しか持っていなかった[172]。

おわりに

本章は、朝鮮戦争休戦からアジア・アフリカ会議へと至る期間に、沿海島嶼および台湾・澎湖諸島の「解放」に関する中国の指導者たちの認識および方針がどのように推移したのかを論じた。本章の考察を通じて、明らかになったことは、以下の三点にまとめることが可能である。

第一に、朝鮮戦争休戦からアジア・アフリカ会議へと至る過程を通じて、台湾海峡における現状変更の争点は、金門・馬祖「解放」の問題へと収斂していった。朝鮮戦争休戦後、米政府の対華戦略が再検討され、解放軍による沿海島嶼に対する攻勢が強まるなかで、国府軍は浙江省沿海の島々を次々と失い、福建省沿海の金門および馬祖がその最後の砦となった。中国の指導者たちは金門・馬祖の攻略が軍事的に困難な課題であることを認識しつつも、それを台湾・澎湖諸島の「解放」と同様の「長期的な課題」であるとは認識していなかった。指導者たちは、勝算があるならば、金門・馬祖はできるだけ早い段階で「解放」したいと考えていた。そのため、大陳列島「解放」の過程で米政府の金門・馬祖防衛に対する関与が西側諸国間および米国内で論争を呼んでいる様子を窺うと、中国は外交攻勢によってアメリカに圧力をかけ、戦わずして金門・馬祖を回復する方策を模索した。このような、外交闘争によって、軍事的には困難である金門・馬祖「解放」を達成しようという試みは、米中大使級会談へと受け継がれていくこととなった。

第二に、解放軍による台湾海峡における一連の軍事行動の結果として、米華相互防衛条約が締結され、国連において停戦案が提起されたことは、中国にとっての「二つの中国」問題の起点となった。朝鮮戦争中も、国連代表権問題や対日講和などにおいて、国府が国際的に合法な主体として扱われることはあったが、中国政府がそれらを「二つの中国」を創り出す「陰謀」として、大々的に批判することはなかった。しかし、南北朝鮮や南北ベトナムの停戦ラインが画定された国際情勢下において、米政府は一方では米華相互防衛条約を締結しつつも、他方では中国政府と国府を同等の主体として扱う停戦案を作成し、国連安保理に中国政府を招請することを容認した。このことは、自らも分断国家として認定されてしまうことに対する、中国の指導者たちの危機感を喚起したのではないかと推察される。これに対し、「二つの中国」状況をつくり出すとの理由で、中国政府と国府は互いに同じ停戦交渉のテーブルにつくことを拒絶した。

第三に、上記二点から、中国政府が提案した対米直接交渉は、米政府との関係打開というよりもむしろ、外交による金門・馬祖「解放」を達成し、停戦交渉を拒否したことに対する国際的な批判をかわすことを目的としていたことがわかる。停戦交渉を拒否し、軍事的威嚇を継続する中国に対し、西側諸国のみならず、社会主義諸国やアジア・アフリカ諸国も不安感を募らせた。フルシチョフの毛沢東に対する停戦要請は、危機が長期化するに伴い切実さを増したようである。また、アジア・アフリカ会議において、周恩来はアジア・アフリカ諸国の中国に対する警戒感を感じ、自らが掲げる「平和共存五原則」と対台湾政策を整合させる必要性に直面したのではないかと推察される。すなわち、対米直接交渉は、停戦交渉の拒否と軍事的威嚇の継続の両方に代替する手段としての意味合いが強かったのである。

朝鮮戦争休戦からアジア・アフリカ会議へと至る時期の、台湾問題をめぐる中国の指導者たちの言動や議論のなかに、後に「一つの中国」原則を築く基礎となるような論理はほとんど見られない。すなわち、金門・馬祖は中国大陸と台湾を繋ぐ「紐帯」であり、同様に「二つの中国」論に反対している国府に金門・馬祖を保持させるというような、後年しばしば言及されるようになった論理は見られない。中国の指導者たちの発想は、あくまでも朝鮮戦争勃発前から継続する「台湾解放」の論理の延長線上にあり、国府が占領する島嶼を一つずつ攻略し、「台湾解放」に繋げようと考えていた。しかし、米華相互防衛条約の締結を阻止できず、米政府が金門・馬祖防衛に対する関与を放棄しない状況下において、そのような論理と戦略は行き詰まりを迎えていったのである。

(1) 危機に直面した米政府の政策決定を詳細に論じた研究として、Robert Accinelli, *Crisis and Commitment: United States Policy toward Taiwan, 1950-1955* (Chapel Hill: The University of North Carolina Press, 1996), pp. 111-251; Appu Kuttan Soman, *Double-Edged Sword: Nuclear Diplomacy in Unequal Conflicts: The United States and China, 1950-1958* (Westport: Praeger, 2000), pp. 115-164.

(2) Robert S. Ross and Jiang Changbin eds., *Re-examining the Cold War: U.S.- China Diplomacy, 1954-1973* (Cambridge: Harvard University Press, 2001), pp. 77-105 and pp. 141-172; Zhang Shu Guang, *Deterrence and Strategic Culture: Chinese-American Confrontation, 1949-1958* (Ithaca: Cornell University Press, 1992), pp. 189-224. そのほかにも、中国における研究成果として、蘇格

『美国対華政策与台湾問題』（北京：世界知識出版社、一九九八年）一八〇―二七二頁、陶文釗『中美関係史』（上海：上海人民出版社、一九九九年）二二〇―二四五頁、戴超武『敵対与危機的年代―一九五四―一九五八年的中美関係』（北京：社会科学文献出版社、二〇〇三年）などは台湾海峡危機の経緯に詳しい。

(3) 楊奎松「毛沢東与両次台海危機―二〇世紀五〇年代中後期中国対美政策変動原因及趨向」『史学月刊』二〇〇三年第一一期、五二―五九頁および第一二期四八―五五頁、平松茂雄『台湾問題』（勁草書房、二〇〇五年）第二章および第三章。

(4) 青山瑠妙「中国の台湾政策―一九五〇年代前半まで」『日本台湾学会報』第四号（二〇〇二年七月）二〇―三九頁、同『現代中国の外交』（慶應義塾大学出版会、二〇〇七年）一四〇―一四九頁、服部隆行『朝鮮戦争と中国』（溪水社、二〇〇七年）。

(5) 何迪「『台湾危機』和中国対金門・馬祖政策的形成」『中国現代史』第一〇号（一九八八年）三八―四一頁、徐焰「五十年代中共中央在東南沿海闘争中的戦略方針」『中共党史研究』一九九二年第二期、五二―六〇頁。

(6) Gordon H. Chang, *Friends and Enemies: The United States, China and the Soviet Union, 1948-1972* (Stanford: Stanford University Press, 1990), pp. 143-174; Odd Arne Westad, ed., *Brothers in Arms: The Rise and Fall of the Sino-Soviet Alliance, 1945-1963* (Stanford: Stanford University Press, 1998), pp. 145-152; Vladislav M. Zubok, *A Failed Empire; The Soviet Union in the Cold War from Stalin to Gorbachev* (Chapel Hill: The University of North Carolina Press, 2007), pp. 109-112; Lorenz M. Lüthi, *The Sino-Soviet Split: Cold War in the Communist World* (Princeton: Princeton University Press, 2008), pp. 31-45.

(7) 青山瑠妙『現代中国の外交』一三六頁。

(8) Statement by the President on the Situation in Korea, Jun. 27, 1950, *Public Papers of the President of the United States, Harry S. Truman* (Washington, D.C.: U.S. Government Printing Office, 1966), p. 492.

(9) 青山瑠妙『現代中国の外交』一三八頁。

(10) 「毛沢東関於停戦談判問題致高崗、金日成電（一九五一年六月一三日）」沈志華編『朝鮮戦争―俄国档案的解密文件』中冊（台北：中央研究院近代史研究所、二〇〇三年）八〇八―八〇九頁。

(11) 服部隆行『朝鮮戦争と中国』（溪水社、二〇〇七年）二四三頁。

(12) 「毛沢東関於停戦談判中的我方建議問題致史達林電（一九五一年七月三日）」沈志華編『朝鮮戦争―俄国档案的解密文件』中冊、八五三―八五四頁。

(13) Qiang Zhai, *The Dragon, the Lion, and the Eagle: Chinese-British-American Relations, 1949-1958* (Kent: The Kent State

University Press, 1994), pp. 122-125.

(14) Message from the President to the Congress, Feb. 2, 1953, *FRUS, 1952-1954,* Vol. XIV (Washington, D.C.: U.S. Government Printing Office, 1985), p. 140.

(15) Telegram from Matthews to Runkin, Jan. 30, 1953, *FRUS, 1952-1954,* Vol. XIV, p. 132.

(16) Memorandum of Conversation between Dulles and Koo, Mar. 19, 1953, *FRUS, 1952-1954,* Vol. XIV, pp. 157-160.

(17) この時期の「大陸反攻」をめぐる蔣介石の認識については、松田康博「台湾の大陸政策（一九五〇―五八年）―「大陸反攻」の態勢と作戦」『日本台湾学会報』第四号（二〇〇二年七月）九―一一頁、および曾鋭生（陳淑銖記録）「一九五〇年代蔣中正先生反攻大陸政策」『国史館館刊』復刊第十九期（台北：国史館、一九九五年）二〇―二六頁に詳しい。

(18) Telegram from Rankin to DoS, Feb. 1, 1953, *FRUS, 1952-1954,* Vol. XIV, pp.135-136.

(19) 『蔣介石日記』一九五三年「民国四二年大事表」(Stanford: Hoover Institution, Stanford University)。

(20) Memorandum of Conversation between Dulles and Koo, Mar. 19, 1953, *FRUS, 1952-1954,* Vol. XIV, pp. 157-160.

(21) Letter from Chang to Eisenhower, Jun. 7, 1953; Message from Eisenhower to Chang, Jun. 25, 1953, *FRUS, 1952-1954,* Vol. XIV, pp. 203-204 and pp. 214-215. 蔣介石によるアジア共同防衛の模索と挫折については、張淑雅「中美共同防禦条約的簽訂―一九五〇年代中美結盟過程之探討」『歐美研究』第二三巻三期（一九九三年九月）五四―六四頁。

(22) 『蔣介石日記』一九五三年六月「上月反省録」。

(23) John W. Garver, *The Sino-American Alliance: Nationalist China and American Cold War Strategy* (Armonk: M. E. Sharp, 1997), p. 53; NSC 146/2, Nov. 6, 1953, *FRUS, 1952-1954,* Vol. XIV, pp. 307-330.

(24) 松田康博「台湾の大陸政策」六―七頁。

(25) Gaver, *The Sino-American Alliance,* pp. 116-117.

(26) 翁台生『ＣＩＡ在台活動秘辛―西方公司的故事』（台北：聯経出版、一九九一年）二一―五〇頁。

(27) 当代中国叢書編輯委員会編『当代中国軍隊的軍事工作』上巻（北京：中国社会科学院出版社、一九八九年）三二六―三三四頁。

(28) Gaver, *The Sino-American Alliance,* p. 122.

(29) Telegram from Stump (Commander in Chief, Pacific) to Fechteler (the Chief of Naval Operations), Jul. 23, 1953, *FRUS, 1952-1954,* Vol. XIV, pp. 237-238.

(30) 王焰主編『彭徳懐年譜』（北京：人民出版社、一九九八年）五六三—五六四頁。

(31) 中共中央文献研究室編『毛沢東伝　一九四九—一九七六』上巻（北京：中央文献出版社、二〇〇三年）五八二頁。

(32) 王焰主編『彭徳懐年譜』五六三、五六五頁。

(33) 中共中央文献研究室編『毛沢東伝　一九四九—一九七六』上巻、五八三頁。

(34) 徐焰「五十年代中共中央在東南沿海闘争中的戦略方針」五五頁。

(35) 当代中国叢書編輯委員会編『当代中国軍隊的軍事工作』二五六頁。

(36) Memorandum of Conversation between Eisenhower, Dulles, Anderson, Radford and Cutler, May 22, 1954, and Memorandum of Discussion at the 199th Meeting of NSC, May 27, 1954, *FRUS, 1952-1954*, Vol. XIV, pp. 428-430 and pp. 433-434.

(37) 王焰主編『彭徳懐年譜』五七一頁。

(38) 王焰主編『彭徳懐年譜』五七六頁。

(39) 「蘇聯外長莫洛托夫在柏林四国外長会議上的発言（一九五四年一月二五日）」中華人民共和国外交部档案館編『中華人民共和国外交档案選編（第一集）一九五四年日内瓦会議』（北京：世界知識出版社、二〇〇六年）二一—二四頁、および Telegram from Dulles to DoS, Jan. 30, 1954, *FRUS 1952-1954*, Vol. XIV, pp. 353-354.

(40) Chang, *Friends and Enemies*, pp. 98-101,「蘇、美、英、法四国外長会議公報（一九五四年二月一八日）」中華人民共和国外交部档案館編『一九五四年日内瓦会議』二四—二五頁。

(41) 「蘇聯駐華大使尤金交来関於邀請中国参加日内瓦会議的材料（一九五四年三月二日）」、「中国政府同意派全権代表出席日内瓦会議的新聞稿（一九五四年三月四日）」中華人民共和国外交部档案館編『一九五四年日内瓦会議』九—一一頁。

(42) 中共中央文献研究室編『周恩来年譜　一九四九—一九七六』上巻（北京：中央文献出版社、一九九七年）三五五—三五六頁。

(43) 「駐蘇聯大使張聞天関於與蘇聯外長莫洛托夫会晤状況致外交部並報周恩来及中央的電報（一九五四年三月六日）」中華人民共和国外交部档案館編『一九五四年日内瓦会議』一二—一三頁。

(44) 「関於台湾問題的発言（初稿、一九五四年日付不明）」「関於恢復中華人民共和国在国際組織和会議中的合法権利的声明（初稿、一九五四年日付不明）」中華人民共和国外交部档案（以下「中国外交部档案」、档号二〇六—〇〇〇五三—〇二、北京：中華人民共和国外交部档案館）。

(45) これら会議以外の議題に関する交渉記録は、中華人民共和国外交部档案館編『一九五四年日内瓦会議』三七九—四四九頁にまとめられている。

(46)「周恩来関於暫離日内瓦的工作安排事致鄧小平転毛沢東、劉少奇並中央的電報（一九五四年六月二〇日）」中華人民共和国外交部档案館編『一九五四年日内瓦会議』一七四—一七五頁、および中共中央文献研究室編『周恩来年譜』上巻、三九〇—三九五頁。

(47) 中共中央文献研究室編『周恩来年譜』上巻、三九五頁。

(48)「同一切愿意和平的国家団結合作（一九五四年七月七日、毛沢東在中共中央政治局拡大会議上的講話）」中共中央文献研究室編『毛沢東文集』第六巻（北京：人民出版社、一九九九年）三三三—三三四頁。

(49)「一定要解放台湾」『人民日報』一九五四年七月二三日。

(50) 中共中央文献研究室編『周恩来年譜』上巻、四〇五頁。

(51) 同右。

(52) 毛里和子『新版　現代中国政治』（名古屋大学出版会、二〇〇四年）三七—三九頁。

(53)「在中央人民政府委員会第三十三次会議上周恩来総理兼外長的外交報告」および「中央人民委員会関於批准政務院総理兼外交部長周恩来的外交報告的決議」『人民日報』一九五四年八月一四日。

(54)「中華人民共和国各民主党派各人民団体為解放台湾聯合宣言」『人民日報』一九五四年八月二三日。

(55)「政府工作報告（之二）」『人民日報』一九五四年九月二四日。

(56) 王焔主編『彭徳懐年譜』五七四頁。

(57)「軍委総政治部関於加強対蔣賊軍作戦的政治工作指示（一九五四年八月一五日）」中国人民解放軍総政治部連絡部編『敵軍工作史料（一九五五年—一九六五年）』第七冊（昆明：雲南国防印刷廠、一九八九年）一—三頁。

(58) 中共中央文献研究室編『周恩来年譜』上巻、四一二頁。

(59)「中共中央関於解放台湾的宣伝方針的指示（一九五四年九月二五日）」湖北省档案（档号SZ一—〇二—〇一八〇—〇〇四）。同「指示」は以降の中国政府の「台湾解放」をめぐる言動を理解する上で重要であるにもかかわらず、筆者が把握している先行研究においてその全体像が紹介されたことはなかったので、巻末に抄訳を記す。

(60)「周恩来総理外交報告和我各党派聯合声明発表後各方対台湾問題的反応（一九五四年八月二八日）」中国外交部档案（档号一〇二—〇〇一七一—〇三）、「外交部情報司：外電対台湾問題的報道（八月二八日至三〇日）（一九五四年八月三一日）」中国外交部档案（档号一〇二—〇〇一七一—〇二）。

(61) 王焰主編『彭德懐年譜』五七六頁。
(62)「外交部情報司：外電対我砲撃金門島的反応（八月三一日至九月六日）（一九五四年九月七日）」中国外交部档案（档号一〇二―〇〇一七一―〇一）。
(63) Memorandum from Robertson to Dulles, Aug. 25, 1954, *FRUS 1952-1954*, Vol. XIV, pp. 548-550.
(64) Telegram from Runkin to DoS, Sep. 9, 1954, *FRUS 1952-1954*, Vol. XIV, pp. 581-582.
(65) Memorandum on the 214th NSC Meeting, Sep. 12, 1954, *FRUS 1952-1954*, Vol. XIV, pp. 613-624.
(66) Ibid.
(67) この間の米英の対応や米華交渉の経緯については、張淑雅「安理会停火案―美国應付第一次台海危機策略之一」『中央研究院近代史研究所集刊』第二三期（下）（一九九三年）六六―八三頁に詳しい。
(68) Telegram from Rankin to Robertson and Drumright, Oct. 5, 1954, *FRUS, 1952-1954*, Vol. XIV, pp. 682-683.
(69) Memorandum of Conversation between Chang and Robertson, Oct. 13, 1954, *FRUS, 1952-1954*, Vol. XIV, pp. 728-753.
(70) Telegram from Dulles to Rankin, Oct. 14, 1954, *FRUS, 1952-1954*, Vol. XIV, pp. 761-763.; Memorandum of Conversation, Dulles with Representatives of the British and New Zealand Embassies, Oct. 26, *FRUS, 1952-1954*, Vol. XIV, p. 793-797; Memorandum on the 220th NSC Meeting, Oct. 28, 1954, *FRUS 1952-1954*, Vol. XIV, pp. 803-809.
(71)『内部参考』に掲載された記事は多数あるが、代表的な記事として、「福建省工商界和民主人士対解放台湾的反応」『内部参考』第一九八号（一九五四年九月二日）、「浙江省工商界人士対解放台湾的反応」『内部参考』第二〇八号（一九五四年九月一四日）など。
(72)「我軍砲撃金門島後福建沿海群衆思想混乱」『内部参考』第二〇八号（一九五四年九月一四日）、「我軍砲撃金門島後敵機騒擾廈門頻繁」『内部参考』第二一四号（一九五四年九月二一日）。
(73) 下斗米伸夫『アジア冷戦史』（中央公論新社、二〇〇四年）九六―九七頁。
(74) Zubok, *A Failed Empire*, pp. 110-111.
(75) Zubok, *A Failed Empire*, pp. 110-111; Constantine Pleshakov, "Nikita Khrushchev and Sino-Soviet Relations," in Odd Arne Westad ed., *Brothers in Arms*, p. 231.
(76) Zubok, *A Failed Empire*, pp. 110-111; Sergei Goncharenko, "Sino-Soviet Military Cooperation," in Odd Arne Westad, ed., *Brothers in Arms*, p. 147.

(77)「在中華人民共和国建国五周年国慶慶祝大会上蘇聯政府代表団長赫魯暁夫的講話」『人民日報』一九五四年一〇月一日。

(78) Goncharenko, "Sino-Soviet Military Cooperation," p. 147.

(79) 中共中央文献研究室編『周恩来年譜』上巻、四一八頁。

(80)「台湾問題（為中蘇両党会談準備）（一九六三年一二月二四日）」中国外交部档案（档号一〇九—〇二五四〇—〇四）。

(81)「中華人民共和国和維維埃社会主義共和国連盟政府聯合宣言（一九五四年一〇月一二日）」中華人民共和国対外関係文件集（一九五四—一九五五）』第三集（世界知識出版社、一九五八年）一七五—一七七頁。

(82)「外交部長周恩来控訴美国武装侵略我国領土台湾致聯合国大会第九届会議電（一九五四年一〇月一〇日）」『中華人民共和国対外関係文件集（一九五四—一九五五）』第三集、一六九—一七四頁。

(83)「共同使用中の中国旅順口海軍根拠地からソ連軍が撤退し、同根拠地を中華人民共和国の完全支配下に移管することに関する中ソ両国共同コミュニケ」日本国際問題研究所中国部会編『新中国資料集成』第四巻、（日本国際問題研究所、一九七一年）三一三頁。

(84) 下斗米伸夫『アジア冷戦史』九八頁。

(85)「北京市各界人民対中蘇会談公報的反応」『内部参考』第二三四号（一九五四年一〇月一五日）、「福州市各階層人民対中蘇会談公報的反応」『内部参考』第二五八号（一九五四年一一月一二日）。

(86) Chang, *Friends and Enemies*, pp. 128-131.

(87)「宦郷与加西亜談話簡況（一九五四年一一月六日）」中国外交部档案（档号一一〇—〇〇〇三五—〇一）、および「英国外交部次長向中国駐英代弁宦郷所作的口頭談話（一九五四年一一月六日）」中国外交部档案（档号一一〇—〇〇〇三五—〇二）。

(88)「関於台湾問題宦郷対和加西亜談話的看法（一九五四年一一月一〇日）」中国外交部档案（档号一一〇—〇〇〇三五—〇五）。

(89)「外交部覆加西亜談話（一九五四年一一月一七日）」中国外交部档案（档号一一〇—〇〇〇三五—〇六）、および「宦郷対加西亜口頭談話的答復（一九五四年一一月一八日）」中国外交部档案（档号一一〇—〇〇〇三五—〇三）。

(90)「外交部覆宦郷与艾登的談話報告（一九五四年一一月二一日）」中国外交部档案（档号一一〇—〇〇〇三五三五—〇八）。

(91) 張淑雅「安理会停火案—美国應付第一次台湾海峡危機策略之一」八二頁。

(92) 張淑雅「中美共同防禦条約的簽訂」八四—八八頁。

(93) Memorandum of Conversation between Yeh and Robertson, Nov. 6, 1954, *FRUS, 1952-1954*, Vol. XIV, pp. 871-877.

(94) 張淑雅「中美共同防禦条約的簽訂」九一頁。

(95) Memorandum of Conversation between Yeh and Robertson, Nov. 22, 1954, *FRUS, 1952-1954*, Vol. XIV, p. 921.
(96) 「我方反攻復国国策今後継続執行」『聯合報』一九五四年一二月四日。
(97) 『蔣介石日記』一九五四年一二月六日「上星期反省録」。
(98) 中共中央文献研究室『周恩来年譜』上巻、四三〇頁。
(99) 「福州、廈門両市群衆対美蔣簽訂『共同防衛条約』的反応」『内部参考』第二九九期（一九五四年一二月三〇日、『内部参考』の刊号は一九五四年一二月二日の第二七五期から「号」ではなく「期」に変更された）、「雲南省民主人士対美蔣『共同防衛条約』和周総理声明的反応」『内部参考』第四期（一九五五年一月六日）。
(100) 王焰主編『彭徳懐年譜』五八二―五八三頁。
(101) 当代中国叢書編輯委員会編『当代中国軍隊的軍事工作』上巻、二六三―二七〇頁。
(102) Memorandun of Conversation between Dulles and Yeh, Jan. 19 (12:45 p.m. and 15:45 p.m.), 1955, *FRUS, 1955-1957*, Vol. II, pp. 38-41 and pp. 46-50, および「葉公超電蔣介石（一九五五年一月一九日）」『特交文電』蔣中正総統文物（典蔵号〇〇二―〇九〇一〇三―〇〇〇〇二―二五九／二六〇／二六一、台北：国史館）。
(103) 『蔣介石日記』一九五五年一月二一日、一月二二日「上星期反省録」。
(104) Memorandum of Conversation between Robertson and Yeh, Jan. 22, 1955, *FRUS, 1955-1957*, Vol. II, pp. 106-110.
(105) Memorandum of Conversation between Dulles and Makins, Jan. 20, 1955, and Memorandum of Conversation between Robertson and Makins, Jan. 21, 1955, *FRUS, 1955-1957*, Vol. II, pp. 86-89 and pp. 96-99.
(106) Message from the President to the Congress, Jan. 24, 1955, *FRUS, 1955-1957*, Vol. II, pp. 115-119.
(107) Text of Joint Resolution on Defence of Formosa, Jan. 25, 1955, *Department of State Bulletin*, Feb. 7, 1955.
(108) Report of NZ-UK-US Working Party, Jan. 26, 1955, *FRUS, 1955-1957*, Vol. II, pp. 133-134.
(109) Tel. 104, 105, 106, and 107, Trevelyan to FO, Jan. 28, 1955, FO371/115028, The National Archives UK, Kew, London (hereafter NAUK).
(110) Telegram from Bohlen to the DoS, Jan. 28, 1955, to DoS, Jan. 28, 1955, *FRUS, 1955-1957*, Vol. II, pp. 158-159.
(111) Tel. 74, Hayter to FO, Jan. 29, 1955, FO371/115028, and Tel. 77, Hayter to FO, Jan. 29, 1955, FO371/115029, NAUK.
(112) Tel. 106, Dixon to FO, Jan. 30, 1955, FO371/115028, and Tel. 107, and 108, Dixon to FO, Jan. 30, 1955, FO371/115029, NAUK.

(113)「台湾問題（為中蘇両党会談準備）（一九六三年一二月二四日）」中国外交部档案（档号一〇九―〇二五四〇―〇四）、and Letter from Soviet Representative to President of Security Council, Jan. 30, 1955, *Department of State Bulletin*, Feb. 14, 1955.

(114)「就英国駐蘇大使関於台湾局勢通知　莫洛夫外長発表意見」『人民日報』一九五五年一月三〇日、「聯合国應該要求美軍從台湾地区撤走」『人民日報』一九五五年一月三一日。

(115) Editorial Note, *FRUS, 1955-1957*, Vol. II, pp. 178-179.

(116)「哈馬舎爾徳致周総理電（一）（一九五五年一月三一日付二月一日収）」中国外交部档案（档号一一三―〇〇二二四―〇一）。

(117)「中国問題についてのニュージーランド提案に反対する周恩来外交部長の国連事務総長あて電文（一九五五年二月三日）」日本国際問題研究所編『新中国資料集成』第四巻、三四七―三四八頁。

(118)「周総理接見瑞典大使時談話的紀要（一九五五年二月五日）」および「周総理接見瑞典大使時談話的紀要（一九五五年二月九日）」中国外交部档案（档号一一三―〇〇二二四―〇二）。

(119) Tel. 25, FO to Hayter, Feb. 2, 1955, FO371/115032, NAUK.

(120) Tel. 101, Hayter to FO, Feb. 4, 1955, FO371/115032, NAUK,「台湾問題（為中蘇両党会談準備）（一九六三年一二月二四日）」中国外交部档案（档号一〇九―〇二五四〇―〇四）。

(121)「関於台湾問題一個時期的宣伝方針（一九五五年二月五日）」中国外交部档案（档号一一六―〇〇一三二―〇一）。

(122) 中華人民共和国外交部外交史研究室『周恩来外交活動大事記一九四九―一九七五』（北京：世界知識出版社、一九九三年）一〇〇頁。

(123)「台湾問題（為中蘇両党会談準備）（一九六三年一二月二四日）」中国外交部档案（档号一〇九―〇二五四〇―〇四）。

(124)「印度、蘇聯就台湾海峡問題進行接触的状況（一九五五年二月一一日）」中国外交部档案（档号一〇五―〇〇一九五―〇三）。同文書は、同日の頼嘉文と章漢夫外交副部長との会談用に用意された発言草稿であり、一〇カ国会議に関するソ連との調整状況をインド側へ説明するためのものであった。

(125) 張淑雅「金馬撤軍？―美国應付第一次台海危機策略之二」『中央研究院近代史研究所集刊』第二四期（上）（一九九五年六月）四四〇頁。

(126) Telegram from Runkin to DoS, Feb. 5, 1955, *FRUS, 1955-1957*, Vol. II, pp. 219-220.

(127) U.S. Aid in Redeployment of Nationalist Chinese Forces, Feb. 5, 1955, *Department State Bulletin*, Feb. 14, 1955.

(128) 「重新部署外島防務、政府宣佈放棄大陳」『聯合報』一九五五年二月七日。
(129) 「関於蔣軍従大陳島撤退時我軍不要向港口一帯射撃的批語（一九五五年二月二日）」中共中央文献研究室編『建国以来毛沢東文稿』第五巻（北京：中央文献出版社、一九九一年）二三頁。
(130) 当代中国叢書編輯委員会編『当代中国軍隊的軍事工作』上巻、二七一頁。
(131) 張淑雅「金馬撤軍？―美国應付第一次台海危機策略之二」四四二―四四三頁。
(132) 「台湾の地位に関するイーデン外相の英下院にたいする文書回答（一九五五年二月三日）」日本国際問題研究所編『新中国資料集成』第四巻、三四七―三四八頁。
(133) Letter from Churchill to Eisenhower, Feb. 15, 1955, *FRUS, 1955-1957*, Vol. II, pp. 270-273.
(134) Telegram from Dulles to DoS, Feb. 25, 1955, *FRUS, 1955-1957*, Vol. II, pp. 307-310.
(135) Tel. 172 and 173 from Bangkok to FO, and Tel. 411 from FO to Peking, Feb. 25, 1955, FO371/115039, NAUK.
(136) Tel. 175 and 178 from Bangkok to FO, Feb. 25, 1955, FO371/115039, NAUK.
(137) Tel. 182 from Moscow to FO, Feb. 26, 1955, FO371/115040, NAUK.
(138) Tel. 180 from Moscow to FO, Feb. 26, 1955, FO371/115040, NAUK.
(139) 「周総理接見杜維廉時談話的紀要（一九五五年二月二八日）」中国外交部档案（档号一一〇―〇〇〇三四―〇二）、Tel. 218, 220 and 221 from Peking to FO, Feb. 28, 1955, FO371/115040, NAUK.
(140) 「台湾問題（為中蘇両党会談準備）（一九六三年一二月二四日）」中国外交部档案（档号一〇九―〇二五四〇―〇四）。
(141) 「周恩来総理給英国外交大臣艾登的復信（一九五五年三月一日）」中国外交部档案（一一〇―〇〇〇三四―〇三）、Tel. 225 and 226 from Peking to FO, Mar.1, 1955, FO371/115040, NAUK.
(142) Telegram form Rangoon to FO (No.90), Mar. 2, 1955, FO371/115041, NAUK および「英国駐華代弁向周恩来総理転達英外交大臣艾登的口頭答覆（一九五五年三月二日）」中国外交部档案（档号一一〇―〇〇〇三四―〇四）。
(143) 「不能承認『両個中国』（一九五五年三月五日）」中共中央文献研究室・中国人民解放軍軍事科学院『建国以来毛沢東軍事文稿』中巻（北京：軍事科学出版社・中央文献出版社、二〇〇九年）二五九―二六二頁。
(144) 「関於攻打金門・馬祖的設想（一九五五年三月五日）」粟裕文選編輯組『粟裕文選』第三巻（北京：軍事科学出版社、二〇〇四年）一五五―一五七頁。

(145) 王焔主編『彭徳懐年譜』、五九一頁。
(146) 「蔣軍従馬祖等島嶼撤走時我軍不要攻擊(一九五五年三月一四日)」中共中央文献研究室・中国人民解放軍軍事科学院『建国以来毛沢東軍事文稿』中巻、二六四頁。
(147) 「英国駐華代弁三月八日転交英外交大臣艾登致周恩来総理的函(一九五五年三月八日)」中国外交部档案(档号一一〇―〇〇〇三四―〇六)、および「周恩来総理関於台湾問題再次致英国外交大臣艾登的信(一九五五年三月二二日)」中国外交部档案(档号一一〇―〇〇〇三四―〇五)。
(148) 張淑雅「金馬撤軍?―美国應付第一次台海危機策略之二」四五一―四六〇頁。
(149) Memorandum of Conversation between Eisenhower and Dulles, Apr. 17, 1955, *FRUS, 1955-1957*, Vol. II, pp. 491-495.
(150) 張淑雅「金馬撤軍?―美国應付第一次台海危機策略之二」四六七―四六八頁。
(151) Telegram from Robertson to Dulles, Apr. 25, 1955, *FRUS, 1955-1957*, Vol. II, pp. 510-517.
(152) 喜田昭次郎『毛沢東の外交』(法律文化社、一九九二年)一五五―一五六頁。
(153) 中共中央文献研究室編『周恩来年譜 一九四九―一九七六』上巻、三九〇―三九四頁。
(154) 「亜非会議与会国家和蔣賊有無外交関係(未定稿)」中国外交部档案(档号二〇七―〇〇〇二一―〇一)。
(155) 中共中央文献研究室編『周恩来年譜 一九四九―一九七六』上巻、四二〇―四二一頁。
(156) 同右、四二八―四二九頁。
(157) 同右、四六〇頁。
(158) 「参加亜非会議的方案(一九五五年四月五日中央政治局会議批准)」中華人民共和国外交部档案館編『中華人民共和国代表団出席一九五五年亜非会議』(北京:世界知識出版社、二〇〇七年)四一―四四頁。
(159) 中共中央文献研究室編『周恩来年譜 一九四九―一九七六』上巻、四六一―四六三頁。
(160) 同右、四六三―四六四頁。
(161) 「周恩来在万隆機場的講話(一九五五年四月一七日)」中華人民共和国外交部档案館編『中華人民共和国代表団出席一九五五年亜非会議』(北京:世界知識出版社、二〇〇七年)五一頁。
(162) 喜田昭次郎『毛沢東の外交』一六〇―一六一頁。
(163) 「周恩来亜非会議全体会議上的補充発言(一九五五年四月一九日下午)」中華人民共和国外交部档案館編『中華人民共和国代表団

出席一九五五年亜非会議』五六―五九頁。
(164) 中共中央文献研究室編『周恩来年譜　一九四九―一九七六』上巻、四七四―四七六頁。アジア・アフリカ会議後の四月三〇日から五月二日の間に、周恩来は会議に関する五編の報告を党中央に発出した。同報告はそのうちの一編である。同報告と華僑の二重国籍に関する問題については報告全文が公開されていないが、その他の報告三編は、中華人民共和国外交部档案館編『中華人民共和国代表団出席一九五五年亜非会議』八七―九六頁に収録されている。
(165)「周恩来在亜非会議政治委員会会議上的発言（一九五五年四月二三日）」中華人民共和国外交部档案館編『中華人民共和国代表団出席一九五五年亜非会議』七〇―七四頁。
(166)「二十三日我代表団活動状況（一九五五年四月二四日）」中国外交部档案（档号二〇七―〇〇〇一八―〇一）。なお、章漢夫によって作成された本報告の内容から、同会議に参加したのが周恩来であることは断定できないが、会議の内容と前後の文脈から、おそらく周恩来が参加したものと判断した。
(167)「中国出席亜非会議代表団在会議期間同八国代表団談台湾問題的書面総結」中国外交部档案（档号二〇七―〇〇〇一八―〇一）。
(168) 同右。
(169) 同右。
(170)「周恩来関於緩和遠東緊張局勢問題的声明（一九五五年四月二三日）」中華人民共和国外交部档案館編『中華人民共和国代表団出席一九五五年亜非会議』七五頁。
(171)「周恩来総理在亜非会議閉幕会上的発言（一九五五年四月二四日）」中華人民共和国外交部档案館編『中華人民共和国代表団出席一九五五年亜非会議』七七―七八頁。
(172)「周恩来在全国人民代表大会常務委員会会議上関於亜非会議的報告（一九五五年五月一三日）」中華人民共和国外交部档案館編『中華人民共和国代表団出席一九五五年亜非会議』一〇九―一一九頁、同報告は四月三〇日から五月二日に発出された周恩来による一連の報告事項をまとめたものであり、第五項目が「台湾解放」と「国連代表権問題の回復」に割かれている。

第二章――「平和共存」の時代と「二つの中国」問題の深刻化（一九五五―一九五七年）

はじめに

本章においては、中国の指導者たちが外交闘争によって金門・馬祖を「解放」することに挫折し、それと並行して国際社会における「二つの中国」論への危機感を強めていった過程について論じる。

第一次台湾海峡危機の終息から第二次台湾海峡危機へと至る時期は、一般的には中国が米華それぞれとの交渉を模索し、台湾海峡に束の間の緊張緩和が訪れた「平和共存」の時期であると理解されている。しかし、前章において展開した議論を引き継げば、同時期は中国外交にとって、まず金門・馬祖を「解放」し、長期課題である「台湾解放」に有利な状況を創り出すための外交闘争を行うべき時期であった。米中大使級会談が開催され、台湾海峡の軍事的緊張が緩和されることを国際社会は歓迎していた。しかし、第一章において明らかにしたように、中国政府が米政府との大使級会談に臨んだ理由は、台湾海峡における停戦と安定のためではなく、ましてやアメリカとの「平和共存」のためでもなかった。それは、外交攻勢によって米政府を孤立させ、台湾海峡におけるさらなる現状変更を追求し、

「台湾解放」へと一歩近づくための手段だったのである。

対米交渉、すなわち米中大使級会談については、すでに米中それぞれの立場から、交渉の目的や、交渉の推移に伴う認識の変化が論じられているほか、最近では米中双方の外交文書に依拠して、会談における米中双方の言説の違いを論じる研究も出てきている[(1)]。これらの先行研究は、一九五五年から七〇年までの一連の会談を包括的に扱い、一九七二年の米中接近を前提として、それまでの期間に大使級会談が果たした役割を強調する傾向が強い。

国府との交渉は直接交渉ではなく、中国国内の民主人士や元国民党系軍人、香港メディアなどを介した、いわば宣伝戦であった。この時期の共産党の対台湾工作は、台湾に対する「平和解放」政策として説明されることが多い。一九九〇年代半ば以降に中国においてなされた「平和解放」政策に関する研究は、今日の共産党の対台湾政策の影響を受け、毛沢東時代の「平和解放」と鄧小平時代以降の「平和統一」の連続性を強調する傾向にある[(2)]。同時期に共産党が「平和解放」を訴えるために台湾側へ接触させたという「密使」に関する文献や証言も、基本的には一九八〇年代以降に展開される共産党の対台湾統一戦線工作において、その論拠として利用するために出版されたと解釈するのが妥当であろう[(3)]。これに対し、「平和解放」を「武力解放」の手段として捉えた松田康博の研究は、中国の国内政治が反右派闘争から大躍進へと展開するなかで、「平和解放」政策は頓挫したと指摘している[(4)]。また、平松茂雄の研究は、この時期に共産党が台湾の「平和解放」を唱えつつも、「武力解放」のための軍備を急速に整えようとしたことを明らかにしている[(5)]。

上記のような米中大使級会談に関する研究と共産党の「平和解放」政策に関する研究からは、当時の中国指導者が、国際社会における対米外交闘争と国内における対台湾統一戦線工作を連動させ、台湾海峡における事態の打開を試みようとした様子が見て取れる。しかし、既存の研究は、一九七〇年代以降の対米関係および対台湾政策との連続性を過剰に意識しているため、当時の中国の指導者たちがどのような事態の打開を試み、何に成功し、失敗したのかという問題意識が希薄であるように思える。

また、中国が武力闘争を一旦沈静化し、米政府と国府にそれぞれ平和交渉を呼びかける姿勢へと転じたことの帰結として、各種国際機関における「二つの中国」問題がこの時期に顕在化しはじめた。この問題について、西側諸国を中心として盛んに唱えられた「二つの中国」論に対し、中国政府がこの時期にいかに対応しようとしたかについて論じた研究はほとんど存在しない。ただし、国府の視点から、国際オリンピック委員会における代表権問題を扱った清水麗の研究は、六〇年代とは異なり、五〇年代後半の中国代表権をめぐる外交闘争において、中台双方の政府に確固とした原則は存在しなかったことを指摘している(6)。

以上のような先行研究の動向を踏まえ、本章においては以下の諸点について考察したい。

第一に、米中大使級会談と台湾に対する「平和解放」の呼びかけを並行して展開した中国政府の目的はいかなるものであり、福建前線における軍事建設と「平和解放」の呼びかけは、いかなる関係にあったのか。

第二に、対米交渉と台湾に対する「平和解放」政策、さらには「第三次国共合作」の呼びかけはどのように連動していたのであろうか。また、中国の指導者たちはこれらを連動させ、目的を達成することができたのであろうか。

第三に、外交空間における「二つの中国」問題に対し、中国の指導者たちはどのような方針を立て、外交闘争を行ったのだろうか。

以上の問いを考察するために、本章では第一節で米中大使級会談とそれをめぐる中国の対外的な宣伝攻勢について論じ、第二節では米中大使級会談の推移と台湾に対する宣伝工作の関係を考察する。また、第三節では、平和攻勢の陰に隠れてはいたものの、同時期に解放軍が金門・馬祖攻略の準備を急速に整えたことを明らかにする。そして、第四節では、第一一回国連総会や第一九回赤十字国際会議の事例を中心に、同時期の「二つの中国」問題に対する中国政府の対応について考察する。

以上の考察を通じ、本章では、外交交渉によって金門・馬祖を「解放」する方針は、対米交渉という意味でも、対台湾工作という意味でも限界に直面したことを指摘する。さらに、台湾海峡の現状を変更できないことが明白になるに伴い、国際社会における「二つの中国」論は、中国にとって深刻な問題として認識されたことを指摘する。

1　対米直接交渉の限界

(1) 外交による金門・馬祖の「解放」

一九五五年四月二四日、アジア・アフリカ会議において周恩来がアメリカに直接交渉を呼びかけると、米国務省は同日、「(引用者注：中国の意志が) もし真面目なものであるならば、世界に平和をもたらそうとするいかなる努力も米政府は常に歓迎する」という声明を発表した(7)。しかし、続く四月二六日の記者会見において、ダレスは「それが真剣なものであるかはまだわからない。おそらく中共は宣伝戦を演じているだけだ」とも述べ、中国政府との交渉に懐疑的な姿勢を示した(8)。第一章で述べたとおり、国府が金門・馬祖を放棄したり、その防衛を国府存続の必要条件としないと表明したりすることを頑に拒んでいたため、台湾海峡における軍事的緊張状態を終結させたい米政府にとって、中国政府との直接交渉に応じることは確かに一つの選択肢ではあった。しかし、対中不承認と封じ込めの先頭に立つ米政府にとって、中国政府との直接交渉に応じることは同盟国との信頼関係を大きく傷つける選択でもあった。最終的に、米ソ英仏の四カ国首脳会談開催が近づくと、アイゼンハワー政権はソ連が会議への中国政府招請や台湾問題を会議の議題とするよう主張することを回避するために、ジュネーブにおいて行われてきた米中領事級会談を大使級会談へ格上げする決心をした(9)。

米政府からの大使級会談に関する提案は、一九五五年七月一三日に英政府を介して中国政府に伝達され、中国政府はその二日後にこの提案に同意した。中国外交部の文書によれば、米政府による大使級会談の提案は「四カ国会議の圧力を受け」、「インドのメノンによる斡旋を退けるため」になされた提案であると中国側には認識されていた。外交部はこのような認識を前提とし、①米政府への圧力を強め、②台湾地区の緊張を緩和するための高位級会談の準備を行い、③四カ国首脳会談における台湾問題をめぐる議論やソ連、イギリス、インドによる斡旋工作を支援することを大使級会談における基本方針とした(10)。

四カ国首脳会談は米中大使級会談が開催される前に終了してしまったが、外交部は上記のような基本方針をもとに、会談における交渉方針を練り直していった。外交部において、朝鮮戦争時の国連軍捕虜の釈放や米民間人の送還に応じることは既定の交渉方針であったが、周恩来の指示のもとで交渉方針が練り直される過程において、この問題を提示するタイミングが徐々に早められ、また釈放する人数もわずかずつ増加していた点は興味深い(11)。最終的に、中国政府は大使級会談前日の七月三一日、国連軍の捕虜であったアメリカ人飛行士一一名を釈放した。その理由は、七月三〇日に外交部から大使級会談代表を務める王炳南駐スイス大使へ発出された指示において、以下のように説明された。

アメリカの今回の会談におけるねらいは、有利な条件で諜報員の釈放と民間人送還を我々から勝ち取り、高位級会談についても門戸を閉ざさず、我々の意図を試すことにあると判断できる。その目的は、「二つの中国」の状況のもとで米中間の緊張を緩和し、彼らが台湾問題において次第に孤立し、受動的な地位に追い込まれる状況を改善することにあると思われる。もしも大使級会談が順調に展開し、各方面から米政府への圧力が強まり続け、我々の沿岸部における国防能力が強化され、米中の高位級会談が開催されれば、沿岸部の島々を平和的に回復できる可能性が高まるであろう。我々はこのような展開を勝ち取るべきである。

そのため、我々の今回の会談における基本方針として、会談が始まってすぐにこちらから一一名の戦犯（諜報員）釈放を宣言し、米政府が逃げ込む（言い訳する）余地をなくし、アメリカに対する圧力を強める。その目的は、今回の会議で具体的な問題を解決し、高位級会談への準備を行える状況を勝ち取り、アメリカを台湾問題においてさらに孤立させ、受動的な立場へ追い込むことにある（傍線引用者）(12)。

この指示から、中国政府が米中大使級会談に応じ、会談開始前に両国間の懸案事項であった一部捕虜の釈放に踏み切った最大の理由は、「アメリカを台湾問題においてさらに孤立させ、受動的な立場へ追い込む」ことであったと確認できる。また、アメリカを「受動的な立場へ追い込む」目的は、台湾海峡からの米軍撤退を迫るためではなく、「沿海島嶼を平和的に回復」するため、すなわち金門・馬祖からの国府軍撤退を促すためであったことも確認できる。

実際、米中大使級会談は、開始当初は上記の方針に沿って展開するかのように見えた。八月一日に第一回米中大使級会談が開催され、それから一カ月も経たない九月一〇日の第一四回会談において、民間人送還問題に関する協定が締結された。中国政府は、民間人送還問題をめぐる交渉を妥結させたことに高い評価を与え、中国政府がいかに大使級会談に協力的かを強調した。それは、この交渉妥結を梃子に、金門・馬祖の「解放」に繋がるさらなる成果を摑みたかったからであろう。そのような評価と期待感は、九月一二日の『人民日報』一面に掲載された、協定締結に関する論評に端的に表れている。『人民日報』は「中国政府が第一段階の交渉を妥結させるために行った努力」を賞賛し、「会談に対する双方の努力は継続されるべきであり、この大使級会談を中米間のさらなる交渉の手がかりとすべきである」と交渉の第二段階へと期待感を示した。[13] しかし、その後の交渉は中国政府の思惑通りには進まず、結果的に、民間人送還問題に関する協定は米中大使級会談において米中両政府が締結した唯一の協定となった。

(2) 「武力不行使」をめぐる駆け引き

大使級会談を第二段階へと進めるにあたり、中国政府が追求した外交目標は、台湾問題は中国の内政であるという論理を保持しつつ、台湾問題を議題とする米中高位級会談を開催することであった。なぜなら、対中不承認を掲げる米政府との高位級会談は中国政府の国際的地位を高め、大使級会談に応じたことで生じた米政府と国府の亀裂をさらに深めると考えられたからである。そのような状況をつくれば、米政府が国府へ金門・馬祖からの撤退を迫る可能性はさらに高まるはずであった。

これに対して米政府は、高位級会談を開催するためには、台湾海峡において武力を行使しないことに関する米中両政府の共通認識を、まず共同声明として発表すべきであると主張した。アメリカから見れば、そのような前提がなければ、中国政府との高位級会談は国府をはじめとする同盟国からの不信を買うことは目に見えていた。ゴールドステイン（Steven M. Goldstein）やシア（Yafeng Xia）が主に米国務省の文書に依拠してまとめたところによれば、一九五五年一〇月八日から翌年七月二六日までの計三五回におよぶ米中大使級会談はこの台湾海峡における武力不行使の問題に関して議論するものであった。この間の交渉において、米中両大使は各々から三つずつ提案された計六つの草案についての討議を行ったが、結局交渉は妥結しなかった[14]。三五回という会談回数は実に、一九五五年から七二年までに行われた米中大使級会談全体の四分の一にも及ぶ回数である。

一九五五年一一月一〇日、一九五六年一月一二日および四月一九日の三度にわたり、米政府が提示した草案に、それほど大きな変化は見られなかった。すなわち、米政府は一貫して、武力行使による国家の目的達成は、国連憲章や国際法の精神に反することを米中双方が承認し、「台湾地域においても、中華人民共和国（アメリカ合衆国）は個別的、あるいは集団的自衛権の行使以外の武力行使を放棄する」と米中双方が宣言することを求めていた。米政府は米華相互防衛条約の履行を前提としていたので、まずは上記の点につき米中間で合意したことを発表できなければ、国府や同盟国を納得させることはできないと考えていたのである[15]。

これに対し、国府の主権を国際的に認めない中国政府は、台湾海峡における米政府の集団的自衛権は認められないと主張し、様々な提案を行った。一九五五年一〇月二七日の草案は、双方が「両国の対立を武力によることなく、平和的手段によって解決することに同意」し、二カ月以内に開催される高位級会談において「台湾地区の緊張緩和について交渉する」とした。続く、一二月一日の草案は、特に台湾問題には触れず、対立の平和的解決のみに言及した。しかし、翌年五月一一日の草案は、「相互の領土保全と主権を尊重し、内政に干渉しない原則下において」、両国は

「平和交渉を通じて台湾地区の武力不行使の問題を解決」するというものであった[16]。つまり、中国側としては、自衛権の問題には触れず、米中双方が武力不行使の意志を表明するのみで、交渉を高位級会談へと格上げしたかったと思われる。

一九五六年一月中旬以降、交渉の行き詰まりが明確になってくると、中国政府は大使級会談における互いの草案と交渉状況を公表し、米政府の態度を批判しはじめた。一月一八日の中国外交部スポークスマンによる声明は、前年一二月一日の草案で中国側が大幅に譲歩したにもかかわらず、一月一二日のアメリカ側草案は前回からほぼ変化が見られなかったことへの苛立ちを隠さなかった。外交部スポークスマンは、「アメリカが継続して要求している我が国台湾地域における『個別的および集団的自衛権』は、我が方が絶対に承認できるものではない」と主張した。同声明は、中国政府が現実的な提案をしているにもかかわらず、「米政府が会議を故意に引き延ばし、台湾地区の緊張した状況を解消したいと考えていない」ため、第二段階の協議が進展しないと断じた[17]。これに対し、米国務省も一月二一日に声明を発表し、「台湾が共産中国の一部であったことは決してない」として、「武力行使の放棄」を行うからと言って、自衛権まで放棄することはできないと反論した[18]。

このような共産党の宣伝を、蔣介石は「米政府が外相会談の要求に応じないため、会議の非公開部分を公表することで、アメリカを利用して米華関係（引用者注：原文は「米中関係」）を離間しようとしている」のであると見ていた。つまり、共産党が大使級会談の内容を公表したのは、共産党が呼びかける和平交渉（次節）に国府が応じるか、米華双方を台湾海峡での武力不行使に追い込もうとするものであると、蔣介石は見ていた。しかし、蔣介石にしてみれば、国府は一〇年前に「マーシャルが共産党と秘密協定を結び、共同声明を発表したという屈辱の経験」を経たことがあるため、「このような策略はすでに時代遅れ」だと認識し、共産党の宣伝攻勢によって揺さぶられぬよう、用心していた[19]。

中国政府が台湾問題は内政であるとの主張を継続し、米政府が米華相互防衛条約を前提とする限り、台湾海峡における武力不行使をめぐる米中交渉が妥結する見通しは皆無に等しかった。一九五六年六月一二日、中国外交部は米中大使級会談に関する声明を発表し、五月一一日の草案内容を繰り返し、米政府に対して外相級会談開催を呼びかけた[20]。しかし、米国務省も声明を発表し、この呼びかけを拒絶した[21]。この武力不行使をめぐる交渉について、「今思えば、当時の米政府の対華政策が変化しない前提においては、我々の直接接触は妥協点へ至ることが最も困難であり、また最も感情的に成り得る台湾問題に関する交渉が進展しないことは必至であった」と王炳南も回想している[22]。

結局、中国外交は第一次台湾海峡危機の時と同様、国府の主権を認め、米華条約を認めなければ、金門・馬祖からの国府軍撤退を迫るための交渉を高位級会談へと格上げすることができなかった。米中大使級会談の過程において、中国の指導者たちが台湾海峡から米軍を撤退させようと本気で考えていた形跡はほとんど見当たらない。指導者たちが解決を急いでいたのは、金門・馬祖の問題に限定されていたようである。指導者たちは、米華条約が存在する限り、台湾・澎湖諸島を「解放」できる可能性は極めて低いと見積もっていた。そのため、金門・馬祖からの国府軍撤退と引き換えに台湾海峡における武力不行使を非公式に約することは中国の指導者たちにとって許容範囲内であった可能性が高く、交渉の内容からもそのように見て取れる。しかし、指導者たちは金門・馬祖と引き換えに、国府の主権を前提とする米華条約を公式に認めることだけは許容できなかった。そのため、米政府があくまでも台湾海峡における個別的および集団的自衛権の承認を求める状況下において、中国政府は米中大使級会談という外交手段によって金門・馬祖を「解放」するという目標を諦めざるを得なかったのである。

具体的な成果が出なかったとはいえ、一九五七年末まで米中大使級会談は積み上げられ、その回数は第七〇回を数えるまでになった。しかし、一九五七年一二月一二日の第七三回会談において、会談代表であったジョンソン（U. Alexis Johnson）駐チェコスロヴァキア大使が駐タイ大使へ転出し、マーティン（Edwin W. Martin）中国課長が後任の代表となることを、アメリカ側は通知した。中国側はこれを大使級会談の一方的な格下げであると認識し、新大使の派遣を要求した。しかし、アメリカ側はこれを受け入れず、米中大使級会談は事実上の無期延期状態に陥ったのであった。[23]

2　「平和解放」の限界

(1)　「平和解放」の呼びかけと対台湾工作の発展

米中大使級会談の行き詰まりが明確となりはじめた頃から、共産党は中国国内において、台湾に対する「平和解放」の宣伝工作を活発化させた。第一章で言及したように、台湾の「平和解放」は一九五四年末に共産党内部およびインドやビルマとの関係において提起され、一九五五年四月のアジア・アフリカ会議を契機に、対外的にも頻繁に主張されるようになった。第一章では、「平和解放」の主張は対米外交闘争を戦うための、国際的な対米統一戦線形成の手段としての側面が強かったと論じた。しかし、それだけではなく、国内における民主諸党派に対する統一戦線工作の文脈においても、「平和解放」は重要な手段であった。国内民主党派や元国民党将校を介した、台湾に対する「平和解放」の呼びかけは、一方では国府と米政府の離間を促し、他方では中国国内における民主人士の団結を促す、二重の意味を有していたように見える。

米華相互防衛条約が締結された一九五四年一二月、周恩来は毛沢東、劉少奇および鄧小平秘書長に宛てた書簡の中で、台湾を「大陸の北京や長沙、綏遠などのように平和解放できる」という考えを示した。[24] こうした発想に基づき、一九五五年にはいると、中国政府から国府に対する降伏呼びかけが続々と発表された。一九五五年の『人民日報』元旦社説は「台湾の蔣賊統治下の将兵に告ぐ」を掲載し、中国大陸での国府軍人に対する待遇は寛大であるため、直ちに投降し、大陸へ帰還するよう呼びかけた。[25] 続いて台湾海峡における軍事的緊張の継続と並行して、二月三日の『人民日報』は「台湾同胞に告ぐ」、三月一七日の『人民日報』は、元国民党高級将校であった衛立煌が広州にて発表した「台湾の同僚や友人に告ぐ」の全文を掲載した[26]。一連の呼びかけは、いずれも国府軍の将兵、つまりはかつて中国共産党が大陸で戦った相手が「降伏」することによって、「台湾の同胞たち」は「蔣介石売国集団（引用者注：蔣介石とその側近を示す）と侵略者であるアメリカ」から「解放」されるという論理に基づいていた。

その後、一九五五年四月に周恩来はアジア・アフリカ会議において「平和解放」の方針を初めて対外的に公表し、国際的な対米統一戦線の結成、および米中大使級会談に注力した。同年七月の第一期全国人民代表大会第二回会議において、周恩来は「平和解放」の方針について以下のように説明した。

中国人民が大陸と沿海島嶼を解放した経緯のなかには、平和解放の先例が少なくない。アメリカが中国の内政に干渉さえしなければ、台湾を平和のうちに解放する可能性は引き続き増大するであろう。もしも可能であれば、中国政府は台湾地方の責任ある当局と、台湾を平和のうちに解放するための具体的段取りについて話し合う用意がある[27]。

周恩来の発言は、「台湾地方の責任のある当局」との交渉に言及している点において、アジア・アフリカ会議における発言からさらに踏み込んだものであった。しかし、それから約半年間、「平和解放」に関する宣伝や具体的提案は何ら行われなかった。

党中央が中国国内と台湾に対して「平和解放」を積極的に宣伝し、台湾に対する平和攻勢を展開しはじめたのは、米政府との大使級会談が暗礁に乗り上げはじめた頃であった。中国で出版された複数の文献によれば、一九五六年一月の最高国務会議において、毛沢東は国民党との関係を論じ、「愛国心は一つであり、前後を分けず、誠意をもって相いまみえ、往来は自由である」と、国府に対して「第三次国共合作」を呼びかける方針を打ち出したという[28]。

続いて、同年一月三〇日、周恩来は第二期政治協商会議全国委員会第二回全体会議の政治報告において、目下の国内外情勢について報告を行った後、「台湾の問題」について語った。周恩来は、過去一年間にわたり示してきた「必要な時に武力によって台湾解放を行う準備以外に、平和的な方針で台湾を解放する努力をしなければならない」との立場を確認し、以下のように呼びかけた。

中国人民と中国共産党は一貫して全民族が団結して外国に対応することを主張してきた。歴史上、中国共産党と国民党の間には二度の合作の経験がある。二度の合作において、共産党人士と国民党人士は肩を並べて戦い、ともに帝国主義に反対した。第三回の国内革命戦争において、共産党は一方で解放戦争を行い、他方で平和交渉の努力をした。現在、台湾へ逃れた国民党の軍人や政治家のなかで、平和な経路で祖国大陸に戻りたい者は少なくないはずである。かれらは皆、家族や親友を大陸に持ち、その多くは大陸へ戻って家族や親友と団欒したいであろう。我々は、台湾や海外に逃れたすべての国民党軍人や政治家に呼びかける。ためらうことなく、一日も早く台湾平和解放の道を歩もう！

これに加え周恩来は、「過去に罪を犯した者でも、皆大陸に帰還できる」との寛大な態度を示した(29)。周恩来による政治報告は、二月四日付の『人民日報』にも、「台湾の平和解放を勝ち取るために奮闘しよう」という表題の社説として掲載された(30)。

周恩来の政治報告は、共産党が一九五四年秋以来展開してきた対台湾宣伝工作の対象を「国民党の軍人と役人」に絞り込み、彼らと米政府、あるいは国民党上層部との離間を促すという方針を初めて明確に示した指示でもあった。党中央はこの方針に沿って、「目下の時事宣伝に関する通知」（以下、「通知」）を各省・自治区の党委員会、関係各機関・人民団体の党組、解放軍総政治部、在外公館、人民日報、新華社、放送（広播）局等へ発信した。「通知」は目下の国内外の情勢において、「平和解放」のために努力することが中国にとっても、「台湾解放」にとっても有利であるが、「武力解放」と「平和解放」は不可分の関係にあり、決して「武力解放」を放棄したわけではないことを各地、各階層の国民に説明するよう指示した。そのうえで、周恩来の報告にならい、今後は宣伝工作において利用する表現を「蔣介石売国集団」から「蔣介石集団」へ、「蔣賊軍」から「蔣軍」へ、「蔣賊軍人・役人」から「国民党軍人・役人」または「台湾軍人・役人」へと柔軟な表現に改めるよう、指示がなされた(31)。

新たな「平和解放」の宣伝において、党中央がとりわけ重視したのは、香港・マカオや華僑系の新聞における宣伝であった。このことは、党中央が「台湾解放」を構想するうえで、在外華僑の持つ影響力を重要視していたことを示している。「通知」発出後、党中央は広東と福建両省の省委員会、およびインド、ビルマ、インドネシアの中国大使館に対し、改めて「台湾解放の宣伝に関する指示」を発出した。華僑や香港・マカオの新聞における宣伝内容は全民族の団結と愛国主義を強調すべきであり、新中国の国内、国際各情勢における様々な成功例を説明すべきであるとされた。戦略としては、「台湾解放」の長期性を捉えた息の長い（筆者注：原文は「細水長流」、以降の対台湾宣伝工作においても度々使用される表現である）宣伝工作を行い、差し当たり国民党上層部に対する批判は行わず、アメリカに対する批判に集中すること、台湾に対する宣伝においては、国内の「社会主義改造の速度」については強調せず、「資産階級の平和的改造」を取り上げることなどが指示された[32]。

周恩来の政治報告をうけた中央宣伝部は、一九五四年の八月以来展開してきた対台湾宣伝工作について関係機関と討論を行い、その反省と改善のための「意見」を党中央へ提案した。党中央は「対台湾宣伝工作は極めて重要であり、必ず積極的に推進し続けなければならない」として、これを関係各機関および各地方へ伝達した。同「意見」はこの期間に一定の対台湾「宣伝網」が構築されたことを評価しつつも、過去の宣伝は対象や目的が明確でないものも多かったと反省した。そのうえで、「今後の対台湾宣伝工作では米帝国主義侵略者を攻撃することに集中し、国民党軍人・役人の分裂を誘い、台湾の各階層人民の覚悟を高める」との目的が明確に示され、宣伝の手段としてはラジオ放送、範囲としては海外華僑向けの宣伝に力を入れることが提案された。さらに、一九五四年に中央宣伝部のもとに設置した「台湾解放宣伝委員会」が機能していない点を指摘し、関係機関を中央宣伝部が直接統括し、今後は外交部や華僑事務委員会の協力も得て、調査研究や情報の発信に力を入れることが提案された（**図2―1**および**巻末史料2―1**を参照[33]）。

「平和解放」を強調する新たな対台湾宣伝工作の方針は、同年の二・二八事件九周年記念集会に早速適用された。党

図 2-1　対台湾工作組織の変遷

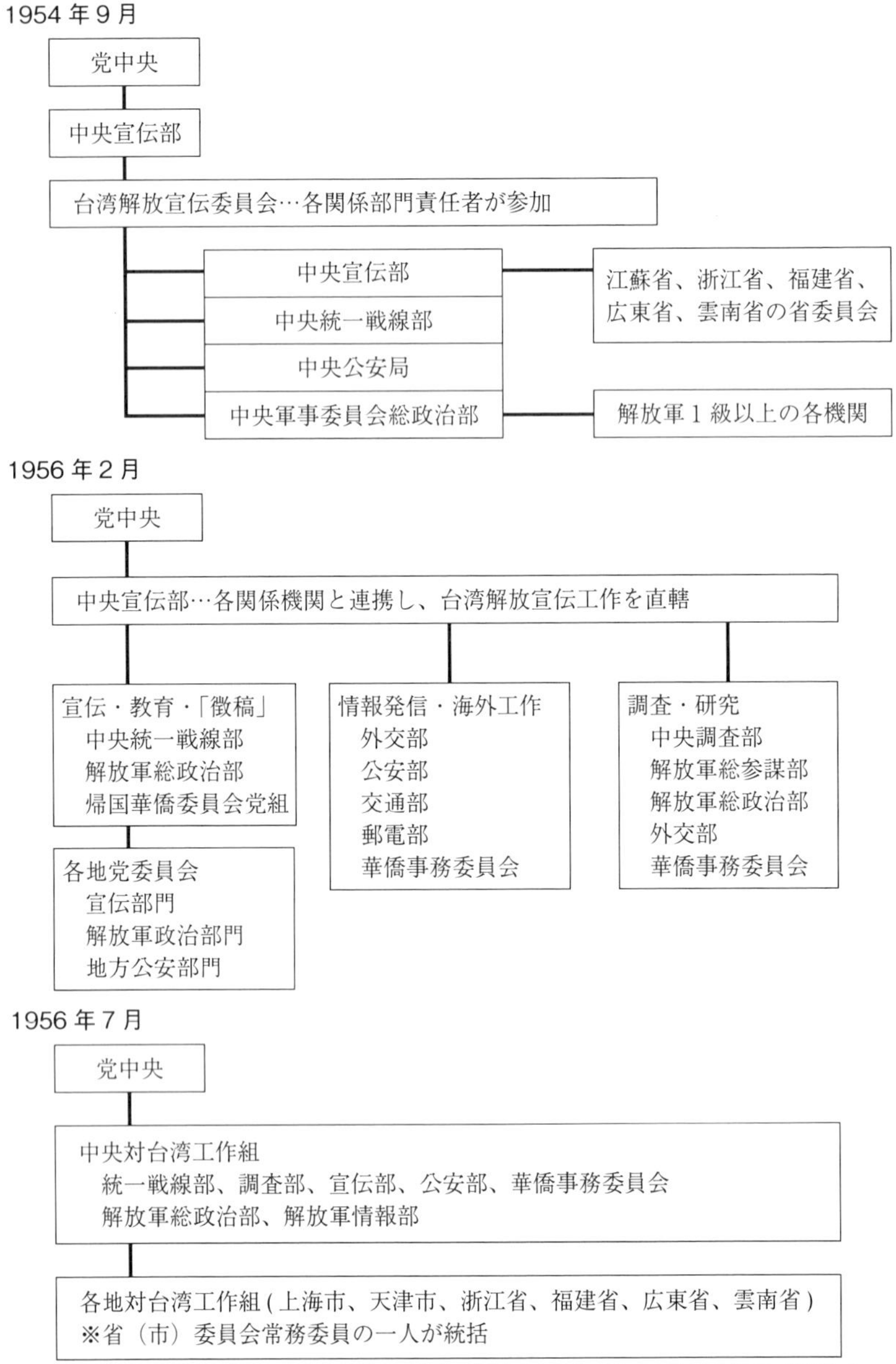

出典：第一章注 59（巻末史料 1-1）、本章注 33（巻末史料 2-1）、および注 40 の史料を参考に筆者作成。

中央は江蘇省、浙江省、福建省、広東省、遼寧省、および上海、北京、杭州、旅順・大連各市の党委員会、および中央の関係各機関に対し、目下の国際情勢に鑑み、二・二八事件記念集会の各宣伝は、周恩来の政治報告に基づき、「平和解放」を基調とするよう指示を出した。その具体的な目標は、「台湾人民も含む中国人民はアメリカがもくろむ台湾『独立』の陰謀、台湾の『信託統治』や『住民投票』などの謬論に断固として反対している」ことを示し、「米侵略者が今年の『二二八』に廖文毅ら裏切り者を利用し、いわゆる『台湾共和国臨時政府』などを設立する準備をしている」点にも反駁することとされ、宣伝と記念集会の規模も前年に比べ拡大された(34)。

周恩来による「平和解放」の呼びかけがなされると、各地の民主諸党派や国民党軍人・役人の家族もこれを歓迎し、台湾の親友や家族とともに「平和解放」の達成を熱望していることが、各地から中央へ報告された(35)。しかし、実際に民主人士や国民党軍人・役人の家族を宣伝工作に動員するうえでは、様々な問題が生じていた。福建省政治協商会議の報告によれば、これらの人士は台湾に住む自分の家族や親友を危険にさらすことを恐れ、手紙やラジオ原稿を書くことを躊躇った。すでに長期にわたり連絡を取っていない場合は、家族や親友の消息がわからなくなっている場合も多かった。また、一度書いた手紙やラジオ原稿が、将来の政治運動において自分自身を危険にさらす原因になるのではないかと心配する者もいた。そのほか、国民党軍人・役人の家族には、地主である、反動的な政治活動に参加したことがあるなどの理由により、すでに党の監視下に置かれていた者も少なくなかった(36)。

そこで、「反革命鎮圧運動」など過去の政治運動と「平和解放」の宣伝工作との矛盾を解消するために、党中央は「大陸に住む国民党員（蔣方人員）の家族や親友に対する工作に関する指示」を出し、国民党員の家族や親友の「平和解放」への動員を徹底しようとした。この「指示」は、「平和解放」へのこれらの人士の動員を、「反革命の鎮圧（鎮反）と党内に隠れた反革命分子および軍や行政機関に隠れた反革命分子の粛清（清理内中層）との中間にある」と位置づけ、その問題を「国民党員の家族や親友と台湾や海外の国民党員（引用者注：国民党の特務を指すと思われる）を厳格には区別できていない」ことであるとした。そのうえで、一部の幹部が「平和解放」の政策を正確に理解できておらず、これらの人士に対応する際に「左」に偏り、「彼らを過度に疑い、信頼を得られていない」ことを批判した。そのうえで、大陸に住む国民党軍人・役人の家族と「反革命分子」を明確に区別すること、台湾や海外から投降した人士の扱いにも注意することなどを指示した[37]。

この「指示」や次項に示す「平和解放台湾の工作を強化することに関する指示」に従い、国民党軍人・役人の家族が多く居住する地域においては、彼らを集めた座談会が開かれ、党中央の寛大な政策や「平和解放」の方針が説明された[38]。しかし、それがどの程度の効果を上げたのかは、判断の難しいところである。

(2) アメリカと国府の離間

周恩来による「平和解放」の呼びかけから半年が過ぎると、共産党は国民党軍人・役人に対する投降勧告を軸とした宣伝からさらに踏み込み、蔣介石とその側近、すなわち「蔣介石集団」に焦点を絞った「第三次国共合作」の呼びかけを展開した。一九五六年六月二八日の第一期全人代第三回会議における外交報告において、周恩来は「我々は台湾当局との協議を行い、台湾の平和解放の具体的な手順と条件を話し合いたいと思っており、台湾の当局が適当な時期に北京もしくは適当な場所へ代表を派遣し、我々との交渉を開始することを希望する」と述べた[39]。これは、周恩来が公式の場所において、初めて「台湾当局」との交渉について具体的な構想を表明したことを示した。

その約一カ月後、党中央は中央の関係各機関、関係各省市の党委員会、在外公館に対して「台湾平和解放の工作を強化することに関する指示」を発出し、中央と地方に対台湾工作組を設置し、今後は呼びかけの対象に蔣介石・蔣経国の父子や陳誠を中心とする国民党上層部を含むことを明確に指示した。この「指示」によれば、次なる宣伝工作においては、蔣介石、蔣経国、陳誠を中心とする台湾の国民党指導者が台湾の「全面的返還」、金門・馬祖の高級軍人が「我々の闘争への呼応」を適当な時期に行うよう、呼びかけることが指示された。また、宣伝においては台湾内部の矛盾ではなく、国府とアメリカの矛盾に焦点を絞り、海外では国民党の人士と積極的に接触しつつも、そうすることによって「二つの中国」には陥らないよう注意がなされた[40]。

党中央の対台湾宣伝工作の方針が上記のように変化した理由は、国民党上層部への態度が曖昧であった過去半年の宣伝工作が期待した成果を上げなかったこと、米中大使級会談における交渉が完全に膠着化したことに加え、台湾において体制内の自由主義的言論や海外を拠点とする台湾独立運動をめぐり米華間の亀裂が深まっていると共産党が認識したことにあると推測される。

一九五六年は国府の内部からも、外部からも、蔣介石の独裁的な台湾統治に対する批判が提起された一年であった。国府内部からの台湾統治に対する異論は、雑誌『自由中国』の発行人である雷震の意見に代表される。『自由中国』の論調は、一九五〇年代半ばから「反共民主」へと傾斜し、同誌の一九五六年一一月一日号は蔣介石の独裁政治を痛烈に批判したが、アメリカに『自由中国』の支持者が多いことを考慮した国府はこれに徹底的な弾圧を加えることはできなかった[41]。

台湾独立運動は、日本、香港、およびアメリカへ亡命した知識人を中心に展開されつつあり、一九五六年二月二八日に日本にて廖文毅を大統領とする台湾共和国臨時政府を正式に設立し、台湾独立宣言を発表した。一九五〇年に廖が香港から日本へ渡航した際、米占領軍は彼を不法入国で捕えていたという事実があったにもかかわらず、国民党上層部は廖文毅がアメリカの手先であると信じていたようである[42]。台湾独立運動と米政府が手を結ぶことは、国民党のみならず、「台湾解放」を掲げる共産党にとっても最悪のシナリオであった。

このような状況に置かれた国民党に対し、共産党がとりわけ重視した宣伝の方法は、香港・マカオおよび海外を発信地とし、国民党に対して「国共和平交渉」を呼びかけ、その実現可能性をアピールする宣伝工作であった。当時の報道によれば、一九五七年二月中旬をピークとして、香港では共産党系の新聞が、密使を通じた「国共和平交渉」の可能性を強調する論評を連日掲載した。しかし、国民党系の新聞はそれを否定し、和平交渉ではなく「大陸反攻」の意図を強調した[43]。

当時から現在に至るまで、こうした密使を通じた国共両党の接触がこの時期本当になされたのか否かは定かでない。しかし、一九七九年以降の共産党の対台湾統一政策の影響もあり、中国では、これら密使の活動内容に言及し、国共両党の繋がりを強調する公刊史料が数多く出版されてきた。[44] 近年では、中国における公刊史料のみならず、日米の公文書のなかからもこれら密使に関する報告書類が公開され、日米政府も密使の存在に注目していたことが明らかになっている。[45]

この時期、密使として名前の挙がった人物は複数存在するが、比較的多くの情報が明らかになっているのは曹聚仁である。[46] ＣＩＡが一九七一年に作成した報告書によれば、米中大使級会談が始まった一九五五年八月、同年一二月、毛沢東や周恩来が台湾へ平和攻勢をかけはじめた一九五六年一月の三回にわたり、曹聚仁から蔣経国国防部長に共産党から三通の密書が届けられた。密書の内容は、蔣経国に対し「国共合作」に関する重要情報を伝えるため、香港へ密使を派遣するよう要請するものであった。蔣経国は密書の存在を共産党系報道機関にリークされ、仕方なくその内容を米政府に報告したといわれている。[47]『周恩来年譜』には、周恩来は一九五六年七月一三日、一六日、一九日、および一〇月七日、国民党革命委員会の張治中副主席、邵力子常務委員、屈武常務委員会副秘書長らを伴って曹に会ったと書かれている。[48] しかし、だからと言って曹が共産党から信頼された密使であったと断定はできない。ＣＩＡの報告書は曹が単なる「機会主義者」であった可能性もあると指摘している。[49]

中国や香港から公刊されている史料において、重要人物であったとされる人物は章士釗である。[50] これらの文献によれば、一九五六年春に党中央は「国共合作に関する具体的な提案」を記した蔣介石宛の書簡を章へ託したことがあり、章は『香港時報』編集長であり、国民党の宣伝工作を担っていた許孝炎に香港にて同書簡を渡したという。その提案は、「第一に、外交の統一と中央政府の統一を除いては、台湾の人事、軍事大権などは蔣介石が管理し、第二に、台湾の経済資金が不足すれば、中央政府が補助し、第三に、台湾の社会改革は緩慢であるため、条件が成熟するのを待ち、蔣介石および台湾各界人民代表の意見を尊重して協商を進め、第四に、国共双方は相手に対して破壊行動を取らず、両党に利する協力をすすめていく」という内容であったといわれる[51]。

この二名以外にも、一九五六年から一九六〇年代前半までの間に共産党と国民党の間に存在したとされる密使のチャンネルは複数あるが、どれもその詳細は不明である。しかし、ここで重要なことは、このような「密使」を利用した共産党の意図はどこにあったのか、また国民党の反応はいかなるものであったのかという問題であろう。まず、これらの人物は「密使」とされながらも、その活動内容の多くは当時から共産党系報道機関によってリークされていたことから、宣伝の要素が強いものであったと推測される[52]。

これに対し、国民党は「密使」報道を黙殺するか明確に否定することに終始し、共産党からの呼びかけに応じる姿勢は一度も見せなかった。それどころか、共産党の宣伝に対抗し、国民党は共産党が苦境に立たされた末に和平交渉を持ち掛けているという主旨の宣伝を展開していた。例えば、周恩来の第一期全人代第三回会議における外交報告について、蔣介石は「台湾と講和するというような馬鹿げた要求は、相手にしないに限るが、内外に対する心理的な問題を考慮すれば、対策を研究しないわけにはいかない」と認識していた[53]。確かに、蔣介石は自由主義的な言論や台湾独立運動に対しては、共産党と同様に米政府の関与を疑い、警戒していた。しかし、それでも蔣介石は共産党が呼びかけるような一地方政権としての交渉に応じるつもりは毛頭なかったように見える。

(3)「平和解放」の挫折と反右派闘争

米中大使級会談の継続、台湾内部における自由主義的言論や海外における台湾独立運動をめぐり、アメリカと国府の間には相互不信や齟齬が見られるようになってはいたが、中国がその関係に決定的な楔を打ち込むことはできなかった。共産党の指導者がそのことを確認したのは、一九五七年五月に勃発した台湾における反米暴動であったと推測できる。一九五七年五月二四日、台湾に駐在する米兵による殺人事件に対する判決を発端に、台北市において反米暴動が発生した。暴動はアメリカの大使館と新聞情報センターを襲撃し、一三名のアメリカ人に負傷を負わせ、大使館の公文書を焼き払った[54]。この暴動には蒋経国の関与があったとの噂も流れ、一見、事態は中国の対台湾宣伝工作が意図する米華離間の方向へと推移しているように見えた。

しかし、事件の一報を受けた蒋介石は直ちに戒厳令を発令し、翌日には治安関係の高官三名を免職とし、ランキン(Karl Lott Rankin)駐華大使に面会を求めた。蒋介石は同事件に対し、「この八年間対米関係の屈辱に耐え、復国の基礎を築くために行ってきた努力」を水泡に帰す、「野蛮な民衆の行動」であると、対米関係を損いかねない事件に対して激しく憤り、対米関係を穏便に処理することを最優先課題とした[55]。ところが、米政府も蒋経国の同事件への関与を疑っていることを知ると、「(引用者注:アメリカから)自立するほか、頼れる友人はいない」と失望し、ランキン大使を呼び出して、抗議した[56]。とはいえ、米華双方は同事件が共産党のプロパガンダに利用され得ることを自覚しており、このような米華間の齟齬が表面化することはなかったのである[57]。

一九五七年六月、中央宣伝部は再度対台湾宣伝工作の現状を反省し、宣伝工作を改善するための意見を党中央へ提出した。党中央は、「最近、多くの地方ではこの工作がないがしろにされているので、引き続き指導を強化すること」という指示とともに、七月二九日付で同報告を関係各機関および地方へ送付した。同報告は過去一年間の対台湾工作は、中央と地方に対台湾工作組を設置し、民主党派や民主人士に対して「放」の方針を採ったことで、「平和解放」の呼びかけを徐々に浸透させたとして評価した。しかし、同報告は同時に、「今年二月に香港で我が方が送った和平交渉の風波は、結果的に利用されてしまい、我々の政治的損失となった」ことを反省し、今後は利用されないよう、台湾の調査や研究に力を入れ、宣伝の「質」を高めなければならないと総括した(**巻末史料2—2**)[58]。

この報告からは、当時の共産党が対台湾宣伝工作において克服することができなかった最大の問題を読み取れる。その問題とは、国民党との和平交渉を掲げた宣伝は、必ずしも共産党に有利となるとは限らず、蒋介石と米国の矛盾や蒋介石と台湾民衆の矛盾も必ずしも「台湾解放」に利するわけではないことであった。すなわち、この時期の台湾において、確かに国府に対する批判、国府内部の論争、国府の米政府に対する疑心などは見られたが、それらはすべて「平和解放」に呼応する勢力の出現には繋がらなかった。むしろ、台湾内外における反体制勢力が求めたのは「大陸反攻」の放棄、政治的自由化、台湾独立など、共産党が目指した新中国への「愛国心」発揚とは反対の方向へと向かうものばかりであった。

また、上記の報告は中国国内政治の情勢が「放」から「収」へと転換しつつある過程でなされたものであり、報告からは「放」の時期に展開してきた対台湾宣伝工作に対し、慎重になろうとする中央宣伝部の姿勢も見て取れる。一九五四年以降の「台湾解放」のための対台湾宣伝工作の展開は、それが提起された文脈やその内容からも明らかなように、同年夏に制定された中華人民共和国憲法を基礎とした、民主諸党派との統一戦線戦の模索と軌を一にしていた。

第一章で触れたように、そもそも一九五四年に提起された「台湾解放」の宣伝工作は、同時期に公布された中華人民共和国憲法のもとで、共産党の主導による国家建設を推進しつつ、民主諸党派との新たな協力を模索しようとする動きと連動しながら展開されたものであった。毛沢東が「百花斉放、百家争鳴」や民主諸党派との「長期共存、相互監督」を提唱し、秋には中国共産党第八回全国代表大会（いわゆる八大）が開催された一九五六年は、そのような動きが頂点を迎えた時期であったといえよう。さらに、共産党は翌五七年五月には、党外の人士に共産党の官僚主義を批判するよう促す「整風運動」を発動し、民主人士や知識人による大量の共産党批判を容認していた[59]。この時期、毛沢東が民主諸党派との協力や政治的自由化をどの程度本気で考えていたのかは議論の余地が残るとはいえ、共産党が民主諸党派に「協力」を求め、そのためにある程度自由な雰囲気をつくった状況下において、台湾の「平和解放」を掲げる対台湾宣伝工作が展開されていたことは確かである。実際に、「平和解放」の宣伝工作においても、党中央は民主人士や国民党軍人・役人の家族からの協力を重視していたのである。

共産党外部との統一戦線工作を一定程度重視する国家建設に終止符を打ったのは、一九五七年六月八日の『人民日報』社説「これはどうしたことか」を皮切りに展開された反右派闘争である。毛沢東は「双百」運動のなかで提起された共産党に対する批判を「右派言論」と位置づけ、「右派分子の気違いじみた攻撃に反撃」を加える「闘争」を発動したのであった。六月一九日、毛沢東が同年二月に行った講話、「人民内部の矛盾を正しく処理する問題について」が『人民日報』に掲載されたが、そこには「党の指導」や「社会主義」に対する攻撃は容認できないとする六カ条が新たに書き加えられていた[60]。このことは、共産党の一党独裁が「反右派」の発動を契機に深化し、党外に対する統一戦線工作が実質的に機能しなくなったことを意味したともいえる。民主人士や知識人が次々と逮捕され、処分を受けるなかで、台湾の「平和解放」や「第三次国共合作」の呼びかけは、急速に説得力を失っていった。

実際に、このような国内政治状況の変化は、対台湾宣伝工作にも少なからぬ影響を与えた。一九五七年六月の中央宣伝部による報告にも「整風が一段落ついたら、中央統一戦線工作部と協力し、民主人士や投降兵の思想に対する指導の問題に対応する」と書かれているように、中国の国内政治全体が引き締めへと向かうなかで、対台湾宣伝工作のみが例外ではあり得なかった。この時期、民主人士や投降兵にどのような具体的「対応」が採られたのかを示す史料はほとんど公表されていない。しかし、同報告書をうけて上海市党委員会対台湾工作組が作成した、「上海市における対台湾宣伝工作の情況と今後の改善に関する意見と報告」から推測すれば、民主人士、投降兵、国民党軍人・役人の家族に対する対台湾工作組の管理と指導は、各地において相当程度強化されたようである[61]。

反右派闘争によって、共産党は国民党との宣伝戦において逆境に立たされることにもなった。上海市党委員会対台湾工作組の分析によれば、中国で反右派闘争が発動されると、国府はこれを「ハンガリー革命前夜の情勢」であると判断し、中国大陸に対する「心理作戦」と転覆活動を展開しようとした。国府は一九五七年七月、「大陸革命委員会」と「大陸知識分子の抵抗を支援する委員会」を結成し、大陸に対して大規模な「大陸親友との通信運動」を発動し、多くの特務を潜入させ、「右派の反革命活動」と連携するのみならず、中国の国家機関幹部をも対象とした宣伝攻勢をかけてきた。この時期、反右派闘争を批判する大量のラジオ放送や宣伝品が大陸へもたらされたという[62]。そもそも、共産党が対台湾宣伝工作上において連携すべき国民党軍人・役人の家族や投降兵と、国民党が大陸へ送り込む特務、あるいは「反革命分子」との識別が困難なことは、対台湾宣伝工作における大きな問題点であった。[63]このような状況下において、多くの投降兵や国民党軍人・政治家の家族に対する監視が強化され、対台湾宣伝工作が柔軟性を失っていったことは、想像に難くない。

実際に、中国の指導者が公式の場で、台湾の「平和解放」や「第三次国共合作」に言及する頻度は、一九五七年夏を境に減少した。同年九月、訪中したエジプト国民議会の議員から台湾「平和解放」の可能性を問われた周恩来は、「可能性はあり、進展している」が、「それほど早くできるかどうかは期待できない」との認識を示した。[64]それに代わり、第四節で述べるように、一九五七年後半以降の中国政府は、「台湾問題は実質上『二つの中国』の問題」であり、「アメリカによる『二つの中国』の陰謀は決して容認できない」というような、「二つの中国」に反対する主張を繰返しはじめるのである。

3 福建前線における軍事建設

(1) 前線軍事建設と金門・馬祖の「解放」

第一節および第二節で見てきたように、第一次台湾海峡危機後の中国は、金門・馬祖からの国府軍の無条件撤退を勝ち取ることを意図して、米中大使級会談や台湾に対する「平和解放」を呼びかける平和攻勢へと転じた。ただし、このような外交戦や宣伝戦の一方で、解放軍は福建前線の海空軍力を強化し、金門・馬祖を攻略するための軍備増強にも力を入れていた。

特に、空軍基地の建設と空軍部隊の配備は福建前線における喫緊の課題であった。一九五五年三月の粟裕らによる金門・馬祖攻略作戦に関する会議においても、作戦を遂行するための六点の課題のうち四点が空軍基地建設と空軍配備に関するものであった。まず、福州や龍田の空軍基地を修復するためには、機材や物資を運送するための鉄道や海上輸送航路を確保し、他軍区の工兵も徴用して突貫作業を進める必要があった。そして、いくつかの基地を完成させたうえで、朝鮮戦線などで経験を積んだ空軍部隊を杭州や東北部の基地から移動させる必要があると考えられていた。[65]福建前線の空軍力はそれほどまでに脆弱であり、金門や馬祖を拠点とする国府軍による空爆に対し、対抗する術を持たなかった。当時、福建前線の民衆はこのような情況を、「福建の大地は共産党のもの、空は国民党のもの」と揶揄していたともいわれる。[66]

一九五五年二月、国務院と中央軍事委員会は福州などに空軍基地を建設するよう指示し、同年三月には福建省委員会、省人民委員会、福建省軍区などの指導下に、空軍基地建設を担う福建省四〇四工程委員会が設置されていた。同委員会は福建省における空軍基地建設を二期に分けて行い、第一期には福州、漳州、龍田の基地を建設し、第二期には連城、恵安、廈門基地を建設し、さらに龍田の基地を修築し、一九五六年五月にこれら工程を完了したという。[67]福建省の地形や地質といった条件は良好ではなく、空軍基地の建設・再建は困難を極めたが、建設が行われた基地のうち数カ所には、空軍を配備できる状態になった。[68]

また、福建前線における戦闘のためには、補給経路を確保するための鉄道建設も肝要であると考えられていた。中央軍事委員会は、五四年七月に広西の黎塘と広東の湛江を結ぶ黎湛鉄道、および江西省の鷹潭と福建省の廈門を結ぶ鷹廈鉄道の建設を決定した。黎湛鉄道は五四年一〇月に着工し、五五年七月一日に開通した。鷹廈鉄道は五五年三月に着工し、五六年一二月に全線が開通した。これらの鉄道開通は、「海陸運搬や対外貿易、沿岸部の工農業生産を促進し、国防を強固にし、台湾解放において重要な意義をもたらす」ものと位置づけられた。[69]

福建前線における空軍基地建設や鉄道敷設に目途が立った頃、中央軍事委員会は台湾海峡に面するこの地域がさらなる軍備増強と作戦準備を必要とする情況に鑑みて、福州軍区を新たに設置した。一九五四年に大軍区制から改編された一級軍区制のもとでは、福建前線は南京軍区の管轄下にあった。一九五六年三月、中央軍事委員会は、南京軍区から江西省と福建省にあたる区域を独立させて福州軍区とし、国防部の直轄とすることを決定したのである[70]。こうして福州軍区は一九五六年七月一日に誕生し、中央軍事委員会は葉飛を福州軍区司令員兼政治委員に、皮定均と劉永生を副司令員に、黎有章を参謀長にそれぞれ任命した[71]。

以上のような、福建前線における軍事建設の各段階において、彭徳懐は中央軍事委員会で空軍を福建前線に配備する旨の提案を行った。福建前線に空軍を配備し、国府軍の爆撃に対する防衛能力を備えることは、彭徳懐をはじめとする中央の軍事指導者のみならず、葉飛ら福建前線の指導者の悲願でもあった。

『彭徳懐年譜』で確認できる限りにおいて、彭徳懐が福建前線への空軍配備の必要性に初めて言及したのは、一九五五年一月であった。解放軍による一江山島侵攻に対する報復として、国府空軍が福建前線への大規模爆撃を行った際、彭徳懐は「空軍をはやく福建に配備しなければならない」と提案したという[72]。同年七月、彭徳懐は粟裕、陳賡副総参謀長、許世友南京軍区司令員、葉飛南京軍区副司令員（兼福建省軍司令員）、唐亮南京軍区政治委員、羅瞬初海軍副司令員、何延一空軍副参謀長らと金門・馬祖の攻略について協議した。その際にも、彭徳懐は「空軍の準備に力を入れ、八月から九月、または一〇月から一一月に福建に配備する」ことを提案した[73]。九月にも、彭徳懐は福州、莆田、廈門で前線の部隊を視察し、前線における訓練と金門・馬祖の攻略についてさらに研究を重ねた[74]。一〇月、彭徳懐は第四八回中央軍事委員会を主宰し、「まず大胆、二胆を攻撃し、次に小金門を攻撃」するために、「一二月一〇日に空軍を福建へ移動させる」と提案した。しかし、毛沢東はこれに同意せず、「国内外の情勢を考慮し、暫くは大胆、二胆を攻撃せず、空軍の福建への移動も遅らせる」と決定した[75]。

一九五六年三月に福州軍区の設置を提案した際、福州軍区成立後、気候条件の良好な一〇月以降に空軍を福建前線へ移動させ、冬の間に同地域の制空権を奪取すべきことも、彭徳懐は同時に提案した[76]。さらに同年九月、彭徳懐は臨時の中央軍事委員会を開催し、「鉄道が開通し、福建への空軍配備を検討することが可能となった」旨を指摘し、「一〇月末以前に空軍の移動を開始し、アメリカの大統領選挙前に配備することが最も望ましい。領海内において活動し、空軍を主とし、防空軍は高射砲を準備する」と重ねて提案した。しかし、この提案もまた、党中央の同意を得ることとはならなかった[77]。

このように、一九五五年から五六年にかけて、彭徳懐は空軍を福建前線に配備することを再三提案した。その一義的な目的は、福建前線への国府軍の爆撃に対する防衛能力を向上させることであった。さらに、その延長線上にある作戦として、廈門に近接する小島から順に国府占領下の福建沿海島嶼を攻略することが検討されていた。これに対し、毛沢東は、福建前線における軍事建設と金門・馬祖攻略作戦を否定することはなかったが、この間一度も空軍を福建前線に配備することには同意しなかった。その理由を明確に示す史料は見当たらず、『葉飛伝』にも、一九五六年五月までに空軍基地の建設は完了したが、「情況が変わったために、福建への空軍の移動は遅れた」と記されているのみである[78]。

毛沢東がこの時期に福建前線への空軍配備に同意しなかった理由としては、第一に、次節で言及する粟裕の報告も示すように、空軍基地を建設し、鉄道を敷設したとはいえ、解放軍の海空軍力は未熟であり、福建前線への配備は時期尚早であるという軍事的判断があったものと考えられる。第二に、前節まで論じてきたように、一九五五年後半から一九五七年半ばにかけて、共産党の台湾海峡における闘争は政治攻勢を主要な手段としていたことが指摘できる。この時期の毛沢東は、米中大使級会談、および台湾に対する「平和解放」の呼びかけによって、戦わずして金門・馬祖を「解放」できる方法を探ることを優先し、米政府と国府を刺激する空軍の福建前線への配備は回避したものと推測できる。

(2) 前線軍事建設の成果と課題

『彭徳懐年譜』などには、一九五七年にはいり、彭徳懐が再び空軍の福建前線への移動を提案した形跡は見当たらない。ただし、福建前線の軍備を整え、金門・馬祖を早期攻略するという方針を、解放軍が完全に放棄していたわけでもなかった。そのことは、一九五七年七月に粟裕が彭徳懐に対して行った、中央軍事委員会の日常業務に関する報告にも表れている。

米蔣に対して積極的に闘争を行うことは、過渡期の総任務を順調に実施している国家を防衛し、最終的には台湾を我が領土に回復することを目的としている。そのため、以下のような任務を一歩ずつ完成しなければならない。(一)まず、蔣介石匪賊の海空軍に打撃を加えて華南地域の海上運輸の安全を確保し、沿海島嶼に盤居する匪賊軍を攻撃して守勢に追い込み、我々の近海航路の安全と漁民の生産活動を保護し、我々の沿海工業都市や軍事基地が爆撃を受けないことを保証しなければならない。そして、匪賊が占領する島嶼を孤立させ、これらの島嶼を攻略するために有利な条件をつくり、米帝国主義が企む米蔣の「共同防衛」協定を差し控えさせるか、台湾に限定させなければならない。(二)沿海島嶼を一歩ずつ攻略し、華南と華東地域の海上交通の安全を確保し、台湾解放のために有利な条件をつくる。(三)我々の海軍と空軍の力量が充分に発展し、準備が整ったら、我々に有利な国際情勢のもとで台湾を解放する(傍線引用者)。

粟裕はさらに、上記のような任務を達成するためには、浙東、福建、華南の三カ所で海空軍力と防空能力を向上させねばならず、そのためにはさらに三年の時間がかかるであろうと分析した[79]。

粟裕の報告からは、一九五七年にはいってもなお、福建前線の防衛と沿海島嶼の攻略は解放軍にとっての重要課題であり、その準備も一歩ずつ進められていたことが窺える。しかし、前年までの福建前線への空軍配備に関する彭徳懐の提案に比べると、粟裕の報告においては米華共同防衛条約の適用範囲を台湾・澎湖諸島へと限定させることの重要性が強調され、それが金門・馬祖攻略作戦の前提となっている。その理由について、当時の台湾海峡における客観的条件と粟裕の報告内容を照らしあわせると、以下のような推論が成り立つであろう。

前節まで詳述したように、対米直接交渉によって国府軍の金門・馬祖からの無条件撤退を促す中国の試みは、一九五六年の夏には暗礁に乗り上げ、その後の国民党に対する和平交渉の呼びかけも、何ら具体的成果を上げなかった。ガーバー（John W. Garver）の研究が詳細に論じているように、一九五〇年代半ば以降、アメリカが同盟国に対して行った軍事援助のなかでも台湾の優先順位は高く、台湾・澎湖諸島を防衛し、金門・馬祖防衛のために「対策を講じる（taking action）」ことが極東における冷戦戦略にとって重要であると位置づけられた[80]。米政府が一九五六年に核弾頭の搭載が可能なマタドールミサイルを台湾に配備すると決定し、翌年実際に配備するに至ったことは、このような姿勢を象徴的に示すものであった[81]。こうした状況を利用して、国府は米政府に対して台湾防衛における金門・馬祖防衛の死活的重要性を主張し、金門・馬祖に駐留する軍事力を着々と増強した。第一次台湾海峡危機終盤の段階では約七万五千であった金門・馬祖に駐留する国府軍兵力は、一九五六年四月までに一〇万を超え、それは国府軍全体の三分の一にものぼっていた[82]。

また、一九五七年にはいると、ポーランドやハンガリーでの動乱、アイゼンハワー大統領の再選などを背景に、蔣介石は「大陸反攻」の具体的計画を本格化させ、米政府を説得する方策を検討しはじめた。張淑雅の研究によれば、共産党による台湾の「平和解放」や国民党との和平交渉に関する呼びかけも、蔣介石にとって「大陸反攻」を急ぐ心理的な圧力となった。また、同年八月から九月にかけて、『自由中国』誌に「大陸反攻は絶望的」との論調が現れたことも、蔣介石の焦りに拍車をかけたという[83]。

実際、蔣介石は一九五七年三月に陳誠副総統のもとに「反攻大陸督導会」を設置して「独立反攻作戦」を検討させつつ、蔣経国には米政府に対して「反攻」作戦発動の許可を求める方案を練らせた[84]。しかし、一九五七年に蔣介石が米政府に「反攻」作戦の発動を打診する機会は訪れず、同年末の日記には「反攻」の戦術や演習は「自らを慰める工作にすぎない」と記されている[85]。ただし、もしも解放軍からの攻撃があり、米軍の協力を得て解放軍と戦うこととなれば、話は別であった。蔣介石はそのような機会の到来を念頭に金門・馬祖の兵力増強に励んでいたと考えられる。

以上のように、解放軍が福建前線における軍事建設を一から行っている間に、米政府の対台湾援助のもと、金門・馬祖の国府軍兵力は急速に増強された。金門・馬祖に対する米政府の防衛義務は相変わらず曖昧にされていたが、中国の指導者たちが金門・馬祖をめぐる国府軍との戦闘に慎重となり、金門・馬祖防衛に米軍が関与する可能性を高く見積もるようになっていたとしても不思議ではない。

4 「二つの中国」問題の深刻化

(1) 国際社会における「二つの中国」論の顕在化

ここまで見てきたように、中国は米中大使級会談や「平和解放」の宣伝工作を行いつつ、福建前線の軍備増強を継続することで、金門・馬祖を「解放」し、「台湾解放」に近づくための突破口を開こうとしたものの、いずれにも成功したとは言い難かった。その間、台湾海峡を隔てて併存する中華人民共和国と中華民国とのそれぞれとの関係構築をはかる、実質的な「二つの中国」の立場を西側諸国も含む多くの諸国が採りはじめた。アメリカは同盟国に対し、中華人民共和国を承認せず、封じ込め政策を採るよう牽制を続けていた。しかし、米中大使級会談の継続は、その米政府ですら国府との外交関係を保ちつつ、中国政府と実質的な外交交渉を行っているという印象を諸国に与えざるを得なかった。

米中大使級会談を開始して以来、国府や同盟国に対する信頼性を保持するために、アイゼンハワー政権は大使級会談が中国承認へ繋がり得ないこと、米政府は国府を「唯一の合法政権」として承認していることなどを繰り返し、厳格な対中禁輸政策を維持していた。しかし、共産主義陣営が一枚岩ではないと認識するにつれ、アイゼンハワー政権にはより現実的な対中・対華政策を検討しようとする動きも徐々に見られるようになった。また、フェアバンク(J. K. Fairbank)ら中国研究者を中心とする知識人も、米政府は国府との関係を保持しつつ、中国政府との関係発展を模索すべきであると主張し、中国の国連加盟を認め、国連で中国に台湾海峡における武力行使を放棄させることを提案した[86]。

また、井上正也の研究が示すように、アメリカとイギリスやフランスを中心とする西欧同盟国との間では、対中禁輸を維持するために米政府が同盟国へ課した、中国に対する貿易差別待遇（いわゆる「チャイナ・ディファレンシャル」）をめぐる軋轢も生じていた。一九五六年三月に仏政府は中国への通商・文化代表団派遣を決定し、米政府の同盟諸国に対する統制に風穴を空けた。同じく対中民間貿易拡大に対する政府の関与を模索していた日本も、チャイナ・ディファレンシャル撤廃の動きに期待し、中国への民間通商代表部設置について米政府へ打診した[87]。これら同盟国の要請に対する米政府の統制力は健在であったが、強硬かつ硬直的な対中政策を継続するアイゼンハワー政権への不満が、西側諸国の間でも高まりつつあったことは確かである。

他方で、一九五六年夏にソ連外務省情報委員会がまとめた報告書によれば、米中交渉による台湾問題の解決について、イギリスはインドと協調し、米中の間で中立的な役割を果たしたいと考えていたという。一九五五年夏以来、インドは①米中交渉で台湾海峡以外の問題を解決し、②台湾海峡の停戦交渉を行い、金門・馬祖から国府軍を撤退させたうえで台湾を期限付きの自治省として認め、③台湾自治省の統治権を中華人民共和国へ移管するという三段階によって台湾問題を解決する計画を有していた。しかし、ソ連外務省は、「この計画では実際のところ台湾問題の解決を相当程度引き延ばし、アメリカの台湾占領を継続させる可能性が高い」と見ていた[88]。

アジア・アフリカ会議以後、中国とアジア・アフリカ諸国との関係も強化され、これらの諸国に対する中国の影響力は拡大した。中国はインド、ビルマ、インドネシア、カンボジア、ラオスなどとの首脳外交を活発に展開しており、特にインドやインドネシアの首脳とは台湾問題の平和的解決についてたびたび議論した。アジア・アフリカ会議後は、中国政府と外交関係を樹立する国家も増加した。ネパール、エジプト、シリア、北イエメンなどが新たに中国政府と外交関係を樹立した。このうち、エジプトは国府との外交関係撤回を宣言し、中国との関係樹立に踏み切った[89]。しかし、アジア・アフリカ会議での協議やインドの上記計画に見られるように、アジア・アフリカ諸国が提案する台湾問

表 2-1　国連総会における中国代表権問題表決の推移（1951-1965 年）

回		6	7	8	9	10	11	12	13	14	15		16	17	18	19	20
年次		51	52	53	54	55	56	57	58	59	60		61	62	63	64	65
加盟国		60	60	60	60	60	79	82	81	82	98		104	110	111	115	117
ROC承認国		33	33	33	33	34	37	42	41	42	48		51	56	60	56	54
PRC承認国		11	11	11	12	14	23	24	27	28	32		35	38	39	45	45
無承認国		15	15	15	14	11	18	15	12	11	17		17	15	11	13	17
審議棚上げ案	賛成	37	42	44	43	42	47	47	44	44	42	重要事項指定決議案	61				56
	反対	11	7	10	11	12	24	27	28	29	34		34				49
	棄権	12	11	2	6	6	8	7	9	9	22		7				11
中国加盟案 *1	賛成											ソ連／アルバニア案 *2	37	41	41		47
	反対												48	56	57		47
	棄権												19	12	12		20

＊1　審議棚上げ案の可決に伴い票決は行われなかったが、1955 年にはソ連、1956 年および 57 年はインドが中華人民共和国政府の加盟と中華民国政府の脱退を訴える提案を行った。

＊2　中華人民共和国政府の加盟と中華民国政府の脱退を訴える提案、1961 年および 62 年はソ連が提案国となり、1963 年はアルバニアとカンボジアの 2 カ国、1965 年はアルバニア、カンボジア、アルジェリア、コンゴ共和国、キューバ、ガーナ、ギニア、マリ、パキスタン、ルーマニア、ソマリア、シリアの 12 カ国が共同提案国となった。

出典：高朗『中華民国外交関係之演変』（五南図書出版、1993 年）186-187 頁、井上正也『日中国交正常化の政治史』（名古屋大学出版会、2010 年）付表 1、劉志攻『中華民国在聯合国大会的参與』（台湾商務印書館、1985 年）138-147 頁および巻末表を参照し、筆者作成。

題の平和的解決は、いずれも台湾を分裂国家の一方、ないしは自治省として認めるものであり、「二つの中国」を拒絶する中国政府の受けいれるところとはならなかった。

上記のような台湾問題をめぐる国際環境の変化は、国連における中国代表権問題に関する票決の趨勢に如実にあらわれた。一九五二年以降の国連総会において、ソ連による中国加盟案の提出を阻むために、米政府は中国代表権問題の審議を保留する審議棚上げ（モラトリアム）案を提案し、これを可決させることで中国代表権の審議を阻止し、国府の国連加盟国および国連常任理事国としての地位を保護してきた。しかし、一九五五年の第一〇回国連総会の閉幕時に、一六の新規加盟国が国連に加盟し、その半数以上は中国代表権問題において中華人民共和国を支持することが予想された[90]。蔣介石も、一九五六年初頭の日記において、新年の政治・外交上の目標を示した欄の第七項目として、「国連から自動的に退出する準備、これが来年度の一切の困難と険悪の焦点なり」と記していた[91]。

上記のような状況に乗じて、ソ連は第一一回国連総会において、中国の加盟を推進し、社会主義陣営の名誉を回復できないかと考えた。その方策として、ソ連は一九五五年の第一〇回国連総会で、「中国の加盟を認め、国府を脱退させる」案を提案したが、より多くの加盟国から支持を得るために、「中国の加盟を認める」ことのみを議案とし、「国府を脱退させる」ことについては議案の説明において触れるにとどめてはどうかと考えたのである[92]。一九五六年四月半ば、ユージン駐中国大使が周恩来に対してこの考えを提案したところ、中国側は以下のように回答した。

ソ連の提案に同意し、中華人民共和国の国連加盟を単独の議案として第一一回総会に提出する。議案には蔣介石集団の駆逐は盛り込まず、議案の説明でこの問題に触れる。

目下、国連中国代表権問題については、①中国が加盟するが、蔣介石集団は安保理常任理事国として残る、②中国と蔣介石集団がともに加盟し、いずれも安保理常任理事国は降りる、③中国が安保理常任理事国となり、蔣介石集団は加盟国として残る、④中国が安保理常任理事国の地位を回復し、蔣介石集団は去るという四つの考え方がある。①から③はすべて「二つの中国」であり、容認できない。「二つの中国」を容認するくらいであれば、問題の解決を遅らせるほうがよい。米英は①、②なら受け入れられるかもしれないが、これは国際的に支持されず、諸国が関心を有しているのは③であろう。我々もこれについて検討したが、やはり④を勝ち取るべきであると考える。第一一回総会での（引用者注：④の）実現可能性が低いことは承知しているが、そうであれば現段階においては、この問題が議題に入るだけでも我々に有利になると考えている。

中国政府にはソ連など友好諸国と連動して行動を採る準備がある。例えば、①インドのネルーを介して米英に対して工作するほか、②ソ連の議題提出に合わせて政府の公式な声明を発表する[93]。

このように、中国政府は「二つの中国」は容認できないとの立場を強調しつつも、ソ連の提案に同意していた。しかし、中国政府の態度を確認し、票読みを行った結果、ソ連外務省調査部は、「昨年に比べ中国代表権問題の早急な解決を明確に支持する国家は明らかに減少しており、第一一回国連総会で中国加盟案が議題となる可能性はあるが、現状の変更にまで至るか否かは、現在揺れ動いている諸国がいかなる立場を採るかにかかっている」と判断し、第一一回総会においては中立諸国の支持を失わない程度の提案が望ましいとの結論に達した(94)。こうした判断に基づき、ソ連外務省は第一一回国連総会において、①インドが提案する中国代表権問題を総会の議題とするよう訴える案を支持し、②中国代表権問題を討論する局面が訪れた場合は、「二つの中国」を同時に国連に参加させる案に反対するという方針を決定した(95)。

第一一回国連総会において、中国代表権問題の審議棚上げ案は賛成四七、反対二四、棄権（含欠席）八で可決され、結局一九五六年も中国代表権問題が議題に上ることはなかった。しかし、審議棚上げ案への賛成率は七〇%から六〇%へと大幅に減少し、国際社会に中国の国際的地位向上を印象づけるとともに、米政府および国府に危機感を与えることとなった。また、中国代表権問題の審議棚上げを批判し、中国代表権問題を議題とするよう訴えるインド政府の提案は、可決には至らずとも、米政府の強硬な対中封じ込め政策を批判するという宣伝効果はあり、インドは一九五九年の第一四回国連総会までは毎年同様の提案を行うこととなる（第四章参照）。以降、一九五六年から六〇年までの間は、審議棚上げ案への賛成率が再び上昇することこそなかったが、審議棚上げ案への賛成が大幅に減少するような局面も訪れなかった(96)。たとえそれを明示していなくとも、国府の脱退を前提とする中国加盟案で中立諸国の支持を得ることは難しく、中国は自らの立場を支持する国家との外交関係を一つずつ勝ち取っていくほかなかったのである。

（2）第一九回赤十字国際会議における「二つの中国」問題

前項で示したように、一九五〇年代後半の国際社会においては、中華人民共和国を「中国」として国際社会に参入させる一方で、台湾の国府は「中国」以外の主体として国際社会にとどめるべきであるとの議論が、アジア・アフリカの中立諸国のみならず、東西両陣営の一部からも提起されるようになっていた。このような台湾海峡を挟む二つの政府に対する現実的な対応の追求は、国連よりもむしろ、各国際機関・会議への参加問題に顕著に現れた。

こうした各国際機関・会議における中国代表権問題のうち、はじめに大きな政治的問題と化したのが、第一九回国際赤十字会議への参加問題であった。四年に一度開催される赤十字・赤新月国際会議（以下、赤十字国際会議）には当初中国政府のみが参加していた。しかし、一九五五年九月の赤十字常設委員会で、国府を「フォルモサ」代表として招請する案が可決されたことが問題の発端となった。これに対し、一九五六年一月、中華人民共和国赤十字社代表の李徳全女史は、会議開催国インドの赤十字社代表であるカウル（Amrit Kaur）女史らに抗議の書簡を送付した。しかし、カウルからの返信書簡に示された常設委員会の立場は、ジュネーブ条約の締結国（地域）はすべて招請される権利があるので台湾を招請しないわけにはいかず、国府を「フォルモサ」代表として招請すれば「二つの中国」状況は生起しないというものであった[97]。

一九五六年五月二二日、中華人民共和国代表を第一九回赤十字国際会議へ招請する正式な書簡が周恩来外交部長のもとに届いた[98]。そこで中国の指導者たちは、①カウル宛の書簡にて大会への招請に同意すると同時に、代表権問題に対する態度を表明し、②赤十字常設委員会の「フォルモサ」の名義で蔣介石集団を招請するという決定に対して再度抗議し、③外交部を通じてインド政府に中国政府の立場を理解させ、④大会に参加する東側諸国にも中国政府の方針と立場に対する理解を求める方針を定めた[99]。この方針に従い、周恩来、李徳全、外交部はそれぞれ工作を行った[100]ものの、常設委員会の決定は覆らなかった[101]。

そこで、会議の開幕を約二カ月後に控えた一一月下旬、中国政府は「常設委員会から蔣介石集団を駆逐できない場合は、一切の関係会議への出席を取りやめる」と定め、会議開催の直前まで、「蔣介石集団を駆逐」するための努力を継続することを確認した。具体的には、常設委員会へ中国代表権問題を討論するための緊急会議開催を要求するほか、代表団が現地入りした後に各国代表団や記者に対して「二つの中国」に反対し、「蔣介石集団代表を駆逐」するよう主張する案が策定された。それでも常設委員会が国府代表の招請を撤回しない場合、代表団は「今回の大会と一切の関係会議に出席しない」との声明を発表し、帰国することとなった。ただし、「常設委員会は蔣介石集団への招請を撤回しないが、我が方の闘争により蔣介石集団代表が会議に出席しない場合」は、「蔣介石集団の招請に反対を示しつつも、会議には出席できる」こととなった。加えて、「台湾招請に反対する宣伝において、その重点は『二つの中国』の陰謀を攻撃する点におき、台湾を攻撃する点にはおかない」との注意がなされていた点は、当時展開されていた対台湾宣伝工作との関係を考えると興味深い(102)。

一九五七年一月下旬に予定されていた赤十字国際大会の開催は、同年一〇月下旬へと延期された。しかし、いくら時間をかけて説得しても、常設委員会による当初の決定は覆らなかった。中国外交部が収集した情報によれば、国府は「フォルモサ」の名称に不満であり、デリーへ代表を派遣しない可能性もあったが、中国代表団がデリーへ入った後も、国府の代表団が会議場に現れるか否かが摑めない状態は続いた。そのため、国府の代表が現れる場合と、現れない場合に分けて、外交部は代表団に対して指示を出した。同指示は、国府の代表が現れようと現れまいと、常設委員会が「フォルモサ」政府を招請した事実は存在するため、常設委員会および大会で「フォルモサ」招請の取り消しを求め、「断固とした反『二つの中国』闘争」を繰り広げるよう指示した。ただし、国府の代表が会場に現れない場合は、名簿や公報、国旗掲揚などの場所において台湾の代表と併存することを避けつつ、常設委員会と大会に参加することも指示していた(103)。

さらに、周恩来はユージンに対して中国の方針を説明すると同時に、ソ連代表と中国代表が緊密な連携をとり、他の社会主義諸国やインドへも働きかけ、「二つの中国」の局面を回避するよう要請した。ソ連のユージン（P. F.

ludin）駐中国大使への説明においても、周恩来は、「名称に不満である蔣介石集団が本当に参加しない」可能性のほかに、「台湾は米政府に協力を求め」、米政府による「中華民国」招請案が常設委員会で可決される可能性もあると伝えた。「中華民国」招請が可決される場合、中国代表は会議をボイコットし、大々的な抗議を行うことを決定していた。しかし、会議に出席する場合、以後の国府招請への道を絶つような提案を行うか否かを中国政府は決めかねていた。このような案を出すことによって、国府招請をめぐる議論が再燃し、それが結果として「中華民国」招請へと繋がることを恐れていたのである[104]。

他方、国府はあくまでも「中華民国」としての代表権を求め、米政府への働き掛けを強めていた。そのような動きを窺い、外交部は常設委員会において「中華民国」招請が提案されるケースへの対応をさらに検討した。その結果、①米政府の「中華民国」招請案が可決される場合は抗議声明を出し、帰国するが、②「フォルモサ」招請案のみが可決される場合は大会に出席し、大会にて「フォルモサ」招請の取り消しを求めるか否かを検討すると決定した[105]。実際に、一〇月二六日に行われた常設委員会では、中国政府が警戒したとおり米代表は「中華民国」招請案を提案したものの、常設委員会で可決されたのは「フォルモサ」招請案のみであった。そのため、中国代表団は上記の方針に従って会場に残り、大会での米政府による「中華民国」招請の再提案に備えることを決定したのである[106]。

常設委員会における経緯から、第一九回赤十字国際会議において米政府が「中華民国」招請を提案することは間違いないと判断した外交部は、大会用に準備した発言稿を訂正し、他の国際政治上の問題は提起せず、「二つの中国」論への反対のみに集中するよう代表団へ指示した[107]。さらに国府が抗立武代表をニューデリーへ送り込んだという情報が入ったため、外交部は抗立武が会場に現れるタイミングを考慮して、「中華民国」招請案の採決について再度方針を決定した。大会では米政府に対する攻撃を最重要視し、国府代表が出席しても名札を掲げない限りは会場に残り、常設委員会決議やカウル会長、およびインド政府への批判も行わないことが決定された[108]。第一九回赤十字国際会議が開幕すると、大会の進行に伴い「中華民国」招請案可決の可能性は濃厚となったが、カウル会長は「中華民国」招請案が可決された場合は辞職すると表明した。そこで、外交部はさらにカウルが辞職するタイミングも考慮し、会議場からの退出方法を代表団に細かく指示し、米代表団による「中華民国」招請案が可決された段階で会場から退出し、退出後に記者招待会を開くことを決定したのであった[109]。

結局、一一月七日に開催された赤十字国際会議においては、米政府が提案した「中華民国」招請案が六二票対四四票で可決され、中国をはじめ、ソ連、東欧諸国、北朝鮮、北ベトナムなどの東側諸国の代表は一斉に退場し、カウルもこの決定を不服として退場した[110]。中国代表団は予定していたとおり、会場から退出し、潘自力代表が記者会見において以下のような抗議声明を発表した。

多くの人が今回招請されたのは「フォルモサ政府」であり、すでに六億の中国人民によって倒され、あらゆる代表性を失ったいわゆる「中華民国政府」ではないので、「二つの中国」を造ることはないと考えたのかもしれない。しかし、現在、事実が証明したのは、この見解は誤っていたということである。（中略）これは二者択一の問題であり、中間の道はないのである[111]。

以上のように、第一九回国際赤十字大会常設委員が「フォルモサ」名義での国府招請を決定した時、中国政府および代表団がこれにどのように対応するのかは明確に決まっていなかった。しかし、その後長期にわたる米政府、国府や関係諸国との駆け引きの末、最終的な中国代表団の対応は、議場からの退出や上記声明に見られるような、極めて強硬かつ厳格なものとなった。本案件に続き、一九五七年から一九五八年にかけて、「二つの中国」の同時加盟の可能性が出てきた国際機関に対して、中国政府は躊躇うことなく、参加拒否あるいは脱退した。例えば、一九五八年には、国府に対して「フォルモサ」名義での参加を勧告した国際オリンピック委員会に対し、中国政府は抗議し、国際オリンピック委員会からの脱退を宣言した。

おわりに

本章では、米中大使級会談や対台湾宣伝工作の試みを中心に、第一次台湾海峡危機から第二次台湾海峡危機へと至る三年弱の期間において、中国の指導者たちがどのように金門・馬祖の「解放」を模索したのかを論じた。さらに、台湾海峡の分断が固定化していく状況を自覚するに伴い、国際的な「二つの中国」論が中国の指導者たちにとって深刻な問題として認識されはじめたことを論じた。以上の諸点をめぐる本章の考察によって明らかになった点は、以下の三点にまとめることができる。

第一に、第一次台湾海峡危機時から継続する政策目標として、中国政府は交渉によって、米政府に金門・馬祖からの国府軍撤退を促すべく、米中大使級会談に臨んだ。大使級会談の記録や公式の主張から、中国政府は一見「台湾および台湾海峡地域からの米軍撤退」を求めているかのようであったが、実現可能な政策目標として追求していたのは金門・馬祖から国府軍を撤退させることであった。しかし、中国政府が求めていたのは大陳列島からの撤退時のような無条件撤退であったため、交渉は成立しなかった。米政府が中国政府に要求した台湾海峡における米政府の個別的および集団的自衛権の公的な容認は、「二つの中国」に反対し、国府の主権を国際的に認めようとしない中国政府にとっては受け容れ難い条件であった。

第二に、国府に対する「平和解放」や「第三次国共合作」の呼びかけは、米華離間を図り、米政府との交渉を有利に進めるための宣伝戦という意味が強かった。また、「台湾解放」の主張を継続することに対する国内外に対する正当性を保持したいという意図もあったと思われる。すなわち、米政府に対して高位級会談の呼びかけを、国府に対して「第三次国共合作」の呼びかけを継続することは、たとえその実現性が薄くとも、中国政府に和平交渉の用意があることを対外的に示すことができるという点において決して無駄ではなかった。

第三に、台湾海峡を挟む中国政府と国府の事実上の分断状態が長期化するにつれて、国際組織における中国代表権の問題を中心に、中国政府が「二つの中国」問題に対する決断を迫られる局面が増えた。中国の指導者たちは当該国際機関へ参入したいという願望から、できる限り当該機関や米華の対応を見極めた後に、対応を決定していた。その場合に徹底されたことは、国府の代表とは同じ場所において名前を連ねないという方針のほかに、これら機関に参入したいという願望を対外的に悟られまいとする方針であった。これはおそらく、その願望を悟られることによって、「二つの中国」論に反対するための外交上の駆け引きにおいて不利になることを恐れたためであったと考えられる。

米中大使級会談と国府への「第三次国共合作」の呼びかけを通じて、中国の指導者たちは第一次台湾海峡危機の過程を通じて形成された台湾海峡における分断線に挑戦し、金門・馬祖から無条件で国府軍を撤退させようと試みた。しかし、米政府の対中封じ込め政策は、指導者たちが見積もっていたよりも強固であり、米華離間もまた難しかった。ダレスは米中大使級会談において台湾・澎湖諸島に対する個別的および集団的自衛権を決して譲ろうとしなかったし、蔣介石が「国共合作」の呼びかけに応じることもなかった。

これに加え、「二つの中国」問題に対しても、中国政府は各ケースにおける対応をあらかじめ想定していたわけではなく、米華の対応および国際世論を注視しながら、採るべき対応を一つずつ決定していくより他なかった。このような、台湾海峡における分断に対する挑戦の行き詰まりと、それに伴う「二つの中国」問題の顕在化は、反右派闘争以降に顕著に現れる国内政治の急進化ともあいまって、中国の対台湾政策を再び武力を基調とする強硬な闘争へと回帰させたのである。

(1) Zhang Baijia and Jia Qingguo, "Steering Wheel, Shock Absorber, and Diplomatic Probe in Confrontation: Sino-American Ambassadorial Talks Seen from Chinese Perspective"; Steven M. Goldstein, "Dialogue of the Deaf?: The Sino-American

Ambassadorial-Level Talks, 1955-1970," in Robert S. Ross and Jiang Changbin, eds., *Re-examining the Cold War: U.S.- China Diplomacy, 1954-1973* (Cambridge: Harvard University Press, 2001), pp. 173-199 and pp. 200-237; Yafeng Xia, *Negotiating with the Enemy: U.S.- China Talks during the Cold War, 1949-1972* (Bloomington: Indiana University Press, 2006), pp. 76-134. 日本には山極晃『米中関係の歴史的展開―一九四一年―一九七九年』（研文出版、一九九七年）二八一―二九八頁があるが、これは関係公文書公開がなされる以前の一九六九年に当時の米中大使級会談再開をうけて書かれたものである。

（2）賀之軍「五〇年代中期『和平解放台湾戦略』形成初探」『台湾研究集刊』一九九六年第三期、三八―四二頁、劉守仁「対中共争取和平解放台湾方針的歴史考察」『軍事歴史』一九九五年第一期、二四―二八頁、三九頁など。

（3）黄修栄『国共関係七十年紀実』（重慶：重慶出版社、一九九四年）、蔡世山編『両岸関係秘聞録』（香港：香港文匯出版社、一九九六年）、尹家民『両岸惊涛中的毛沢東和蒋介石』（北京：中共中央党校出版社、二〇〇一年）。

（4）松田康博「中国の台湾政策―『解放』時期を中心に」『新防衛論集』第二三巻第三号（一九九六年一月）三二―四八頁。

（5）平松茂雄『台湾問題』（勁草書房、二〇〇五年）三六―九九頁。

（6）清水麗「オリンピック参加をめぐる台湾―中台関係における名称問題の一考察」『国士舘大学二一世紀アジア学会紀要』第一号（二〇〇三年）五―二二頁。

（7）Chinese Communist Intentions in Formosa Area, Apr. 23, 1955, *Department of State Bulletin*, May. 2, 1955.

（8）Possibilities of Cease-Fire in Formosa Strait, Apr. 26, 1955, *Department of State Bulletin*, May. 9, 1955.

（9）Goldstein, "Dialogue of the Deaf?," Ross, ed., *Re-examining the Cold War*, pp. 203-204; Xia, *Negotiating with the Enemy*, pp. 85-86.

（10）「関於中美双方大使級代表在日内瓦会談的方案（日付不明、七月一三日から一七日の間と推測）」中国外交部档案（档号一一一―〇〇〇〇九―〇二、北京：中華人民共和国外交部档案館）。

（11）「関於中美双方大使級代表在日内瓦会談的補充請示（引用者注：「指示」の誤りか、一九五五年七月二六日）」中国外交部档案（档号一一一―〇〇〇〇九―〇四）。

（12）「関於中美大使級代表在日内瓦会談的指示（一九五五年七月三〇日）」中国外交部档案（档号一一一―〇〇〇〇九―〇一）。

（13）「中美会談就双方平民回国問題達成協議」『人民日報』一九五五年九月一二日。

（14）Goldstein,"Dialogue of the Deaf?" pp. 210-211; Xia. *Negotiating with the Enemy*, pp. 92-95.

(15) Telegram from Johnson to DoS, Nov. 8, 1955, Telegram from Dulles to Johnson, Jan. 9, 1956, and Telegram from Johnson to DoS, Apr. 19, 1956, *FRUS, 1955-1957*, Vol. III (Washington, D.C.: U.S. Government Printing Office, 1986), p. 165, pp. 256-258, and pp. 353-354.

(16) Telegram from Johnson to DoS, Oct. 27, Dec. 1, 1955 and May. 11, 1956, *FRUS, 1955-1957*, Vol. III, pp. 145-146, pp. 193-198, and pp. 357-358.

(17) 「美国應該立即停止拖延中美会談」『人民日報』一九五六年一月二〇日。

(18) Ambassadorial Talks at Geneva with Chinese Communists, Jan. 21, 1956, *Department of State Bulletin*, Jan. 30, 1956.

(19) 『蔣介石日記』一九五六年一月二六日（Stanford: Hoover Institution, Stanford University)。

(20) 「我国外交部就中美会談状況発表声明」『人民日報』一九五六年六月一三日。

(21) Ambassadorial Talks at Geneva with Chinese Communists, Jun. 12, 1956, *Department of State Bulletin*, Jun. 25, 1956.

(22) 王炳南『中美会談九年回顧』（北京：世界知識出版社、一九八五年）五七頁。

(23) 山極晃『米中関係の歴史的展開　一九四一年―一九七九年』（研文出版、一九九七年）二八六―二八七頁。

(24) 中共中央文献研究室編『周恩来年譜　一九四九―一九七六』上巻（北京：中央文献出版社、一九九七年）四三〇頁。

(25) 「告台湾蔣賊統治下的官兵」『人民日報』一九五五年一月一日。

(26) 「告台湾同胞」『人民日報』一九五五年二月三日、「告台湾袍沢朋友書」『人民日報』一九五五年三月一七日。衛立煌の公告に対する毛沢東の指示は、「対発表衛立煌『告台湾袍沢朋友書』的批語（一九五五年三月一三日）」中共中央文献研究室・中国人民解放軍軍事科学院『建国以来毛沢東軍事文稿』中巻（北京：軍事科学出版社・中央文献出版社、二〇〇九年）二六三頁に掲載されている。衛立煌は一九四七年末に東北地方が共産党の手中に落ちた責任を問われ、一九四九年まで南京にて軟禁されていた。一九四九年に釈放された後は、香港において民主戦闘同盟の軍事委員会主席を務めていたが、民主戦闘同盟は内紛により解散し、一九五五年三月に香港から北京へ向かう途中であった（松田康博「衛立煌」山田辰雄編『近代中国人名辞典』八六六―八六七頁）。

(27) 「目前国際形勢和我国外交政策―一九五五年七月三十日　在第一届全国人民代表大会第二次会議上的発言」『人民日報』一九五五年七月三一日。

(28) 原文は「愛国一家、不分先後、以誠相見、来去自由」、黄修栄『国共関係七十年紀実』一〇五七頁、尹家民『両岸惊涛中的毛沢東与蔣介石』二〇一頁。

(29)「政治報告」『人民日報』一九五六年一月三一日。
(30)「為争取和平解放台湾而奮闘」『人民日報』一九五六年二月四日。
(31)「中央関於目前時事宣伝的通知（一九五六年二月一八日）」福建省档案（档号一〇一―五―八一四）。
(32)「関於解放台湾問題的宣伝（一九五六年二月二一日）」福建省档案（档号一〇一―五―八一四）。
(33)「関於対台湾宣伝工作的基本状況和改進意見的報告（一九五六年二月二五日）」福建省档案（档号一〇一―五―八一四、本文書は二月二五日に党中央が福建省委員会へ転送したものを三月三日付で省内関係各機関へ転送したもの）。
(34)「中央関於台湾人民『二二八』起義九周年記念弁法的通知（一九五六年二月二〇日）」中共中央宣伝部弁公庁・中央档案館編研部編『中国共産党宣伝工作文献選編』第三巻（北京：学習出版社、一九九六年）一〇八一―一〇八二頁。
(35)例えば、「陳東生、沈筍玉等人希望在台湾的親友回祖国大陸」『内部参考』第一九期（一九五六年二月六日）。
(36)「福建政協研究台湾軍政人員家属工作」『内部参考』第一九九七期（一九五六年九月一九日）。
(37)「中共中央関於争取住在大陸的蔣方人員家属和親友的工作的指示（一九五六年一〇月一五日）」福建省档案（档号一〇一―五―八一四）。
(38)例えば、「福州市台湾軍政人員家属取消了憂慮」『内部参考』第二〇〇四期（一九五六年九月二六日）。
(39)「全国人民代表大会継続挙行全体会議　周恩来総理兼外長作了重要発言」『人民日報』一九五六年六月二九日。
(40)「関於加強和平解放台湾工作的指示（一九五六年七月二九日）」福建省档案（档号一〇一―五―八四一）。
(41)戴天昭『台湾戦後国際政治史』（行人社、二〇〇一年）二五六―二五七頁。
(42)Nancy B. Tucker, *Taiwan, Hong Kong, and the United States, 1945-1992: Uncertain Friendship* (New York: Twayne Publishers, 1994), p. 76.
(43)例えば、「国府・中共、和平交渉の内幕」『朝日新聞』一九五七年二月二二日。
(44)例えば、尹家民『両岸惊涛中的毛沢東和蔣介石』、黄修栄『国共関係七十年紀実』、蔡世山編『両岸関係秘聞録』など。
(45)CIA, Peking-Taipei Contacts; The Question of a Possible “Chinese Solution”, Dec. 1971, POLO XLVI, Central Intelligence Agency, Freedom of Information Act Reading Room (hereafter FOIA, http://www.foia.cia.gov/CPE/POLO/polo-34.pdf, Accessed on Dec. 10, 2012) および「国共紛争関係一件―和平交渉関係（一九四九年二月―一九六二年八月）」第二〇回外交記録公開（A'7.1.0.3-6、東京：外務省外交史料館）。なお、これら史料公開に関する解説は、「ＣＩＡ密件掲露　国共接触蔣経国主動告美」『中国時報』

二〇〇八年二月一四日、「国共和平交渉、香港総領事館、活発な情報収集」『朝日新聞』二〇〇七年八月三〇日などを参照のこと。

(46) 曹聚仁は、蔣経国が江西省第四区の県長を務めていた時代の機関紙である『新贛南報(後の正気日報)』の編集長であり(蔣経国は社長)、当時は香港において『南洋商報』の記者として活動していた(「国府・中共、和平交渉の内幕」『朝日新聞』一九五七年二月二二日、戸張東夫「蔣経国」山田辰雄編『近代中国人名事典』〈霞山会、一九九五年〉三四一頁)。

(47) CIA, Peking-Taipei Contacts: The Question of a Possible "Chinese Solution," pp. 4-5.

(48) 中共中央文献研究室編『周恩来年譜 一九四九―一九七六』上巻、五九八頁および六二三頁。張治中、邵力子、屈武らは、皆以前は国府の高官であったが、抗日戦争後の国共交渉のなかで蔣介石と決別し、中国大陸で建国後、全国人民代表大会や政治協商会議の要職に就いた人物である。国民党革命委員会は、元国民党民主派の人士で構成された民主党派である。張治中は「国民党内民主派」と称された軍人、政治家であり、国府では軍事委員会の要職を歴任した。湖南省政府主席を勤めた時期(一九三七年一一月―)もあり、周恩来や葉剣英と親しかったという。抗日戦争後は国共交渉にあたり、交渉の継続を主張するも国民党の拒絶にあった(菊池一隆「張治中」山田辰雄編『近代中国人名辞典』一一六一―一一六二頁)。邵力子も「国民党内民主派」と称された政治家、教育者であり、国府中央の宣伝部長などを歴任し、第二次国共合作交渉なども担当した。抗日戦争後も国共協定締結などを提案したが、国民党の拒絶にあった(菊池一隆「邵力子」同上、六八八―六八九頁)。屈武も元は国民党員であったが後に共産党に入党し、第二次国共合作期には国民党軍の要職に就くと同時に、統一戦線組織(小民革)も組織していた。四九年三月にも、行政院が派遣した和平交渉代表団顧問となって、蔣介石への説得工作を行った(松田康博「屈武」同上、六六五―六六六頁)。

(49) CIA, Peking-Taipei Contacts: The Question of a Possible "Chinese Solution," p. 19.

(50) 章士釗はジャーナリスト、学者であり、当時は政治協商会議の常務委員および全人代の代表であった(田中比呂志「章士釗」山田辰雄編『近代中国人名辞典』一一三九―一一四〇頁)。

(51) 葛書院「国共両党五次秘密接触」蔡世山編『両岸関係秘聞録』一八九頁、尹家民『両岸悰涛中的毛沢東和蔣介石』二一一―二一五頁。

(52) 「国府・中共、和平交渉の内幕」『朝日新聞』一九五七年二月二二日、「国府へ平和七条件を提示か、中共」『朝日新聞』一九五八年一〇月二六日。

(53) 『蔣介石日記』一九五六年六月二九日。

(54) 戴天昭『台湾戦後国際政治史』二五八頁、Telegram from Rankin to DoS, May 24, 1957, *FRUS, 1955-1957*, Vol. III, pp. 526-

527.
(55)『蔣介石日記』一九五七年五月二五日、および同日「上星期反省録」。
(56)『蔣介石日記』一九五七年五月二七日、および Telegram from Rankin to DoS, May 26, 1957, and Memorundom of Conversation between Chang and Rankin, May 27, 1957, *FRUS, 1955-1957*, Vol. III, pp. 535-540.
(57) Memorandum from McCanaughy to Robertson, May 24, 1957, *FRUS, 1955-1957*, Vol. III, pp. 524-526,『蔣介石日記』一九五七年五月二九日。
(58)「中共中央批転中央宣伝部関於対台湾宣伝工作的情況和改進意見的報告（一九五七年七月二九日）」福建省档案（档号一〇一―一二―一六〇）。
(59) 毛里和子『新版　現代中国政治』（名古屋大学出版会：二〇〇四年）三七―四二頁。
(60) 沈志華『中華人民共和国史　第三巻（一九五六―一九五七）　思考与選択』（香港：香港中文大学、二〇〇八年）六一七―六二八頁。
(61)「中共上海市委関於批転『目前上海対台湾宣伝工作情況及今後改進意見的報告』的批示（一九五七年一二月一六日）」上海市档案（档号A二九―二―六八―五）。
(62) 同右。
(63)「中共中央関於争取住在大陸的蔣方人員家族和親友的工作的指示（一九五六年一〇月一五日）」福建省档案（档号一〇一―五―八一四）。
(64) 中共中央文献研究室編『周恩来年譜　一九四九―一九七六』中巻（北京：中央文献出版社、一九九七年）七二二頁。
(65)「関於攻打金門・馬祖的設想（一九五五年三月五日）」粟裕文選編輯組『粟裕文選』第三巻（北京：軍事科学出版社、二〇〇四年）一五五―一五七頁。
(66) 林強・魯冰主編『葉飛伝』下巻（北京：中央文献出版社、二〇〇七年）五九八頁。
(67) 同右、五九八―五九九頁。
(68) 葉飛『葉飛回憶録』（北京：解放軍出版社、一九八八年）五〇五頁。
(69) 鄧礼峰『新中国軍事活動紀実』（北京：中央党史資料出版社、一九八九年）三六二頁。
(70) 王焰主編『彭徳懐年譜』（北京：人民出版社、一九九八年）六一九―六二〇頁。

(71) 鄧礼峰『新中国軍事活動紀実』四〇〇頁、および林強主編『葉飛伝』下巻、四九一―四九二頁。

(72) 王焔主編『彭徳懐年譜』五八七頁。

(73) 同右、五九八頁。

(74) 同右、六〇三頁。

(75) 王焔主編『彭徳懐年譜』六〇六頁。

(76) 同右、六二〇頁。

(77) 同右、六二九頁。

(78) 林強・魯冰主編『葉飛伝』下巻、五九九頁。

(79) 「執行対台闘争的軍事計画（一九五七年七月二二日）」粟裕文選編纂組『粟裕文選』第三巻、二八一―二八二頁。

(80) John W. Garver, *The Sino-American Alliance: Nationalist China and American Cold War Strategy in Asia* (New York: M. E. Sharpe, 1997), p. 66.

(81) Nancy Bernkopf Tucker, *Taiwan, Hong Kong, and the United States, 1945-1992: Uncertain Friendships* (New York: Twayne Publishers, 1994), pp. 67-68.

(82) Thomas E. Stolper, China, *Taiwan, and the Offshore Islands: Together with An Implication for Outer Mongolia and Sino-Soviet Relations* (New York: M. E. Sharp, 1985), p. 82. Garver, *The Sino-American Alliance*, pp. 133-136.

(83) 張淑雅「拡大衝突、操控美国、放棄反攻？――従『蔣介石日記』看八二三砲戦」呂芳上編『蔣中正與民国史研究』（台北：世界大同出版有限公司、二〇一一年）六四〇―六四一頁。張によれば、一九五七年前半の『日記』には、米政府が「大陸反攻」への反対を継続するならば、自分が総統を辞職し、「自主的な反攻」を行うか、後任者に共産党との和平交渉をさせるかなどの選択肢を蔣介石が検討した形跡もみられる。

(84) 「反攻大陸準備工作督導委員会会議中指示摘鈔（一九五七年三月第一次会議～一九五八年四月第十六次会議）」『石叟叢書』陳誠副総統文物（典蔵号〇〇八―〇一〇九―〇〇六―〇七三～〇八九、台北：国史館）、「対美国試談反攻案之材料関於対外宣言之準備対美宣言之準備及反攻理由（一九五七年三月～六月）」『党政軍文巻』蔣経国総統文物（典蔵号〇〇五―〇一〇二〇五―〇〇〇一―〇一五、台北：国史館）。

(85) 『蔣介石日記』一九五七年一二月二一日「上星期反省録」。

(86) Tucker, *Taiwan, Hong Kong, and the United States, 1945-1992*, pp. 36-38; Michael Share, "From Ideological Foe to Uncertain Friend: Soviet Relations with Taiwan, 1943-82," *Cold War History*, Vol. 3, No. 2 (Jan. 2003), pp. 10-11.

(87) 井上正也『日中国交正常化の政治史』（名古屋大学出版会、二〇一〇年）一二二―一二八頁。

(88) 「英国対華政策（一九五六年九月四日）」ロシア国立現代史文書館史料（ЦХСД, ф. 5, оп. 28, д. 408, р. 5175, л. 183-190）の中国語訳。

(89) 国立政治大学国際関係研究中心顧問委員会編『中共於国際双辺関係中対台湾地位等問題的主張之研究』二四―二六頁。

(90) 「図加里諾夫関於恢復中国在聯合国権利致庫尓久科夫的報告（一九五六年八月二三日）」ロシア外交政策史料館史料（АВПРФ, ф. 0100, оп. 49, п. 414, д. 51, л. 60-63）の中国語訳。

(91) 『蔣介石日記』一九五六年一月「民国四五年大事表」。

(92) 「ソ連大使龍金面交周総理的備忘録（一九五六年四月二四日）」中国外交部档案（一一三―〇〇二五八―〇一）。

(93) 「関於今年聯大問題致尤金大使、（日付不明、ただし四月二七日付張聞天のサインと周恩来へ回覧の指示あり）」中国外交部档案（一一三―〇〇二五八―〇一）。

(94) 「図加里諾夫関於恢復中国在聯合国権利致庫爾久科夫的報告（一九五六年八月二三日）」前掲。

(95) 「関於恢復中国在聯合国中的合法権益的草案（一九五六年八月二五日）」ロシア外交政策史料館史料（АВПРФ, ф. 0100, оп. 49, п. 414, д. 51, л. 71-73）の中国語訳。

(96) 劉志攻『中華民国在聯合国大会的参与』（台北：台湾商務印書館、一九八五年）一三八―一三九頁。

(97) 「李徳全会長致印度紅十字会主席考尓函（一九五六年一月三一日）」および「印度紅十字会主席阿姆里特・考尓夫人来信（一九五六年二月一七日）」中国外交部档案（档号一一三―〇〇二六四―〇一）。

(98) 「印度紅十字会主席考尓致我外長函（一九五六年五月二二日）」中国外交部档案（档号一一三―〇〇二六四―〇一）。

(99) 「関於対蔣帮被邀請参加第一九届国際紅十字大会問題的請示摘要（一九五六年九月五日）」中国外交部档案（档号一一三―〇〇二六四―〇一）。本档案は彭真、鄧小平、陳毅、朱徳、劉少奇、毛沢東への回覧を経た後、周恩来が一〇月一二日付で同意を示す署名を行っている。

(100) 「周総理致国際紅十字会主席函（一九五六年一一月一日）」、「李会長致赤十字常設委員会主席信（一九五六年一一月二日）」、「李徳全夫人致席阿姆里特・考爾夫人信（一九五六年一一月五日）」、「供同印度駐華大使関於蔣帮被邀請参加第一九届国際紅十字大会問

題的談話参考（一一月初旬、日付なし）」いずれも中国外交部档案（档号一一三—〇〇二六四—〇一）。

(101)「印度紅十字会主席致周総理函（一九五六年一一月七日）」、「国際紅十字常設委員会主席費朗索・龐賽（François-Poncet）来函（一九五六年一一月一二日）」、「艾弥尓・桑滋特朗（Emil Sandetrom）来信（一九五六年一一月一二日）」、「席阿姆里特・考爾夫人来信（一九五六年一一月一四日）」いずれも中国外交部档案（档号一一三—〇〇二六四—〇一）。

(102)「関於参加十九届国際紅十字大会的計画（一九五六年一一月一七日）」および「参加第一九届国際紅十字大会計画的請示報告（一九五六年一一月二八日）」中国外交部档案（档号一一三—〇〇二六四—〇一）。

(103)「外交部致印度潘大使：出席紅会大会問題指示（一九五七年一〇月二〇日）」中国外交部档案（档号一一三—〇〇二六六—〇一）。

(104)「周恩来総理棲見蘇聯駐華大使尤金的談話紀要（一九五七年一〇月二二日）」中国外交部档案（档号一〇九—〇〇七八七—一八）。

(105)「外交部致駐印度大使館：補充関於出席紅十字大会的指示（一九五七年一〇月二五日）」中国外交部档案（档号一一三—〇〇二六六—〇一）。

(106)「外交部致駐印度大使館：対紅十字会常設委員会討論我代表権的対策（一九五七年一〇月二六日）」中国外交部档案（档号一一三—〇〇二六六—〇一）。

(107)「外交部致駐印度大使館：復告紅十字大会発言内容（一九五七年一〇月二七日）」中国外交部档案（档号一一三—〇〇二六六—〇一）。

(108)「外交部致駐印度大使館：関於蔣帮出席紅会的指示（一九五七年一〇月三一日）」、「外交部致駐印度大使館：関於蔣帮出席紅会的指示（一九五七年一一月一日）」および「外交部致駐印度大使館：関於会内闘争指示（一九五七年一一月四日）」中国外交部档案（档号一一三—〇〇二六六—〇一）。

(109)「印度致外交部：対国際紅十字大会的估計与意見（一九五七年一一月四日）」、「外交部致駐印度大使館：復四日電（一九五七年一一月五日）」および「外交部致駐印度大使館：我参加会議之対策（一九五七年一一月七日）」中国外交部档案（档号一一三—〇〇二六六—〇一）。

(110)「インド、中共ら退場、『台湾参加』案可決」『朝日新聞』一九五七年一一月八日。

(111)「潘自力就中国代表団退出国際紅十字大会発表談話」『人民日報』一九五七年一一月九日。

第三章――第二次台湾海峡危機と「一つの中国」論の生起（一九五八年）

はじめに

本章においては、第一次台湾海峡危機以来、軍事的、外交的な手段によって金門・馬祖の早期「解放」を追求してきた中国の指導者たちが、台湾海峡危機の過程において、「金門・馬祖を蔣介石の手中にとどめる」との政策へ転換した過程について論じる。

第二次台湾海峡危機については、中国の指導者たちが解放軍に金門砲撃を行わせた理由と目的をめぐり、これまで様々な議論が展開されてきた。冷戦史研究の一環として中国の金門作戦を扱った先行研究は、米国と国府に対する脅威認識、対ソ不信や核開発をめぐる中ソ摩擦、「反右派闘争」から「大躍進」へと至る国内政治の急進化などの複合的な要因が金門作戦の動機であったと指摘している[1]。これらの研究は毛沢東を中心とする中国の指導者たちが金門作戦へと至る背景および要因を検証してきた。しかし、先行研究があくまでも「なぜ中国は金門・馬祖を砲撃したのか」という問いについて論争してきたのに対し、「なぜ中国は金門・馬祖を『解放』しなかった（できなかった）のか」という問いに充分な回答が与えられてきたとはいえない。

第一章および第二章において論じてきたように、金門・馬祖を「解放」するか否かという問題は、「台湾解放」の将来にかかわる重要な問題であり、作戦の過程において、指導者の間でこの問題をめぐる議論が重ねられた。中国における先行研究のなかには、第二次台湾海峡危機以降の共産党は金門・馬祖を介して形式的な「国共内戦」を継続することで、「二つの中国」状況の生起を阻止することに成功したと指摘する研究も多い(2)。つまり、中国政府が今日主張する「一つの中国」原則の観点から見れば、金門砲撃の動機よりも、中国の指導者たちが「金門・馬祖を蒋介石の手中にとどめる」と決定し、金門・馬祖への限定的な砲撃を継続することによって形式的な「国共内戦」を継続したことに大きな意味が与えられている。このような立場に立つ先行研究は、金門砲撃作戦が当初から「二つの中国」論への反駁という政治的な目標を達成するために行われていたと見なし、金門砲撃作戦に軍事的な意図はなく、これは「平和解放」政策の一環であったと位置づける研究さえあるほどである。しかし、これらの研究においては、金門・馬祖の早期「解放」が放棄される過程が丁寧に跡づけられているとは言えず、いつ、どのような論理で「蒋介石の手中にとどめる」という決定が下されたのかは論じられていない。

以上のような先行研究の動向を踏まえ、本章は以下の問いをめぐる考察を通じ、砲撃作戦において中国の指導者たちが金門・馬祖の「解放」を短期的には行わないという決定を下し、その決定に「一つの中国」原則の前提ともなる意味を付与していった過程を明らかにする。

第一に、金門・馬祖「解放」の長期棚上げは、一体どの段階で決定されたのか。第二章では外交交渉や宣伝工作による金門・馬祖「解放」の方針が徐々に挫折へと追い込まれる過程を明らかにする一方で、平和攻勢の陰に隠されてはいたものの、福建前線の軍備増強が急速に行われたことを論じた。一九五八年八月に再び金門島を砲撃する以前に、金門・馬祖を短期間内に「解放」することはすでに諦められていたのだろうか。それとも、金門・馬祖の「解放」は一九五八年の砲撃作戦における主要な目的の一つだったのだろうか。

第二に、金門・馬祖の「解放」が砲撃作戦の主要な目的であったとするならば、それは作戦のどの段階において、いかなる理由によって放棄されたのか。本章では、従来から度々論じられてきた米華との闘争のみならず、社会主義諸国やアジア・アフリカ諸国との関係にも着目して、この問題について考察する。

第三に、金門・馬祖を「蔣介石の手中にとどめる」という決定は、後に「一つの中国」原則を構築する論理へとのように繋がっていくのか。すなわち、今日の中国政府が台湾に対して「平和統一」を呼びかける際の言説に見られるような、金門・馬祖は中国大陸と台湾を繋ぐ「紐帯」であるという論理以外に、その決定は、いかなる論理を内包していたのであろうか。

以上の問いに答えるために、本章第一節は、朝鮮戦争休戦以来の対外方針や軍事戦略との連続性と非連続性に注目しながら、金門砲撃作戦の決定過程を論じる。第二節では、実際に遂行された金門砲撃作戦が、軍事的要素の強い作戦から政治的要素の強い作戦へと推移した過程を明らかにする。そのうえで、第三節は、金門への封鎖作戦と並行して、中国政府が米華と繰り広げた外交闘争、および台湾海峡における停戦をめぐりソ連をはじめとする社会主義諸国やアジア・アフリカ諸国との間で行った外交交渉について明らかにする。第四節では、それら外交交渉の結果として、一九五四年から五八年の間、一貫して中国の指導者たちの目標であった金門・馬祖の早期「解放」が放棄され、その決定が「一つの中国」論へと結びつけられていった過程について考察する。

1　金門砲撃作戦の決定

(1)　福建前線への空軍配備

毛沢東は一九五五年以来、福建前線への空軍配備に関する提案に一度も同意しなかったにもかかわらず、一九五七年一二月、福建前線に空軍を配備することを自ら提案した。一二月九日、陳賡総参謀部副部長は中央軍事委員会に対し、国府軍機の侵入と内陸部における防空作戦強化に関する報告を行った。報告は、一九五七年にはいり、国府軍機が幾度も沿岸部の主要都市や内陸部に侵入し、宣伝ビラや「慰問品」を空投し、民衆に悪影響を与えているという内容であった。陳賡はこのような国府軍機を撃墜するために、空軍と各軍区はより積極的な措置を採るべきであると主張した。同報告に対し、毛沢東は「非常に重要である。空軍をもって、全力で敵を殲滅せよ。一九五八年に空軍を福建へ移動させる問題について検討するように」との指示を出した(3)。

国府軍機による中国大陸に対する攪乱行動は、それまでにも度々報告されていたはずであるが、毛沢東はなぜこの時点において初めて、空軍を福建前線へ配備することに言及したのであろうか。その一義的な理由としては、国府空軍の装備と活動の変化が挙げられよう。国府空軍は、一九五七年からB–17G型偵察機とP2V–7型哨戒機を配備し、大陸沿岸部への爆撃だけではなく、内陸部への偵察飛行や宣伝品の投下も行えるようになった。解放軍はこれに対抗し、MIG–17型戦闘機を装備したが、当時の解放軍の力量では国府軍機を撃墜することが難しかったという(4)。

副次的な理由としては、一九五七年末から顕在化する、毛沢東の国際情勢認識の変化が挙げられよう。一九五七年一一月、モスクワで開催された共産党・労働者党代表者会議に出席した毛沢東は、「東風は西風を圧す」、「一五年でソ連はアメリカを追い越し、中国はイギリスを追い越す」、「核戦争で世界の半数が死亡しても、残りの半数がすべて社会主義化すればすぐに元に戻る」などと述べた有名な演説を行った(5)。社会主義陣営の力が強くなっているからこそアメリカを筆頭とする西側諸国への攻勢を強め、そのためには核戦争も恐れるべきではないという毛沢東の主張は、「平和共存」を継続しようとするフルシチョフらの発想とは根本的に異なるものであった。

モスクワから帰国した毛沢東は、中央政治局常務委員会を招集し、モスクワで提起しなかった二つの問題について語ったが、そのうちの一つが「平和共存」の問題であった。このとき毛沢東は、資本主義と社会主義の問題、社会主義諸国の相互関係や援助の問題、植民地独立の問題などが現存する限り、「平和共存のみを共産党の対外政策の総路線にすることはできない」と述べた(6)。その後、一九五八年一月から順次開かれた杭州会議、南寧会議、成都会議において、毛沢東は急進的な国内経済政策に対する抑制策であった「反冒進」とそれを推進してきた周恩来に対して厳しい批判を展開し、大躍進政策へと突き進んでいくが、それは周恩来を中心的な担い手としてきた「平和共存」外交にも同時に批判を加えるものであった。楊奎松の研究によれば、南寧会議において毛沢東は、中国が推進してきた「平和共存五原則」はソ連の「平和共存」と同様の問題を抱えており、実際の対外関係においては団結も闘争も重視しなければならず、社会主義諸国やアジア・アフリカ・ラテンアメリカ諸国と西側資本主義諸国は区別しなければならないため、ただ「平和共存」に満足するのでは不十分であると指摘した(7)。その後、長崎国旗事件に対する毛沢東の強硬姿勢なども目の当たりにした外交部の指導層は、周恩来が推進してきた平和的な外交方針は「右傾保守」の批判を免れることが難しく、以後の中国の対外政策は「闘争が絶対であり、冷戦から逃れることはできず、妥協は相対的かつ暫時のものにすぎない」という結論を導き出したという(8)。毛沢東がそれまで米政府をはじめとする西側諸国を刺激することを理由に空軍移動を躊躇していたことに鑑みれば、上記のような西側諸国との「平和共存」に対する悲観的な認識と外交方針の変更は、毛沢東が福建前線への空軍配備に積極姿勢を示す重要な背景であったと推測できる。

毛沢東の指示を受け、まずは空軍において、福建前線への空軍配備に関する初歩的な研究が行われた。空軍の研究を彭徳懐と毛沢東が批准すると、劉亜楼上将や韓先楚上将など空軍指導者は福州へ赴き、福建省委員会や福州軍区党委員会の責任者に中央の指示を伝えた。一九五八年一月一五日、空軍、福建省および福州軍区の指導者は会議を開き、中央の指示を研究し、政治的観点、国土防空作戦の観点、空軍および福建前線の敵に対する軍事バランスの観点、福建前線における敵に対する闘争の観点のいずれから見ても一九五八年に空軍を福建へ配備することは有益であると判断した。また、福建前線への空軍配備が国際紛争を引き起こす可能性は低いが、福建上空の制空権をめぐる国府空軍との戦闘が激化し、米政府が第七艦隊を派遣する可能性なども想定されるため、充分な準備が必要であるとの認識を共有した。軍事指導者たちが作戦を検討した際の争点は、空軍を移動させる規模および順序と、それにともなう戦闘拡大の範囲であり、戦闘が拡大する場合は、金門・馬祖へ爆撃を行うことも想定された[9]。

空軍や福州軍区からの報告をもとに、彭徳懐は一月三一日に第一四一回中央軍事委員会を主宰し、空軍を福建前線へ移動させることについて議論した。①自国で生産した軍用機が増加したこと、②戦闘は空軍の演習にもなること、③鷹廈鉄道が完成したこと、④福建前線の砲兵はすでに待機していることなどを、中央軍事委員会は「すべて有利な条件である」と判断し、七月または八月に空軍を「第二線」へと移動させ、経験を積んだ後でさらに「第一線」へと移動させる案をまとめた[10]。

三月五日、彭徳懐は中央軍事委員会での議論を踏まえ、毛沢東に対して福建および広東への空軍配備を改めて提案した。彭徳懐は、「七月または八月に行動を開始する予定である」というこれまでの議論の結果を伝え、「必要な時に金門・馬祖を爆撃する準備を整える」と提案した。彭徳懐は、「このような配備を行えば、国府軍機が汕頭や温州から大陸内地へ侵入することは困難となるであろう。しかし、必要な準備には激しい空軍戦が伴い、空軍は基地を強化し、順番に訓練を行い、技術および指揮能力を高め、地上部隊も様々な訓練を行う機会となる」と説明した[11]。毛沢東は、これらの意見に同意しながらも、「最終的に空軍を移動させるか否かは改めて決定する」と答えた[12]。これに続く四月二七日、韓先楚や葉飛は総参謀部の指示を受け、適当な時期に金門を砲撃、封鎖する作戦案を中央へ報告した[13]。しかし、彭徳懐の提案に対する毛沢東の回答から判断すれば、解放軍が立案した福建前線への空軍配備と金門に対する砲撃・封鎖作戦を実行するか否かの最終的な決定権は毛沢東にあり、一九五八年春の段階において毛沢東は未だ、作戦の実行を決定するには至っていなかったであろうと推測できる。

(2) 砲撃作戦の提案

金門に対する砲撃作戦の実施は、朝鮮戦争休戦以降の「平和共存」を基調とする対外方針と正規軍化と近代化を目指す解放軍の軍事建設が批判にさらされ、前者を指導してきた周恩来、後者を指導してきた彭徳懐らが党内において自己批判を強いられるなかで提案された。一九五四年の夏に共産党が提起した「台湾解放」の宣伝方針は、「平和共存」の対外方針と平和な国際環境下で軍事建設に励むことを前提としていたことに鑑みれば、毛沢東によってそれらが批判されるなかで提案された金門砲撃作戦は、一九五四年以来続いてきた「台湾解放」の方針にも何らかの変更を加えるものであったのではないかとの解釈も成り立つ。しかし、砲撃作戦が実施され、台湾海峡危機が勃発し、危機が継続する過程において、共産党の対外政策を指導したのは周恩来、軍事作戦を指導したのは彭徳懐であり、その戦い方の随所には一九五四年以来の連続性も見て取れた。

一九五八年三月の成都会議において、周恩来は五四年から五八年の対外政策に関する自己批判を行った。同年二月に外交部長は周恩来から陳毅に交代しており、周恩来はすでに外交部長ではなかった。外交の問題について周恩来は、「潜在的な帝国主義国である日本については、時折宣伝が不足しており」、「民族主義諸国家との関係のなかでは彼らとの団結を強調するあまり、小異を残して大同につき」、「社会主義諸国との団結は必要であるが、盲目的に従ってはならない」との自己批判を行った。[14]さらに五月初旬に開催された共産党第八期全国代表大会第二回会議において、一九五六年の第一回会議では開会の挨拶しか行わなかった毛沢東は自ら議長を務め、「党の分裂」に対して警鐘を鳴らした。[15]同会議においても、周恩来は「反冒進」に関する自己批判を再び強いられた。

毛沢東は解放軍の状況にも危機意識を抱いていた。成都会議において、毛沢東は「自分は朝鮮戦争以後の軍事工作にかかわってこなかった」と述べ、[16]「今年は軍事工作を（引用者注：自分が）一からはじめ、軍隊で『整風』を進める必要がある」との決意を表明した。[17]また、五月二七日から開催された中央軍事委員会拡大会議では、解放軍の正規軍化と近代化を進めてきた彭徳懐の方針が、「教条主義」として批判にさらされた。毛沢東が黄克誠中央軍事委員会秘書長を通じ、「教条主義」に関する「重要指示」を伝達すると、それが一気に会議の中心的な主題となったという。さらに、六月二一日、毛沢東は同会議に突然登場し、「私は軍事に関わらなくなって四年が経つ」が、四年間の解放軍建設には「若干の過ち」があり、「責任を負うのは彭徳懐同志だが、彼一人というわけでもなく」、「責任を問えば、第一に私、第二に彭徳懐にある」と述べた[18]。

このように、一九五八年の前半、周恩来と彭徳懐はともに党内において批判にさらされており、それらの批判はいずれも、一九五四年以来の軍事・外交に関する基本方針を問いなおすものであった。八全大会第二回会議の後、周恩来は党中央に対して国務院総理を引き続き担当するのが適当か否かの問題を提起し、彭徳懐も「国防部長の仕事を担当しない旨」を提起していたという。しかし、毛沢東は六月二二日に招集した政治局常務委員会において周恩来や彭徳懐の申し出について討議し、「彼らは引き続き現在の仕事を担当すべきであり、変える必要はない」という結論に達した[19]。

この頃から、毛沢東は対米政策と金門砲撃作戦の準備を積極的に主導しはじめた。六月一六日、毛沢東は中南海に、政治局常務委員、一部の政治局委員、関係する外交部の責任者や大使などを招集して会議を開き、外交問題について論じた。ここで毛沢東は、「アメリカとの接触の問題は、ジュネーブ会議の時に述べたように、ある程度接触できる部分はある。事実上は、アメリカは必ずしも接触を希望してはいない。アメリカとの二〇年の対峙は我々にとって有利である。アメリカは化粧をしてやって来て、中国を驚かせなければならない。今は不承認でも、承認する日が来るだろう」と述べた。そして、アメリカとの闘争において、「文には文、武には武を以て、初めは礼を尽くし、上手くいかなければ武力を行使する」方針を決定した[20]。

この方針に基づき、中国政府は六月三〇日、「中米大使級会談に関する声明」を発表した。声明は大使級会談の中断がすでに半年あまりに及んでいる点について、「中国政府は中米大使級会談のレベルを一方的に変更することには同意できず、またいかなる行政的な理由によっても、会談の中断を続けるわけにはいかない」と主張し、一五日以内に大使級の代表を派遣し、会談を再開しなければ、アメリカが大使級会談を決裂させる決心をしたと見なすと宣言した[21]。これに対しダレスは、米政府は「一五日という最後通牒」を受け容れることはできないが、中国側が会談開催地をワルシャワに変更することに同意するのであれば、ビーム（Jacob D. Beam）駐ポーランド大使を大使級会談の代表に指名する用意があるとの声明を発表した[22]。

中国政府による声明からちょうど一五日が経とうとする頃、中東情勢をめぐる国際的な危機が高まりを見せた。七月一三日にイラク革命が勝利し、イラク共和国が樹立されると、同一五日にアメリカがレバノンへ、同一七日にはイギリスがヨルダンへの派兵を決定した。中国はソ連とともに、イラク共和国を承認する一方で、アメリカのレバノン派兵を「内政干渉」として非難した[23]。そして、七月一五日から一八日、毛沢東はイラク革命への対応を検討するための会議を開催し、一連の会議のなかで、「中東における人民の闘争を支援し、国府に対する懲罰と米帝国主義に対する牽制を行う」ために、金門への砲撃作戦を実行に移すことを決定したとされる[24]。

七月一八日の晩、毛沢東は中央軍事委員会、総参謀部、空軍、海軍、陸軍砲兵部隊などの指導者を招集し、金門砲撃の実行を決定した旨を伝えた。毛沢東が提起した作戦とは、「陸軍砲兵は、初日に一〇万から二〇万発、その後は毎日一、〇〇〇発ほどの砲撃を二、三カ月続ける。空軍二個師団は砲撃と同時、あるいは砲撃直後に汕頭と連城へ移動する」というものであった[25]。同日、彭徳懐は中央軍事委員会を招集し、「七月二五日に金門と蔣介石軍の艦船を砲撃し、港を封鎖し、海上交通路を遮断し、空軍は七月二七日までに配備する」という具体的計画を立てた[26]。

毛沢東の指示により、福建前線では葉飛福州軍区前司令員が金門作戦の前線司令官に任命され、葉飛は張翼翔福州軍区副司令員を前線司令部参謀長に任命した。葉飛と張翼翔は直ちに廈門へ移動し、金門を見渡せる雲頂岩に前線司令部を設置し、奇襲攻撃を行うために隠密に砲撃準備を進めたという。同年七月の福建沿海は、三〇年ぶりの暴風雨に襲われ、作戦準備は困難を極めたが、七月二三日には、あと一日で準備が完了する見通しが立った[27]。

同日、葉飛が中央軍事委員会に提出した報告によれば、すでに廈門地区（大小嶝島と蓮河圍頭地区を含む）では海軍砲兵部隊三〇大隊が大小金門島を攻撃する準備を、黄岐半島では陸海軍砲兵部隊三大隊が馬祖を攻撃する準備を整えており、輸送中の弾薬や物資もあったが、二四日の明け方にはすべての部隊が待機位置につける見通しであった。前線の部隊は、金門に重点を置きつつ馬祖にも同時に奇襲砲撃を行い、その後空軍戦にはいり、敵の港や空軍基地を封鎖し、砲兵など敵の兵力を攻撃するという作戦を想定していた[28]。翌二四日、福建前線は再び暴風雨に襲われたが、葉飛らは中央の指示である二五日までに作戦準備を完了させるよう尽力し、前線への空軍配備がすべて完了していたわけではなかったものの、二五日の午後には作戦開始の命令を待つばかりの状態になった[29]。

(3) 砲撃作戦の延期

一九五八年七月二五日の夜、中央軍事委員会は前線砲兵部隊は砲撃位置へ就くよう、一旦命令したものの、砲撃を中止した。悪天候と前線への兵力配備の遅れ、空軍が制空権を獲得するためには時間が必要であるとの軍事的判断に加え、国際情勢の変化をいましばらく観察する必要があることを理由に、毛沢東は砲撃中止を決定したのであった。この決定と同時に、毛沢東と彭徳懐は、近日中に台湾と金門・馬祖の国府軍が守備任務の交替をするという情報をもとに、交替の時期を狙って砲撃を行うよう、砲撃開始時期の決定を福建前線に委ねたという[30]。

その後、葉飛は前線における作戦準備を整えつつ、金門での国府軍による守備任務交替の様子を観察し、党中央に報告した。しかし、七月二七日、毛沢東は「なかなか眠れず、考えたのだが、金門攻撃はしばらくの間停止したほうがよい。攻撃せず、情勢を観察する。敵が守備任務交替をしても攻撃せず、しなくても攻撃しない。敵が不当な攻撃を仕掛けてくれば、応戦してもよい」と、先制攻撃は控えるよう指示した。毛沢東は「中東問題の解決には時間がかかり、我々には時間があるのに、急ぐ必要があろうか。しばらく攻撃はせず、いずれする。敵が漳州、汕頭、福州、杭州などを攻撃してくれば、最も都合がよいではないか」と彭徳懐や黄克誠に提案し、前線の葉飛らにも同案を検討させるよう伝えた[31]。葉飛、張翼翔ら前線の指導者も、空軍の配備が未だ完了していない状況などを検討し、「準備を充分に行ってから攻撃するほうが、自信を持てる」と判断し、この指示に従った[32]。

毛沢東の心変わりには、前線における悪天候、作戦準備の遅れ、中東情勢の推移などの要因に加え、中国海軍に対する援助をめぐるソ連との交渉が影響を与えていた可能性も考えられる。中国はソ連に原子力潜水艦製造に対する技術供与を要請していたが、ソ連側はこれに対して中ソのレーダー基地を中国沿海部に建設し、合同潜水艦隊を創設することを提案していた(33)。この問題をめぐり、七月二一日、二二日にはユージンが、七月三一日から八月三日にはフルシチョフが毛沢東をはじめとする中国指導者たちと会談した。一連の会談の結果、中国の指導者たちは中ソ合同艦隊の提案を正式に拒絶すると同時に、ソ連への技術供与要請を取り下げた(34)。

この間、ソ連の指導者に対して金門作戦について事前通知がなされたのか否かは、長らく中ソ関係史研究の争点であった。『毛沢東伝』には、「七月二一日、二二日のユージンとの二日間にわたる会談が、七月二七日の砲撃延期へと至る一つの要因」であり、フルシチョフらが訪中した期間に「新たな金門作戦は出されなかった」と書かれている(35)。毛沢東とフルシチョフが行った四度の公式会談のうち、七月三一日の会談と八月三日の会談については、ソ連側の記録が公開されている。しかし、八月一日、二日の会談記録は公開されておらず、非公式会談の有無も定かではない(36)。ただし、七月三一日と八月三日の会談において金門砲撃作戦に言及した形跡が全くないことと、翌一九五九年九月三〇日、および一〇月二日の毛沢東＝フルシチョフ会談時の記録を根拠に、毛沢東は金門砲撃計画をフルシチョフへ事前に告げなかったとの説が最近では有力である(37)。

このフルシチョフ訪中は極秘で行われたものであったが、四度の会談を終え、フルシチョフが帰国する段階になって訪中が公表され、中ソ共同声明が発表された。この中ソ共同声明は中ソ両国の団結を謳い、「平和共存」を推進しつつも、西側諸国とは断固として闘う意思を確認するものであった(38)。呉冷西の回想によれば、フルシチョフらの訪中を公表し、共同声明を発表することを提案したのは毛沢東であったという(39)。毛沢東の真意は定かではないが、同声明が極東情勢をめぐる中ソの意見一致に言及していたことや、両国の国防部長が会談メンバーに名を連ねていたことなどは、後に発動される金門砲撃が中ソ共同の決定によるものであるとの印象を米政府や国府に与えることとなった(40)。

この間、金門砲撃の前提としての制空権を獲得するために、福建前線司令部は前線への空軍配備を進め、国府空軍との空軍戦を展開した。七月二九日、解放軍のＭＩＧ‐17型戦闘機は国府空軍のＦ84‐Ｇ型戦闘機二機を撃墜した。そ

図 3-1　金門島の太武山を訪れた蔣介石。背後には、自らが「毋忘在莒（莒に在るを忘るなかれ）」の文字を刻ませた巨石が見える（1958 年 6 月 14 日、金門島：国史館所蔵、典蔵号 002-050101-00032-063）。

の後、八月七日、一三日、一四日の三度にわたり、解放軍空軍と国府空軍は大規模な空軍戦を繰り広げ、半月あまりをかけて解放軍は福建前線の制空権を掌握したという(41)。また、作戦延期の時間を利用して、海軍艦艇部隊や沿岸砲撃部隊もさらに手厚く配備され、金門砲撃に備えたという(42)。

空軍戦の開始と中ソ共同声明の発表に伴い、金門・馬祖に駐留する国府軍と米軍事顧問団の緊張も徐々に高まった。国府は、解放軍が近々台湾海峡において戦闘を開始するのであれば、それは中ソの共謀であると捉え、米政府に支援を要請し、反撃や宣伝方針などに関する検討を開始した(43)。八月中旬には、蔣介石・蔣経国父子が金門島のみならず、高登島、小金門島など福建沿海の小島すべてを視察し、前線の部隊に対して訓示を行い、応戦に備えるよう鼓舞したのであった(44)。

(4)　作戦遂行の最終決定

八月一七日から三〇日の間、北戴河において開催された中央政治局拡大会議において、毛沢東は金門砲撃の最終決定を下し、砲撃作戦を指揮したといわれる。前節で述べたとおり、福建前線での攻撃準備はこの時期までにほとんど整い、空軍は前線における制空権を獲得していた。国際的には、イラクの新政権を念頭に、米政府が「共産党政権不承認」の姿勢を明確に示したタイミングであった。砲撃決定の最終段階で争点となったのは、国府の金門防衛に対する米政府の関与をどのように見積もるかであった。

まず、八月一八日、毛沢東は広州軍区の深圳における軍事演習について彭徳懐に書簡を送り、「金門砲撃の準備は、直接的には蔣介石、間接的にはアメリカに対する」ものなので、「広東や深圳方面で軍事演習を行い、イギリスの警戒を招く必要はない」と指示した。その際、毛沢東は、「台湾側は制空権奪回のために空軍大編隊を出動させ、反撃する可能性があり、その場合は我が方もすぐに大編隊を準備して応戦するが、金門・馬祖の範囲を超えた追撃はしない」とも命じた。(45)『毛沢東伝』によれば、この指示を出した時、毛沢東は間もなく金門砲撃を遂行する決心をすでにしていたという。(46)

続く八月二〇日、毛沢東は金門砲撃に関する会議を主催した。『毛沢東伝』や『周恩来年譜』は、周恩来、鄧小平、林彪副主席、黄克誠、葉飛、蕭勁光海軍司令官らが同会議に列席していたとし、彭徳懐の名前を挙げていない。(47)しかし、『彭徳懐年譜』によれば、彭徳懐はこの日、蕭勁光、王尚栄、王秉璋空軍副司令官らと国府空軍に対する追撃作戦について会議を行ったほか、毛沢東から金門砲撃の作戦会議に出席するよう命じられ、出席したという。(48)これについては、後述するように米軍介入をめぐる見解が異なり、翌年の廬山会議にて失脚する彭徳懐の名前は記録から削除された可能性、実際の作戦会議は数回に分けて行われ、それぞれ出席者が異なっていた可能性などが考えられるであろう。

『葉飛回顧録』や『葉飛伝』によれば、葉飛が北戴河に呼ばれ、八月二一日と二二日に出席した作戦会議には、毛沢東、彭徳懐、林彪、王尚栄が出席していた。毛沢東は、米軍との直接衝突の可能性をどのように想定するかという点にこだわり、金門に駐留する米軍事顧問団への攻撃を回避できないかと考えていたようである。(49)米軍との直接衝突をいかに回避するかという問題については、会議に参加した軍事指導者の間にも、見解の相違が存在したようである。翌一九五九年の中央軍事委員会拡大会議において林彪は、「金門砲撃について北戴河で会議を開いた時、彭徳懐だけがアメリカは金門・馬祖を共同防衛しないと見なし、案を出さなかった」、「党中央の砲撃決定は、彭徳懐の意見と反対だった」などと、彭徳懐を批判した。(50)彭徳懐はそれ以前にも、毛沢東が「蔣介石軍が福州を爆撃すれば、我々は台北を爆撃する」と述べたのに対し、「その場合は金門を爆撃すべき」であり、「上海や杭州が爆撃されない限り、台北を攻撃してはならない」と述べたことがあったといわれる[51]。これらの発言から、彭徳懐は沿海島嶼に限定した作戦であれば、米軍の介入を招く可能性は低いと予測していたと解釈することができる。これに対し、林彪は米中大使級会談のチャンネルを通じて、先に攻撃の予定をアメリカに伝えてはどうかと提案したが、この案は採用されなかったという[52]。

翌二二日、毛沢東はこの問題をさらに一晩考慮し、八月二三日に金門への奇襲砲撃を実行することを決定した。ただし、毛沢東は再度、砲弾の数を減らすこと、敵の指揮機構を攻撃しないこと、アメリカの軍艦やアメリカ人を攻撃しないことなどを葉飛に提案した。この提案に対し、彭徳懐は「アメリカは参加しないと推定する」と強調し、福建前線が提示したとおりに作戦を遂行するよう主張した。こうした彭徳懐の後押しもあり、毛沢東はようやく作戦遂行を決意したという[53]。

八月二〇日の会議後、軍事指導者による最終的な作戦の検討と並行して、周恩来、章漢夫外交部副部長、喬冠華など外交関係の指導者は、中国政府の領海に関する声明を発表する準備をすすめた[54]。当初の方針としては金門砲撃開始の前に同声明を発表する予定であったことや、上述のような毛沢東の憂慮から、同声明には米軍艦をはじめとする外国の艦船が金門砲撃の影響を受けないよう、警告を行うねらいもあったのではないかと推察される。しかし、領海に関する声明は、攻撃予定の八月二三日までに書き上がらず、彭徳懐は領海に関する声明の発表を待たず、予定通り八月二三日一七時三〇分に砲撃を開始するよう前線に命じた[55]。

一九五八年八月以前に解放軍において研究されてきた金門砲撃作戦は、国防という観点から福建沿海の制空権を奪回し、国府軍による対大陸攪乱行動の拠点となっていた金門・馬祖を攻略するための作戦となるはずであった。しかし、以上の過程に見て取れるように、作戦遂行を決定する最終段階において、金門・馬祖の「解放」自体は否定されなかったものの、作戦はより政治的な意味合いが強いものへと変更され、金門への上陸作戦は検討されなかった。そ

表 3-1：解放軍と国府軍の軍事バランス（1958 年）

		解放軍	国府軍
陸上兵力	陸上兵力	2,575,000 人	450,000 人
	装甲部隊	6000 人× 3 個師団 重戦車 10 輌 中戦車 80 輌 自走砲 8 門	省略
	野戦砲兵部隊	5,500 人× 13 個師団 152 ミリ榴弾砲 106 門	省略
	ロケット発射砲部隊	3,300 × 2 個師団 132 ミリ多連装ロケット発射砲 72 門	
海上戦力	艦艇	駆逐艦 4 隻 護衛駆逐艦 4 隻 哨戒艇 110 隻 駆潜艇 25 隻 潜水艦 16 隻 機雷敷設艦 31 隻 揚陸艦 54 隻	駆逐艦 4 隻 護衛艦 5 隻 哨戒艇 7 隻 駆潜艇 16 隻 機雷戦艦艇 9 隻 揚陸艦 39 隻
航空戦力	作戦機	2,410 機	826 機
	ジェット戦闘機	1,855 機　＊内訳は不明 J-2（Mig15） J-5（Mig17） J-6（Mig19）	450 機 F84G　245 機 F86F,D 269 機

表 3-2：大陸沿岸諸島における国府軍兵力（1958 年 8 月）

馬祖（総兵力　約 23,000 人）	
南竿島	11,500 人
北竿島	5,000 人
高登島	700 人
西犬島（現西莒島）	3,300 人
東犬島（現東莒島）	2,300 人
東引島	（変則的）3,000 人

金門（総兵力　86,000 人）	
金門島	74,100 人
小金門島	10,450 人
大胆島	1,300 人
二胆島	250 人
東碇郷	（最大）60 人
烏坵島	（変則的）500 人

出典：National Intelligence Estimate (NIE-13-58): Communist China, 13 May 1958, National Intelligence Council, *Tracking the Dragon: National Intelligence Estimate on China during the Era of Mao, 1948-1976,* (Washington, D.C.: U.S. Government Printing Office, 2004), pp. 155-157, および Special National Intelligence Estimate (SNIE100-9-58): Probable Developments in the Taiwan Strait Area, 26 August 1958, *Ibid.,* pp. 174-176 および Memorandum from Lutkins to Parsons, Aug.28, 1958, RG59, RA-ROC Files, Lot67D567, 71D517, Box2, (MD: National Archives) をもとに筆者作成

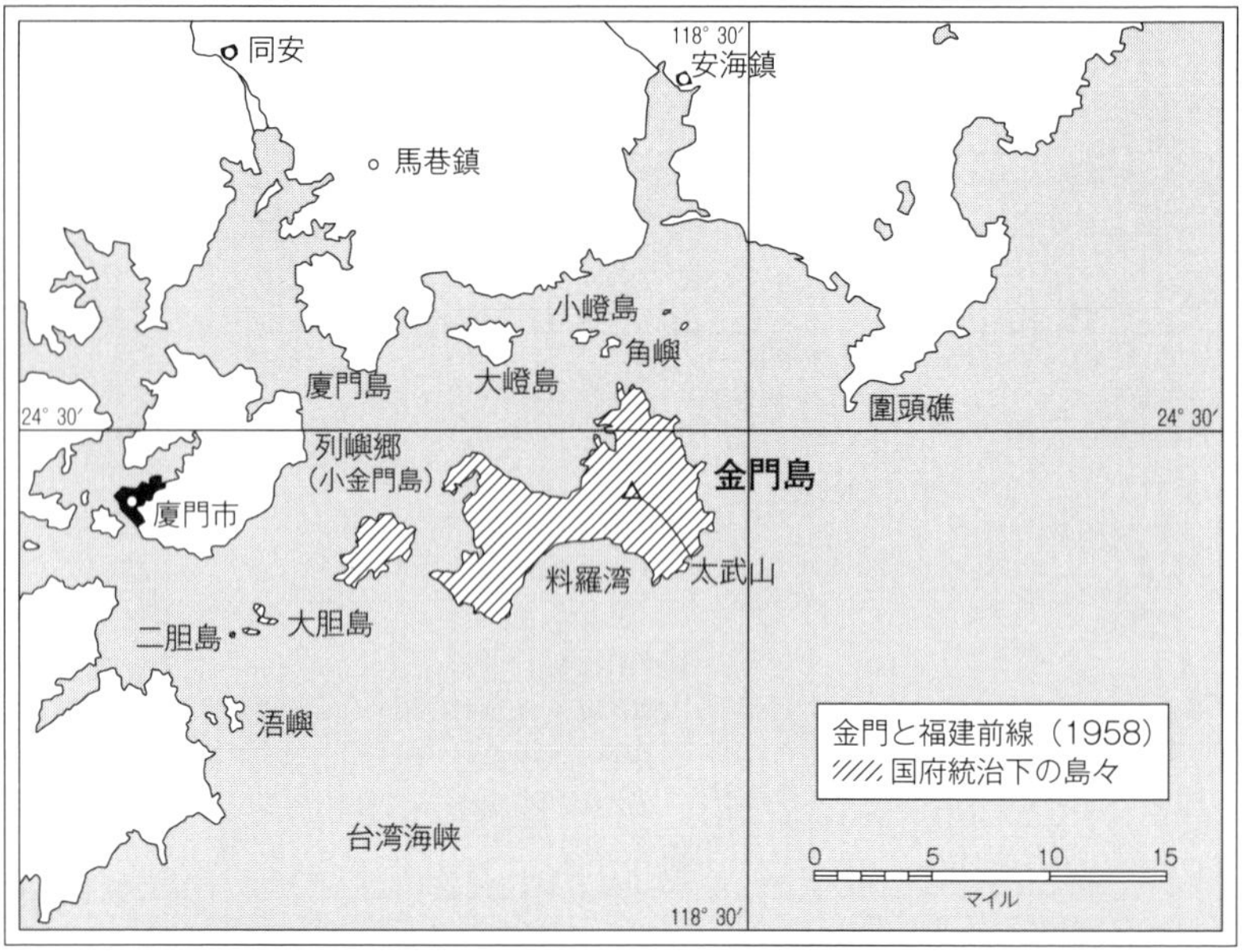

図 3-2 金門と福建前線

出典：Central Intelligence Agency: The Chinese Offshore Islands, Sep. 8, 1954, *DDEOF, 1953-1961*, [microform], Part 2: International Series, Reel 6 をもとに筆者作成。

れはアメリカが金門・馬祖の防衛にどこまで関与するのかが不明であったからであろうと推測される。作戦遂行に際して毛沢東が掲げた「直接的には蔣介石に対し、間接的にはアメリカに対する」闘争という方針は、アメリカと直接的な戦闘へと陥るような事態は回避するという作戦の原則を意味していたようにも思える。

2 金門砲撃作戦の展開

(1) 砲撃作戦の意図

砲撃作戦開始予定日であった八月二三日の午前中、彭徳懐は作戦前最後の会議を主宰した。同会議において彭徳懐は、①まず敵艦に対し小規模な砲撃を行い、敵が反撃すれば大規模砲撃を行い、②敵の大艦隊を待って砲撃し、③金門・馬祖の問題が解決しないことに関しては、この先二年間は考えない、との最終的な方針を前線の指導者たちに伝達した。葉飛は、彭徳懐が武力による金門攻略を一貫して主張していたことを知っていたが、作戦が砲撃に限られ、上陸作戦は行わない可能性もあることをこの時に悟ったという。午後、料羅湾には敵艦が少なく、その日に砲撃を行っても敵軍に与えられる打撃が小さいことを福建前線司令部は中央へ報告した。それにもかかわらず、彭徳懐は「米軍は参加しないと見積もり、前線司令部の意見と予定した時間に従い砲撃する」との命令を下し、毛沢東もそれに同意した[56]。

こうして、八月二三日一七時三〇分、解放軍は金門砲撃作戦を開始した。『葉飛伝』によれば、解放軍は福建前線に設置した四五〇門の大砲から一斉に、大金門島、小金門島、大胆島、二胆島などの島嶼へ発砲した。解放軍の砲撃は三波に分かれ、約二時間にわたり続き、計三万発あまりの砲弾を発射した[57]。国府側の第一報によれば、解放軍が二三日に放った砲弾約三万五、〇〇〇発は、金門島と周辺各島に着弾し、国府軍に五〇〇名あまりの死傷者を出したという[58]。ただし、二三日に金門島と周辺各島に着弾した砲弾数は、国府が誇張していた可能性もあり、後のＣＩＡによる報告では二万発程度であったとも推計された[59]。

図 3-3　解放軍の砲撃によって破壊された金門の小学校（1958 年 9 月 5 日、金門島：中央通訊社）

同日夕刻、毛沢東は北戴河において中央政治局常務委員会を主宰し、情勢を確認した。会議に参加した呉冷西新華社社長（兼『人民日報』総編集）の回想によれば、毛沢東は同会議において、「我々の要求は米軍が台湾から撤退し、蔣軍が金門・馬祖から撤退することである。撤退しなければ攻撃する。台湾は遠すぎるので、金門・馬祖を攻撃する。これは国際社会を動揺させ、アメリカ人に限らず、アジアや欧州の人々も動揺させるであろう」と述べた。毛沢東は呉冷西に対して、新華社、人民日報、国営ラジオ放送を統括して世界戦争の恐れを喚起することを指示しつつも、「実は金門砲撃は国際情勢を我々に有利なように転換させ

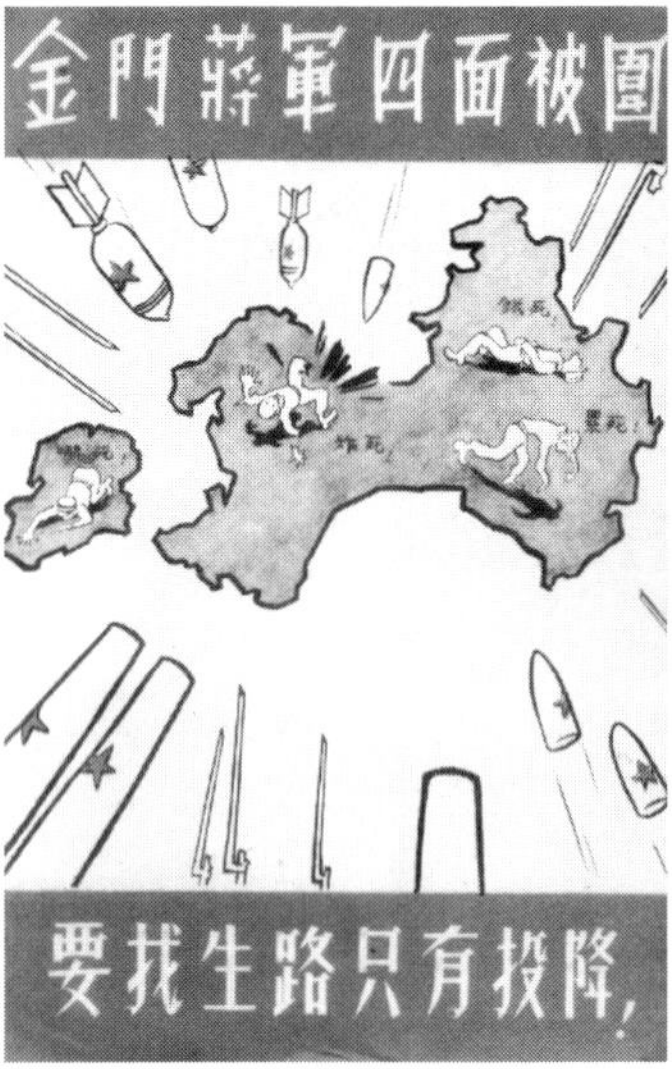

図 3-4　1950 年代に大陸から金門に投下されたと考えられる宣伝ビラ。金門の国府軍に対し、投降を呼びかけている（泰風老照片館提供）。

るためのものである」と、その意図を明らかにしていた。[60]

翌二四日の一八時一五分より、解放軍砲兵と海軍艦艇は金門に二度目の大規模な砲撃を行った。二日にわたる砲撃により、国府軍による金門島への補給は中断したと言われている。[61]確かに、蒋介石の日記によれば、解放軍は夕刻に大胆島、東碇島、大武山の司令部などを砲撃し、古寧頭の基地を空爆した後、夜間に魚雷艇で国府海軍の揚陸艇を攻撃したという。このような攻撃の方針を観察し、蒋介石は解放軍の作戦目標が金門・馬祖の攻略ではないのではないかと気づき、対策を練り直す必要があると考えた。[62]

翌二五日、毛沢東は再び中央政治局常務委員会を主宰し、金門への上陸作戦について、以下のような考えを示した。

> 我々が金門へ数万発の砲弾を撃ち込んだのは偵察のためである。我々は金門へ必ず上陸するとも、しないとも言わない。我々は機会を窺って（上陸を：引用者注）行い、慎重に、熟考の上に実行する。なぜなら金門への上陸は小さな問題ではなく、その関係は重大である。問題は九万五、〇〇〇の蒋軍ではなく、アメリカの態度である。アメリカは国民党と共同防衛条約を締結したが、金門・馬祖を防衛範囲に含むか否かについて、明確な規定はない。アメリカ人がこの二つの負担を背負うつもりがあるのかについては、なお観察が必要である。[63]

このように、毛沢東は金門への上陸作戦が米軍の介入を招く可能性について、依然として極めて慎重であった。

解放軍による金門砲撃の第一報を受けたダレスは、攻撃は沿海島嶼に限定されたものであり、現段階では沿海島嶼に上陸する意図の有無も定かではないと認識した。このような状況に置かれたアメリカにとって重要なことは、国府軍による中国大陸への反撃を抑制し、中国との戦争が勃発するような事態を回避することであるとダレスは考えた[64]。そのため、八月二五日および二九日に開かれたホワイトハウスの会議では、砲撃に対する米政府の立場を示す声明を発表するほか、国府軍による金門への補給活動を護衛すること、中国大陸に対する限定的な空爆を支援することなどが検討された。しかし、アイゼンハワー政権は、「反攻大陸」を主張し、反撃のための支援を米政府に要求する国府は、アメリカを中国との戦争に巻き込む可能性があるとも考えたため、検討した支援の内容を国府には伝えなかった[65]。

蔣介石は八月二四日にドラムライト（Everett F. Drumright）駐華大使と会談し、金門・馬祖の防衛と台湾・澎湖諸島の防衛が一体であることを表明し、金門に駐留する国府軍の増強に加え、米軍を派遣した直接的な軍事支援も行うよう米政府に要求した。蔣介石はまた、「攻撃にただ耐えるのみ」では、台湾の人心と士気はすぐに影響を受け、国府は長時間持ちこたえることができないと主張した[66]。さらに、蔣介石は八月二七日、アイゼンハワーに書簡を送り、金門島は陥落寸前であることを強調し、米大統領としての声明を発表し、反撃への支援を行うよう重ねて要求したのである[67]。一九五四年の米華相互防衛条約締結の際に交わされたダレス・葉公超交換公文において、「明らかに固有の自衛権の行使である緊急的性格をもった行動の場合を除き」、大陸への攻撃は事前協議の対象となることが合意されていた。そのため、蔣介石は砲撃開始当初からその統治領域全体が被る心理的打撃と事態の緊急性を強調することで、中国大陸に対する反撃を米政府に認めさせようとしたのであった[68]。

八月二七日以降、解放軍総政治部は福建前線司令部の名義で、国府軍に武装解除を促し、「我々の金門上陸侵攻はすでに目前に迫っている」と警告するラジオ放送を繰り返した[69]。『葉飛伝』によれば、この八月二七日以降、福建前線司令部は砲撃の対象を島嶼から国府海軍の補給経路へと変更し、国府の輸送艦を集中的に攻撃するよう命じた。その際にも米軍艦を攻撃しないよう、福州軍区空軍が廈門の最前線基地にサーチライトを設置し、金門への海上補給経路を厳格に監視していたという[70]。こうした行動から、福建前線司令部は、金門の封鎖状態を継続することで、国府軍の自主的な撤退を促そうとしていたと考えられる。

しかし、毛沢東は前線司令部から金門への投降勧告について、「作戦に関する指示は中央に統一する」という原則に反していると批判し、中央軍事委員会に対し「台湾と沿海島嶼に対する闘争に関する指示」を作成するよう命じた。同「指示」は、金門作戦について、①封鎖を継続し、当面は上陸作戦を行わず、②封鎖作戦において情勢観察と攻撃のバランスを保ち、③海軍、空軍は公海で作戦を行わず、国府軍機が大陸を攻撃しなければ我々は金門・馬祖を攻撃せず、大陸を攻撃すれば我々は金門・馬祖を攻撃するが、台湾は攻撃せず、④米軍が我々の領海や領空に侵入しない限りは先制攻撃をしないという四点を徹底しようとするものであった(71)。

上記のような砲撃作戦初期における毛沢東の言説や作戦の進め方からは、作戦の意図や規模を敵に明かさないよう、苦慮していた様子が窺える。金門・馬祖の防衛に関して米政府がどのような態度を採るか不透明な状況下において、砲撃作戦は一方で米政府に衝撃を与えるものでなければならなかったが、指導者たちは他方で、米軍との直接衝突を引き起こさないように細心の注意を払っていたのである。

(2) 封鎖作戦への移行

砲撃の継続と解放軍による投降勧告をうけてもなお、ダレスは解放軍の金門上陸の意思に懐疑的であり、上陸作戦の意思が明らかになるまでは、国府軍による金門への補給のみを支援すべきという姿勢を保っていた(72)。九月四日のアイゼンハワーとの協議においても、この状況での中国に対する反撃は国内外からの支持を得られないという認識のもと、一方では国府に非戦闘的な援助を与えつつ、他方では解放軍の戦闘行為を停止させるための交渉を模索する方針が決定された(73)。アイゼンハワーとの協議後、米政府の立場を示す声明を発表したダレスは、米大統領が「金門・馬祖などの関連地域を確保し、保護するために、合衆国軍隊を使用する権限を認められている」ことに言及したうえで、「金門・馬祖の防衛と台湾の防衛はより密接に関係しつつある」という認識を示した。これは一九五五年に「台湾決議」を発表した際よりも、金門・馬祖の防衛に対する米軍の関与に関して踏み込んだ発言であった。さらに、中国大陸に対する反撃の可能性に関しても、ダレスはオフレコードを条件としながらも、解放軍による金門への空爆や上陸作戦に対しては、反撃を行うと述べた。ただし、ダレスは他方で、ジュネーブでの大使級会談において行ってきた「持続的な努力」を継続する用意があることも表明したのであった(74)。

同日、毛沢東は中央政治局常務委員会を招集し、このダレス声明を分析し、今後の軍事作戦の方針や米中大使級会談の再開について検討を行った。同会議に参集した中央の指導者たちは、「アメリカは台湾の共同防衛を明確に示したものの、金門・馬祖の共同防衛に関しては未だに決めかねている」、「アメリカ人は戦争を恐れ、金門・馬祖をめぐり我々と争う決心はついていない」と、ダレスによる声明の内容を判断した。そのうえで、金門・馬祖へ当面は上陸せず、台湾を「首絞め縄（絞索）」のように利用し、アメリカに圧力をかけつつ機会を窺う方針に、指導者たちは同意したという。同会議はまた、軍事闘争のさらなる継続のために、周恩来を中心に起草してきた「領海に関する宣言」を発表し、米艦隊の金門島への接近を防ぐことも決定した。ただし、毛沢東はこの「領海」に米艦艇が侵入しても、すぐに攻撃せぬよう、指示していた。さらに、毛沢東は同会議において、米中大使級会談の再開に応じることを提案し、福建前線における軍事闘争に「新たな外交闘争を配合させる」ことを決定したのであった(75)。

この政治局常務委員会における決定に従い、周恩来は九月四日に「領海に関する宣言」を発表し、中国の領海は一二海里であると宣言した。続けて、周恩来は九月六日に「台湾海峡地域の情勢についての声明」を発表し、台湾海峡の緊張をめぐる中国政府の立場を示した。この声明において注目すべきは、台湾・澎湖諸島と金門・馬祖については完全に区別したうえで、米政府に対する抗議が行われている点である。周恩来が集中的に批判したのは、中東事件以来、国府軍が金門・馬祖を拠点とした大陸への攪乱活動を活発化していることであり、米政府が「こうした状況を利用しようと企んでいる」ことであった。こうした批判を展開しつつも、同声明はダレス声明に示された意思を「尊重」すると述べ、米中大使級会談の再開を呼びかけた(76)。

ダレス声明が発表され、米政府の立場が明らかになると、それまで沈黙を守っていたソ連の指導部も動きはじめた。八月二三日の金門砲撃開始後、中国政府は八月二六日にソ連政府に対し、「これら島嶼の解放は中国内部の問題であり、アメリカと衝突が起きるとは限らない」と、簡単な通知を行った。[77]以来、ソ連指導部は『プラウダ』紙上で、原則論としての中国支持を表明したほかは、いかなる動きも見せていなかった。九月五日、駐北京ソ連大使館のスダーリコフ（N. G. Sudarikov）参事官は周恩来との会見を求め、ソ連政府がグロムイコ（Andrei A. Gromyko）外務大臣を北京へ派遣し、台湾海峡情勢に対する見解を説明する予定であることを伝えた。ソ連政府はフルシチョフからアイゼンハワー宛の台湾海峡情勢に関する書簡を起草中であり、中国政府と事前に意見交換をすることを求めていたのである。[78]これに対し、周恩来は基本的に同意し、台湾海峡情勢に対する中国側の見解として、「金門砲撃の目的は台湾の『武力解放』ではなく、国民党軍を懲罰し、アメリカによる『二つの中国』の試みを挫くこと」にあり、「もしも紛争がおきても、中国は自ら対処でき、ソ連に迷惑はかけない」と伝えた。[79]

翌六日、グロムイコは秘密裏に訪中し、毛沢東および周恩来とそれぞれ会談を行ったが、一連の会談記録は現在もなお公開されていない。グロムイコが北京に到着すると、周恩来はグロムイコに対し、前日にスダーリコフに説明した中国政府の立場を改めて伝え、同日付で発表した台湾海峡情勢に関する声明文を手交した。これに対し、グロムイコは中国政府の立場に同意する旨を伝え、アイゼンハワー宛書簡の草稿を手交した。さらに、グロムイコは毛沢東に対しても、ソ共中央は中共中央の立場に同意することを伝えたという。[80]

毛沢東は、この書簡草稿の内容に対し、「九〇％は正確であり、協議すべきは少数にすぎない」[81]とおおむね満足しており、草案を詳細に検討し、可能であればグロムイコに意見書を託すよう、周恩来に命じた。九月七日付で発出されたフルシチョフからアイゼンハワー宛の書簡は、中国に対するソ連の核の傘を保障し、アメリカを威嚇するものであった。[82]九月一〇日付『人民日報』に「中国への攻撃はソ連への攻撃と見なす」との見出しで同書簡の全文が掲載されたことからも、中国の指導者たちはソ連による核の傘が公に保障されたことに大きな価値を見いだしていたといえる。[83]

この間、九月五日から八日にかけて、党中央は第一五回最高国務会議を開催した。同会議は本来、第二次五カ年計画と人民公社の問題を議論するとの名目で開かれたが、毛沢東は国際問題を論じることに少なからぬ時間を割いたようである。五日、毛沢東は「アメリカは現在すべてを請け負う政策を採っており、金門、馬祖のみならず、大胆、二胆、東碇などすべてを請け負っていて、見ていて気持ちがよい。彼らは我々の首絞め縄にかかっている。台湾もまた首絞め縄であるが、大陸からはやや遠い。金門などの島嶼を含む方がアメリカの頭は我々に接近する」と、「首絞め縄」の論理に再び言及した。[84]他方、毛沢東は「我々は直ちに金門・馬祖に上陸する必要はない。上陸すれば、敵地の塹壕は堅固であり、敵を驚かすだろう。ただし、我々は金門・馬祖に絶対上陸しないというわけではなく、きっかけがあれば突破でき、その機会を窺う」とも述べ、上陸作戦には慎重な姿勢を示しつつも、金門攻略の機会を窺うという姿勢を変えなかった。[85]

また、この最高国務会議の期間中に中国の指導者たちは、金門・馬祖防衛への関与を示唆したダレス声明は必ずしも同盟国の支持を得ていないと認識するようになった。ダレス声明への支持を表明したのは韓国の李承晩政権のみであり、フィリピンでさえ本国の米軍基地が攻撃されない限りは反撃に参加しないとの条件を付した。また、イギリスや日本は、金門・馬祖防衛に対する支持表明に慎重であり（後述）、「アメリカは孤立している」ように見えたという。[86]すると、毛沢東は「首絞め縄」の論理を誇りつつも、アメリカが金門・馬祖において「抜け出し（脱身）」政策を採り、国府軍を撤退させる可能性に期待するようになった。最高国務会議の最終日、毛沢東は再び「首絞め縄」の論理に言及し、「金門・馬祖も（引用者注：米政府の防衛範囲に）入っていると思う」と述べた。しかし、毛沢東は「そこから抜け出すことは可能[87]」であり、「彼らは実際に抜け出したいと考えており、世論も抜け出すことを要求している」とも述べていたのである。

最高国務会議が閉会した九月八日、解放軍は金門に対し、八月二三日、二四日に続く三度目の大規模砲撃を行った。

毛沢東は九月四日から三日間は砲撃を停止し、敵の出方を観察していたが、米艦隊が国府軍艦隊の護衛を再開したため、再度大規模な砲撃を行うことを決定したという。毛沢東は「アメリカ人は懲らしめなければいけない」と述べていたとされるが、砲撃の対象はやはり国府軍艦に限定され、米軍艦には攻撃を加えない方針が徹底された[88]。毛沢東はさらに、最高国務会議で語った「首絞め縄」政策を公表することを決定した。これは米政府に対し、「首絞め縄」の論理によって圧力をかけることによって、逆に金門・馬祖の共同防衛を放棄するよう促すねらいがあったと考えられる。翌九日付『人民日報』は、「当面の情勢に関する毛沢東主席の講話」を掲載し、毛沢東による講話内容として、「東風が西風を圧倒して」いる国際情勢下で、台湾やレバノンなど「アメリカのすべての軍事基地はいずれも米帝国主義の首にかけられた縄である」との「首絞め縄」の論理を宣伝した[89]。

また、対米宣伝と同時に、共産党は反右派闘争以降実質的に中断していた、国民党に対する和平交渉の呼びかけも再開した。周恩来は九月八日と一〇日の二度にわたり、取材で北京を訪れていた曹聚仁と会談し、金門・馬祖の国府軍には、①島とともに滅びる、②すべての兵士が自主的に撤退する――国府軍の三分の一が駐留する金門・馬祖からの撤退はアメリカに対する交渉材料となろう――、③米軍に撤退の護衛を依頼する――面目が立たないであろう――という三つの選択肢があると述べ、国府軍に②自主的な撤退を促したという。さらに、周恩来は香港へ戻る曹聚仁に国民党上層部への伝言を託し、七日間の猶予を与えるので、国府は米軍の護衛をつけずに金門に補給を行い、共産党との交渉に応じるよう呼びかけたともいう[90]。このように、解放軍の金門に対する作戦は、砲撃から封鎖へと移行し、それと並行して中国は米華に対して金門・馬祖からの国府軍撤退を促す政治的圧力を強めようとしたのであった。

(3) 周恩来声明に呼応する大衆動員

党中央は、九月六日の周恩来声明にあわせ、同声明を擁護し、「米帝国主義」の軍事的脅威に反対する大衆動員を行うことを決定した。「デモ、各種集会、新聞やラジオ、標語や漫画を含め、全国の人民に対し広範で深みのある政治教育を行い」、「米軍のレバノン上陸に対する反対よりも、さらに大規模な運動を行う」とされた。運動は生産活動、人民公社、全民武装などの運動とも結びつけ、以下のようなスローガンとともに翌日から早速開始するよう、党中央は各地方へ指示を出した。

1. 周総理の声明を擁護する
2. 米帝国主義が我が国の内政に干渉することに反対する
3. 米帝国主義の軍事的挑発と戦争の脅威に反対する！
4. 米帝国主義が極東と世界の平和を脅かすことに反対する
5. 必ず金門、馬祖を解放する
6. 必ず台湾を解放する
7. 米軍は台湾地区から出ていけ
8. 勇敢な福建前線の兵士に敬意を表す！　勇敢な人民解放軍万歳！
9. 中華人民共和国万歳
10. ソ連を盟主とする社会主義陣営万歳
11. アジア、アフリカ、ラテンアメリカの民族独立運動万歳
12. 世界平和万歳！(91)

ここでも、金門・馬祖の「解放」と台湾の「解放」が個別の項目として掲げられており、しかも台湾の「解放」よりも金門・馬祖の「解放」が上位に置かれていることは興味深い。

上記のような中央からの指示に従い、九月六日の晩に周恩来の声明がラジオで放送されると、都市部を中心とする各地において大衆を動員したデモや集会が開かれた。各地の党組織や新華社は、動員活動における各階層の人々の反

図 3-5　1958 年に国民党が中国大陸に散布したと推定される宣伝ビラ。毛沢東を風刺し、「以前は皆が金儲けを祈願できたが、共産党の統治下では共産党だけしか金儲けはできない」と訴えている（1958 年：秦風老照片館提供）。

応をまとめ、中央に報告した。当時の『内部参考』には、その一端が記されている。『内部参考』は、①中央や地方都市の幹部と群衆、②地方都市の「右派分子」、および③前線の民衆と「敵の特務」に区分して、情報を収集していたようである。

中央や地方の幹部たちは積極的に周恩来声明を擁護し、デモや座談会を開催した。座談会において、幹部たちは目下の情勢が戦争に発展する可能性、戦争になればどちらが有利で、どのように戦うのかなどを議論した。(92)『内部参考』では中央の各機関のほか、北京市、上海市、重慶市、天津市などの幹部および民衆による座談会の様子が報告されているが、それらは次の二点において共通していた。第一に、どの都市においても、金門・馬祖の「解放」と「台湾解放」は区別して論じられており、人々は金門・馬祖の「解放」については「すぐに解放できる」、「機は熟した」というような楽観的な見通しを示す一方で、「台湾解放」については長期的な目標であり、引き続き努力が必要であると考えていた。第二に、多くの都市で「一部の曖昧で、誤った認識」が見られた。それは、台湾海峡における軍事的緊張が世界大戦へと発展することを恐れ、そのようなことになれば「大躍進」にも支障をきたすという認識であった。(93)

次に、先の反右派闘争において「右派」と認定された人々の反応にも、党中央は注目していた。彼らの認識は、一般の民衆よりも用心深いものであった。例えば、北京市の「右派分子」には、台湾を「解放」した際には「右派」への処遇が寛大になるが、戦争が勃発すれば「右派」は厳しい攻撃にさらされるとの見通しを示す者もいたが、簡単には態度を表明しない者も少なくなかったという。上海市や広州市における「右派分子」の反応はより「反動的」なものであり、国府の「大陸反攻」を歓迎する声や、アメリカによる中国大陸に対する侵攻を期待するような声も聞かれた。[94]このような情報が意識的に収集されていたとするならば、党中央は反右派闘争で「右派」と認定した人々が、台湾海峡危機において米華に呼応することを警戒していたものと推測できる。

さらに、九月後半にはいり、後述するように台湾海峡における戦況が国府軍に有利に変化すると、『内部参考』には福建前線の「特務」や「壊分子」についての情報が掲載された。福建前線に潜伏していた「特務」は、金門砲撃がはじまって以来、前線地域で「悪意ある噂」を流し、生産活動を破壊しようとしたという。彼らは第三次世界大戦勃発や蔣介石による「大陸反攻」の噂を流し、前線における人心の混乱や市場における買い占めなどを煽ったのである。[95]また、「特務」ではなくても、福建前線には台湾に親族を持つ者が数多く居住しており、一九五八年の段階においても「反革命分子」や「壊分子」が「ひそかに隠れている」と考えられていた。台湾海峡における軍事的緊張の高まりに乗じて、そのような人々が「破壊活動」を行ったり、「反動的」な団体を組織したりしたという。福建省の公安部門の調査によれば、いわゆる「五黒（地、富、反、壊、右）分子」の党に対する態度は、前線各地域でおしなべて悪化していた。[96]また、『内部参考』には、このような前線における反動的な動向とともに、国府が中国大陸における特務工作を強化しているという情報が複数掲載された。[97]

第二次台湾海峡危機に関する先行研究のなかには、金門砲撃と同時に展開された国内の大衆動員を過度に重視し、大躍進政策への大衆動員を行うために、共産党は金門砲撃を決定したと主張する研究もある。[98]しかし、その動員のタイミングや手法、動員にあわせて行われた情報収集に注目すれば、「台湾解放」を掲げた大衆動員はそれほど単純なものではなかったということが理解できる。第二次台湾海峡危機時の「台湾解放」を掲げる大衆動員は、金門砲撃にあわせて、またはその直後からなされたわけではなく、九月六日の周恩来声明発表にあわせて動員の指示がなされ、それ以降に展開された。また、そこで掲げられたスローガンの内容も、周恩来声明の内容に呼応するものであった。そして、動員と並行して行われた座談会や情報収集は、中東情勢や大躍進政策よりもむしろ、反右派闘争により中断していた対台湾宣伝工作との関連性が強いものであったように思える。このような大衆動員と宣伝工作は、中国政府の外交闘争を支援するのみならず、国内において米華の反撃に呼応する勢力が出現することを未然に防ぐという意味あいも有していたと解釈することが妥当であろう。

3　政治軍事闘争の限界

(1)　米中大使級会談の再開

最高国務会議閉会後、毛沢東は台湾海峡をめぐる外交闘争の統括を周恩来に委ね、九月一〇日から二八日まで湖北省、安徽省、江蘇省、上海市などを歴訪し、「大躍進」や「人民公社」の状況を視察した。北京出発に先立つ九月八日と九日、毛沢東は中南海に劉少奇、周恩来、鄧小平、彭真、張聞天外交部副部長、黄克誠、王炳南、喬冠華などを集め、米中大使級会談に向けて対策を練った[99]。王炳南の回想によれば、毛沢東は王と個別に会い、大使級会談では米代表を刺激せず、説得するような言い回しで対話を呼びかけるように指示を与えた[100]。

九月一三日、毛沢東は武昌から周恩来と黄克誠に書簡を送り、軍事的には昼夜を問わず、特に料羅湾から三海里以内の地点に空砲を打ち、「ワルシャワ会議においては、三日から一週間の間は偵察戦を行い、手の内を見せてはならない」と指示した。周恩来は直ちに、彭徳懐、黄克誠、その他の軍事外交関係の党幹部を招集し、空砲に関する指示を前線司令部に伝え、大使級会談では「アメリカが先に停戦や沿海島嶼の非軍事化を提起することを予測し、これに反駁するよう王炳南に伝える」と決定した[101]。

外交部では、第七四回米中大使級会談に臨む王炳南のための発言稿と米政府に提案するための共同声明案が練られた。これらの多くに、周恩来が目を通し、指示を書きこんだ形跡がある。発言稿のポイントは、米政府による台湾占領と国府による金門・馬祖占領を区別して抗議をしようとしていた点と、国府軍が金門・馬祖から自主的に撤退するならば、解放軍はこれを追撃しないことを明確に表明しようとしていた点である(102)。共同声明案も、この二点を反映し、中国側にとっては少なからぬ譲歩を含むものであった。外交部はこのような声明案を再開後一回目の会談で示すことにより、会談の主導権を握ろうとしたものと推察される。外交部が作成した米政府との共同声明案は以下の通りである。

台湾地区の緊張を緩和し、取り除くために、極東と世界の平和を保障するために、中華人民共和国政府代表王炳南大使と、アメリカ合衆国政府ビーム大使は、合意事項についての声明を発表する。双方は両国間の台湾地区、極東およびその他地域における紛争を平和的な交渉によって解決し、軍事的恫喝や武力に依らないことを保証し、以下の各点について合意に至った。

一、中華人民共和国は、台湾および澎湖諸島は中国の領土であり、金門、馬祖などの沿海島嶼は中国大陸の内海に属する島嶼であり、中華人民共和国政府は完全に一切の適当な手段を以て、適当な時期にこれら中国の領土を解放することを声明する。これは中国の内政であり、外国の干渉は許されない。

二、アメリカ合衆国政府は（定められた期間内に）台湾、澎湖諸島および台湾海峡から一切の軍事力を撤退させることを保証する。

三、中華人民共和国政府は、廈門や福州の港に対する直接的な脅威を取り除くために、廈門と福州の港に近接し、国民党軍が占拠（盤居）する金門、馬祖等の沿海島嶼を必ず回復することを声明する。もしも国民党軍が自主的にこれら島嶼から撤退する場合は、これを追撃しない。

四、中華人民共和国政府は、金門、馬祖等の沿海島嶼を回復した後は、平和的な方法によって台湾と澎湖諸島を解放することに努めることを声明する。また、一定の期間内は武力（平和的な方法以外）を用いて台湾と澎湖諸島の解放を実現することを回避する。

五、中華人民共和国政府とアメリカ合衆国政府はともに、台湾海峡の公海と公海上空の航行および飛行の自由と安全は、必ず保証されるべきであると認識する。[103]（引用者注：傍線は修正過程において追加された文言、括弧内は削除あるいは書きかえられた文言を示す。）

上記の草案には何度も修正が施されたと思われるが、公開された修正稿から指摘できることは、修正の過程で金門・馬祖を回復することの重要性が次第に強調された点である。これに対し、台湾・澎湖諸島からの米軍撤退やこれらの「解放」については、妥協の程度がなかなか定まらなかった。最後まで争点となった形跡があるのは、台湾からの米軍撤退にどの程度の時間的猶予を設けるのかという点と、台湾・澎湖諸島を「解放」する手段をどの程度限定するかという点であった。外交部が出した結論として、前者については時間的猶予を記さず、後者については武力放棄を明記した案を携え、王炳南は大使級会談に臨むこととなった。

米政府は可能な限り金門・馬祖を保持し、中国との戦争を回避するためにこれらの島々を契機とした紛争が発生し得ないような合意を得るという目標をもって、交渉に臨んだ。中国との大使級会談について議論を行った国務省における会議で、ダレスは国府が金門・馬祖の占領を継続する問題と、これらの島々を国府が「大陸反攻」の拠点として利用し、大陸への軍事作戦を行う問題を分離できないかと提案した。つまり、金門・馬祖が大陸への軍事的挑発の拠点でなくなれば中国政府も安心するため、国府が金門・馬祖を占領しつつ、非軍事化するような暫定的妥協（modus vivendi）が中国政府との間に成り立たないか、とダレスは考えたのである。[104]

大使級会談の前日、国務長官としての電報とは別に、ビーム大使へ個人的に宛てた電報においても、ダレスは「沿海島嶼を共産党の手に渡す」こと以外であれば、米政府は「これらの島々から大陸への挑発行為を終了させる」ための「あらゆる措置」について検討する余地があると伝えた[105]。このような認識のもと、アメリカ側は、①解放軍による軍事行動の停止、②互いが主張する島嶼の領有権には触れない非公式な停戦（informal cease-fire）、③これらの島嶼を拠点とした挑発行為の停止と台湾海峡における緊張緩和、という順序で交渉を進めようとしていた[106]。

こうした経緯を経て、九月一五日に開催された第七四回米中大使級会談において、王炳南は外交部が作成した発言稿に沿って発言し、共同声明案を提示した。これに対し、アメリカ側はまず台湾海峡の戦闘行動を停止するよう中国側に要求するにとどまり、共同声明や停戦協定などの具体的な提案は行わなかった[107]。ビーム大使の報告によれば、王炳南は米政府が具体的な提案を行わなかったことに失望した様子であった。そして、中国の声明案は中立国をはじめとする国際世論の支持獲得を意図して作成されたものであり、王炳南は党の立場を逸脱してはならないとの強い圧力のもとにあるようにも見えた[108]。これに対し、当該地域で戦闘行為が継続している限りは、いかなる撤退についても交渉はできないというのが、米政府の基本的立場であった。ただし、解放軍による攻撃が中断され、武力を行使しないという点に関して合意がなされるならば、次の会談では金門からの大規模な兵力撤退を行う用意があることを示唆するよう、ビームは指示を受けた[109]。

続いて九月一八日に開催された第七五回米中大使級会談において、ビームは前回中国側が示した共同声明案は受け入れられないことを説明し、台湾と澎湖諸島には防衛義務があるため提案された声明には同意できないが、中国側が攻撃を停止すれば武力行使の放棄に同意し、この地域の米軍を大幅に縮小できると述べた。ビームはそのうえで、米中双方が「集団的および個別的自衛権に抵触しない限りにおいて、金門および馬祖での武力行使を放棄する」という前提に立ち、これら地域における軍備と兵力の削減について交渉を継続するという声明案を提示した[110]。しかし、王炳南はこのようなビームの提案は「荒唐無稽」であると主張し、取り合わなかった。それは、金門・馬祖での武力行使放棄に付された、「集団的および個別的自衛権に抵触しない限りにおいて」という条件の故であろう。米国務省の記録によれば、王は「前回の会談よりも強硬で非妥協的な態度を示し」、「戦闘停止を拒絶せよとの強い命令に拘束され、公式な声明を出さずに事実上の停戦を行うという案にも全く関心がないように見えた」。そのため、ビームは「王は沿海地域の危機的な状況と切迫した解決の必要性を主張しているが、実際は切迫感を持って交渉に臨んではいない」と判断した(111)。

周恩来は米中大使級会談について、「戦闘停止と軍事力の撤退をめぐる闘争は、数回の会談にわたって継続する可能性があり、そのうちにアメリカが沿海島嶼から蔣介石軍を撤退させる意志があるか否かがわかるだろう」との見通しを持っていた(112)。そこで、九月一八日に陳雲党副主席（兼副総理）、彭真中央書記処書記、張聞天外交副部長、廖承志らを招集し、米政府からの戦闘停止要求に反駁し、米軍の台湾海峡への介入を糾弾するための具体的な方策を検討した。周恩来は会議で決定した新たな方策として、①ダレスの国連における演説に反駁するための外交部長声明を準備し、②声明発表後には各地の新聞、各党派、人民団体を動員してこれを支持し、③我々の闘争方針をフルシチョフやグロムイコに伝え、ソ連と兄弟国家にも歩調を揃えてもらい、④シアヌーク（Norodom Sihanouk）首相には周恩来の名義で書簡を送り、アメリカによる戦闘停止要求の陰謀と我が方の立場を説明し、⑤同様の内容を記した備忘録を、社会主義諸国、アジア・アフリカ諸国、および北欧諸国の政府へ手交するという五点を、毛沢東に報告した。毛沢東はこれら新たな方策は「主動的、攻撃的、かつ道理がある」と、上機嫌で採択したという(113)。

その後、九月二二日に開催された第七六回米中大使級会談において中国側が再度提示した声明案は、第七四回会談にて提示した案文からは大きく後退し、「互いの領土保全と主権の尊重と内政不干渉の原則のもと」で米中両国が交渉を継続し、アメリカが「台湾地区から一切の武力を撤退させる」との目標を示したにすぎなかった(114)。同提案を受け、九月二三日に会談したアイゼンハワーとダレスは、「米中大使級会談は何の結果も生み出さない可能性が非常に高い」との認識を共有するに至った(115)。

以上のような米中大使級会談の展開に対し、国府は一貫して不満を示していた。国府にとっては、戦略的価値が高い金門・馬祖を共産党に奪われることも問題であったが、「自由主義陣営の諸国が平和を望むあまり、共産中国の勢力拡大を阻止しようとしない」ことの方がより深刻な問題であると捉えられた[116]。ドラムライトも本国に対し、国府は金門・馬祖の凍結、中立化、軍の撤退などを受け容れるような状況ではなく、「アメリカによる緊張緩和の試みも、無駄な努力に終わるのではないか」と報告していた。解放軍による封鎖が長期化するにつれ、国府は反撃を許されない政府の威信と軍隊の士気は危機に瀕しているとの訴えを強め、領海外でも米軍が国府軍の補給船を護衛すること、国府軍による中国大陸への反撃を許可し、米軍もそれを支援することなどを米政府に要求した[117]。

しかし、九月中旬以降、国府軍による金門への補給は、少しずつではあるが成功しはじめていた。その状況は未だ流動的ではあったものの、アイゼンハワーとダレスは、このまま金門への補給が成功を続ければ、金門に対する中国の攻撃は収束するのではないかと見通した。そうなれば、現状を変更する必要性は低下し、金門の軍備を縮小せずとも、西欧やアジアの同盟国からの支持を得られると、ダレスとアイゼンハワーは考えるようになった。こうして、米政府にとって最も注意を要する問題は、中国との交渉から蔣介石による過剰なまでの反撃、つまりは「大陸反攻」の抑制へと移行したのであった[118]。

他方、福建前線司令部はこの時期、金門島に対する①砲撃を継続し、②爆撃実施によって圧力を強め、③海軍、空軍、砲兵の共同攻撃を行うことを、中央に提案したという。『周恩来伝』によれば、それは「米中大使級会談における闘争に呼応」し、金門作戦を「全面的に開花させ」るためであったとされている[119]。しかし、当時の前線における戦況に鑑みれば、これは金門島の封鎖が破られつつある情況に対する対応策であった可能性もある。前線からこのような提案があったにもかかわらず、周恩来は「砲撃せども上陸せず、封鎖せども敵を殺さず（打而不登、断而不死）」を今後の作戦方針とし、金門島への爆撃や海空軍の共同作戦は行わないと決定した[120]。九月二二日、周恩来は未だ地方視察中の毛沢東に対して、この決定を次のように説明している。

金門作戦における目下の状況においては、昼夜敵をおびやかし、安心させてはいけない。海軍、空軍と砲兵の統合作戦が、上手く呼応するのは簡単ではない。空軍とアメリカの空母が衝突する可能性もある。金門島に対して爆撃をするのはさらに不適当だ。なぜなら、それは蔣介石軍が大陸を攻撃する口実を与えることになるからである。現在は米軍が蔣介石軍の大陸攻撃を抑制している。その理由は我々が台湾を攻撃するのか、それとも金門を攻撃するのか明らかではないからである。アメリカにとって我々の作戦が不透明である以上は、蔣介石軍が大陸を攻撃しないよう抑制される点において、我々は有利なのである。もしも蔣介石軍が大陸を攻撃すれば、我々が金門しか攻撃しないことは、かえって弱みを見せることになるだろう。[121]

周恩来も言及しているように、解放軍の攻撃が金門に対する砲撃に限定されている情況下において、米政府は国府軍による中国大陸に対する反撃を強く抑制していた。金門・馬祖のために米政府が国府の反撃を支援するようなことがあれば、アメリカの国内外からアイゼンハワー政権に対する批判がさらに先鋭化することは必至だったのである。[122]実際にアイゼンハワー政権の内部では、国府による「大陸反攻」を抑制するために、国府軍を金門・馬祖から撤退させることも検討されはじめた。[123]

(2) 国連総会における外交闘争

アイゼンハワーやダレスが憂慮していたように、米国内外の世論の大勢は、中国大陸沿海に位置する島々のために中国との戦争に巻き込まれることを望んでおらず、第七艦隊を増強し、中国への軍事的威嚇を強めるアイゼンハワー政権の政策に批判的であった。例えば、九月初旬に米国文化情報局(United States Information Agency)が米国民を対象に行った電話調査によれば、回答者の九一パーセントが、米政府は金門・馬祖に軍事介入を行う前に、国連に同問題の解決を委ねるべきであると答えた。[124]また、九月下旬には『ニューヨーク・タイムズ』誌が、この数週間で国務省に届いた五、〇〇〇通以上の手紙のうち、八〇%が金門に対するアイゼンハワー政権の政策に反対していることを報じた[125]。

同盟国の政府は、解放軍の攻撃に対して団結を保っていたものの、金門・馬祖の防衛に関して、各国が米政府と同一の立場に立っているわけではなかった。イギリスのマクミラン（Harold Macmillan）政権の立場は、第一次台湾海峡危機の際の延長線上にあった。その立場とはすなわち、一九五五年二月にイーデンやチャーチルが示したように、台湾海峡における解放軍の武力行使には反対の姿勢を示しつつも、中国政府の金門・馬祖に対する主権を認めるものであった[126]。このような立場から、英政府は米政府の対応が一九五五年と比べて金門・馬祖防衛への関与を明確化させたことに危機感を示していた[127]。また、日本の外務省は国府の立場を支持するよう要請されたが、これを断り、紛争の平和解決を希望する旨を表明するにとどまっていた[128]。

中立諸国のなかからは、軍事的緊張を緩和させるための仲介を申し出る指導者も現れた。カンボジアのシアヌーク首相は米中間の仲介者となる意思を表明し、国連総会出席のために訪れたニューヨークでロバートソン極東担当国務次官補と会談し、毛沢東、周恩来、陳毅らは金門・馬祖が対大陸攻撃の拠点となっていることを憂慮しているにすぎず、中国を国際社会に迎え入れ、問題を交渉によって解決する余地はあると説いた[129]。また、ノルウェー政府は、ハマーショルド国連事務総長を支え、金門・馬祖を中立化するためのイニシアチブを取ろうとした。ノルウェーのランゲ（Halvard Lange）外相もニューヨークでロバートソンと会談し、台湾海峡の軍事的緊張は緩和に向かいはじめたため、国連事務総長に依頼がなされるならば、国連が中心となって金門・馬祖の中立化を成し遂げられるのではないかと提案した[130]。

第一三回国連総会が九月一六日に開会すると、台湾海峡における軍事的緊張の問題は直ちに提起され、その議論が国連中国代表権に関する審議棚上げ案に対する議決にも影響することは必至となった。国連総会は、九月二三日に審議棚上げ案を賛成多数で可決したものの、その賛成率は過去最低であり、各国代表の演説のなかには、沿海島嶼の防衛に対する米政府の立場を単純に支持するものは一つとしてなかった。キャボット・ロッジ（Henry Cabot Lodge

Jr.）米国連代表は、目下の米政府による沿海島嶼防衛への関与は「各国代表を深く当惑させて」おり、「国益にはそぐわない政策へと巻き込まれる」との懸念を米政府が呼んでいると、国連総会の様子をダレスに報告した。[131] このような国際世論を懐柔するため、ダレスは九月一八日の国連総会での演説において、共産党政権がこの九年間、台湾・澎湖諸島、および金門・馬祖を実効統治してこなかった事実と、それにもかかわらず共産党政権が武力をもってこれら地域を制圧しようとしていることの不当性を強調した。ダレスは、西側諸国や中立諸国との間に論争を呼んでいる国府による金門・馬祖防衛の是非には極力触れず、解放軍が武力行使を続けていることに焦点を絞り、中国および社会主義陣営を批判したのであった。[132]

前項にて論じたように、国連総会に参加する権利を有さない中国政府は、陳毅外交部長による声明を独自に発表し、さらに外交ルートを通じて社会主義諸国、アジア・アフリカ諸国、および北欧諸国へ支持と支援を呼びかけることによって、国連総会におけるダレスの発言に対抗しようとした。陳毅外交部長は九月二〇日、「中国は金門・馬祖においてアメリカと戦闘していないので、停戦には応じられない。中国が金門・馬祖の蔣介石軍を懲罰するのは中国の内政で、外国は干渉できない。台湾海峡の緊張状態を緩和するためには米軍の撤退が肝要である」との声明を発表し、ダレスの演説に対抗した。[133]

さらに同日、外交部は各在外公館と外交官に対し、「国際活動において米帝国主義のいわゆる『停戦』の陰謀を暴露し、攻撃することに関する通知」を発出した。同「通知」は、米政府が求めている戦闘停止は「我が国の手足を束縛」しようとするものであり、「目下、イギリスと日本も異なる程度と方式によってアメリカの陰謀を支持しようとしている」との認識を示している。そして、陳毅による声明のポイントをまとめた後、以降の原則的立場を以下のように示した。

アメリカの陰謀を暴露し、打撃を与えると同時に、アメリカの陰謀に同調し、追随するイギリスと日本に対してもその情況に応じて陰謀を暴露し、攻撃を加えるべきであるが、アメリカとは区別し、四方を攻撃するのは避けるべきである。外国の一部人士は、我が国が台湾・澎湖諸島を解放し、金門・馬祖等の沿海島嶼を回復する権利を承認しているものの、彼らは戦争を恐れているか、我々の台湾解放の立場を正確に理解していないために、台湾と沿海島嶼の問題を平和的に解決することを一方的、盲目的に主張している。これらの人士に対する態度も米帝国主義に対する態度とは区別しなければならず、情況に応じて彼らに説明や説得工作を行い、台湾海峡地区の緊張を取り除くためにはアメリカを台湾海峡から撤退させ、中国内政への干渉をやめさせるべきだと認識させなければならない。

さらに、様子を窺い、自分からの態度表明は避けるよう指示していたそれまでの外交部による通達からは一転して、同「通知」は関係国際機関や国際会議において中国政府の立場を積極的に表明するよう指示した。[134]

翌二一日、外交部は北京に駐在する各国の公館に「台湾海峡地区に関する備忘録」を手交し、陳毅による声明の内容を繰り返し、米政府による戦闘停止の呼びかけに反論した。[135] 周恩来も自ら、インド、ビルマ、セイロンの大使、およびカンボジアの経済代表団副団長と会談し、戦闘停止の呼びかけに対する反論を展開した。[136] また、周恩来はシアヌーク宛に二〇日付で書簡を認め、シアヌークが金門・馬祖の回復を支持したことに謝意を示しつつも、「貴殿が中国を離れてから、台湾海峡地域の情勢はさらに悪化した」と伝え、米政府が金門・馬祖防衛に対する軍事的関与に言及しつつ、戦闘停止を呼びかけるのは、国際世論を惑わす「政治的陰謀」であると訴えた。[137]

中国政府は当初、ノルウェーの仲介に対しては反応を示さなかった。九月二四日、ランゲは中国の徐以新駐ノルウェー大使と会談し、中国外交部の「備忘録」に同意するものの、平和交渉の意志があるのならばまず戦闘行動を停止すべきであり、そうすればハマーショルドが調停に乗り出す用意もあると呼びかけた。[138] 三日後、ノルウェー外務省は九月二九日にランゲとダレスの会談が予定されていることを伝え、同提案への回答を促した。[139] しかし、「蔣介石集団の不法な代表を排除」せず、「中華人民共和国の合法的な代表権を回復していない」国連による調停は受け入れることができないという立場から、外交部は「備忘録」の立場のみをノルウェー側に改めて伝えるにとどめ、ノルウェー政府の調停を事実上拒絶した[140]。

九月下旬、国府軍による金門島への補給が成功しはじめ、解放軍から新たな攻撃もなされない情況が継続したことで、台湾海峡における軍事的緊張は徐々に低下した。すると、英連邦諸国は、米政府が国府の金門・馬祖防衛に関与していることに対する批判を強めた。毛沢東や周恩来がこのような動向に注目していたことは、宦郷駐英代理公使の報告が高い評価を得ていたことから確認することができる。台湾海峡情勢に関する米英間の「矛盾」について報告するよう指示を受けていた宦郷は、英政府は「両面政策」を採っており、米政府の「侵略的行動」を表面的には支持しつつも、金門・馬祖の問題を「解決」する方策については立場を異にしていると報告した。そして、このような米英の「矛盾」は日を追うごとに鮮明になっているため、いかなる調停にも応じず、「静かに待ち」、攻撃の対象を米政府に絞ることが肝要であると提案していた[141]。

(3) ソ連からの停戦勧告

米中大使級会談や国連において中国が外交闘争を展開している間、台湾海峡における軍事的緊張が継続していることを憂慮し、フルシチョフはアイゼンハワーへ再度書簡を送ることを検討した。九月一八日にソ連のアントーノフ(S. Antonov)駐中国代理大使と会談した周恩来は、米中大使級会談の状況と中国政府の立場を以下のように説明した。

問題の中心は、アメリカが台湾と台湾地区から軍隊を撤退させるか否かであり、アメリカが停戦の話を持ち出すのであれば、我々は米軍撤退で反論する。アメリカは戦争に巻き込まれたくなく、我々も巻き込まれたくない。この部分は中国とアメリカの共通点である。しかし、金門などの島嶼において軍事行動が拡大することは、蔣介石も我々も望むところであり、これは我々と蔣介石との共通点である。兄弟国家以外に、我々はアジア・アフリカ諸国に対する工作を進める必要がある。

彼らの要求は、第一に停戦の要求、これはアメリカの意見と符合する。第二に、蔣介石軍の金門・馬祖からの撤退、これは我々の意見と符合する。もしも、アメリカが蔣介石軍を一カ月以内に金門・馬祖から撤退させることを保障するのであれば、我々は平和的な撤退に同意できるが、アメリカはこのようなやり方を受け入れない。そのため、アメリカは停戦を求め、我々は軍の撤退を求める。この問題では、①ワルシャワ、②ニューヨーク、③金門・馬祖の前線の三つの戦場で、「談」、「罵」、「打」の三つの方法を用いる。三つの戦場と三つの方法は密接に関係している（傍線引用者）[142]。

以上のように中国政府の立場を説明したうえで、周恩来は国連総会において台湾海峡の情勢について議論がなされる場合にはソ連代表も出席し、中国を支援するよう、アントーノフに要請した。同会談において、アントーノフは周恩来にフルシチョフからアイゼンハワー宛の第二書簡の草稿を手交した。書簡は中ソの団結を強調し、米政府の対華政策を強硬に非難しており、中国の指導者も幾つかの語句を除き、その内容を称賛していた[143]。九月一九日にフルシチョフは同書簡を発出したが、この書簡は米政府に受け取りを拒否された[144]。

この二通目の書簡を拒否され、大使級会談における米中交渉も妥結せず、国連においても解決案が見つからない状況を憂慮したソ連は、中国に対して関係一〇カ国による首脳会談を提案した。九月二七日、周恩来はアントーノフと会談を行った。その前々日に開催された米中大使級会談においても、中国が主張する金門・馬祖からの国府軍撤退とアメリカが主張する戦闘の停止は平行線を辿ったが、中国政府は急いでいないと、周恩来はアントーノフに説明した。このような周恩来に対し、アントーノフはソ連側が準備した問題解決のための措置として一通の備忘録を手交し、中国側の意見を求めたのである[145]。その備忘録は、問題解決のために関係一〇カ国による首脳会談を開催することを提案するものであった。ソ連が提案した一〇カ国とは、中国、ソ連、アメリカ、インド、インドネシア、ビルマ、セイロン、カンボジア、パキスタン、タイであり、第一次台湾海峡危機の時に想定していたイギリスやフランスに代え、カンボジアやタイの招請を想定したものであった。日本の招請も検討されたようであるが、「日本は重要な関係国であるが、アメリカから独立した立場を取り得ない」という理由により除外された。これら諸国の首脳をインドのデリーへ招集し、台湾海峡の情勢について話し合うというのがソ連の提案であった[146]。

ロシア人研究者ズボックによれば、実はこの備忘録のほかにソ共中央から中共中央に宛てられた書簡が、九月二七日に中国側へ渡されたという。この書簡は、グロムイコ訪中とその後にフルシチョフがアイゼンハワーに宛てた一通目の書簡に言及し、中国がソ連の核の傘に守られていることを確認している。そのうえで、中国自身の努力によって核戦争の危機が緩和されつつあることを評価しつつも、「我々の団結が疑われることは望ましくない」と中ソ団結の重要性を伝えていた[147]。公開された中国外交部档案に同文書は見当たらないが、この書簡もアントーノフを通じて周恩来に手交されたのであろうか。もしも、先の備忘録と同書簡が同じタイミングで中国側へ渡されていたとすれば、ソ連側は中国に核の傘を提供する代わりに、台湾問題に関する国際会議に応じることを要請していたとも推測できる。ソ連の立場から見れば、台湾海峡の問題は米中戦争へソ連を巻き込む危険性を常に有しており、ソ連はこの危機を機に、台湾海峡で戦争が起きる蓋然性を低下させたかったのではなかろうか。

しかし、中国はソ連が提案するような国際会議開催には消極的であった。九月二八日から二九日にかけて、中国側はソ連の提案に対する意見をまとめた。「目下のところ、アメリカは充分に受動的な立場に立たされている。このままの状況が長期化すれば、アメリカは蔣介石を金門から撤退させざるを得ず、この状況が続くことは我々に有利である」との認識を根拠に、中国側は「先に妥協案を提出することはふさわしくない」として、ソ連の提案を拒絶する意向を以下のように説明した。

公開で我々を支持する以外、ソ連からのどのような具体的な提案も不要である。そうすれば、ソ連は自ら主動的な地位に就くことになる。提案された一〇カ国首脳会議については研究に値する部分もあるが、より重要なことは、このような提案を行うことが時期尚早であることである。この提案は、現実的な条件を欠き、宣伝効果も低く、我々が事態の収拾を急いでいるかのような錯覚を与えるため、我々にとって不利である（傍線引用者）[148]。

翌二九日、フルシチョフから周恩来に新たに二通の極秘書簡が届けられた[149]。この書簡は、先の周恩来からの書簡に対するフルシチョフの返信であると推測されるが、その内容は公開されていない。

これに続く九月三〇日、周恩来はアントーノフ臨時大使と会談し、台湾海峡の情勢に対する中共中央の見解を説明し、フルシチョフとソ共中央へ幾つかの要請を行った。会談の記録では周恩来による説明や要請の内容は省略されているが、周恩来は二八日から二九日にかけて党内でまとめた意見を伝えたようである。しかし、ソ連側はフルシチョフからアイゼンハワーに宛てた第三書簡の草稿を中国側に提示した[150]。この書簡の主要な内容は、台湾海峡情勢をめぐる一〇カ国首脳会談の提案であった。台湾海峡の情勢はアメリカ、中国、ソ連という大国を巻き込んだ世界戦争の導火線となりかねないとの観点から、中国の国連代表権が回復されない状況下においても極東地域の平和に関する関係諸国の合意形成が必要であると、フルシチョフはアイゼンハワーに説こうとしていた[151]。

この第三の書簡について、中国の指導者たちは、しばしの間沈黙を守った。その間、毛沢東は一〇月二日にブルガリア、アルメニア、ルーマニア、モンゴル、ソ連、ポーランド六カ国の代表団と会談し、最後の手段である武力を現在なぜ利用し、金門への砲撃を続けているのかを説明することは非常に難しいと述べつつも、以下のように説明した。

> これは本物の攻撃（真打）であるが、基本的には非軍事的な攻撃（文打）である。我々はいかなる外国人とも開戦しない。アメリカ人は毎日我々と停戦をしたいと言うが、我々は彼らと戦っているのか？（引用者注：戦っていないのに）なぜ停戦しないといけないのか。我々中国はアメリカと開戦したことはなく、アメリカに対して砲撃しているわけでもない。我々はただ、我々の蔣委員長、蔣総統――我々の国家には蔣介石という総統がいて我々の古馴染であるが――とは大変長い間戦っている。（引用者注：この戦いは）一九二七年にはじまって、三一年戦い、私もわからないがさらに数年、七〇年戦わな

ければならない可能性もあり、すべて足すと百年戦争になる。[152]

翌日、陳毅と会談を行ったアントーノフは、第一三回国連総会において複数の国家が台湾海峡の情勢を総会の議題に盛り込もうとしていることに対するソ連の態度を伝えた。その際に手交された備忘録によれば、米国などは台湾情勢を国連総会および安保理において議論しようとしているが、ソ連はこれに反対すると同時に、台湾問題に対する中国の立場を代弁しようとしていた。アントーノフは他方で、前日の談話において毛沢東が言及した「非軍事的な攻撃(文打)」を用いることに賛意を示し、戦争が起きればともに闘うが、「戦争を回避することに力を尽くさねばならない」と、核戦争の脅威を説いた。さらに、突発的な事件が戦争を引き起こす危険性をフルシチョフが警戒していることについても、アントーノフは念を押した。このように、ソ連は中国へ核の傘を提供し、国連においてもその立場を支持することと引き換えに、米国との戦争を招きかねない台湾海峡における軍事的緊張を緩和するよう、中国に圧力をかけ続けていたのである。こういったアントーノフの発言に対し、陳毅は「目下の状況は我々に有利であり、米国には不利である」との従来の立場を繰り返し伝えるのみであった。[153]

4 金門・馬祖「解放」の長期棚上げ

(1) 砲撃停止の決定

ソ連から中国に対する停戦への圧力が強まった九月下旬、米政府と国府の間では、金門・馬祖の軍備縮小と中国大陸への反撃をめぐり、深刻な齟齬が生じていた。

アイゼンハワー政権の内部で、国府の中国大陸への反撃を抑制するために、金門・馬祖の国府軍配備を縮小することが検討されはじめると、国府は米政府からの金門・馬祖防衛に対する支援を継続して得るために、その「大陸反攻」の主張において軍事的手段よりも政治的手段を強調するようになった。九月二八日に陳誠副総統の名義で放送された「肩を並べ、手を携えて最後の勝利を勝ち取ろう」という大陸向けラジオ放送は、「人民公社」をはじめ共産党の圧政に苦しむ「大陸同胞」に対し、「反攻戦争」を起こし、「人民の自由」を勝ち取ろうと呼びかけた[154]。ただし、その後ドラムライトおよびスムート（Ronald N. Smoot）台湾防衛司令部司令官と会談した陳誠は、大戦の勃発を望んでおらず、「反攻の大業においては、軍事よりも政治に重きを置く」と伝えた[155]。蒋介石も二九日の記者会見において「金門・馬祖を大陸反攻の基地と見なしているか」との質問に対し、「我々の大陸共匪に対する反攻の基地は、全大陸に存在し、全大陸の民心にある」と答え、「大陸反攻」における政治的手段を重視する姿勢を示した[156]。

ただし国府は「大陸反攻」に関しては政治的手段を強調しはじめたものの、金門・馬祖の防衛と部隊駐留の継続に関しては、断固として譲らなかった。ドラムライトやスムートとの会談において、陳誠は大陳列島からの撤退時に金門・馬祖の防衛力増強を約束したことや、国府軍の近代化や海軍力の増強が充分な水準に達していないことを理由に、金門・馬祖に配備している兵力の規模が適当であることを主張した[157]。

このような国府の主張に対し、ワシントンの指導者たちは、国府は金門に配備する軍を縮小すべきとの認識を、次々と表明し、金門・馬祖の防衛をめぐる米華間の齟齬はついに表面化した。九月二九日にハーターが国府は「病的に」中国大陸沿海の島々に固執していると表明したのに続き、翌三〇日にダレスも、これらの島々に大軍を配備するのは「ばかげたこと」であると述べた[158]。さらに、一〇月一日にはアイゼンハワーが、大陸沿海の島々に現状ほどの大軍を配備することは「適当でない」と明言したのであった[159]。

米首脳の冷淡な態度表明に直面した蒋介石は、一〇月一日にアメリカの記者と会談を行い、ダレスが国府の金門・馬祖への大軍配備を批判した意図は「共匪に停戦を求めるためであり、完全に計算されたものだ」との認識を示しつつ、「仮にダレス氏が本気でそのようなことを言ったとしても、それは一方的な声明でしかなく、我が国の政府にそれを受け容れる義務はない」と余裕を見せた[160]。しかし、蔣介石は水面下において、米政府が金門・馬祖の軍備縮小を公言したことに対し、より強硬な抗議を行った。蔣介石は、一〇月二日にドラムライトやスムートと会談し、ハーター、ダレス、およびアイゼンハワーの発言は中華民国の民心と士気に打撃を与え、金門・馬祖を中国に与えるようなものであると抗議した。そして、「中華民国は金門・馬祖を反攻の基地にはしない」ということが「我が方が成せる最大の譲歩」であり、島々の軍備縮小や撤退は受け容れられないと主張した[161]。

このような状況を観察していた中国の指導者たちは一〇月三日および四日の中央政治局常務委員会において、台湾海峡における対米闘争の状況について分析し、今後の対策を検討した。周恩来は、ダレスの発言や米中大使級会談におけるアメリカ側の主張は、「アメリカがこの機会に『二つの中国』を作り出そうとしていることを示し」、これは「金門・馬祖と台湾・澎湖諸島を取引する政策」であると分析した。これを聞いた毛沢東は、会議のまとめとして、「偵察はすでに完了し、問題はこれからどのようにするかだ。金門・馬祖を蔣介石の手中にとどめる作戦はどうだろうか。金門・馬祖は大陸から近く、我々はこの島を通して国民党と接触でき、いつでも砲撃して緊張を高め、緊張を緩和して対米政策の一手段にすることができる」と提案したという[162]。

それまでの経緯を考えれば、一〇月三日および四日の中央政治局常務委員会では、おそらく中立諸国やソ連による停戦と和平交渉の提案についても検討がなされ、上記の決定に一定の影響を与えたものと推測される。五日、周恩来はアントーノフと会談し、前日に決定した砲撃停止の方針を伝えた。その理由を周恩来は以下のように説明した。

現在、台湾海峡の情勢は変化した。ダレスは曖昧ではあるが、もしも中国が戦闘を停止するならば、蔣介石軍を金門から撤退させると表明した。昨晩、インドの大使が緊急に、メノンが国連総会において、蔣介石の金門からの撤退と我々がそれを攻撃しないことを提案するつもりであると伝えてきた。これはイギリスが我々に提案し、ハマーショルドも我々に提案したが、我々が断ったものである。インドがこの提案を行えば、国連で各国は賛成し、蔣介石に撤退を迫るだろう。そうなればアメリカには、①金門・馬祖の防衛、②二つの中国、③台湾海峡の凍結という三枚のカードがあるだろう。このような情況に鑑み、我々はインド大使に対し、このような提案は不要であり、金門・馬祖と引き換えにアメリカの台湾占領を合法化するわけにはいかないと述べた。それ以外にも最近、アジア・アフリカ諸国の八カ国委員会は台湾情勢に関する声明を起草した。それも我々には不要である。そのため、陳毅は今朝、我が国と国交のあるアジア・アフリカ諸国の大使を呼び、我が方の立場を説明した。九月三〇日に表明したように、我々は本来、①沿海島嶼の回復と、②台湾解放を二つの段階に分けて想定していた。しかし、我々は金門・馬祖に蔣介石をとどめた方がよいと考えるようになった。そのため、我々は「台湾同胞に告ぐ」を発表することにした（引用者要約）。

このような説明を行ったうえで、ソ連から提案がなされた一〇カ国首脳による国際会議開催とフルシチョフからアイゼンハワー宛の第三書簡をアメリカへ発出することを、周恩来は正式に断ったのである[163]。

以上のような経緯を経て、毛沢東は一〇月五日の早朝、福建前線の部隊に砲撃を停止させ、六日と七日の二日間状況を観察するよう、彭徳懐と黄克誠に命令した。当初、毛沢東はこの二日間は声明などを発表せず、ただ砲撃を停止する予定であったが、六日の早朝に毛沢東は考えを変え、「台湾同胞に告ぐ」を発表してから砲撃を停止するよう、命令を改めた[164]。

「台湾同胞に告ぐ」は同日、彭徳懐国防部長の名義で福建前線の放送局から対岸へ向けて、繰り返し放送された[165]。「台湾同胞に告ぐ」は「台湾・澎湖・金門・馬祖は中国の一部分であって、もう一つの国家ではない。世界上にはただ一つの中国しかなく、二つの中国はない」と対岸に呼びかけ、一〇月六日から七日間の砲撃停止を行うことを宣言した。そして、「これは中国内部の双方の問題であり、中国とアメリカの問題ではない」ことを強調し、「あなたたちと我々の三〇年余りにわたる戦争は未だ終わっておらず、会談によって平和的な解決を行うことを提案」したのであった[166]。

（2） 砲撃停止の継続と蔣介石・ダレス会談

「台湾同胞に告ぐ」を発表した後、中国は台湾海峡におけるアメリカの「占領」を厳しく批判し、国府に対しては「第三次国共合作」の呼びかけを再開した。

「台湾同胞に告ぐ」の発表を受け、アイゼンハワー政権はその意図が不確かなうちは声明等を発表せず、中国が砲撃を停止している間は米軍も国府軍艦の護衛を停止することで、緊張緩和に応じようとした[167]。これに対し、国府は、「台湾同胞に告ぐ」発表の意図は米華離間であり、米政府がこのタイミングで国府への軍事支援を縮小すれば、米華が中国の声明を受け容れたとの印象を国内外に与えるであろうと主張し、国府軍艦の護衛を継続するよう要求した[168]。しかし、解放軍の砲撃停止を確認すると、米政府は護衛を中断し、金門・馬祖からの軍撤退に関する要求を強めた。一〇月七日に葉公超駐米大使と会談したロバートソンは、「国府による沿海島嶼への軍配備に対する米政府の政策はすでに転換した」と伝えた[169]。また、政権内部では、蔣介石はすべて（あるいはほぼすべて）の軍隊を金門・馬祖から撤退させるべきであるとのアイゼンハワーの判断に基づき、ダレスが自ら訪台し、蔣介石と今後の沿海島嶼に対する政策について交渉することを決定した[170]。

一〇月一三日、中国国防部は、さらに二週間の砲撃停止を発表した。毛沢東が起草した同命令に関する声明は、「国民党が我々の提案する和平交渉に応じて合理的な解決に達しない限り、内戦は依然として存在する」と指摘し、「台湾・澎湖・金門・馬祖が揃って回復し、祖国統一を達成すること」の重要性を訴えた[171]。この呼びかけに続き、毛沢東と周恩来は曹聚仁と会見し、「アメリカと手を組みさえしなければ、台湾・澎湖・金門・馬祖はすべて戻ってくることができ、金門・馬祖の部隊が決起して投降する心配もない」、「台湾の『小三角（蔣介石・陳誠・蔣経国）』には団結して欲しい」などと伝えたと言われる。また、翌一四日に、周恩来が章士釗と会ったという記録もある[172]。

ところで、この時期の「密使」に関する史料は、「平和解放」の時とは異なり、周恩来ら共産党指導者のメッセージが確実に蔣介石まで届いていたことを示している。一九五八年九月三〇日の『蔣介石日記』には、「昨日、黄少谷がまた曹聚仁による和平交渉を要求する書簡を受け取った（傍点引用者）」という記述があり、曹聚仁からの書簡が複数回にわたり、実際に蔣介石に届いていたことを示している[173]。また、第二章でも言及した「国共合作」に関するCIAの報告書は、一九五八年一〇月に章士釗が呉忠信を通じて蔣介石に書簡を送り、台湾海峡危機において米政府が金門・馬祖と台湾海峡における停戦を交換条件とすることに対し、注意を促したと記述している。本書簡は米政府が把握していた限りにおいて、蔣介石に届いたことが初めて確認された書簡であったことから、CIAは曹聚仁ではなく、章士釗の方が共産党から信頼を得た密使だったのではないかと結論づけていた[174]。しかし、いずれにせよ、これに対する蔣介石の反応は以前と同様、共産党の目的を米華離間であると見なし、これらを黙殺するか、対抗する宣伝工作を行うという態度であった。

さらに二週間の砲撃停止がなされたことを受け、アイゼンハワー政権においては、中国は台湾海峡危機を収束に向かわせようとしており、政権は危機終結後の沿海島嶼に対する政策を再検討すべきとの考えが、大勢を占めるようになった。国府は依然として、声明は「中共と国際共産主義の策略」であり、中国が呼びかける国共交渉には全く応じるつもりがないと主張していた。しかし、国府はアメリカ国内および国際世論の支持を得るために、金門・馬祖の兵力縮小には応じざるを得なくなった。その結果、国府は一方ではダレス訪台を受け容れ、他方では金門・馬祖の兵力縮小の交換条件として、適当な時期に米華軍事協力を緊密化するよう、米政府に要求した[175]。

中国政府が砲撃の停止を宣言した後、一〇月一〇日および一五日に米中大使級会談が開催された。これらの大使級会談において、ビーム大使は一方では国府に対して沿海島嶼からの軍撤退を要求しつつ、他方では中国から正式な停戦声明を引き出すべく交渉を続けた。同時に、米政府はアジア・アフリカ諸国の武力行使に対する批判を利用し、停滞する中国政府との交渉を打開しようと試みた[176]。また、金門・馬祖における挑発行為を「互恵的な基準で」停止することに関しては、国府の同意がなくても中国政府との合意に達する準備があった[177]。しかし、この段階において、中国側は米政府の「台湾占領」と「二つの中国」を批判するのみで、交渉の具体的進展は望んでいなかった[178]。

一〇月一七日、周恩来は「党中央の対米闘争の形勢に関する通知」を作成し、砲撃を終息させる論理として、中央関係機関の党委員会、外交部および各在外公館、各省、市、自治区の党委員会に対し、以下の四点を通知した。本通知は地区委員会以上の幹部に口頭で伝達するにとどめ、文書による公布は行わない、極秘の通達とされた。

1. 彭徳懐の一〇月六日の声明および一三日の命令は、国内問題と国際問題の限界を示している。我々は国際社会の干渉を遮り、米蔣矛盾を拡大するしかない。
2. この闘争はアメリカが「張子の虎」であることを暴露した。大戦の勃発を目前にして、アメリカは金門・馬祖から撤退し、「二つの中国」を作り出そうとしたのである。我々は台湾・澎湖・金門・馬祖の全面解放を堅持すべきである。
3. 我々が現在採っている一切の方針は、蔣介石が金門・馬祖を放棄したくないことを利用して、米蔣矛盾を拡大するためのものである。我々は台湾・澎湖・金門・馬祖を一時的に蔣介石に占領させ、決してアメリカに渡さない。
4. 台湾・澎湖・金門・馬祖の全面解放は複雑で、長期的な闘争である。アメリカが台湾地域から撤退することはなく、蔣介石もすぐに和平交渉を受け入れはしないであろう。我々は国家建設を加速し、国力を増強して、アメリカを追い込み、将来台湾・澎湖・金門・馬祖の全面解放を遂行するための有利な条件を少しずつ形成する[179]。

この後、解放軍は一〇月二〇日に大規模な砲撃を行ったが、これは国府軍が米軍艦の護衛下で金門から撤退していることに抗議し、「蔣介石と連なり、アメリカと戦う（連蔣抗美）」姿勢を示すための砲撃と位置づけられた[180]。

中国の砲撃再開に伴い、国務省はダレス訪台の中止も検討したが、砲撃再開は「軍事的というより政治的意図によるもの」であり、金門の補給状況にも問題がないとの結論に達した。ダレスは予定通り一〇月二一日から台北を訪れ、蔣介石をはじめとする国府首脳と会談を行った[181]。事前の準備資料によれば、ダレスは国府に対し、国際世論の非難が高まればアメリカの国府支持政策は継続できないと主張し、国府は台湾において国共内戦のために軍を強化するよりも、国際的に支持される役割を担い、中国文化と伝統を受け継ぎ、自由世界と価値を共有する「中国」を築くべきであると説こうとしていた。さらに、上記の目標のために、「大陸反攻」を放棄して中国との停戦に応じ、大陸に対するゲリラ活動を停止し、金門・馬祖を非軍事化し、国府軍を台湾防衛のための軍隊へと変革するよう要求する予定であった[182]。

ダレスは台北で蔣介石と計四回の会談を行ったが、二一日に開かれた第一回目の会談において具体的な提案は行わず、台湾海峡危機をめぐる国際世論やアメリカの国内世論を採り上げ、金門こそが国府が世界戦争を誘発する懸念の根源となっていると指摘した。蔣介石はこれに対し、世界戦争を起こすつもりはなく、金門の喪失は台湾全体の士気に関わるという元来の立場を繰り返した[183]。翌二二日の第二回会談において、ダレスは自由世界における「中華民国」の役割を説き、用意していた具体的な提案を行った。しかし、蔣介石は二〇日の解放軍による砲撃を過大に取り上げ、現在の状況下で金門の軍備縮小はできないという立場を固持した[184]。この会談の後、ダレスはスムート、ドーン（L. L. Doan）軍事援助顧問団団長などと会談し、一万五、〇〇〇から二万の兵力を金門から撤退させる代わりに、二四〇ミリ榴弾砲約一二門を供与する案を検討した[185]。

続いて、二二日に行われた第三回会談においても、蔣介石の主張に変化はなかった。蔣介石は、中国の現在の砲撃停止は「停戦」ではなく、「交渉（談）」と「攻撃（打）」を混ぜたいつもの戦い方であり、これに対抗するには金門の軍備をより増強するしかないと主張した。蔣介石はダレスが要求する金門の軍備縮小に応じるどころか、米政府は問題の軍事的側面をさらに検討すべきであると主張したのである[186]。そして、二三日に開催された最後の会談では、停戦問題は扱われず、金門の防衛が議論された。「自由中国」が軍事的に明らかに不利な地点に位置する小島にこだわることの非合理性をダレスが説くと、蔣介石は金門を喪失すれば国府は台湾をも失うという従来からの主張を繰り返すばかりで、米政府と国府が歩み寄ることはなかった。あらかじめ提示されていた一万五、〇〇〇から二万の兵力撤退についても、蔣介石は中国の砲撃が再開されている状況下においてもその撤退案が有効なのかとの疑問を呈し、ダレスは最後まで蔣介石から撤退の確約を得られなかった(187)。

ダレスは蔣介石に対し、「大陸反攻」の解釈に「ダブル・スタンダード」が生じるとしても、米国内外の世論を安心させるために共同声明を発表する必要があると主張した。その結果、一〇月二三日に発表された蔣介石・ダレス共同声明は、国府の「大陸反攻」について、「中華民国政府は、中国本土の人民に自由を回復することがその神聖な使命であると考えている」が、その「主要な手段は孫文の三民主義を実行することであり、武力の行使ではないと信じている」と表明した(188)。しかし、ダレスは声明を迅速に発表することを優先したため、金門からの国府軍撤退に関する具体的な交渉を声明発表後に持ち越し、「大陸反攻」に対する米政府と国府の立場の違いも、その「主要な手段」は「武力の行使ではない」との文言を盛り込むにとどまり、実質的には棚上げしていた(189)。

そのためダレスの帰国後、金門に駐留する軍備の再編をめぐり、米政府と国府の間では駆け引きが続いた。また、共同声明発表後の蔣介石は、独力で「大陸反攻」を行う計画を策定し、金門における兵力再編の機会を利用して計画を実行するための兵力強化を模索した。一〇月二八日、蔣介石は王叔銘参謀総長に対して、金門・馬祖を七、〇〇〇の歩兵隊とその装備で強化し、強固な前哨基地を築くという、台湾海峡危機以前からの計画に変更があってはならず、アメリカとの交渉において金門の砲撃能力を向上させ、金門からの顧問団引き上げは、中国側に察知されないよう行う必要があると指摘した(190)。さらに、蔣介石は王叔銘に対し、福建省南部に位置する漳浦、詔安周辺の港湾の地形と敵情を偵察するよう命じ、廈門を主目標、福州を副目標として独力で「反攻」行動を起こす作戦を検討しはじめた(191)。

さらに、蔣介石は一一月一四日にスムートやドーンと会談し、将来的には国府軍を撤退させるとしても、砲撃が継続している間は、金門・馬祖の防衛力をより向上させる必要性があると訴え、ダレスとの会談で合意されたより多くの大砲と戦車を金門・馬祖に供与するよう要求した。ドーンはこれに対し、二四〇ミリ榴弾砲一二門、一五五ミリ砲一二門を金門に供与し、二四〇ミリ榴弾砲四門以上、一五五ミリ砲部隊一個大隊を馬祖に供与し、さらに戦車については台湾本島へのM-41軽戦車の配備を進め、台湾本島のM-24軽戦車を金門に配備することを提案した(192)。一一月一七日には、ドーンと王叔銘との間で金門・馬祖に対する軍事支援と国府軍撤退に関する覚え書きが交わされ、国府軍が翌年六月までに一万五、〇〇〇以上の兵力を撤退させることと引き換えに、ドーンが提案した兵器を供与することが約束された[193]。

「大陸反攻」の手段と金門・馬祖の位置づけに関して、ダレスは「最も重要なことは国府が共同声明において中国大陸の人々を解放する手段は武力よりも政治的手段によると宣言したことである」と自らの訪台を評価していた[194]。しかし、国府の共同声明に対する評価は、米政府とは相対するものであり、国府はその「武力放棄」の側面を極力弱め、「大陸反攻」という目標の継続を強調しようとした。国府は共同声明英文において、中華民国を"Free China"の代表者と形容する部分は「不要な強調」であり、「その主要な手段は武力に拠らない」という意味も歪曲されていると抗議した[195]。これに対し、アメリカ側は共同声明英文の"Free China"の部分を"free China"へと変更することには同意したが、「武力に拠らない」旨の強調については、それこそが共同声明の本意であるとして取り合わなかった[196]。

(3) 作戦の総括と「一つの中国」論

蔣介石・ダレス共同声明の発表に対し、毛沢東は「再び台湾同胞に告ぐ」を起草し、一〇月二五日に彭徳懐国防部長の名義で発表した。共産党は、蔣介石・ダレス共同声明を「米政府の政策変更」と捉え、「二つの中国をつくり出す野望が表面化したものである」と批判した。また、「二つの中国はない」ことについて「我々は一致して」おり、「二つの中国を強引につくり出そうとするアメリカ人の小細工」は「絶対にその実現を許すわけにはいかない」と国府に呼びかけたのであった。そして、「台湾同胞」に対する「善意」を示すために、金門の空港、料羅湾の港、海岸、船舶を偶数日には砲撃せず、金門の「軍民同胞が十分な物資を得られるようにする」と宣言した[197]。

さらに、一〇月三〇日付の『人民日報』において、共産党は「すべての愛国的な中国人は、皆『二つの中国』に反対であり、多くの海外華僑の同胞も『二つの中国』に反対している」ことを訴えた。そのうえで、一〇月二四日に蔣介石が行った演説の「台湾と中国は本属が一体、血を分けた関係であり、苦楽をともにしている」という一節を引用し、「すべての中国人は団結する」と主張したのである[198]。毛沢東は同日、特に声明等は発表しないが、偶数日に砲撃しない地点を空港や港に限らず拡大すると決定した[199]。さらに、毛沢東は偶数日には金門のあらゆる地点を砲撃しないと宣言し、国民党に和平交渉を呼びかける「三たび台湾同胞に告ぐ」も起草したが、結局この声明が発表されることはなかった[200]。

一一月にはいると、八月下旬から二カ月あまり続いた金門砲撃作戦について共産党内で総括が行われた。そこでは、「二つの中国」を防ぐために金門・馬祖を「解放」しなかったという論理に加え、帝国主義は「紙老虎（引用者注：張り子のトラ、外見は強そうに見えるが、実は弱いものの例え）」であり、アメリカこそが現代の帝国主義であるという論理が強調された。「帝国主義と一切の反動派はすべて張り子のトラである」とは、毛沢東が一九四六年に語った言葉であり、毛沢東が一九五七年のモスクワにおける演説でこの論理に言及した後、『世界知識』誌は本文を中心に毛沢東の言論を組み合わせ、米帝国主義を批判する文章を作成した。一〇月二〇日に『光明日報』がこの文章を転載すると、毛沢東は同文に加筆し、「毛沢東同志、帝国主義と一切の反動派はすべて張り子のトラであると論ずる」という題目で、『人民日報』などに掲載するよう指示した[201]。

人民出版社はさらに、同文章に台湾海峡情勢に関する重要な文件、『人民日報』や『紅旗』で発表された文章などを加え、『帝国主義と一切の反動派はすべて張り子のトラである』という小冊子を作成した[202]。党中央は一一月八日、各地の幹部は同冊子と一〇月一七日付けの通知をもとに、これを学習し、大衆への宣伝を行うよう指示した[203]。さらに、一一月一〇日、周恩来は中央宣伝部主催の報告会において、「目下の台湾海峡地区における闘争の情勢と我々の任務に関する報告」を行ったが、この報告の目的も『帝国主義と一切の反動派はすべて張り子のトラである』について学習を行うことであった。報告会において周恩来は、帝国主義諸国が「張り子のトラ」であった事例について論じた後、八月以降の台湾海峡における「闘争」の「戦略と策略」について論じ、二カ月間アメリカが戦争を発動しなかったことは「張り子のトラ」論を証明するものであり、アメリカは一貫して「受動的」であったと総括した。そして、金門・馬祖を蔣介石の手中にとどめれば、アメリカは蔣介石に金門・馬祖から撤退させることも、「二つの中国」をつくることも、国連に中国政府と国府を同時加盟させることも、台湾に「傀儡政権」をつくることも、台湾を信託統治することもできないであろうと、周恩来は「闘争」の成果を強調したのであった。[204]

おわりに

本章においては、一九五八年の金門砲撃作戦の準備過程と作戦の展開を通じて、台湾海峡における中国の指導者たちの方針が、金門・馬祖の早期「解放」から、「蔣介石の手中にとどめる」方針へと転換する過程を論じてきた。その際に、一体どの段階で金門・馬祖を「蔣介石の手中にとどめる」という決定がなされたのか、その要因は何だったのか、その決定と「一つの中国」の論理はどのような関係にあるのかに着目しながら、考察を進めてきた。その結果、明らかになったことは、以下の三点にまとめることができる。

第一に、金門・馬祖を「蔣介石の手中にとどめる」という方針は、無条件で金門・馬祖から米華が撤退することはないという現実を中国の指導者たちが受け容れるなかで、漸進的に形成されたことが明らかになった。第一次台湾海峡危機、米中大使級会談や対台湾宣伝工作の挫折を経てもなお、中国の指導者たちは金門・馬祖を台湾・澎湖諸島に先行して、数年内に「解放」することを目標としていた。確かに、一九五八年の金門作戦において、毛沢東は金門への上陸作戦に慎重であった。とはいえ、それは米政府の金門・馬祖防衛に対する態度を測りかねていたからであり、はじめから金門・馬祖を「解放」しないと決定していたわけではなかった。さらに、解放軍が金門を封鎖すると、再開された米中大使級会談や台湾に対する宣伝において、国府軍を金門・馬祖から撤退させるよう、勧告がなされた。

金門・馬祖の「解放」に関する方針転換がなされるのは、一九五八年一〇月上旬である。周恩来は九月下旬に「砲撃して上陸せず、金門を封鎖し、敵の退路を断つが、死に至らせない」方針の継続を主張し、最終的には金門・馬祖の「解放」を台湾・澎湖諸島と同様に実質的な長期棚上げとすることを提案した。そして一〇月三日および四日の中央政治局常務委員会において、周恩来が提案した方針を採用することが決定された。この政策決定について、毛沢東は翌年九月、「当初は我々も金門・馬祖を解放したいと思っていた」が、「形勢は異なっており、金門・馬祖は蔣（介石）委員長に保持させ、金門・馬祖・台湾・澎湖をすべて彼に保持させるのがよりよいとわかった」と回顧している。[205]

第二に、周恩来が金門・馬祖の「解放」を長期的な課題とすることを提案し、毛沢東がこれに同意した要因として、本章では以下の諸点を指摘した。まず、解放軍は軍事的威嚇を行ったものの、米政府が停戦などの条件を付さず、金門・馬祖から無条件で国府軍を撤退させる見通しは極めて薄いことを中国の指導者たちは認識した。それに加え、台湾海峡における軍事的緊張が長期化するに伴い、国連を中心に、再び台湾海峡における停戦に関する議論が国際的に活発化した。とりわけ、中国に核の傘を提供しているソ連から厳しい停戦勧告を受け、インドを中心とするアジア・アフリカにおける友好国からの停戦要求も高まりを見せたことは、中国の指導者たちの政策決定に対する一定の圧力となったことは間違いない。

第三に、上記二点を踏まえれば、金門・馬祖を「蔣介石の手中にとどめる」という決定に内在する論理を、従来の説明より立体的に捉えることが可能である。一方で、金門・馬祖を「解放」できるか否かという問題は、米政府の対華政策に終始規定された。中国の指導者たちが作戦開始時において金門へ上陸するか否かを決定できなかったことは、作戦の成否が米政府の反応に左右されざるを得ない実情を如実に表していた。作戦開始後、米政府が金門・馬祖の防衛に対する介入を繰り返し示唆する状況下においては、いかなる指導者も金門への上陸作戦を見合せることに強く反対することはできなかったのである。

他方、金門・馬祖を「蔣介石の手中にとどめる」という決定は、国府の主権を国際的に認めるような停戦交渉・協定にだけは、いかなる場合でも応じないという、強い意思の表れでもあった。台湾海峡における停戦を望む国際世論が、米政府に金門からの撤退を迫ることを期待して、中国の指導者たちは限定的な砲撃作戦を行った。しかし、同様の国際世論からの批判は中国政府に対しても向けられた。そしてその圧力は、第一次台湾海峡危機における停戦要求よりも強まっていた。そのため、中国政府は自らが引き起こした軍事的緊張の収拾をはかり、かつ「二つの中国」状況の固定化へと繋がるような停戦交渉を明確に拒否するために、金門・馬祖の「解放」を長期的な課題とすることを決定し、それを意図的に公表したのであった。

このように、金門砲撃作戦とそれをめぐる外交闘争の過程でなされた金門・馬祖を「蔣介石の手中にとどめる」という決定は、中国の安全保障上肝要であった金門・馬祖の早期「解放」を断念することを代償として、国府の国際的な主権は断固として認めないことを選択した結果、下されたものであった。この決定の後に、中国の指導者たちが国府に対する和平交渉の呼びかけを再び活発化させたことは、共産党と国民党との関係は中国の国内問題であることを国際的に印象づけ、国際的な停戦交渉を拒否することで生じる道義的な責任を回避するための宣伝工作であったと解釈することが妥当であろう。

金門・馬祖を「蔣介石の手中にとどめる」という決定を下すまで、中国政府は国際社会における「二つの中国」論に対して、有効な反論を行うための論理をほとんど持たなかった。しかし、第二次台湾海峡危機の過程を通じて、この決定を行ったことにより、金門・馬祖を発端とする武力紛争は短期間内に起き得ないため、国際的な停戦交渉や停戦協定は必要ないという反論を展開することが可能となった。また、国共内戦が継続していることの証左として、金門・馬祖を介した国府軍との限定的な戦闘を演じてみせることにより、中国政府と国府を別個の国際的主体と見なし、台湾海峡に明確な停戦ラインを引こうとする論理に反論を加えることも可能となった。以上のような金門・馬祖を「蔣介石の手中にとどめる」ことによって、形式的な内戦状態を継続するという選択は、これ以降、中国政府による「一つの中国」論を構成する重要な論理的基礎となったと意義づけることが可能であろう。

（1）「大躍進」への大衆動員を主要な要因として捉える、Thomas J. Christensen, *Useful Adversaries: Grand Strategy, Domestic Mobilization, and Sino-American Conflict, 1947-1958* (Princeton: Princeton University Press, 1996), pp. 194-241、毛沢東のイデオロギーに焦点を当てて中国の対外認識や内政の変化を指摘し、その文脈で金門作戦を説明した、Chen Jian, *Mao's China and the Cold War* (Chapel Hill: The University of North Carolina Press, 2001), pp. 163-204、毛沢東の対ソ不信や核開発をめぐる中ソ摩擦こそが主要な要因であったと指摘する、泉川泰博「第二次台湾海峡危機の再検証—超大国の狭間の中国外交」『国際政治』第一三四号（二〇〇三年一一月）二六—四一頁など、どの要因を主要と捉えるかはそれぞれ異なっているが、いずれの研究も金門作戦はこれらの複合的な要因を背景に決定されたと認めたうえで、各々の主張を展開している。

（2）例えば、張亜斌・劉健美・王耕南「五〇、六〇年代中共和平解放台湾的可貴探索」『延辺大学学報、社会科学版』一九九九年第二期、二二—二七頁、賀之軍「五〇年代中期『和平解放台湾戦略』形勢初探」『台湾研究集刊』一九九六年第三期、三八—四三頁、田克勤・孫成武「従『和平解放台湾』到『一国両制』」『社会科学戦線』一九九五年第三期、一三四—一四一頁など。

（3）「空軍要全力以赴務殲入侵之敵（一九五七年一二月一八日）」軍事科学出版社・中央文献出版社『建国以来毛沢東軍事文稿』中巻（北京：軍事科学出版社・中央文献出版社、二〇〇九年）三七〇頁、および王焔主編『彭徳懐年譜』（北京：人民出版社、一九九八年）六六七頁。

（4）当代中国叢書編輯委員会編『当代中国軍隊的軍事工作』上巻（北京：中国社会科学院出版社、一九八九年）三六三—三六四頁。

（5）「国際形成到了一個新的転折点（一九五七年一一月一八日）」中華人民共和国外交部・中共中央文献研究室編『毛沢東外交文選』（北京：中央文献出版社・世界知識出版社、一九九三年）二九一—三〇〇頁。

（6）呉冷西『十年論戦』上巻（北京：中央文献出版社、一九九九年）一五二頁。

（7）楊奎松「毛沢東与両次台海危機—二〇世紀五〇年代中後期中国対美政策変動原因及趨向（続）」『史学月刊』二〇〇三年第三期、四八頁。

（8）同右、および張聞天文集編輯組『張聞天文集』第四巻（北京：中共党史出版社、一九九五年）二九七—三一八頁。

（9）「葉飛致彭徳懐並軍委信（一九五八年一月一六日）」福建省档案（档号一〇一—一二—二二一）。

（10）王焔主編『彭徳懐年譜』六七二頁。

(11) 同右、六七五頁。
(12) 「対彭徳懐関於空軍進入福建問題的報告的批語(一九五八年三月八日)」中共中央文献研究室編『建国以来毛沢東文稿』第七巻(北京:中央文献出版社、一九九二年)一〇七頁。
(13) 福建省地方志編纂委員会『福建省志・軍事志』(北京:新華出版社、一九九五年)二八〇頁。
(14) 中共中央文献研究室編『周恩来伝一八九八—一九七六』第三巻、一三八二—一三八三頁。二月一一日の第一期全人代第五回会議において、外交部長は周恩来から陳毅へと交代した(同書、一三七〇頁)。
(15) 「社会主義建設的総路線制定了」『人民日報』一九五八年五月二五日。邦訳は日本国際問題研究所中国部会編『中国大躍進政策の展開　資料と解説』上巻(日本国際問題研究所、一九七三年)一一五—一二〇頁。翌年の盧山会議において、毛沢東は彭徳懐を批判し、「去年言った党の分裂のことは、あなたに対して言ったのだ」と述べたという(王焰主編『彭徳懐年譜』六八〇頁)。ただし、毛沢東が当時から彭徳懐を想定して同発言を行ったのか、彭徳懐が「大躍進」に異議を唱えた結果としてこのような発言を行ったのかは定かでない。
(16) 王焰主編『彭徳懐年譜』六七六頁。
(17) 当代中国人物伝記叢書編輯部編纂『彭徳懐伝』(北京:当代中国出版社、一九九三年)五五三頁。
(18) 王焰主編『彭徳懐年譜』六八九頁。
(19) 中共中央文献研究室編『周恩来伝 一八九八—一九七六』第三巻、一三九六頁。
(20) 中共中央文献研究室編(逄先知・金冲及主編)『毛沢東伝一九四九—一九七六』上巻(北京:中央文献出版社、二〇〇三年)八五一頁。
(21) 「中米大使級会談再開に関する中華人民共和国政府声明(一九五八年六月三〇日)」日本国際問題研究所現代中国研究部会編『中国大躍進政策の展開　資料と解説』上巻、一五六—一五八頁。
(22) Secretary Dulles's News Conference, Jul. 1, 1958, *Department of State Bulletin*, Jul. 21, 1958.
(23) 「全世界人民行動起来制止美国侵略」『人民日報』一九五八年七月一七日。
(24) 中共中央文献研究室編『毛沢東伝　一九四九—一九七六』上巻、八五三頁。
(25) 軍事科学院軍事歴史部『中国人民解放軍的七十年』(北京:軍事科学出版社、一九九七年)三一七—三一八頁、王焰主編『彭徳懐年譜』六九二頁。

(26) 王焰主編『彭徳懐年譜』六九二頁。
(27) 林強・魯冰主編『葉飛伝』下巻(北京:中央文献出版社、二〇〇七年)五九一―五九二頁。同書によれば、五七年九月に福州軍区司令員は葉飛から韓先楚に交代していたため、中央から前線で指揮を執るよう指示された際、葉飛は非常に驚いたという。また、葉飛が前線指揮を命じられたのは、七月一七日であったという。
(28) 同右、五九三―五九四頁。同報告は葉飛が毛沢東および軍事委員会へ宛てた電報からの直接引用のような体裁で掲載されているが、同書にその出典は示されていない。
(29) 同右、五九四―五九五頁。
(30) 同右、五九五―五九六頁、同部分は王尚栄「持続二十一年的砲戦―砲撃金門的決策経過」『共和国要事口述史』(長沙:湖南人民出版社、一九九九年)二五五―二五六頁からの引用。
(31)「関於把握打金門時期給彭徳懐、黄克誠的信(一九五八年七月二七日)」中共中央文献研究室編『建国以来毛沢東文稿』第七巻、三二六―三二七頁。
(32) 林強・魯冰主編『葉飛伝』下巻、五九七―五九八頁。
(33) 下斗米伸夫『アジア冷戦史』(中央公論新社、二〇〇四年)一〇九―一一〇頁。
(34) 七月三一日の政治局常務委員会において、毛沢東、劉少奇、周恩来、朱徳、陳雲、鄧小平、彭徳懐、陳毅ら指導部が顔をそろえ、ユージンらと会見し、翌二日にはこれに林彪と王稼祥が加わった(中共中央文献研究室編『周恩来年譜 一九四九―一九七六』中巻〈北京:中央文献出版社、一九九七年〉一五四頁)。合同艦隊の提案を拒絶する理由は、「もしも、我々がすべての海岸をあなたたちに渡せば、あなたたちは旅順・大連を占領するのみならず、占領をさらに拡大させるだろう。我々は自分たちで艦隊をつくるほうがいい」と説明された(呉冷西『十年論戦』上巻〈北京:中央文献出版社、一九九九年〉一六〇―一六一頁)。フルシチョフやマリノフスキーとの会談にも、同様に政治局常務委員会の指導者たちが出席し、ここで正式な合同艦隊の提案への拒絶が示された(中共中央文献研究室編『周恩来年譜 一九四九―一九七六』中巻、一五九頁)。
(35) 中共中央文献研究室編『毛沢東伝 一九四九―一九七六』上巻、八五四頁。
(36) Vladislav M. Zubok, "The Mao-Khrushchev Conversations, 31 July–3 August, 1958 and 2 October, 1959," *Cold War International History Project Bulletin*, 12/13 (Fall/Winter 2001), pp. 244-272. フルシチョフの回顧録では、フルシチョフはプールの横で日光浴をしながら、毛沢東と非公式に政治的問題について話し合ったという(ニキータ・フルシチョフ〈佐藤亮一訳〉『フルシチ

ョフ最後の遺言（上）』〈河出書房新社、一九七五年〉二七一頁）。

(37) このような見解とこれまでの論争の関係については、沈志華「一九五八年砲撃金門前中国是否告知蘇聯？」沈志華・李丹慧『戦後中蘇関係若干問題研究』（北京：人民出版社、二〇〇六年）三九九―四一〇頁。また、沈志華は後年の論文において、すべての会談記録を見た結果、やはり毛沢東が金門砲撃に言及した形跡はなかったと結論づけた（沈志華「炮撃金門―蘇聯的応対与中蘇分岐」『歴史教学問題』二〇一〇年第一期、四―一二頁）。また、一九五九年一〇月二日の毛沢東、フルシチョフ会談についてはソ連側記録が公開されている（Memorandum of Conversation between N. S. Khrushchev and Mao Zedong, Beijing, 2 October, 1959 in Vladislav Zubok, "The Mao-Khrushchev Conversations, 31 July–3 August, 1958 and 2 October, 1959," *CWIHP Bulletin*, 12-13, pp. 262-270）が、九月三〇日の会談については『毛沢東伝』に部分的に引用されているのみである（中共中央文献研究室編『毛沢東伝 一九四九―一九七六』上巻、八五五―八五六頁）。

(38) 「毛沢東和赫魯暁夫会談公報」『人民日報』一九五八年八月四日。

(39) 呉冷西『十年論戦』一七二―一七三頁。

(40) 沈志華「炮撃金門」八頁。

(41) 福建省地方志編纂委員会『福建省志・軍事志』二八二頁、林強・魯冰主編『葉飛伝』下巻、五九九頁。

(42) 林強・魯冰主編『葉飛伝』下巻、五九九―六〇〇頁。

(43) 「針対赫毛匪会談陰謀当前海外工作応有之措置（一九五八年八月二〇日）」中国国民党第八届中央委員会常務委員会（以下、中党会）第七五次会議記録（台北：国民党党史館）。

(44) 「蔣委員経国報告（一九五八年九月二二日）」中国国民党第八届中常会第八三次会議記録。

(45) 「関於停止在深圳方面的演習準備打金門的批語（一九五八年八月一八日）」中共中央文献研究室編『建国以来毛沢東文稿』第七巻、三四八頁。

(46) 中共中央文献研究室編『毛沢東伝 一九四九―一九七六』上巻、八五七頁。

(47) 中共中央文献研究室編『周恩来年譜 一九四九―一九七六』中巻、一六二頁、および中共中央文献研究室編『毛沢東伝 一九四九―一九七六』上巻、八五七―八五八頁。

(48) 王焔主編『彭徳懐年譜』六九七頁。

(49) 葉飛『葉飛回憶録』（北京：解放軍出版社、二〇〇七年）五一五―五一六頁、林強・魯冰主編『葉飛伝』下巻、六〇一―六〇二頁。

(50) 王焰主編『彭徳懐年譜』六九七頁。
(51) 同右、六九四頁。
(52) 林強・魯冰主編『葉飛伝』下巻、六〇二頁。
(53) 楊奎松「毛沢東与両次台海危機―二〇世紀五〇年代中後期中国対美政策変動原因及趨向（続）」五〇頁。
(54) 中共中央文献研究室編『周恩来年譜　一九四九―一九七六』中巻、一六三頁。
(55) 林強・魯冰主編『葉飛伝』下巻、六〇三頁。
(56) 同右、六〇四―六〇五頁。
(57) 同右、六〇五頁。
(58) Telegram from Drumright to DoS, Aug. 24, 1958, *FRUS, 1958-1960*, Vol. XIX (Washington. D.C.: U.S. Governmet Printing Office, 1996), pp. 70-72、『蔣介石日記』一九五八年八月二三日「上星期反省録」(Stanford: Hoover Institution, Stanford University)。
(59) Editorial Note, *FRUS, 1958-1960*, Vol. XIX, p. 86.
(60) 呉冷西『憶毛主席』（北京：新華出版社、一九九五年）七四―七五頁。
(61) 中共中央文献研究室編『葉飛伝　一九一四―一九九九』下巻、六〇七頁。
(62) 『蔣介石日記』一九五八年八月二五日。
(63) 呉冷西『憶毛主席』七六頁。
(64) Memorandum from Dulles to Herter and Robertson, Aug. 23, 1958, *FRUS, 1958-1960*, Vol. XIX, pp. 69-70.
(65) Summary of Meeting at White House, Aug. 24 and 29, 1958, *FRUS, 1958-1960*, Vol. XIX, pp. 73-75 and pp. 96-97.
(66) 「総統接見美駐華大使荘莱徳大使晤談之節要記録（陳副総統在座、一九五八年八月二四日）」『石叟叢書』陳誠副総統文物（典蔵号〇〇八―〇一〇一〇九―〇〇〇七―〇五〇、台北：国史館）、Telegram from Drumright to DoS, Aug. 24, 1958, *FRUS, 1958-1960*, Vol. XIX, pp. 70-73.
(67) Telegram from Drumright to DoS, Aug. 27, 1958, *FRUS, 1958-1960*, Vol. XIX, pp.83-86.
(68) Telegram from Drumright to DoS, Aug. 31 and Sep. 1, *FRUS, 1958-1960*, Vol. XIX, pp. 107-108, 109-111 and pp. 111-113.
(69) 中共中央文献研究室編『毛沢東伝　一九四九―一九七六』上巻、八五九頁。
(70) 中共中央文献研究室編『葉飛伝　一九一四―一九九九』下巻、六〇八頁。

(71) 中共中央文献研究室編『毛沢東伝　一九四九―一九七六』上巻、八五九―八六〇頁。

(72) Memorandum of Conversation among State Officials, Sep. 3, 1958, *FRUS, 1958-1960*, Vol. XIX, pp. 125-127.

(73) Memorandum of Conference with President Eisenhower, Sep. 4, 1958, *FRUS, 1958-1960*, Vol. XIX, pp. 130-131.

(74) Text of Dulles Statement on the Far East, *New York Times*, Sep. 5, 1958.

(75) 呉冷西『憶毛主席』七八―八〇頁、および中共中央文献研究室編『周恩来伝一八九八―一九七六』第三巻、一四二五頁。

(76) 「周総理関於台湾海峡地区局勢的声明」『人民日報』一九五八年九月七日。

(77) 沈志華主編『中ソ関係史綱　一九一七―一九九一』（北京：新華出版社、二〇〇七年）二三五頁。

(78) 「周恩来同志接見蘇聯大使館参賛蘇達利科夫同志談話紀要（一九五八年九月五日）」中国外交部档案（档号一〇九―〇〇八三二―〇四、北京：中華人民共和国外交部档案館）。

(79) 中共中央文献研究室編『周恩来年譜　一九四九―一九七六』中巻、一六六頁。

(80) 魏史言「葛羅米柯関於台湾局勢同毛沢東主席談話的回憶與事実不符」外交部外交史編輯室編『新中国外交風雲』第一輯（北京：世界知識出版社、一九八九年）一三五―一三八頁。

(81) 「関於研究赫魯暁夫給艾森豪威爾的信稿的批語（一九五八年九月七日）」中共中央文献研究室編『建国以来毛沢東文稿』第七巻、四〇四―四〇五頁。

(82) 「フルシチョフ・ソ連閣僚会議議長のアイゼンハワー大統領宛書簡（一九五八年九月七日）」日本国際問題研究所中国部会編『中国大躍進政策の展開』上巻、二八四―二九〇頁、および Telegram from the Embassy in Soviet Union to the DoS, Sep. 7, 1958, *FRUS, 1958-1960*, Vol. XIX, pp. 145-153. 同書簡は、後の中ソ論争の中で、「当時、台湾海峡の情勢は緊張していたが、核戦争が勃発する可能性はなく、ソ連から核兵器で中国を支援してもらう必要はなかった。そしてソ連の指導者はそれをこのような状況を見極めてから後にはじめて中国を支援することを表明し」、「ソ連は、中国人民が一九五八年の台湾海峡で米帝国主義の武力挑発を粉砕した勝利までをもソ連の核兵器の功労にしている」と中国から批判された（「中国政府発言人声明」『人民日報』一九六三年九月一日）。

(83) 「赫魯暁夫写信警告艾森豪威爾　侵犯中国就是侵犯蘇聯」『人民日報』一九五八年九月一〇日。

(84) 中共中央文献研究室編『毛沢東伝　一九四九―一九七六』上巻、八六二―八六三頁、および「在最高国務会議上的第一次講話（一九五八年九月五日）」中共中央文献研究室編『建国以来毛沢東文稿』第七巻、三七八―三九一頁。

(85) 中共中央文献研究室編『毛沢東伝　一九四九―一九七六』上巻、八六二―八六三頁。同書においてこの部分は「毛沢東在最高国務会議第十五次会議上的講話記録」からの引用となっているが、『建国以来毛沢東文稿』に掲載されている記録では当該箇所は省略されている。

(86) 中共中央文献研究室編『毛沢東伝　一九四九―一九七六』上巻、八六四頁。

(87)「在最高国務会議上的第二次講話（一九五八年九月八日）」中共中央文献研究室編『建国以来毛沢東文稿』第七巻、三九一―三九六頁。

(88) 林強・魯冰主編『葉飛伝』六一二―六一三頁。

(89)「毛沢東在最高国務会議上論目前形勢」『人民日報』一九五八年九月九日。

(90) 中共中央文献研究室編『周恩来年譜』中巻、一六八頁。

(91)「中央関於開展反対美国軍事威脅運動的指示（一九五八年九月六日）」福建省档案（档号一〇一―五―一〇七九）六八―六九頁。

(92)「中央国家機関幹部対台湾海峡地区局勢的反応」『内部参考』第二五七七期（一九五八年九月八日）。

(93) 同右、「重慶市幹部、職工対周総理関於台湾海峡地区局勢声明的反応」『内部参考』第二五七七期（一九五八年九月八日）、「北京市部分群衆対周総理関於台湾海峡地区局勢声明的反応」『内部参考』第二五七八期（一九五八年九月九日）、「上海市各界人民紛紛以実際行動擁護周総理声明」『内部参考』第二五七八期（一九五八年九月九日）、「上海市民主人士対周総理声明的反応」『内部参考』第二五七八期（一九五八年九月九日）、「天津市各界人士対周総理声明的反応」『内部参考』第二五七八期（一九五八年九月九日）。

(94)「北京、上海等地地富反壊右五類分子蠢蠢欲動」『内部参考』第二五八一期（一九五八年九月一二日）、「上海市右派頭面人物王造時、徐鑄成等対台湾海峡局勢的反応」『内部参考』第二五八一期（一九五八年九月一二日）。

(95)「福建地区敵特制造謡語邪説破壊我支前、生産運動」『内部参考』第二五八五期（一九五八年九月一七日）。

(96)「福建前線地区暗蔵反革命分子和壊分子加緊破壊活動」『内部参考』第二五九六期（一九五八年九月三〇日）。

(97)「香港大公報、文匯報掲露美蔣特務分子策画製造暴乱事件的陰謀」『内部参考』第二五八四期（一九五八年九月一六日）、「美蔣特務機関在金馬地区整頓和強化特務組織」『内部参考』第二五九五号（一九五八年九月二九日）。

(98) Christensen, *Useful Adversaries* は、そのような立場を採る代表的な先行研究であるといえ、Michael Szonyi, *Cold War Island: Quemoy on the Front Line* (London: Cambridge University Press, 2008) などは、同研究の見解を全面的に採用している。

(99) 中共中央文献研究室編『毛沢東伝　一九四九―一九七六』上巻、八七〇頁。

(100) 王炳南『中美会談九年回顧』（北京：世界知識出版社、一九八五年）七二―七三頁。

(101) 中共中央文献研究室編『周恩来年譜』中巻、一六九頁。

(102) 「中美大使級第七四次会談発言要点」中国外交部档案（档号一一一―〇〇一四六―〇一）。

(103) 「中美双方関於和緩消除台湾地区緊張局勢的協議声明（草案）」中国外交部档案（档号一一一―〇〇一四六―〇一）。なお、档案の同ファイルにおいて三パターンの修正稿が公開されており、修正過程における追加、削除、書き換えなどは、それらから判断した。

(104) Memorandum of Conversation among Dulles et al. Sep. 8, 1958, *FRUS, 1958-1960*, Vol. XIX, pp. 155-159.

(105) Telegram from Dulles to Beam, Sep. 13, 1958, *FRUS, 1958-1960*, Vol. XIX, p. 187.

(106) Telegram from Dulles to Beam, Sep. 13, 1958, *FRUS, 1958-1960*, Vol. XIX, p. 186.

(107) 『毛沢東伝　一九四九―一九七六』は、この第一回会談について、「中国代表が早々に自国の案を提示してしまったために、米国政府に中国は金門・馬祖の解放を急いでいるという『錯覚』を与え、米国代表の要求を高め、強硬な態度を招いてしまった」と説明している（中共中央文献研究室編『毛沢東伝』上巻、八七二頁）。

(108) Telegram from Beam to DoS, Sep. 15, 1958, *FRUS, 1958-1960*, Vol. XIX, pp. 195-196.

(109) Telegram from Herter to Beam, Sep. 16, 1958, *FRUS, 1958-1960*, Vol. XIX, pp. 198-199.

(110) Telegram from Herter to Beam, Sep. 16, 1958, *FRUS, 1958-1960*, Vol. XIX, p. 200.

(111) Telegram from Beam to DoS, Sep. 18, 1958, *FRUS, 1958-1960*, Vol. XIX, p. 218.

(112) 中共中央文献研究室編『周恩来年譜』中巻、一七〇―一七一頁。

(113) 中共中央文献研究室編『毛沢東伝　一九四九―一九七六』上巻、八七三頁。

(114) 「中美両国政府関於和緩和消除台湾海峡地区緊張局勢的協議声明（草案）」中国外交部档案（档号一一一―〇〇一四七―〇一）。

(115) Memorandum of Conversation, between Eisenhower and Dulles, Sep. 23, 1958, *FRUS, 1958-1960*, Vol. XIX, pp. 266-267.

(116) 「立法院二十二回期第一次会議（行政院施政報告、一九五八年九月一六日）」『石叟叢書』陳誠副総統文物（典蔵号〇〇八―〇一〇一〇九―〇〇〇〇五―〇〇二）。

(117) Telegram from Drumright to DoS, Sep. 19, 20, and 23, 1958, *FRUS, 1958-1960*, Vol. XIX, pp. 226-228, pp. 239-240, and pp. 265-266.

(118) Memorandum of Conversation, between Eisenhower and Dulles Sep. 23, 1958, *FRUS, 1958-1960*, Vol. XIX, pp. 266-267.

(119) 中共中央文献研究室編『周恩来伝　一八九八―一九七六』第三巻、一四二九―一四三〇頁。

(120) 呉冷西『憶毛主席』八二頁。

(121) 中共中央文献研究室編『周恩来年譜』中巻、一七三頁。

(122) Telegram from Herter to Drumright, Sep. 25, 1958, *FRUS, 1958-1960*, Vol. XIX, pp. 274-275.

(123) Memorandum of Conference with President Eisenhower, Sep. 29, 1958, *FRUS, 1958-1960*, Vol. XIX, pp. 296-297.

(124) Gallup Pretest of Question on Quemoy and Matsu, Sep. 6, 1958、国立金門大学『光華園：心戦文化園区結案報告』（金門：国立金門大学、二〇一二年）附八三—九三頁。

(125) U. S. China Policy Losing Mail "Vote," *New York Times*, Sep. 27, 1958.

(126) Memorandum of Conversation between Herter and Hood, Aug. 30, 1958, *FRUS 1958-1960*, Vol. XIX, pp. 102-105.

(127) Letter from Dulles to Macmillan, Sep. 4, 1958, Message from Macmillan to Dulles, undated; Message from Eisenhower to Macmillan, Sep. 6, 1958, *FRUS 1958-1960*, Vol. XIX, pp. 136-142 and p. 144.

(128) 「『国府支持の表明を』外務省断る」『朝日新聞』一九五八年九月六日および「『台湾』に重大関心」同九月一八日。

(129) Memorandum of Conversation between Sihanouk and Robertson, Sep. 16, 1958, *FRUS, 1958-1960*, Vol. XIX, pp. 201-203.

(130) Memorandom from Barco to Dulles, Sep. 25, 1958, *FRUS, 1958-1960*, Vol. XIX, pp. 275-278.

(131) Robert Accinell, "A Thorn in the Side of Peace: The Eisenhower Administration and the 1958 Offshore Islands Crisis," Ross and Jiang, eds., *Re-examining the Cold War*, p. 125.

(132) "Text of Dulles' Speech to U.N. Assembly and Excerpts from Gromyko's Address," *New York Times*, Sep. 19, 1958.

(133) 劉樹発『陳毅年譜』下巻（北京：人民出版社、一九九五年）七四九頁、および「陳毅外長発表声明厳正警告杜勒斯」『人民日報』一九五八年九月二一日。

(134) 「関於国際活動中掲露和打撃美帝国主義的所謂『停火』陰謀的通知（一九五八年九月二〇日）」中国外交部档案（档号一一〇—〇〇四二一—〇一）。

(135) 「備忘録（一九五八年九月二一日）」および「外交部弁公庁致各駐外使館、代弁処（一九五八年九月二二日）」中国外交部档案（档号一〇二—〇〇〇〇六—〇五）。

(136) 中共中央文献研究室編『周恩来年譜』中巻、一七二—一七三頁。

(137) 「周総理致西哈努克首相的信（一九五八年九月二〇日）」中国外交部档案（一〇六—〇〇一二九—〇一）。

(138)「挪威政府対台湾海峡形勢表示関切並征詢対哈舎尓徳斡旋意見（一九五八年九月二四日）」中国外交部档案（一一一―〇〇一九五―〇一）。

(139)「挪威外交部催詢我方反応（一九五八年九月二七日）」中国外交部档案（一一一―〇〇一九五―〇一）。

(140)「外交部致徐大使並王大使（一九五八年一〇月三日）」中国外交部档案（一一〇―〇〇三四〇―〇一）。

(141)「関於利用美英矛盾問題（一九五八年九月二六日）」、および「美英設想中的関於沿海島嶼的幾個方案（一九五八年九月二七日）」中国外交部档案（一一〇―〇〇四二一―〇五）

(142)「周総理接見蘇聯駐華使館臨時代弁安東諾夫談話記録（一九五八年九月一八日二二時）」中国外交部档案（档号一〇九―〇〇八三三―〇一）。

(143)「張聞天副部長接見蘇連駐華使館臨時代弁安東諾夫談話記録（一九五八年九月一九日）」中国外交部档案（档号一〇九―〇〇八三三―〇一）。

(144) Telegram From the Embassy in Soviet Union to the DoS, Sep. 19, 1958, *FRUS, 1958-1960*, Vol. XIX, pp. 231-238.

(145)「周総理接見蘇聯駐華臨時弁安東諾夫談話記録（一九五八年九月二七日）」中国外交部档案（档号一〇九―〇〇八三三―〇二）。

(146)「一九五八年九月二七日蘇駐華臨時代弁面交周総理的備忘録（一九五八年九月二七日）」中国外交部档案（档号一〇九―〇〇八三三―〇二）。

(147) Vladislav M. Zubok, "Khrushchev's Nuclear Promise to Beijing During the 1958 Crisis," *CWIHP Bulletin*, 6-7, pp. 218 and pp. 225-226.

(148)「対於蘇聯召会台湾問題十国最高級会議建議的意見（一九五八年九月二八日）」中国外交部档案（档号一〇九―〇〇八三三―〇二）。同文書には張聞天と陳毅のサインがあり、さらに周恩来へと回覧された形跡がある。

(149)「王雨田司長接見蘇聯大使館参賛蘇達利科夫同志談話記録（一九五八年九月二九日）」中国外交部档案（档号一一一―〇〇二六七―〇一）。

(150)「周総理接見蘇聯駐華臨時弁安東諾夫談話記録（一九五八年九月三〇日）」中国外交部档案（档号一〇九―〇〇八三三―〇二）。

(151)「フルシチョフからアイゼンハワー宛書簡の草稿（原文はロシア語）」中国外交部档案（档号一〇九―〇〇八三三―〇二）。九月三〇日にアントロノフから周恩来へ手交されたものであることを示すメモがある。本文書は岡田美保氏（財団法人日本国際問題研究所 軍縮・不拡散促進センター研究員）に翻訳していただいた。

(152)「毛沢東接見六個兄弟国家的来賓的談話記録（一九五八年一〇月二日）」中国外交部档案（档号一〇九—〇〇八二二—一六）。

(153)「陳部長接見蘇聯駐華臨時代弁安東諾夫談話記録（一九五八年一〇月三日）」および「一九五八年一〇月三日蘇聯代弁安東諾夫面交陳毅外長的備忘録」中国外交部档案（档号一〇九—〇〇八三三—〇三）。

(154)「並肩携手争取最後勝利—於台北対大陸広播（一九五八年九月二八日）」『石叟叢書』陳誠副総統文物（典蔵号〇〇八—〇一〇一〇二—〇〇〇二八—〇二二）。

(155)「行政院陳院長（陳誠）接見美駐華荘莱徳大使及美軍台湾協防司令史慕徳将軍之談話記録（一九五八年九月三〇日）」『石叟叢書』陳誠副総統文物（典蔵号〇〇八—〇一〇一〇九—〇〇〇〇七—〇五三）、Telegram from Drumright to DoS, Sep. 30, 1958, *FRUS, 1958-1960*, Vol. XIX, pp. 299-300.

(156)「金門保衛戦的勝利—招待内外記者答問（一九五八年九月二九日）」秦孝儀編『先総統蔣公思想言論総集』巻三十九（台北：中国国民党中央委員会党史委員会、一九八四年）二二二頁。

(157)「行政院陳院長（陳誠）接見美駐華荘莱徳大使及美軍台湾協防司令史慕徳将軍之談話記録（一九五八年九月三〇日）」『石叟叢書』陳誠副総統文物（典蔵号〇〇八—〇一〇一〇九—〇〇〇〇七—〇五三）、Telegram from Drumright to DoS, Sep. 30, 1958, *FRUS 1958-1960*, Vol. XIX, pp. 299-300.

(158) "Herter Questions Quemoy Deffence," *New York Times*, Sep. 30, 1958; Secrertary Dulles' News Conference of September 30, 1958, *The Papers of John Foster Dulles* [microform] (Princeton: Princeton University Library, 1976), Box 128 (Reel 50).

(159) "Eisenhower Bars Yielding to Force," *New York Times*, Oct. 2, 1958.

(160)「堅守金馬外島的決心—接見美聯社記者談話（一九五八年一〇月一日）」秦孝儀編、『先総統蔣公思想言論総集』巻三十九、二三三頁。

(161)「総統接見美國駐華大使荘莱徳之談話記録（陳誠副総統在座、一九五八年一〇月二日）」『石叟叢書』陳誠副総統文物（典蔵号〇〇八—〇一〇一〇九—〇〇〇〇七—〇五五）、Telegram from Drumright to DoS, Oct. 2, 1958, *FRUS 1958-1960*, Vol. XIX, pp. 319-321.

(162) 中共中央文献研究室編『周恩来年譜』中巻、一七七—一七八頁。

(163)「周総理接見蘇聯駐華臨時弁安東諾夫談話記録（一九五八年一〇月五日）」中国外交部档案（档号一〇九—〇〇八三三—〇二）。

(164)「関於暫停砲撃和発表『告台湾同胞書』給彭徳懐、黄克誠的信（一九五八年一〇月五日、六日）」中共中央文献研究室編『建国以来毛沢東文稿』第七巻、四三七―四三八頁。

(165) 中共中央文献研究室編『毛沢東伝　一九四九―一九七六』上巻、八七五頁。

(166) 「告台湾同胞書(一九五八年一〇月六日)」中共中央文献研究室編『建国以来毛沢東文稿』第七巻、四三九―四四一頁。

(167) Memorandum of Conversation among Herter, Allen Dulles, et al., Oct. 5, 1958, *FRUS, 1958-1960*, Vol. XIX, pp. 329-330.

(168) Telegram 545 and 548 from Drumright to DoS, Oct. 6, 1958, *FRUS, 1958-1960*, Vol. XIX, pp. 330-331 and pp. 332-334.

(169) Memorandum of Conversation between Robertson and Yeh, Oct. 7, 1958, *FRUS, 1958-1960*, Vol. XIX, pp. 343-345.

(170) Memorandum from Eisenhower to Dulles, Oct. 7, 1958; Memorandum of Conversation between Dulles and Yeh, Oct. 10, 1958, *FRUS, 1958-1960*, Vol. XIX, pp. 346-347 and pp. 359-362.

(171) 「中華人民共和国国防部命令(一九五八年一〇月一三日)」中共中央文献研究室編『建国以来毛沢東文稿』第七巻、四五四―四五六頁。同じ頃、毛沢東は「再び台湾同胞に告ぐ」も起草し、あわせて発表する準備を進めていたが、この声明は発表されなかった。一〇月二五日に発表される「再び台湾同胞に告ぐ」は改めて起草されたものである(同書、四五七―四六一頁)。

(172) 中共中央文献研究室編『周恩来年譜』中巻、一八二頁。

(173) 『蔣介石日記』一九五八年九月三〇日。

(174) CIA, Peking-Taipei Contacts: The Question of a Possible "Chinese Solution," Dec. 1971, POLO XLVI, Central Intelligence Agency, FOIA (http://www.foia.cia.gov/CPE/POLO/polo-34.pdf).

(175) Memorandum of Conversation between Dulles and Yeh, and Telegram from Drumright to DoS, Oct. 12, 1958, *FRUS, 1958-1960*, Vol. XIX, pp. 382-388 and pp. 389-390.

(176) Telegram from Dulles to Beam, Oct. 13, 1958, *FRUS, 1958-1960*, Vol. XIX, pp. 397-398.

(177) Telegram from Dulles to Beam, Oct. 14, 1958, *FRUS, 1958-1960*, Vol. XIX, pp. 405-406.

(178) Telegram from Beam to DoS, Oct. 15, 1958, *FRUS, 1958-1960*, Vol. XIX, pp. 406-407.

(179) 中共中央文献研究室編『周恩来年譜』中巻、一八三頁、および「中共中央関於当前対美闘争形勢的通知(一九五八年一〇月一七日)」福建省档案(档号一〇一―一二―一六〇)。

(180) 王焰主編『彭徳懐年譜』七〇六頁。

(181) Telegram from Dulles to Eisenhower, Oct. 21, 1958, *FRUS, 1958-1960*, Vol. XIX, pp. 420-421 and Telegram from Herter to

Beam, Oct. 22, 1958, *FRUS, 1958-1960*, Vol. XIX, pp. 433-437.

(182) Talking Paper Presented by Secretary of State Dulles, Oct. 21, 1958, *FRUS, 1958-1960*, Vol. XIX, pp. 413-417.

(183) Memorandum of Conversation between Dulles and Chang, Oct. 21, 1958, *FRUS, 1958-1960*, Vol. XIX, pp. 418-419.

(184) Memorandum of Conversation among Dulles, Chang, et al., Oct. 22, 1958, *FRUS, 1958-1960*, Vol. XIX, pp. 421-423.

(185) Summary Record of Meeting among Dulles, Smoot, et al., Oct. 22, 1958, *FRUS, 1958-1960*, Vol. XIX, pp. 426-427.

(186) Memorandum of Conversation among Dulles, Chang, et al., Oct. 22, 1958, *FRUS, 1958-1960*, Vol. XIX, pp. 430-433.

(187) Memorandum of Conversation between Dulles and Chang, Oct. 23, 1958, *FRUS, 1958-1960*, Vol. XIX, pp. 438-440.

(188) 「蔣介石・ダレス共同コミュニケ」日本国際問題研究所中国部会編『中国大躍進政策の展開　資料と解説』上巻、三二八—三二九頁。

(189) Memorandum of Conversation between Dulles and Eisenhower, Oct. 24, 1958, *FRUS, 1958-1960*, Vol. XIX, p. 445.

(190) 「蔣中正指示王叔銘兪大維加強外島等歩兵師装備與金門防衛問題（一九五八年一〇月二八日）」『籌筆』蔣中正総統文物（典蔵号〇〇二—〇一〇四〇〇—〇〇〇三〇—〇〇三、台北：国史館）。

(191) 「蔣中正令王叔銘詳察漳浦等四個登陸地形與敵情（一九五八年一〇月二九日）」および「蔣中正指示王叔銘独立反攻行動第一期作戦與目標（一九五八年一〇月三〇日）」『籌筆』蔣中正総統文物（典蔵号〇〇二—〇一〇四〇〇—〇〇〇三〇—〇〇四および〇〇二—〇一〇四〇〇—〇〇〇三〇—〇〇五）。

(192) Telegram from Drumright to DoS, Nov. 14, 1958, *FRUS, 1958-1960*, Vol. XIX, pp. 484-486;「蔣中正電葉公超転告杜勒斯労勃生希如数核戦車以増強金門火力（一九五八年一一月一五日）」『籌筆』蔣中正総統文物（典蔵号〇〇二—〇八〇二〇〇—〇〇三五四—〇〇八）。

(193) 「王叔銘與杜安簽署金門及馬祖群之軍事防御協議書（一九五八年一一月一七日）」『特交档案』蔣中正総統文物（典蔵号〇〇二—〇八〇一〇六—〇〇〇五一—〇一一）。

(194) Telegram from Dulles to Eisenhower, Oct. 23, 1958, *FRUS, 1958-1960*, Vol. XIX, p. 444.

(195) Telegram from Drumright to DoS, Oct. 29, 1958, *FRUS, 1958-1960*, Vol. XIX, pp. 461-462. 原文ではイタリックの部分に傍点を付した。

(196) Telegram from Dulles to Taipei, Oct. 31, *FRUS, 1958-1960*, Vol. XIX, pp. 475-476.

(197)「中華人民共和国国防部再告台湾同胞書（一九五八年一〇月二五日）」中共中央文献研究室編『建国以来毛沢東文稿』第七巻、四六八―四七〇頁。
(198)「評蒋杜会談」『人民日報』一九五八年一〇月三〇日。
(199)「対金門逢双日一律不打炮（一九五八年一〇月三〇日）」軍事科学出版社・中共中央文献出版社編『建国以来毛沢東軍事文稿』中巻、四五〇頁。
(200)「中華人民共和国国防部三告台湾同胞書稿（一九五八年一一月）」軍事科学出版社・中共中央文献出版社編『建国以来毛沢東軍事文稿』中巻、四五八―四五九頁。
(201)「関於転載『毛沢東同志論帝国主義和一切反動派都是紙老虎』的批語和対『人民日報』編者按的修改（一九五八年一〇月）」中共中央文献研究室編『建国以来毛沢東文稿』第七巻、四八〇―四八二頁。
(202) 人民出版社編輯部『帝国主義和一切反動派都是紙老虎』（広州：広東人民出版社、一九五八年）、筆者が入手できたものは、一九五八年一一月六日に人民出版社（北京）が出版したものを、同月中に広東人民出版社が重版した版である（国立政治大学図書館所蔵）。
(203)「中央関於学習毛沢東論帝国主義和一切反動派都是紙老虎等文件的通知（一九五八年一一月八日）」中共中央宣伝部弁公庁・中央档案館編研部編『中国共産党宣伝工作文献選編』第四巻（北京：学習出版社、一九九六年）一二六頁。
(204)「周総理関於目前台湾海峡地区的闘争形勢与我們的任務的報告（一九五八年一一月一〇日）」吉林省档案（档号一―一四―九四）。
(205) 中共中央文献研究室編『毛沢東伝 一九四九―一九七六』上巻、八七八―八七九頁。

第四章——中ソ対立と「一つの中国」論の動揺（一九五八—一九六一年）

はじめに

前章においては、一九五八年の金門砲撃作戦とそれに伴う外交闘争を通じ、中国の指導者たちが金門・馬祖を「蔣介石の手中にとどめ」、台湾・澎湖諸島に先行して「解放」しないと決定した過程を明らかにした。中国の指導者たちは、金門・馬祖の早期「解放」を事実上諦める代わりに、国府との国際的な停戦交渉や協定締結を断固として拒否した。そして、金門・馬祖が国府の手中にあることを強調することによって、台湾海峡における紛争は内戦であることを主張しようとした。そのことは、金門・馬祖と引き換えに米華相互防衛条約を認めるよう迫る米政府の停戦案や、中国政府と国府が対等な主体として参加する多国間の交渉を提唱する各国の停戦案、すなわち「二つの中国」論に反駁するために、中国が「一つの中国」という論理を用いはじめたことを意味した。

しかし、同時代史的な視点に立ってみれば、この「一つの中国」論は非常に脆い基盤の上に成り立っていたにすぎなかった。最大の問題として、金門・馬祖を「蔣介石の手中にとどめる」というのは、あくまでも中国共産党内部の決定事項にすぎず、国際的な取り決めでもなければ、共通認識でもなかった。前田直樹の研究が論じたように、第二次台湾海峡危機を生起させた軍事的緊張が沈静化すると、米政府内においては金門・馬祖の放棄が検討された[1]。また、ズボックによって紹介された一九五九年一〇月の中ソ首脳会談記録が示すように、フルシチョフは毛沢東に対して、金門・馬祖を砲撃し、内戦を継続するという中国の方針を批判した[2]。米ソ両国の指導者にとって、金門・馬祖の放棄は確かに冷戦における後退ではあったが、核戦争のリスクを負ってまでこれら島嶼を防衛、あるいは攻略する必要があるのかについては、疑問を抱かざるを得なかったのである。

さらに、第二次台湾海峡危機によって中国と台湾の分断状況が国際的に強く印象づけられたため、国際機関の代表権や諸国の対中承認をめぐる「二つの中国」問題は、ますます明確なかたちで中国の指導者たちに突き付けられるようになった。この「二つの中国」をめぐるアイゼンハワー政権末期からケネディ（John F. Kennedy）政権初期にかけての政策論争については、すでに詳細な研究がなされている。これらの研究は、米政府の対華政策に内在していた「二つの中国」論が、この頃から「二つの中国」政策として顕在化したことを指摘している[3]。しかし、中国政府はそれにどのように対応したのかという問題はこれまでほとんど論じられてこなかった。

また、この時期は中ソ対立が進行し、台湾問題は中ソ論争における争点の一つとなった。ソ連の外交文書が公開されたことに伴い、一九五八年の台湾海峡危機における齟齬が中ソ関係悪化の決定的な要因となり、一九五九年の毛沢東とフルシチョフの論争、さらには六〇年代の中ソ対立へと繋がったことはほぼ定説となっている[4]。しかし、このような議論はあくまでも中ソ関係を悪化させた要因の一つが台湾問題であったことに注目しており、ソ連による金門・馬祖の放棄論や「二つの中国」論が、台湾問題をめぐる中国外交にどのような影響を与えたのかという点には注意を払っていない。これに対し、一九六一年の国連代表権問題においてソ連は「二つの中国」政策を採ることを検討したと指摘する研究もある[5]。しかし、「二つの中国」に反対する外交闘争においてソ連を頼ることができなくなった時、中国の指導者たちがいかなる方策を採ろうとしたのかという点が論じられることはほとんどなかった。

以上のような先行研究の状況を踏まえ、本章においては以下のような問題を明らかにすることを通じて、第二次台湾海峡危機後の金門・馬祖「解放」および「二つの中国」問題をめぐる中国外交について考察する。

第一に、米ソ双方から提起された、金門・馬祖に対する武力不行使を約するような停戦案に対し、中国政府はどのように反応したのか。第二次台湾海峡危機の過程において、中国の指導者たちは金門・馬祖を「蔣介石の手中にとどめる」という決定をし、以降も度々その決定に言及していたにもかかわらず、台湾海峡における停戦状態およびその停戦ラインを公式に認めることを拒んだのはなぜだったのか。

第二に、西側諸国やアジア・アフリカ諸国による「二つの中国」論が強まるなかで、「二つの中国」問題をめぐる中ソ関係はどのような展開をみせたのか。「二つの中国」問題をめぐる中ソの立場は公式には一致していたため、これまでその微妙な相違や論争が考察されることは少なかった。本章では、中ソ指導者の国際情勢認識が乖離していくなかで、中国の指導者が「二つの中国」問題に対するソ連の協力を失っていく過程を考察する。

第三に、上記二点の問題から明らかになるように、中国とソ連はこの時期、公式的な立場の表明という意味では一致を保ちながらも、現実的には台湾問題をめぐり歩調を揃えられなくなっていった。そのことは、それ以降の台湾問題をめぐる中国外交に対してどのような影響を与えたのか。

これらの問題について考察するために、本章では以下のような節によって論を進める。第一節は、第二次台湾海峡危機後に米華間で展開された金門・馬祖防衛や「自由中国」をめぐる議論に対する中国の認識と対応を論じる。第二節では、第二次台湾海峡危機後に中ソ間で論争となった金門・馬祖における武力行使の問題と、「二つの中国」に反対する闘争における社会主義陣営の団結の問題について論じる。そして、第三節では一九六一年の国連中国代表権問題を中心に、米政府の「二つの中国」政策とソ連やアジア・アフリカ諸国による「二つの中国」論に対し、中国政府がより積極的な対応を迫られた過程を明らかにする。

以上の各節における考察を通じて、本章は、第二次台湾海峡危機において到達した「一つの中国」論の立場から後退せず、それを定着させようと中国の指導者たちが外交努力を行っていたことを明らかにする。

1　第二次台湾海峡危機後の対台湾工作

(1)　金門砲撃の形式化と対台湾工作の再開

毛沢東は一九五八年一一月に起草した「三たび台湾同胞に告ぐ」を発表しなかったが、台湾海峡危機後の台湾に対する政策は、この内容を実行するものであった[6]。すなわち、一九五九年にはいると、解放軍は偶数日には金門のあらゆる標的に対する砲撃を自粛し、共産党は様々なルートを利用した国民党に対する和平交渉の呼びかけを再開しようとした。解放軍は大砲を中心とする福建前線の戦力を引き続き強化したが、金門に対する砲撃は次第に形式化し、戦闘の重点はラジオ放送や火薬の代わりに宣伝ビラを詰めた宣伝弾などを利用した心理戦へと移行していった。国府軍が当時整理した情報によれば、解放軍は一九五九年一年間で、金門を標的とする大砲を五七〇門から七三二門へ増加させ、金門に計五万六、九五六発の砲弾（うち宣伝弾五、六一一発）を発射した。しかし、一月七日に三万三、四〇一発が集中的に発射されたことを除けば、奇数日にまばらな砲撃がなされたのみであった[7]。また、中国の公刊史料によれば、一月七日に大規模砲撃を行ったのは国府軍が大嶝島へ奇襲攻撃を行ったことに対する報復であり、その後は「奇数日もすべて攻撃するとは限らない」という中央軍事委員会の指示に従い、次第に砲撃回数を減らしていったという[8]。

国府は蔣介石・ダレス共同声明において、中国大陸を回復する「主要な手段は孫文の三民主義の適用であり、武力の使用ではない」と声明した[9]。ただし、蔣介石は「大陸反攻」という目標と武力という手段が完全には否定されていないことを強調し、独力で「反攻」を成し遂げるための計画と準備を加速させた。また、同年一一月に王叔銘とドーンとの間で交わされた金門・馬祖防衛に関する覚え書きは、一方で金門に対する新たな大砲や戦車の提供を取り決め

表4-1　金門・馬祖における砲撃兵力（1959年3月）

人民解放軍		国府軍	
金門地区			
152ミリ砲	108門	8インチ榴弾砲	11門
122ミリ砲	264門	155ミリ砲	20門
76、75、57ミリ砲	237門	155ミリ榴弾砲	84門
		105ミリ榴弾砲	122門
		75ミリ榴弾砲	80門
合計	609門	合計	317門
馬祖地区			
152ミリ砲	2門	155ミリ砲	8門
122ミリ砲	88門	105ミリ榴弾砲	60門
76又は57ミリ砲	15門	75ミリ榴弾砲	12門
合計	105門	合計	80門

＊　福州地区において、中国共産勢力は推計47,600人の部隊を配備し、馬祖諸島の国府軍約23,000人と対峙している。廈門地区では、中国共産勢力は推計86,900人の地上軍を配備し、金門諸島の国府軍約86,000人と対峙していた。

＊　1958年11月の王叔銘・ドーン覚え書きにて金門への配備が合意された240ミリ砲12門と155ミリ砲15門、馬祖への配備が合意された240ミリ砲4門と155ミリ砲1個大隊は、すでに配備可能な状況であったが、この段階では配備されていなかった（同年内に配備された）。

出典：SNIE100-4-59 Chinese Communist Intentions and Probable Courses of Action in the Taiwan Strait Area, 13 March 1959, *Tracking the Dragon: National Intelligence Estimate on China during the Era of Mao, 1948-1976*（Washington D.C.: U.S. Government Printing Office, 2004）, p. 202.

たものの、他方で金門の兵力については「二万五、〇〇〇以上を削減する」と取り決めたにすぎず、具体的な兵力削減の合意はなされていないに等しかった[10]。その後、国府は「前線を安定させ」、「（台湾）海峡をコントロールし」、「戦力を強化し」、「反攻に向け待機する」という方針のもとで、金門・馬祖における防衛体制の立て直しをはかった。こうして、一九五九年一年間で、国府軍は「敵の陸海交通経路を遮断し、各種施設を破壊する」ために、中国大陸に二万三、五七七発の砲弾（うち宣伝弾四、三九七発）を発射した[11]。

これに対し、第二次台湾海峡危機後のアイゼンハワー政権は、蔣介石・ダレス共同声明と中国政府の「台湾同胞に告ぐ」に象徴されるような事実上の停戦状態を、より確実なものとする方策を模索した。前田直樹の研究によれば、アイゼンハワー政権末期のNSCや国務省は、金門・馬祖から国府軍を撤退させることも検討したが、政権内部の論争、国府の強硬な反対姿勢、

図 4-1　金門島から対岸に向け、端午節の贈り物を気球にのせて放とうとしている金門前線の兵士。石鹼、歯磨き粉、高粱酒などが贈られた（1963 年、金門島：中央通訊社）。

図 4-2　1960 年代初頭に共産党が金門島や馬祖島に散布したと推定される宣伝ビラ。1950 年代に解放軍に投降した元国府軍兵士が大陸で家庭を築き、人民公社に参加してさらに幸福になったと宣伝している（1960 年代初頭：秦風老照片館提供）。

アジアの同盟国に対する信頼性の失墜などを考慮した結果、それを国府に提案することはなかった。同政権はむしろ、金門・馬祖を保持したまま、「事実上の停戦」状態を継続し、国府が「大陸反攻」よりも「自由中国」を掲げ、経済発展と台湾における統治基盤強化に努めることを期待した[12]。同政権は最後まで、「二つの中国」政策を採るという方針を明確に打ち出さなかったが、上記のような立場は実質的な「二つの中国」政策であると見なされるようになっていた[13]。

他方で、第二次台湾海峡危機後、共産党の指導者たちは一九五八年末から一九五九年三月にかけて激化したチベットのラサ武装蜂起に対する対応に追われた。ラサ武装蜂起は、一九四九年以来、中国大陸において初めて起きた共産党に対する本格的な蜂起であったため、蒋介石は蜂起が中国西北、西南部の各省に拡大することを期待し、これに呼応して戦う意志を示す「チベット同胞に告げる書」を発表した[14]。しかし、ラサ武装蜂起は解放軍によって、翌月には完全に鎮圧された。このようなラサ暴動に加え、大躍進政策の行き詰まりも表面化するなか、毛沢東は四月の第二期全国人民代表大会第一回会議において国家主席の座を劉少奇に譲り渡した[15]。

このような状況下において、共産党は反右派闘争以降実質的に停止していた対台湾宣伝工作を再開しようとした。一九五七年以前の対台湾工作と一九五九年に再開された対台湾工作の最大の相違点は、一九五七年以前の対台湾工作が「台湾解放」を掲げるものであったのに対し、一九五九年以降の対台湾工作においては「台湾・澎湖・金門・馬祖の解放は長期的かつ複雑な課題」であることが強調された点にある。それに伴い、第二次台湾海峡危機の過程において明らかになった米政府と国府の齟齬を「利用」し、国府の金門・馬祖防衛を「支持」することによって「二つの中国」に反対するという論理も強調されるようになった。

四月一五日、毛沢東は国家主席として自らが招集する最後の最高国務会議となった第一六回最高国務会議において、「昨年の八月から今年四月までは、台湾問題とチベット問題が重要であった」と、二つの問題に関する講話を行った。毛沢東は「両地域はともに我々の未だ改革されていない地域」であるが、「チベット問題と台湾問題の性質は異なり、最大の違いは台湾がアメリカと条約を締結していることである」と述べ、前年八月の危機で米華に与えた「打撃」について振り返った。毛沢東の論理によれば、解放軍の金門砲撃に上手く対応できなかったために、米共和党は前年一一月の中間選挙で民主党に敗北を喫したのであった(16)。

翌月、東ドイツの人民議院委員に面会した際も、毛沢東は「チベット問題は今回解決したが、台湾問題はしばらく解決できず、問題はアメリカが台湾を占領していることである」と述べた。そしてさらに、「我々が（去年）金門を攻撃したのは、蔣介石を助けるためである。なぜならアメリカは金門と馬祖を我々に渡し、自分は台湾を占拠しようとした。我々は金門と馬祖を放棄して、蔣介石に渡した。蔣介石は困難な状況にあるので、我々が金門・馬祖を攻撃すれば、アメリカは蔣介石に総統を続けさせるだろう」と、金門に対する限定的な砲撃を継続することで、翌年以降も蔣介石が総統に留任することを支持する立場を明確に示した。台湾では、一九五八年末から蔣介石が総統三選への意欲を見せはじめると、一九六〇年の国民大会において、憲法で禁じられた総統三選を蔣介石に許すのか否かが論議を呼んでいた。この問題について、胡適、王世杰ら自由派知識人が『自由中国』などを通じて憲法違反に異論を唱えていたほか、陳誠も憲法を改正することには抵抗を示していたといわれる。(17)これに対し、毛沢東は、「蔣介石は親米であるものの、台湾を自分で統治したがっている」が、「もう一つの派閥は親米で、完全にアメリカに投降したがって」いると認識し、蔣介石が総統に留任する方が望ましいと考えていたようである。(18)

上記のような状況認識に基づき、党中央は上海局、各省・市・自治区の党委員会、およびチベット工作委員会に対して、対台湾工作に関する通知を行った。同通知は一九五六年七月の「平和解放」に関する「指示」以来の工作（第二章参照）が「一定の効果」を上げたことを評価し、目下の「米蔣間の亀裂が深まり、台湾内部の民族主義あるいは愛国主義的感情が高まった」状況は「我々にとって有利である」と判断していた。しかし、その一方で、「米帝国主義は台湾地区から撤兵せず、蔣介石もすぐに和平交渉を受け容れようとはしない。台湾・澎湖・金門・馬祖の解放は長期的で複雑な闘争となろう」、「国内外の階級闘争の形勢が変化するに伴い、闘争は起伏のあるものとなろう」など、工作に関する慎重な見通しを以前の文書よりも明確に示していた。そのうえで、党中央は各地の対台湾工作組織を「健全化」し、国民党の人員に対する呼びかけや大陸在住の家族・親友に対する工作を継続するよう指示したのであった（**巻末史料4―1**を参照）(19)。

さらに、一九五九年秋にはいると、共産党は対台湾工作の新たなカードを切った。それは国共内戦以降に捉えた国民党捕虜の釈放である。九月一四日、毛沢東は全国人民代表大会常務委員会に対し、中華人民共和国の成立一〇周年を祝う際に「すでに悪を善と改めた一部戦犯を特赦する」よう提案した。(20)翌一五日、毛沢東は民主諸党派の責任者たちとの座談会においてこれら「戦犯」の「特赦」について説明し、前年一〇月に金門・馬祖を「解放」する方針から、「台湾・澎湖・金門・馬祖をまとめて蔣介石に管理させる」方針に転換した過程を詳細に語り、「さもなければダレスは我々の指導者となり、金門・馬祖をもって台湾・澎湖諸島と交換し、蔣介石を総統の座から下ろすだろう」と述べ、民主人士に対しても、「金門・馬祖を蔣介石の手中にとどめる」ことを利用して、蔣介石の総統三選を支援する姿勢を明らかにした。(21)一九五九年以降、この「特赦」は一九六〇年一一月、一九六一年一二月、一九六三年三月、一九六四年一二月、一九六六年三月の計六回に分けて行われ、計二六三名の捕虜が釈放されたといわれる[22]。

このように、第二次台湾海峡危機後の対台湾工作は段階的に再開されたが、たとえば『内部参考』を見ても、一九五四年から一九五七年の間に行われていたように、各地で対台湾工作に関する座談会等が頻繁に開かれ、各地各階層の反応に関する情報が収集された形跡は見られない。その最大の理由としては、「平和解放」の推進と挫折、台湾海峡危機という一連の流れを経て、中国の対台湾工作が実質的には手詰まりとなっていたことを指摘できよう。それに加え、第二次台湾海峡危機以降は米華関係も微妙な局面を迎えており、中国の指導者たちが対台湾工作に慎重であったことも指摘できる。一九五九年末に中央対台湾工作小組は半年間の活動を総括したが、「総統選挙」までの国民党は「困難な時期」にあるため、対台湾工作は「蔣介石と連携し、アメリカに対抗する」方針を貫き、慎重に行うべきであることを確認した。このような観点から、国民党捕虜の釈放についても、台湾や国際社会に対して直ちに宣伝がなされたわけではなかった[23]。

(2)「二つの中国」への反対と蔣介石支持

一九六〇年三月、蔣介石は第一期第三回国民会議において、「動員戡乱時期臨時条款」を修正し、憲法の改正を回避するかたちで総統三選を「合法化」し、総統再選を果たした[24]。台湾における国民党の一党独裁に対して自由化を求める声は台湾内外に存在したが、この問題をめぐる米華間の摩擦は、共産党が主張したほど深刻ではなかったように思える。複数の台湾政治史および米華関係史の研究が指摘するように、当時の米政府は国府とともに掲げる「自由中国」のスローガンが表面的なものにすぎないことは十分に承知しつつも、進んで蔣介石に代わる指導者を台湾の政権に就け、政治的自由化を実現しようとは考えていなかった[25]。同年九月に、『自由中国』誌発行人の雷震が反乱煽動罪で当局に逮捕される事件（雷震事件）が起きた際も、米政府は外交ルートを通じて雷震への減刑を求めるにとどまり、国府を批判する公式声明などは発表しなかった[26]。

中国の公刊史料によれば、蒋介石が総統に再選された頃、共産党は民主人士を通じ、蒋介石に対する和平交渉の呼びかけを活発化させた。周恩来は国民大会終了後の三月三〇日に章士釗に会い、「アメリカは『二つの中国』をつくれないが、それでもつくろうとするだろう」と伝えたという[27]。さらに、五月二〇日に蒋介石が第三期総統に就任した直後、周恩来は「蒋介石に共産党の対台湾政策を了解させるため」に張治中ら民主人士に会い、蒋介石・蒋経国宛の書簡を託した。この時に周恩来は「台湾がアメリカの手に落ちるくらいならば、蒋氏父子の手にあったほうがよい」と述べ、台湾は必ず中国へ統一されるという原則（一綱）のほか、①祖国復帰後は外交を中央に統一する以外、軍事、人事などはすべて蒋介石、陳誠、蒋経国が指導し、蒋介石の意志を重んじ、②経費が足りない場合は中央が補塡し、③台湾の社会改革は緩やかに、条件の成熟と蒋介石の同意のもとで行い、④互いに特務を派遣せず、団結を壊さないとの四点（四目）を伝えたという[28]。これらは後に中国で「一綱四目」と呼ばれ、現在では「毛沢東時代における祖国統一の青写真」とも位置づけられている[29]。

こうした共産党から国民党に対する呼びかけは、これ以前に行われた和平交渉の呼びかけと同様、国府の指導者たちにどの程度伝わっていたのかは不明である。ただ、中国の出版史料や内部史料も認めているように、それまでと同様、これらの呼びかけに対する国府からの積極的な反応は見られなかった[30]。同年六月にアイゼンハワーの訪台を控え、蒋介石はむしろアイゼンハワーを歓迎し、米華同盟関係の緊密さをアピールすることに心を砕いた。日米安全保障条約の改定をめぐり反米感情が高まった日本への訪問を断念せざるを得なかったアイゼンハワーを、台北では三〇万人の民衆が熱烈な歓迎をもって迎えたという[31]。この時、蒋介石とアイゼンハワーの会談において金門・馬祖防衛の問題を協議することは回避され、対大陸空挺作戦への協力を要請する蒋介石に対し、アイゼンハワーはC－130B型長距離空輸機とF－104型戦闘機一個中隊の供与を申し出たほどであった[32]。

こうした状況に対し、共産党はアイゼンハワー訪台にあわせて金門に対する集中的な砲撃を行うことで、米華に対して宣伝攻勢をかけようとした。一九五九年以降、解放軍は金門に対して奇数日に数発の砲弾を放つにとどめることが慣例となっていたため、中央軍事委員会はこの慣例を考慮し、六月一七日および一九日に大小金門島を砲撃することを決定し、二日間で六万八千発の砲弾を放った(33)。これにあわせ、六月一七日に福建前線司令部は「台湾・澎湖・金門・馬祖の軍民同胞に告ぐ」を発表し、「一年以上前にダレスが来て、アメリカがつくり出す『二つの中国』に台湾を服従させ、台湾をアメリカの完全な植民地にしようと、あなた方に圧力をかけた」が、「当時は我々が砲撃し、あなた方がアメリカ人に抵抗し」て「二つの中国」を拒んだことを訴え、「偉大な中国人民のアイゼンハワーに対する軽蔑」を示すために砲撃を行うことを、ラジオ放送を通じて対岸へ伝えた(34)。また、国内においては、アイゼンハワー訪台や台湾海峡中立化一〇周年（六月二七日）などを名目に、「米帝国主義」とその「二つの中国」の「陰謀」に抗議し、「必ず台湾を解放する」ことを掲げる運動が行われたのである(35)。

（3） ケネディ政権による「二つの中国」政策への懸念

一九六〇年にはいり、アメリカで大統領選挙戦が本格化すると、台湾を保持することと、台頭する中国をより効果的に抑制する政策を両立させるために、ケネディ陣営から金門・馬祖防衛を放棄するという議論が提起された。コウチャビ（Noam A. Kochavi）の研究が指摘するように、一九六〇年の大統領選において、台湾を防衛し、対中封じ込め政策を継続すること自体はもはや争点ではなく、金門・馬祖防衛の問題のみが争点化したのである(36)。

そもそも、第二次台湾海峡危機後のアメリカ国内においては、アイゼンハワー政権に対して、よりリベラルな立場から対華政策の変更が提案されるようになっていた。一九五九年一一月、米議会上院外交委員会がコンロン・アソシエイツ（Coulon Associates）に委託した対アジア政策に関する報告書、いわゆる「コンロン報告」が提出された。カリフォルニア大学のスカラピーノ（Robert A. Scalapino）教授を中心に執筆された北東アジアに関する報告は、核開発をはじめとする中国の対外拡張傾向への対応という観点から、一方では中国政府の国連代表権も認めるべきであると主張しつつ、他方では台湾を「台湾共和国」として承認し、アメリカの保護下に置くことを提言していた。

一九五二年と一九五六年の選挙戦において民主党大統領候補であったスティーブンソン（Adlai E. Stevenson、ケネディ政権において国連大使に就任）は、『フォーリン・アフェアーズ』誌の一九六〇年一月号で、ケネディ陣営が掲げる外交政策を論じ、核軍縮やアジア冷戦において中国が持つ影響力は拡大しているため、国連における中国政府の代表権獲得を妨げず、金門・馬祖からは撤退し、台湾の地位は国連監視下の住民投票によって決定すべきであると主張した。(37) また、ケネディ政権において国務次官となるボールズ（Chester A. Bowles）は、同誌の一九六〇年四月号に「中国問題再考」と題する論文を掲載し、「レーニン・スターリン・毛イデオロギー」に支配された大陸中国とは対照的な、「独立した中・台共和国（An independent Sino-Formosan nation）」、つまり現代化を遂げ、非共産主義的な新しい国家を創設すべきであるとの議論を展開した。ボールズはそのために、金門・馬祖を「中立化」して兵力を撤収し、台湾・澎湖諸島の防衛力を高めることを主張した。(38)

そして、側近だけではなく、ケネディ民主党大統領候補自身も、一九五九年九月のオクラホマにおける演説、一九六〇年七月の英『サンデー・タイムズ』紙によるインタビュー、同年九月のニクソン（Richard M. Nixon）共和党候補との公開討論など様々な場面において、金門・馬祖は国連の信託統治下に置くか、非武装化あるいは中立化すべきとの持論を展開していた。その論旨をまとめれば、金門・馬祖の防衛は不可能であるうえに、台湾・澎湖諸島の防衛にとって死活的ではないため、金門・馬祖防衛のために世界戦争に巻き込まれる危険を冒すのは賢明ではないといったものであった。他方で、ケネディは台湾防衛の重要性を強調し、「台湾は独立国として承認され得る」とまで踏み込んだ発言をしていた。(39)

ケネディと側近たちの対華政策に対する批判を中国が本格的に展開するのは、第三節で論じるように、ケネディが大統領に就任し、国連代表権問題をめぐる議論が白熱してきた一九六一年夏以降である。(40) そのため、上記のような議論に対する中国指導者の当時の認識を示す史料は少ないが、一九六〇年一〇月、取材のために中国を訪れたエドガー・スノー（Edgar P. Snow）とのインタビューにおいて、毛沢東や周恩来は米大統領選挙に対する自らの見解を語った。大統領選における金門・馬祖防衛に関する論争についての所感を求めたスノーの質問に対し、毛沢東はケネディもニクソンも選挙戦のために金門・馬祖防衛という争点を利用しているにすぎないと指摘し、以下のように述べた。

すでに声明を出したように、蔣介石に二つの島々（引用者注：金門・馬祖を指す）を防衛させる。我々は彼らの補給を妨害せず、もしも補給が足りないならば、我々が彼らに援助するくらいだ。我々が欲しいのはすべての台湾地区、つまり台湾および澎湖諸島に金門と馬祖を含む、中国の領土すべてである。(41)

毛沢東は、スノーに語った内容がアメリカの内外に伝わることを充分に考慮していたに違いない。(42)上記の発言は、台湾・澎湖諸島に先行して金門・馬祖を「解放」する意図はないことを明確に示しており、それは米大統領選でケネディ陣営が提起した、金門・馬祖の国連信託統治、非武装化、中立化などの案を拒絶する論理として用いられていた。蔣介石・国府も、コンロン報告や米大統領選において、金門・馬祖からの撤退や中立化に関する議論が繰り広げられていることを警戒していた。一九六〇年一〇月、ニクソンとケネディの公開討論について、国府のスポークスマンは「選挙戦のためであるとはいえ、無責任にも他国の領土を放棄するような議論を展開することは、信頼感を損ねる」と批判し、蔣介石は「金門・馬祖のために命を賭けて奮闘する」との態度を改めて表明したのであった。(43)

2　台湾問題をめぐる中ソ間の齟齬

(1)　台湾海峡における支援の継続

一九五八年の台湾海峡危機において、中国の軍事行動がアメリカとの間に核戦争をも招きかねないような危機を勃発させたことは、ソ連の中国に対する不信感を明らかに増大させた。なぜなら中国の行動は中ソ二国間の問題にとどまらず、社会主義陣営におけるソ連のリーダーシップや、ソ連が推進しようとしていた対米緊張緩和にも挑戦するものと捉えられたためである[44]。実際、この時期における中国とソ連の指導者間の対米認識は大きく隔たっていた。ソ連の指導者たちはアメリカとの緊張が緩和傾向にあると認識したのに対し、中国の指導者たちは第二次台湾海峡危機後、アメリカの対中封じ込めはますます強化されたと認識していた。

一九五九年夏にフルシチョフが訪米を決定したことは、両者の溝をさらに深めることとなった。フルシチョフ訪米における最大の争点は、ベルリンの問題であった。前年一一月、フルシチョフは米英仏に対し、ベルリンを非武装の「自由都市」とすることに六カ月以内に同意しなければ、西ベルリンからの西側勢力の駆逐を主張する東ドイツ政府（ウルブリヒト政権）にベルリンの管轄権を引き渡すと突如宣言した。フルシチョフは強硬な宣言により、ベルリン問題に対する西側陣営の譲歩を引き出そうとしたものと見られるが、西側陣営からの譲歩は得られず、フルシチョフは六カ月の期限を過ぎても行動を起こさなかった[45]。このような状況下において、アイゼンハワーの招請に応じる形式で、フルシチョフが訪米することとなったのである。

フルシチョフの訪米について、ソ連政府は外交ルートを通じて中国政府に通知し、中国政府が希望する議題はあるか否かを照会した。フルシチョフは八月三日に訪米予定を発表したが、八月七日になってようやく、毛沢東宛に訪米の主旨を伝える書簡を送付した[46]。八月九日には、首脳会談決定に至るアイゼンハワーとフルシチョフ間の往復書簡等がアントーノフから陳毅へ手交され、フルシチョフの訪米予定が正式に伝えられた[47]。これに対し、毛沢東はフルシチョフ宛の返信書簡に、「アメリカは追い込まれた状況であなたを招待せざるを得なくなった」のであり、「今回の訪米はアメリカをさらに受動的な地位へ追い込むものであると深く信じている」と、フルシチョフ訪米に肯定的な見解を記した[48]。ただし、八月二五日にアントーノフと会談し、毛沢東の書簡を手交した陳毅は、以下のような中国共産党の立場を補足した。

我々はソ連の同志の（引用者注：中国）重視に感謝する。フルシチョフ同志と米大統領の往復書簡やその他の資料は我々にも共有された。目下の重要な国際問題に関して、中ソ両国の観点は完全に一致している。「二つの中国」問題、台湾問題、チベット問題、国連における合法的な地位に関する問題などにおける我が国の立場をソ共中央および政府は明確に理解している。同時に、最近ソフィアで開催された兄弟国家の外交副部長級の会談において、これらの問題に対する我々の態度はソ連やその他兄弟諸国の代表に対して説明している。現在も我々のこれらの立場に一切の変更はない。(49)

ここで言及されたソフィアで開催された会談とは、同年八月六日から八日に開催された、社会主義諸国による第一四回国連総会への準備会議のことであろうと推測される。同会議において、中国は国連代表権問題、「二つの中国」問題、およびチベット問題が国連総会における「重要問題」であるという主張を展開していた。(50)つまり、フルシチョフ訪米において米ソ間でこれらの問題をめぐる取引がなされないよう、陳毅はアントーノフに釘を刺していたと見るのが妥当であろう。

キャンプ・デービッドで行われたフルシチョフとアイゼンハワーの首脳会談において、台湾問題が話題にのぼったのは、最終日の九月二七日であった。米国務省の記録によれば、フルシチョフは核軍縮に対する米ソ共通の見解を確認した後に、米政府の対中政策について、今後の見通しを問うた。これに対し、アイゼンハワーとハーター（Christian A. Herter）国務長官は台湾海峡における軍事的挑発が継続していることを指摘し、対中政策の変更は中国政府の態度いかんによるとの反応を示した。そこでフルシチョフは、米政府は対中政策を改めるべきであり、米政府の台湾に対する援助――とりわけ軍事援助――や国連から中国を締め出すことは現実的でないとの主張を展開した。台湾問題（The question of Taiwan）について、ソ連は中国の見解に賛同しており、台湾は中国の一省にすぎず、蒋介石政権はロシアのケレンスキー政権のようなものと認識しているとフルシチョフは述べた。アイゼンハワーにとって、このような主張は議論の余地もないものであった。(51)

米ソ首脳会談において、両首脳は台湾問題をめぐる米ソの立場の相違を再確認したにすぎなかった。九月二七日の会談に同席したハーターは、台湾問題をめぐり米ソ首脳が何ら生産的な協議を行えなかったことを憂慮し、フルシチョフが中国を訪問する前に、再度アメリカの立場に対する理解を求めようと考えた。ハーターは、アイゼンハワーからフルシチョフ宛の書簡を起草し、九月二九日付で発出した。同書簡は「世界平和という我々の共通利益」という観点からも中国問題（The China Questions）は非常に重要であり、「アメリカを含む四五の諸国が中華民国を中国の合法政府（legitimate government）として承認している」以上、これを「国内問題」であるとするフルシチョフの主張には異議を唱えざるを得ないと主張した。そのうえで、フルシチョフによるドイツ問題に対する主張と中国問題に対する主張には矛盾があると指摘し、中国問題はドイツ問題と同様、米ソ協力によって解決することが可能ではないか、軍縮問題と中国による武力行使放棄の問題をリンケージさせるべきではないかと呼びかけた。[52]

（2）金門・馬祖をめぐる齟齬

フルシチョフは、訪米直後の九月三〇日に北京に到着し、一〇月一日には中華人民共和国成立一〇周年の記念式典に参加した。ルティやチャンの研究が当時の報道などに依拠して明らかにしたところによれば、フルシチョフは到着直後から国慶節のセレモニーに至るまで、アイゼンハワーとの「平和共存」を強調し、台湾海峡や中印国境地帯における中国の急進的な対外政策を非難したという。毛沢東はこれに気分を害し、中ソの指導者間の雰囲気は険悪であった。[53]こうした雰囲気のなか、一〇月二日に毛沢東とフルシチョフは首脳会談に臨んだのであった。

一〇月二日、毛沢東とフルシチョフの会談を午後に控え、グロムイコは陳毅との会談を急遽申し入れ、アイゼンハワーがフルシチョフに宛てた書簡を手交した。グロムイコが同書簡を前提として毛沢東との会談に臨みたいと述べたため、陳毅は直ちに書簡を翻訳し、毛沢東が会談前に読めるようにすると約束した。同会談録に手交された書簡は添付されていないが、グロムイコが陳毅に対し「この書簡はフルシチョフ・アイゼンハワー会談における意見交換の継続だ」と伝えたことから、ハーターが起草した九月二九日付の書簡であると推察される(54)。

予定通り同日午後に行われた毛沢東とフルシチョフの公式会談において、両指導者はアイゼンハワーからの書簡について議論を交わした。毛沢東は書簡において提起された、「台湾問題をドイツ問題と同じように扱えないのはなぜか」という問題について、一九五五年以来の台湾問題をめぐる米中関係を総括した後、以下のように述べた。

台湾とドイツの違いは、台湾は中国に比べ人口が圧倒的に少ないことと、中国は第二次大戦の敗戦国ではなく、戦勝国であることだ。ドイツだけではなく、朝鮮半島にもインドシナ半島にも分断の協定があるが、台湾問題に関してそのような国際会議はなかった。それは、アメリカの台湾に対する介入が社会主義国のみならず、イギリスやアメリカ国内、およびその他諸国にも支持されていないからだ。

図4-3　1959年10月のフルシチョフ訪中時、中華人民共和国成立10周年を祝う毛沢東（左）とフルシチョフ（右）。表面的には友好的な訪中であったが、水面下では台湾問題などをめぐり激しい議論が交わされた（1959年10月1日北京：RIA Novosti/PANA 通信社）

毛沢東はそのうえで、「台湾問題については明確である。我々は台湾だけでなく、一〇年、二〇年、おそらく三〇年先までは沿海島嶼にも触れない」と主張した。

これに対し、フルシチョフは「我々は水面下では台湾海峡で戦わないと言っているが、表面的には台湾問題をきっかけに戦争が起きればソ連は中国を守ると宣言しているため、危機的状況（pre-war situation）が生じている」との憂慮を示した。さらに、レーニンが日本との直接対決回避を意図して極東共和国の独立を認めた例に触れ、「台湾問題をどのように解決すればよいかはわからないが、緊張を緩和して欲しい」と、台湾海峡における軍事的緊張が米ソの衝突を招くことのないよう要請した。また、フルシチョフは「今日初めて聞いた中国の指導者たちの方針（引用者注：文脈から「沿海島嶼にも触れない」という点であると考えられる）もあったが、同盟国である我々も巻き込み得る、台湾問題をめぐるすべての状況を報告して欲しい」と述べ、前年の夏に金門への砲撃を事前に通知しなかったことも非難し、今後は中ソ間の協議が必要であると説いた。

しかしながら、このようなフルシチョフの批判に対し、金門砲撃については「一カ月前に通告した」と反論したうえで、毛沢東は以下のような主張を展開した。

アメリカとの問題と蔣介石との問題は違う。アメリカに対しては粘り強く交渉を行うが、蔣介石に対しては交渉以外の手段もあり得る国内問題である。極東共和国の例を挙げたが、ラトビアやリトアニア、エストニアなどの例も見れば、（引用者注：独立を認めた後に再統合が可能なのは）外国の干渉がなければの話だとわかるだろう。

情報の交換についても、毛沢東はアメリカと戦争はしないのであるから情報交換は必要ない、つまり国内問題である蔣介石に対する攻撃に関してソ連に情報を提供する必要はないという論理を繰り返すのみであった[55]。

国慶節の前後、毛沢東はフルシチョフだけではなく、その他社会主義諸国の代表団に対しても台湾問題をめぐる中国の新たな立場を積極的に伝えた。それらの談話は、フルシチョフとの談話と同様に、第一に、台湾問題は国際問題であると同時に国内問題でもあり、国際問題は平和的手段を用いて解決しなければならないが、国内問題には平和的手段と武力的手段の双方を用いた解決があると主張した。そのため、武力行使の可能性を完全に否定することはできないが、台湾・澎湖・金門・馬祖の「解放」について急いではいないというのが二点目の主張であった。そして第三に、中国はドイツとは異なり戦勝国であるため、「二つの中国」は認められず、その点については台湾の蔣介石政権と一致していると、毛沢東は主張した。このような立場について、中国は社会主義諸国から理解と賛同を得ようとしていたのである[56]。

一〇月四日、フルシチョフは北京を発った。ルティの研究によれば、フルシチョフは北京での会談に不満であったが、表面上は「心から友好的な会談」を装い、帰国後の会見を行った[57]。その後、フルシチョフはアイゼンハワーに先の書簡への返信を認めたが、台湾問題をめぐる主張はキャンプ・デービッドにおける主張と一切変わらなかった。すなわち、「台湾は中国の一省であり、中国の台湾回復はアメリカも含む大多数の国に承認され、カイロ宣言およびポツダム宣言にも明記されているため、中国を分断国家として扱うことはできず」、「台湾問題と軍縮問題をリンケージさせることは困難である」と、フルシチョフはアイゼンハワーに伝え、それを中国にも転送したのであった[58]。

フルシチョフは確かに毛沢東が台湾海峡において挑発的な行動を採ることに批判的ではあったが、台湾の地位について、中国の合意が得られないにもかかわらず米政府に歩み寄るようなことはしなかった。フルシチョフにとって最大の関心は台湾海峡を契機とした戦争に巻き込まれないことであり、毛沢東に対しこの点を強く主張した。これに対する毛沢東は、金門砲撃の正当性を主張しつつも、「おそらく三〇年先までは沿海島嶼にも触れない」という方針を明言した。しかし、フルシチョフの毛沢東に対する不信と危機感は根強く、翌一九六〇年には中国の核開発への援助中止や軍事顧問団の引き揚げを決意するに至るのであった。

フルシチョフが毛沢東に対し不快感を抱いていたのと同様に、毛沢東も訪米時と訪中時のフルシチョフの態度を内心快く思ってはいなかったといわれる。とはいえ、一〇月一四日にアントーノフが毛沢東に対し、フルシチョフの訪米に関する機密情報を手交した際には、「ソ共中央の対外政策の歩調（引用者注：フルシチョフ訪米のこと）に完全に賛同する」と述べていた。同会談において、毛沢東は「フルシチョフはアイゼンハワーとの会談において台湾問題に関する正しい立場を堅持した」ことに再び言及し、「中国は台湾をめぐり米国と戦争を始めるつもりはなく、一〇年から二〇年、三〇年、四〇年でも待てる」と語った。ただし、「米国は沿海島嶼をめぐり戦争を始めるつもりはなく、昨年の砲撃ではそれが実証された」と述べるなど、前年の金門砲撃を正当化しこそすれ、反省している様子はなかった[59]。

(3) 「二つの中国」問題に関する備忘録

「二つの中国」問題に対し、ソ連政府は公式の立場として、国際社会には中華人民共和国が代表する「中国」しか存在し得ず、国府が国際機関、国際会議などに参加する資格はないと、中国政府の立場を支持する主張を行っていた。しかし、一九五〇年代半ば以降、多くの国際機関や国際会議で中国政府と国府の代表権問題が生起すると、ソ連は社会主義陣営の盟主という立場から、代表権問題に対するより合理的かつ柔軟な姿勢を中国政府に要求する場面もあった。これは、五〇年代半ばから中国が「二つの中国」論に反対する姿勢を硬化させていったことと対照的であった。(60)

第二章で論じた第一九回赤十字国際会議における中国代表権問題は、実は中ソ間に「二つの中国」をめぐる不信感が芽生えるきっかけであったと位置づけることも可能である。当時、ソ連の赤十字社会長は、「台湾が参加していても中国政府は参加し、ソ連等と一緒に闘争を行わなければ、社会主義諸国は受動的な立場に陥ってしまう」と主張し、赤十字常設委員会で「フォルモサ」の招請案を支持していた。(61) この件について、周恩来や外交部はソ連に対して抗議を行い、ソ連側もこれに異議を唱えず、最終的に中国との共同歩調をとったが、中国政府はこれ以来、「二つの中国」反対に関するソ連の協力に猜疑心を抱くようになった。

こうした赤十字国際会議における教訓や、同年の中国による国際オリンピック委員会からの脱退を受け、一九五八年八月九日、ソ連対外文化連絡委員会のツルギコフ(K. A. Churugikov)は劉暁大使に一通の備忘録を手交した。(62) 備忘録には、同委員会が国際機関の各代表を招集し、「二つの中国」問題をめぐる中国政府の立場について説明をしたところ、参加者から多くの疑問が提起されたという経緯が記され、その国際機関は、国際自動制御連合、国際科学会議、世界エネルギー会議、国際天文学連合、国際地理学連合など多岐にわたっていた。(63) ソ連側は「二つの中国」であると見なされる状態の基準を事前に把握しようとしていたのである。そこで、中国対外文化連絡委員会は外交部や科学部などにも同備忘録を転送し、ツルギコフに回答するための備忘録作成に取りかかった。(64)

対外文化連絡委員会から連絡を受けた外交部国際司は、対外文化連絡委員会とは別に、「二つの中国」問題に対する立場を示す備忘録をソ共対外文化連絡委員会および社会主義諸国の関係部門に送付することを決定した[65]。九月四日に中国外交部からソ連外交部に送付された、「二つの中国」に反対する闘争に関する備忘録は、以下のような内容であった。

1. 国際社会において中国を承認せず、国際組織から中国を締め出すことは、日増しに難しくなっている。そのような難局を乗り切るために、アメリカは「二つの中国」の実現に向かおうとしている。

2. 中国政府が「二つの中国」の陰謀に対抗する方法として、
① 第一九回国際赤十字総会、国際オリンピック委員会のように、国際組織や会議への蔣介石集団の参加を拒否し、叶わなければ脱退する。
② 国際法協会のように、事実上「二つの中国」となってしまう組織や会議も受け入れない。
③ すでに蔣介石集団が参加している組織や会議には、彼らの脱退が実現した後に参加する。

3. アメリカに支配されている国連では、蔣介石が代表であり、中国の参加は妨げられている。この状況に対抗する方法として、
① 中国は国連にいかなる代表も派遣しない。
② 中国は国連にいかなる資源・資金も拠出しない。
③ どうしても中国と関連してしまう議題や委員会については個別に対応する。

4. 中国は国際機関や会議への参加は他国との関係を深める一手段としか考えておらず、中国のこれら組織への不参加は社会主義陣営諸国や一部の友好国との関係を妨げるものではない[66]。

この備忘録からは、一九五六年の第一一回国連総会や翌年の第一九回赤十字国際会議の時に比べ、「二つの中国」問題に対する中国政府の立場が、さらに妥協の余地がないものとなっている様子を見て取ることができる。

この間、ソ連対外文化連絡委員会は「西側諸国が国際組織において『二つの中国』を企図していることに関する中華人民共和国政府の立場」と題する備忘録（以下「中華人民共和国の立場」と略記）を作成し、国内の関係各機関へ通知すべく準備を進めていた[67]。駐ソ大使館からツルギコフの備忘録に対する回答を促された中国対外文化連絡委員会は、党中央対外連絡部、外交部、文化部、科学院など関係部門を九月一一日に再招集し、ツルギコフ宛の「二つの中国」への反対に関する備忘録を準備した[68]。最終的に同備忘録は陳毅主管のもとで取りまとめられ、周恩来と党中央の批准を経て、駐ソ大使館からソ連対外文化連絡委員会に送付された[69]。また、これとは別に、外交部は「中華人民共和国の立場」に対して数点の修正を求め、九月四日付の外交部備忘録の立場をツルギコフへ再度伝達するよう、駐ソ大使館に指示した[70]。

その後、対外文化連絡委員会および外交部からの指示を受けた劉暁大使は、一〇月二一日にツルギコフと会談し、対外文化連絡委員会の備忘録を手交すると同時に、外交部の意見を伝えた[71]。劉暁の報告によれば、ツルギコフは中国政府の立場を「完全に了解」し、ソ連政府は「国際会議や国際組織でこの陰謀に対する闘争を必ず強化」すると述べた。また、九月四日付の外交部による備忘録も、すでに関係各部署に伝達し、「過去の深刻な過ちを正すために役立った」と述べ、謝意を示した[72]。

以上のような、第一九回赤十字国際会議から「二つの中国」問題に関する備忘録交換に至る中ソ交渉の過程は、中ソ両国が「二つの中国」問題に対する原則的な立場は一致させつつも、具体的問題への対応についてはそれまで充分な摺合せを行っていたわけではなかったことを示している。中華人民共和国政府が「中国を代表する唯一の合法政府」であり、国府にその資格はないとの立場を、ソ連は中国と共有していた。しかし、国府と「中国」としての正統性をいかに争うかという戦術に関し、ソ連の指導者や各国際機関の担当者にとって、中国の「二つの中国」問題に対する態度は、いささか強硬かつ硬直的すぎるように思えたに違いない。

（4）「二つの中国」問題をめぐる齟齬

上記のように、中国政府はソ連政府との間で、国際機関において「二つの中国」に反対するための方針を共有したはずであった。しかし、その後の「二つの中国」に反対する外交闘争においても、中国とその他社会主義諸国が完全に同じ立場に立つことは難しかった。国際オリンピック委員会における代表権問題はその難しさを如実に示すものであった。

一九五二年のヘルシンキ・オリンピックにおいて、国府のオリンピック委員会は中国籍選手の出場に抗議し、大会参加をボイコットした。そのため、国際オリンピック委員会は中国のオリンピック委員会を承認していなかったにもかかわらず、中国籍選手一名のみが大会へ出場するという状況が生まれた。その後、一九五四年に開かれた第五〇回国際オリンピック委員会において、国府のオリンピック委員会が承認された状態のまま、中国のオリンピック委員会（中華人民共和国体育運動委員会）も承認される事態が生じた。これに対して、中国代表は国府代表のメンバーシップ解除を求めたが、当時の国際オリンピック委員会会長はこれを退けた。さらに、一九五六年のメルボルン・オリンピックにおいて、国際オリンピック委員会は中台双方のオリンピック委員会が選手を出場させる権利を持つとの立場に立った。この決定に抗議した中国はメルボルン・オリンピックをボイコットし、一九五八年には国際オリンピック委員会からの脱退を宣言したのであった[73]。

しかし、一九五九年にはいると、イタリアオリンピック委員会から中華人民共和国体育運動委員会に対し、翌六〇年にローマで開催される第一七回大会への参加の意思を問う照会がなされた。このイタリアオリンピック委員会からの照会は中国籍選手の参加に対して肯定的な内容であった[74]。しかし、体育運動委員会や外交部は、「その交換条件として西側諸国から、『オリンピックは政治的行事ではない』との理由で、『フォルモサ』代表を残す案が出される可能性がある」と警戒していた。そのため、①断固として「二つの中国」に反対し、そのようなオリンピック委員会とは協力しないという方針のもと、②国際オリンピック委員会において中国代表権の問題を主張することが決定された[75]。

一九五九年五月下旬に開催された国際オリンピック委員会第五五回会議では、国府代表の名称問題が議題となった。台北にあるオリンピック委員会にあたかも全中国を代表しているかのような名称を与えていること、および中台双方がその政治的立場を主張するためにオリンピック運動を利用していることに疑問が呈されたのである。そして、国際オリンピックは台湾のオリンピック委員会について、①全中国の体育活動を統括できない状況下では中国を代表するかのような名称の使用はもはや認められず、正式な名簿から削除するが、②異なる名義での申請であれば考慮すると決議した。

国際オリンピック委員会第五五回会議における上記のような決議を、ソ連オリンピック委員会は「蔣介石集団の代表権が取り消された」と伝え、中国にオリンピック委員会に復帰するよう促した。[76] しかし、この情報に対して中国外交部、対外文化連絡委員会および体育運動委員会が示した方針は慎重なものであり、さらに詳しい情報を収集した後に、ソ連オリンピック委員会に中国の態度を表明すると決定した。[77] その後、ソ連オリンピック委員会はさらなる情報とともに、「蔣介石集団はすでに除名された」との認識を示し、中国が加盟申請の際に「台湾選手の参加を吸収する」旨を宣言し、国府の拒絶を誘えばよいと提案した。[78] スポーツへの政治介入は国際的なイメージが悪いため、ソ連は中国にオリンピック委員会への復帰を表明させ、問題の責任を国府と米政府に転嫁しようとしたのである。

しかし、中国の態度は頑なであった。上記の各点を検討した後、外交部は一九五九年七月六日付で、「外交通報第六六期」を各在外公館に送付し、国際オリンピック委員会の決議は「『二つの中国』の具体的な段階と完全に合致するものではない」が、「その根源はやはり我々を『二つの中国』へ追い込む罠である」との警戒感を表し、この問題をめぐる社会主義諸国の団結について以下のような分析を行った。

本来なら、我々は決議における我々に有利な点と米華および国際オリンピック委員会の間の矛盾を利用してアメリカを攻撃し、アメリカと国際オリンピック委員会による「二つの中国」の陰謀を徹底的に暴きだすところである。しかし、問題は兄弟国家も皆この決議に賛成票を投じているところにある。彼らの考え方は、第一歩は蔣介石集団を駆逐し、第二歩は我が方が再び参加し、第三歩は蔣介石集団の再参加を許さないというものである。そのため、兄弟国家は皆、国際オリンピック委員会の決議は我々の闘争に利するものであると認識し、これが新しい「二つの中国」への罠であるとは認識していない。兄弟国家の行動は完全に好意から来るものであるが、結果は今後の国際オリンピック委員会において「二つの中国」に反対する闘争において彼らを受動的で無力な地位へ追い込むのみならず、我々が行動を起こす場合も彼らの困難を背負わなければならなくなっている（傍線引用者）[79]。

このような認識のもと、まず国府がどのような名称により参加申請を行うのか様子を窺い、その採決に際して社会主義諸国へ働きかける方針が決定された。態度を問われた際にも、まずは中国支持への感謝と、いかなる「二つの中国」論にも反対するという立場を述べるにとどめるよう、在外公館には指示がなされたのであった[80]。

北京では外交部の曾湧泉副部長が社会主義諸国の外交使節を招き、「外交通報第六六期」の立場を説明した。曾副部長は各使節に対し、「この決議自体は『二つの中国』の具体的な段階と完全に合致するものではないが、新たな『二つの中国』である」と注意を喚起し、「直ちにこの決議を支持する声明を出したり、加入を申請したりするのは適当ではない」と説明したうえで、「（引用者注：国府代表の）新名称による申請がなされたら、『検討中（under consideration）』の札を掲げ、その加盟に反対」するよう要請した。また、中国政府としては直ちにこの新たな「二つの中国」論への抗議を表明すべきであろうが、中立諸国の嫌悪感を喚起する可能性などを考慮すれば、当面は態度を表明すべきではないとの説明がなされた[81]。

他方、国府は「中華民国」として国際オリンピック委員会への再加入申請を行うと主張していたが、国際オリンピック委員会は「フォルモサ」として申請するよう求めていた。このような様子を窺い、第五六回国際オリンピック委員会を控えた一九五九年一二月、外交部は「国際オリンピック委員会が蔣介石集団への承認を取り消し、いかなる名称での入会も認めない状況になるまで、我が方は国際オリンピック委員会と協力せず、オリンピックにも参加しない」という方針を固めたのであった(82)。

最終的に第五六回国際オリンピック委員会では、「中華民国」と「フォルモサ」の名称問題は解決しなかったが、ローマ・オリンピックに台湾の選手が参加することは決定された。この決定に対し、中国体育運動委員会は新華社を通じ、談話を発表して抗議した(83)。この談話は、国際オリンピック委員会における決定を「蔣介石集団の体育組織がオリンピックに参加することを既成事実化」する、「二つの中国」の「陰謀」であり、「米政府の指示により進められている」ものであると糾弾した。そして、いかなる名称、いかなる形式であれ、国際的な体育組織に台湾が単独で参加・活動することを許すことはできないと主張したのであった(84)。

同談話を発表した後、中国体育運動委員会は「国際体育組織における工作の問題」に関する報告書を作成した。内容から見て、同報告書は国際的な体育組織への参加を求める社会主義諸国の要求と「二つの中国」に反対する闘争のジレンマに対応する方針を明確化するために作成されたものと位置づけることができよう。同報告書は、一九五八年に「二つの中国」に反対するために一〇の体育組織から脱退した経緯を振り返り、この立場を維持しつつも、新たに参加できる組織を増やすための方策を、①すでに脱退した組織、②中国政府のみが参加する組織、③国府のみが参加する組織、④いずれも参加しない組織に分けて検討している。また、同報告書は社会主義諸国の協力について、「兄弟諸国とは絶えず意見を交換し、原則としては我々の立場を支持して闘争してくれているが、置かれた状況や問題を見る角度の違いから、我々の状況をよく理解してもらえず、闘争の戦略において意見が違うこともある」現状を憂えており、中国が「二つの中国」問題における社会主義諸国の立場に懸念を抱いていたことがわかる(85)。このような「二つの中国」に反対する闘争における意見の違いは、中ソ対立が進行するに伴い表面化し、中国外交にとって深刻な問題となっていった。

3　第一六回国連総会における国連中国代表権問題

（1）西側諸国案における「二つの中国」問題

一九五六年の第一一回国連総会（第二章参照）から一九五九年まで、国連中国代表権問題の審議棚上げ案に対する賛成率は、緩やかな下降傾向にはあったものの、優に五〇%以上を保っていた。しかし、アフリカを中心とする新興独立国の加盟に伴い、一九六〇年の第一五回国連総会においては、審議棚上げ案への賛成率は四二%（賛成四二、反対三四、棄権二二）にまで減少した。一九五一年に六〇カ国であった国連の加盟国数は、一九六〇年までに九八カ国へと増加し、そのうち四五カ国をアジア・アフリカ諸国が占めるようになっていた。特に、一九六〇年に加盟したアフリカの新興独立諸国一六カ国はいずれも、審議棚上げ案に棄権票を投じていた[86]。審議棚上げ案に賛成票を投じてきた西側諸国のなかでも、イギリス、オーストラリア、カナダなどは特に、このような趨勢を深刻に受け止め、第一六回国連総会での国連中国代表権問題をめぐる審議に向け、新たな対応策を模索するよう米政府に訴えていた。

この第一五回国連総会の結果を受け、一九六〇年一〇月一二日付の『人民日報』は、「次第に孤立しているのは中国ではなく、アメリカだ」と題する論評を一面に掲載した。同論評は、「我々はソ連を領袖とする社会主義陣営の各国が永遠に我が国とともにあり、広大なアジア、アフリカ、ラテンアメリカと全世界の平和を愛する国家のなかには、中国を支持する国家が次第に増え、国際社会のあらゆる重要な問題は中国が参加しなければ解決できないと認識する人が次第に増えるであろう」と主張した[87]。

ただし、上記のような審議棚上げ案の見直し論は、必ずしも国府を排斥したうえでの中国政府の国連加盟への道を約束するものではなかった。アジア・アフリカ諸国が投じた棄権票は、これらの諸国の中立主義的な理念のみならず、冷戦下の国際政治において立たされている微妙な立場を示してもいた。イギリス、オーストラリア、カナダなどが主張していた見直し論は、中国政府の国連加盟へ道を開くものともなり得たが、国府あるいは台湾が国連における議席を確保し続けることがその前提となっていた。

一九六一年に発足したケネディ政権は、第一六回国連総会を迎えるにあたり、より効果的に国府の議席を保持し、中国政府の加盟を阻止するための方策を検討した。石川誠人の研究によれば、ケネディ政権は当初、国府は台湾と実効支配する離島のみを代表する政府、中国政府はそれ以外の中国大陸を代表する政府として国連に同時加盟する「二重代表方式」を検討した。同方式は、中国政府と国府それぞれを中華民国の「承継国」と見なし、双方に国連加盟の権利を認めようとするものであった。ケネディ政権は、中国がこれを拒絶することを見越し、中国の国連加盟を阻止する責任を中国自体に転嫁しつつ、国府の議席を保持することを意図していた。[88]

また、井上正也の研究によれば、日本の池田勇人政権も国連代表権問題を契機とする対中政策の再検討に関心を持ち、西側諸国との連携を模索しようとしていた。六月二〇日にワシントンにおいてケネディと首脳会談を行った池田は、対中政策に関する具体的な話題に踏み込めなかったものの、小坂善太郎外相はラスク（Dean Rusk）国務長官との外相会談において、国連における台湾の法的帰属について西側諸国間の協議を推進すべきであるとの見解で一致したという感触を得た。続けて、池田と小坂はカナダを訪問し、日本とカナダが「両中国を着席させる」ことに同意する立場を共有していることを確認したのであった。そしてその後、小坂は七月初旬に訪欧し、イギリスやフランスとの間で国連中国代表権問題に関する政策協調を図った。しかし、イギリスやフランスの首脳はいずれも中国政府と国府の双方が「二つの中国」に対する反対姿勢を示していることを指摘し、中国代表権問題でイニシアチブを取ることに消極的であった。[89]

こうした西側諸国の動きに対し、中華民国憲法が規定する領域を代表する立場に固執し、「漢賊並び立たず（漢賊不両立）」を主張する国府は、「二重代表方式」に強硬に反対していた。それに加え、この年の国連総会においては、モンゴルとモーリタニアの一括加盟が国連安保理に申請されることとなり、モンゴル加盟をめぐっても、米華間の議論が紛糾したのである。国府はモンゴルも中華民国の領土に含まれるため、これを容認できないと主張したが、モーリタニアの国連加盟をも阻止すれば、中国代表権問題においてブラザヴィル諸国の支持を得ることは困難であった[90]。

中国の指導者たちは事態の推移を静観していたが、七月にはいると西側諸国による承継国方式の模索に反駁する宣伝攻勢を強めた。七月上旬、中央宣伝部は対台湾宣伝工作に関わる機関に対し、米政府による「二つの中国」に反対する宣伝に関する通知を行った。中央宣伝部の認識によれば、米政府は「二つの中国」の「新たな陰謀」として「承継国の方法」を採ろうとしており、それは池田訪米を契機に現れたものであるとされた。この「新たな陰謀」に反駁するため、国連総会に向けて米政府による「二つの中国」を批判する宣伝を強化するが、差し当たりモンゴル加盟問題には触れず、宣伝の内容については『人民日報』の社説等で示される範囲を超えないよう注意がなされた[91]。

中国政府による宣伝攻勢の口火を切ったのは、七月一四日の『人民日報』一面に掲載された「ただ一つの中国しかなく、二つの中国はない（只有一個中国　没有両個中国）」という、三〇〇〇字を超える長文の論評であった。この論評は国連代表権問題をめぐる米政府の方針転換を「二つの中国」政策であると糾弾し、その根拠である承継国の論理も批判した。以下の批判からは、中国の指導者たちにとってアイゼンハワー政権期の「二つの中国」政策よりもケネディ政権の「二つの中国」政策の方が深刻に受け止められていたものの、それに反駁する論拠は統治領域と人口の大きさに頼るしかなかった実情が見て取れる。

アイゼンハワーとダレス政権の前期、彼らは中華人民共和国の存在を全く承認しておらず、後期になって、彼らは台湾の国民党集団を「独立した政治実体」と見なし、彼らを一つの小中国とし、一つの大中国と一つの小中国を併存させようとした。現在、ケネディは国連において国民党集団を中国の「承継国」として扱い、二つの対等な中国を併存させようとしている。（中略）ケネディの前任者は「2÷1」の割り算で中国を二つに分けようとしたが、ケネディは「2×1」の掛け算で一つの中国を二つに増やそうとしている。ケネディのやり方は前任者よりも賢いが、現実問題として、彼の主張は前任者よりもでたらめなものである。一体いつ、天からもう一つの中国が降って来て、九六〇万平方キロメートルの領土と六億五千万の人口が地球上に現れたというのであろうか。そんなことは白昼夢と言わざるを得ないのではないか。(92)

さらに、この論評は「アメリカが『二つの中国』をつくりだす陰謀は、台湾人民も含む中国人民全体の断固とした反対にあっているのみならず、台湾当局の強烈な反応を喚起している」と、国連代表権問題をめぐる米華間の齟齬を強調した。(93)このことが示すように、国連代表権を持たない中国政府は、宣伝攻勢によってその立場を主張するほか、国連における「二つの中国」の実現を阻止するために講じることのできる具体的な方策は少なかった。国連において「二つの中国」が生起するか否かは、国府が米政府からの説得に抗うことができるか否かにかかっていたのである。

陳誠副総統の訪米を控えた七月末、ケネディ政権は難局を打開するために中国代表権問題を国連憲章一八条二項の「重要事項」に指定し、中国代表権の変更に関するいかなる決定にも総会の三分の二の賛成を必要とする「重要事項指定決議案」を国府に提案するという策を講じた。さらに、米政府はモンゴル政府を承認しないという保証を国府に与えることで、モンゴル政府の国連加盟に国府が拒否権を行使することを思いとどまらせようと試みた。(94)これらは、国府がモンゴル加盟に対して拒否権を行使すれば、西側陣営が中国代表権問題において敗北する可能性が生じることを考慮した末の譲歩案であった。(95)しかし、国府はたとえ国連代表権を失っても、モンゴルの国連加盟は容認できないと強硬に主張した。なぜなら国府にとって、回復すべき自国領であるモンゴルの国連加盟を認めることは、「大陸反攻」の正当性を自己否定することに等しかったためである。結局、米政府と国府はモンゴル加盟問題について歩調を揃えられぬまま、九月一八日からの第一六回国連総会を迎えることとなった。(96)

国連総会開幕後も、モンゴル加盟問題をめぐる米華交渉は継続した。国府はモンゴルの国連加盟を認めれば、台湾における国府の威信が低下するという点を強調し、国府が国連代表権を将来的に保持し続けられる、明確な保証を得ようとした。すなわち、蔣介石はモンゴル加盟を黙認する代わりに、国連における国府の代表権を支持し、必要な時には拒否権をも行使して中国政府の加盟を阻止する旨の声明を発表するよう、ケネディ政権に求めた。[97]しかし、拒否権を行使して中国政府の加盟を阻止する旨の声明を出せば、道義的な立場を問われ、重要事項指定決議案に対する賛成票も集めにくくなると考えたケネディ政権はこの要請に難色を示した。[98]米華交渉は一〇月中旬に山場を迎え、アメリカはモンゴルの国連加盟に賛成票を投じず、国連における国府の代表権を支持する声明を発表するほか、外交チャネルを通じて中国の国連加盟を阻止する旨の保証を国府に与えることとなり、国府はモンゴルの国連加盟を黙認（棄権）することで決着した。[99]この過程において、蔣介石は米政府に対して妥協的であるという理由で葉公超駐米大使を召還、免職してまで、国府の国連代表権保持と中国政府の加盟阻止に関する保証を米政府から勝ち取ろうとしたのである。[100]

（2）ソ連案における「二つの中国」問題

宣伝攻勢以外に、中国政府にできることがあるとすれば、それはソ連を盟主とする社会主義諸国、あるいはアジア・アフリカ諸国の結束を利用して、国連総会での審議に影響力を及ぼすことであった。しかし、ルティの研究が示すように、一九五九年の毛沢東とフルシチョフの論争以来、対外政策をめぐる中ソの関係悪化は小康状態を迎えることはあっても、改善されることはなかった。一九五九年一〇月の首脳会談において、核兵器や西側諸国との関係に関する毛沢東の急進的な主張を目の当たりにしたフルシチョフは、東西両陣営の平和共存と全面的な軍縮の実現へと、ますます傾倒した。[101]U-2機撃墜事件のために結果的には中止されたが、一九六〇年五月には米英仏ソ四カ国首脳会談の開催が合意され、中国の指導者たちはこのような会談に応じるソ連の姿勢を「修正主義」として批難した。同年四月、中国共産党はレーニン生誕九〇周年を記念する三編の論文においてフルシチョフを批判した。さらに六月にブカレストで開かれたルーマニア共産党第三回大会で、中国共産党とソ連共産党の代表は激しい非難の応酬を繰り広げ、翌月、ソ連共産党は中国に派遣していた専門家をすべて帰国させてしまった[102]。

以上のように、中ソ対立が表面化しつつあるなか、一九六〇年の第一五回国連総会において、ソ連代表団は中国政府の国連加盟と国府の脱退を求める案の提案国となった。一九五六年以降、中国加盟案を総会の議題とするよう提案してきたインド政府は、中印国境紛争が起きたことにより、もはや国連代表権問題において中国支持のイニシアチブを取り得る状況ではなかった。一九五九年のチベット動乱を起点に、中印国境地域では軍事的な緊張状態が継続し、両政府間の国境交渉はすべて決裂に終わっていたのである[103]。

第一六国連総会のソ連代表団長としてニューヨークを訪れたフルシチョフの狙いは、中国の国連加盟を認めると同時に、中国を軍縮の枠組みに関与させるよう主張することで、U-2事件以来停滞してしまった軍縮交渉を再び軌道に乗せることにあった。フルシチョフは国連総会において、国連からの国府追放と中国政府の代表権回復を主張し、中国政府を国連の外に置いておくことは「危険な戦争」を誘発することになると訴えたのであった[104]。

このように、国連中国代表権問題がソ連によって軍縮交渉のカードとされている状況を中国側は快く思わなかったが、一九六〇年の段階において、とりたてて抗議を行うことはなかった。第一五回国連総会においてフルシチョフの演説が終わった後、外交部は各在外公館に対して、本件については代表権問題における各国の中国支持に対する感謝を示し、「世界平和」のための努力を支持するにとどめ、主動的に論じたり宣伝したりすべきではないと指示した。外交部は、フルシチョフが掲げる軍縮には「無条件で反対はせず、条件付きで支持し」、「兄弟国家との団結と一致を表す」ことが重要であると考えていた[105]。しかし、国連総会の模様を観察していた駐ジュネーブ領事館は、外交部に幾つかの懸念を報告していた。すなわち、フルシチョフの演説や記者会見における中国代表権に対する支持は、昨年までと比べ相対的に弱まっており、核開発を継続する国はソ連の「友人」ではないと示唆するような発言が随所に見られたことは、次回の国連総会に向けて「警戒すべき動向」であるとされた[106]。

第一五回国連総会においてソ連が重視していた軍縮に関する審議は難航し、審議を翌年の総会まで棚上げすることでしか、東西両陣営の合意は成立しなかった。そのため、アメリカでケネディ政権が発足した一九六一年は、フルシチョフにとって外交カードとしての中国問題の価値がいっそう高まった年となった。なぜなら、ケネディもまた、軍縮交渉を進展させることと、中国を軍縮の枠組みに関与させることを掲げて登場したからである。一九六一年六月初旬、ウィーンにおいて行われた米ソ首脳会談において、ケネディはフルシチョフに対し、国連中国代表権の問題を提起した。しかし、米側の記録によれば、フルシチョフはアメリカが台湾占領を行っているうちは中国と関係を改善できず、蔣介石政権を国連にとどめている限り、中国は国連に加盟しないと指摘した。そのうえで、「米政府が採り得る最も現実的な政策は中国を承認し、その国連代表権を認めることである」と主張したのであった。さらに、フルシチョフは一九五九年のアイゼンハワーとの会談時と同様、「蔣介石と毛沢東の関係は中国の国内問題であり、ソ連もアメリカも介入できない」と、中国政府と同様の立場を表明した。[107] こうしたソ連側の硬直的な姿勢はケネディを大きく失望させるものであった。

ただし、ケネディに対する強硬な態度の裏側で、フルシチョフは毛沢東に対して妥協の可能性を探っていた。九月にはいり、国連総会への議題提出の時期が迫ると、ソ共中央は中共中央に対し、軍縮の問題と国連中国代表権問題をリンケージさせることを提案したようである。同問題をめぐり中ソ間でどのような議論が交わされたのか、その全体像を明らかにすることは難しい。しかし、中国外交部档案のなかには、九月一七日に陳毅がソ連のチェルボネンコ(Stepan V. Chervonenko)駐中国大使と会談した際に、中共中央からソ共中央宛ての何らかの返信書簡を手交し、チェルボネンコが陳毅に二通の書簡を手交したという記録が残っている。チェルボネンコが陳毅に手交した書簡の一通は軍縮問題に関する米政府からソ連政府宛書簡の抄訳であり、もう一通は軍縮問題に関するソ共中央から中共中央宛書簡であった。書簡には、ソ連が第一六回国連総会に提出する予定の拡大軍縮交渉国案が記されており、一〇カ国から一六カ国へと拡大された軍縮交渉国の中に中華人民共和国が含まれていた。同案を中国代表権問題とともに提出すれば、西側諸国に対する圧力となり、「平和を勝ち取る闘争を進める上でも、中国が国連の合法的権利を回復し、蔣介石を駆逐する闘争を進めるうえでも有利ではないか」というのがソ連の提案であった[108]。

これらのソ連からの書簡に対して、党中央は周恩来主管のもとで返信書簡を作成し、国連代表権の問題について以下のように主張し、代表権の問題とその他の問題をリンケージさせることに強い反対を示した。

中国代表権問題は、単独の問題として解決される必要があり、その他の問題と結びつけ、問題自体の是非を曖昧にすべきではない。アメリカは中国代表権の問題を安全保障理事会や経済社会理事会のメンバーの問題と結びつけ、中国代表権問題の是非を曖昧にし、輿論を欺き、問題の解決を引き延ばそうとしている。アメリカのこのように陰険な手法は、暴かれ、遂行されないようにしなければならない。（中略）我々は、中国代表権の問題において、しばしの間少数派となることは恐れないが、問題の是非が曖昧になり、将来の闘争に不利になることは恐れている[109]。

そのうえで、代表権問題と軍縮問題をリンケージさせることに関しても、以下のように反論した。

中国の合法的な権利を回復する問題と中国が軍縮交渉に参加する問題を結びつけて解決するのは不適当である。米国は先に述べたような策略に基づき、二つの問題をまとめて研究委員会で検討すると提案し、引き延ばしを謀るだろう。そうすれば、中国の合法的な権利は回復されず、蔣介石集団の代表は国連にとどまり、我々は受動的な地位に陥るだろう。なぜなら、我々がアメリカの提案に反対すれば、中国は軍縮に参加する意思がないと、米国は非難することができるからである、このような状況は我々にとって不利である[110]。

翌年の国連総会に向けて外交部が作成した文書によれば、その後、ソ連は中国代表権問題と軍縮交渉をリンケージさせることは断念し、国連代表権問題に関しては例年通りの決議案を提出し、軍縮交渉国に中国を加える案は提出しなかった。しかし、外交部は翌年になっても「ソ連は基本的にこの考え（引用者注：中国代表権問題と軍縮交渉のリンケージ）を放棄していない」と見なし、「中国代表権問題は他の問題とリンケージさせない」という意思を再度ソ連側に伝えたようである。[111]

こうして一九六一年九月二五日の国連総会本会議において、ニュージーランドが要請した「国連における中国代表権問題」、およびソ連が要請した「国連における中華人民共和国の合法的権利の回復」の両議題が正式に採択され、一二月一日から一五日まで国連代表権問題に関する一般討論が行われた。[112] この間、中国政府は米政府を非難する宣伝攻勢の第二波を展開し、重要事項指定決議案は「二つの中国」をつくり出すアメリカの「新たな陰謀」であるとの非難を繰り返した。[113]

(3) アジア・アフリカ三カ国案における「二つの中国」問題

社会主義諸国以外に、中国にとって「二つの中国」を阻止するための国連外交の協力者となり得る勢力があるとすれば、それはアジア・アフリカ諸国であった。現に、第一五回国連総会においては、アジア・アフリカ諸国の議席増加と総会での投票行動が、審議棚上げ案を窮地に追い込んだのである。

第一六回国連総会において、アジア・アフリカ諸国のなかでは、インドに代わりインドネシアがイニシアチブを取り、セイロン、カンボジアとともにソ連提案に対する修正案を提出した。インドネシアのスカルノは五〇年代より、中国政府は国府の脱退を待たずに国連に加盟し、国府を追放する「闘争」をともに展開すべきであるとの持論を展開していた。[114] 第一五回国連総会において、審議棚上げ案への支持率低下が著しくなると、インドネシアは国連中国代表権問題をめぐる外交活動を活発化させた。一九六一年三月にはインドネシアの駐中国大使が周恩来と会談し、「アメリカの政策は支持を失っており、中国が国連に加盟すべきである」と述べ、「中国がまず国連に加盟し、ともに蒋介石を追い出せばよい」という持論を繰り返した。[115] さらに、六月にはスカルノが毛沢東と会談し、「中国の国連加盟については、中国大陸と台湾全体が一つの国家として加盟すべきとの主張のほか、中国が先に加盟し、友人たちとともに闘い、蒋介石の代表を追い出すべきとの主張もある」と述べ、国連におけるソ連とウクライナのように二つの代表権を認めることはできないのかと問うたのであった[116]。

こうした説得に対し、周恩来や毛沢東は、国連にはただ一つの中国の議席しか認められず、蔣介石の代表が議席を有する間、中国は国連に加盟しないという原則論を繰り返し説明した。その結果、インドネシアはセイロン、カンボジアとともにソ連案への修正案を提出したものの、それは「中華人民共和国の国連における合法的権利」を訴える声明に続き、「国連における中国の各議席を不法に占領している『蔣介石集団』の代表を排除し、『中華人民共和国』政府の代表を国連およびその各機関に派遣すべき」としたソ連案を、「上述の声明に基づき、『中華人民共和国』政府の代表は国連とそのすべての機関に出席すべし（傍線引用者）」と改めることによって、国府の代表権を剝奪するという意味を弱めたにすぎないものとなった[117]。そのため、同修正案は「蔣介石集団」の「排除」を明記してはいなかったが、その意図するところはソ連案と同様、国府を国連から排斥することにあると見なされ、各国の投票行動に大きな影響を及ぼすことはなかった。

最終的に、第一六回国連総会における中国代表権問題の審議には、①重要事項指定決議案（オーストラリア、日本など五カ国提案）、②国府を排除したうえでの中国政府招請案（ソ連提案）、および③中国政府招請の修正案（カンボジア、インドネシア、セイロンの三カ国提案）の三つの決議案が提出された。これらの決議案は一二月一五日に票決され、重要事項指定決議案が賛成六一、反対三四、棄権七で可決されたのに対し、ソ連案は賛成三六、反対四八、棄権二〇（後にノルウェーが賛成に変更）で否決された。また、三カ国の修正案は、「上述の声明に基づき」の部分が賛成二三、反対四一、棄権三九、「すべての機関」の部分が賛成三〇、反対四五、棄権二九でそれぞれ否決された[118]。

この採決結果を共産党の指導者たちがどのように評価したのかを直接的に示す史料は公開されていない。同採決に対する外交部の声明は、①重要問題指定決議案を提出したアメリカの「陰謀」と「そのために奔走した」日本などへの非難、②ソ連案とその賛成国への感謝、および③「アメリカの圧力」により重要問題決議案に賛成票を投じた諸国への「遺憾」ではあるがその立場を理解するという態度を表明したのみであった[119]。他方で、蔣介石はこの票決結果を

「我が国の重要な勝利」と位置づけ、「（重要問題決議案への）賛成票が予想より六票増え、ソ連案への賛成票三六票は共匪の承認国三七を下回った」ことを喜んだ。とりわけ重要事項指定決議案が六一もの賛成票を獲得したことで、「この一年間の友（引用者注：アメリカ）と敵（引用者注：ソ連）に対して行った悪戦苦闘も報われた」と、蔣介石は安堵したのであった。(120)

中国政府が引き続きアジア・アフリカ諸国の支持を獲得し、国連総会の投票において米華との外交闘争を行うに際して問題視したのは、アジア・アフリカ諸国の「二つの中国」問題に対する理解をどのように獲得していくのかという点であった。第一六回国連総会におけるインドネシアの行動と三カ国修正案の提出は、これらの諸国が「蔣介石集団」を「排除」することの重要性を正確に理解していないことを示していた。国連総会における中国代表権問題の票決が終了した後、周恩来はインドネシア、セイロン、カンボジア各国の大使館およびジュネーブの代表団に対し、三カ国修正案の処理に関する指示を送付した。周恩来は、「関係国の態度は正しいし、よいものだ」としながらも、「来年このような局面が発生することを防ぐために、本件についてはこれ以上追及しない」よう指示している。この時、周恩来はこれら諸国には「妥協思想」と「曖昧な考え（糊塗想法）」があったために、このような問題が生起したと述べている。(121)しかし、第六章で詳述するように、同様の問題は中国政府がアフリカ諸国と外交関係を樹立し、国連総会における中国代表権支持を獲得する過程において、より深刻な問題として自覚されるのである。

おわりに

本章においては、まず、金門・馬祖の問題と「二つの中国」の問題をめぐり、米国と国府、中国とソ連の間にそれぞれ齟齬が生じたことについて論じ、それがどのような点においてどの程度深い溝であったのかについて考察した。

そして、台湾問題をめぐる中ソ間の齟齬が対米闘争にどのような影響を与えたのかという観点から、一九六一年国連代表権問題をめぐる中国外交について論じた。本章における考察から得られる結論は、以下の三点にまとめることができる。

第一に、台湾問題をめぐる中ソ両国間の見解の相違点として、明確となったのは金門・馬祖の問題であった。一九五九年秋の中ソ首脳会談において、フルシチョフは毛沢東に対し、台湾海峡の安全保障にかかわる事柄をソ連に事前に相談せず、金門砲撃によって軍事的緊張を生起させる方針を継続していることを厳しく批判した。しかし、毛沢東が反論したように、金門に対する砲撃を「内戦」と位置づける中国の指導者にとって、フルシチョフの批判は筋違いであった。ただし他方で、フルシチョフは毛沢東の反応に苛立ちながらも、社会主義陣営の団結という観点から、台湾は中国の一部であり、米政府は対中封じ込め政策を改めるべきであるという中国の立場を支持し続けた。これは、緊張が緩和傾向にあるとはいえ米ソ冷戦の最中であったこと、台湾問題は他の分断国家の問題、すなわち社会主義陣営におけるソ連の信頼性に関わっていたことによると思われる。

第二に、「二つの中国」問題に対する対応は、中ソ間で政治問題化したわけではなかったが、中国の指導者たちは常にソ連の同問題に対する「無理解」に不満を抱いていたものと考えられる。「二つの中国」問題に関して、ソ連は中国の方針を理解しようと努めた。そのような努力は一九五八年の備忘録の往来や一九六一年の国連代表権問題をめぐる書簡の往来に見て取れる。しかし、ソ連の指導者たちは東西冷戦の論理から当該問題に対処し、台湾問題に関しても社会主義陣営の団結と強化、および社会主義陣営におけるソ連の信頼性を保持することを重視していた。これに対し、中国の指導者たちはあくまでも台湾海峡における内戦の論理を保持しようとし、国府の国際的な主権を容認することに繋がり得るいかなる妥協にも反対し続けた。ソ連の指導者たちは、時に彼らの合理的判断に合致しない、台湾問題をめぐる中国政府の主張を完全に理解することはできなかった。

第三に、上記二点の台湾問題をめぐる相違点は、中ソ関係が悪化へ向かうなかで徐々に顕在化した。相違点が顕在化するに伴い、中国はソ連に代わる、台湾問題に対する新たな協力者を探さなければならない状況に直面した。そのことを中国の指導者たちに自覚させたのが、一九六一年の国連中国代表権問題をめぐる一連の外交交渉であった。国連中国代表権問題において、中国はソ連やインドに代わる協力者を得て、中国が参加できない国連の審議において、国府の議席を保持したまま、中国加盟の道が開かれることを回避する必要があった。しかし、中国外交の新たな協力者となり得るアジア・アフリカ諸国はあまりにも頼りなく、「二つの中国」問題に対する理解も曖昧であった。

以上のように中国の指導者たちは、第二次台湾海峡危機において「台湾・澎湖・金門・馬祖を蔣介石の手中にとどめ」、金門・馬祖に断続的な砲撃を継続することで「二つの中国」に反対するという方針を決定した。しかし、皮肉なことに、その直後に中国が直面したのは、米ソ双方からそれぞれ出てきた金門・馬祖の放棄論、および第二次台湾海峡危機以前よりも明確化した「二つの中国」論であった。しかし、国際社会において「二つの中国」論が強まることを目の当たりにしつつも、ソ連という後ろ盾を失いつつあった中国の指導者たちが採れる方策は極めて限られていた。その帰結として、中国は外交空間の拡大と、自らの「一つの中国」論から「一つの中国」原則を構築するために、交渉相手にその条件に対する公式の支持を要求するという方策を同時に追求していくこととなるのである。

（1） 前田直樹「『反共』から『自由中国』へ——末期アイゼンハワー政権の台湾政策の変化」『日本台湾学会報』第六号（二〇〇四年五月）九三—一〇六頁。

（2） Memorandum of Conversation between N. S. Khrushchev and Mao Zedong, Beijing, Oct. 2, 1959, in Vladislav M. Zubok, "The Mao-Khrushchev Conversations, 31 July-3 August 1958 and 2 October 1959," *CWIHP Bulletin*, 12-13, pp. 262-270.

（3） Nancy B. Tucker, "John Foster Dulles and the Taiwan Roots of the 'Two China' Policy," Richard H. Immerman, ed., *John Foster Dulles and Diplomacy of the Cold War* (Princeton: Princeton University Press, 1990), pp. 235-262; Nancy B. Tucker, *Taiwan, Hong Kong, and the United States, 1945-1992: Uncertain Friendships* (New York: Twayne Publishers, 1994), pp. 26-51; Noam A Kochavi, *Conflict Perpetuated: China Policy during the Kennedy Years* (Westport: Praeger, 2002), pp. 25-94.

（4） Gordon H. Chang, *Friends and Enemies: The United States, China, and the Soviet Union, 1948-1972* (Stanford: Stanford University Press, 1990), pp. 203-227; Lorenz M. Lüthi, *The Sino-Soviet Split: Cold War in the Communist World* (Princeton: Princeton University Press, 2008), pp. 80-156, 沈志華編『中蘇関係史綱』（北京：新華出版社、二〇〇七年）二二二―二九五頁。

（5） Michael Share, “From Ideological Foe to Uncertain Friend: Soviet Relations with Taiwan, 1943-82,” *Cold War History*, Vol. 3, No. 2 (January 2003), pp. 9-17.

（6） 「中華人民共和国国防部三告台湾同胞書稿（一九五八年一一月）」軍事科学出版社・中共中央文献出版社編『建国以来毛沢東軍事文稿』中巻（北京：軍事科学出版社・中央文献出版社、二〇〇九年）四五八―四五九頁。

（7） 「国軍一年来外島作戦及備戦之検討（一九五九年一二月三一日）」『特交档案』蔣中正総統文物（典蔵号〇〇二―〇八〇一〇二―〇〇一〇〇―〇一九、台北：国史館）。

（8） 福建省地方志編纂委員会『福建省志・軍事志』（北京：新華出版社、一九九五年）二八九―二九〇頁。

（9） 「蔣介石・ダレス共同コミュニケ（一九五八年一〇月二三日）」日本国際問題研究所現代中国研究部会編『中国大躍進政策の展開資料と解説』上巻（日本国際問題研究所、一九七三年）三二八―三二九頁。

（10） 「王叔銘與杜安簽署金門及馬祖群之軍事防御協議書（一九五八年一一月一七日）」『特交档案』蔣中正総統文物（典蔵号〇〇二―〇八〇一〇六―〇〇〇五一―〇一一）。

（11） 「国軍一年来外島作戦及備戦之検討（一九五九年一二月三一日）」『特交档案』蔣中正総統文物（典蔵号〇〇二―〇八〇一〇二―〇〇一〇〇―〇一九）。

（12） 前田直樹「『反共』から『自由中国』へ」九三―一〇六頁。ただし前田は、アイゼンハワー政権がこの段階で国府に求めた「自由中国」とは、経済体制において中国と対照的な存在であったが、台湾における政治的自由化に対しては慎重であったと指摘している。

（13） Tucker, “John Foster Dulles and the Taiwan Roots of the ‘Two China’ Policy,” pp. 235-262.

（14） 「総統書致西蔵同胞（一九五九年三月二六日）」『聯合報』一九五九年三月二七日。

（15） 中共中央文献研究室編（逄先知・金冲及主編）『毛沢東伝一九四九―一九七六』下巻（北京：中央文献出版社、二〇〇三年）九四二頁。

（16） 「毛主席在第十六次最高国務会議上的講話紀要（一九五九年四月一五日）」福建省档案（一〇一―一二―一一六）。

(17) Jay Taylor, *The Generalissimo: Chang Kai-shek and the Struggle for Modern China* (Cambridge: Belknap Press of Harvard University Press, 2009), p. 503.
(18) 「関於西蔵問題和台湾問題（一九五九年五月一〇日）」中共中央文献研究室『毛沢東文集』第八巻（北京：人民出版社、一九九九年）、六一—六五頁。
(19) 「中央関於対台工作的幾項通知（一九五九年五月二七日）」福建省档案（一〇一—一二—一六〇）。
(20) 尹家民『両岸惊涛中的毛沢東和蔣介石』（北京：中共中央党校出版社、二〇〇一年）三一〇—三一一頁。
(21) 中共中央文献研究室編『毛沢東伝一九四九—一九七六』上巻、八七八—八七九頁。
(22) 黄修栄『国共関係史』下巻（広州：広東教育出版社、二〇〇二年）二〇八七—二〇九三頁、同書によれば、一九七五年に第七回の「特赦」によって二九三名が釈放され、「すべての戦犯の処理が完了した」。
(23) 「中央対台小組関於第十次会議情況向中央的報告（一九六〇年一月一〇日）」福建省档案（一〇一—一二—一六〇）。なお、筆者は同小組のその他の会議記録は入手できなかった。
(24) 松田康博『台湾における一党独裁体制の成立』（慶應義塾大学出版会、二〇〇六年）一一三—一一六頁。
(25) 例えば、Tucker, *Taiwan, Hong Kong, and the United States, 1945-1992*, pp. 72-78.
(26) 前田直樹「『反共』から『自由中国』へ」一〇一頁。
(27) 中共中央文献研究室編『周恩来年譜一九四九—一九七六』中巻（北京：中央文献出版社、一九九七年）、三〇〇—三〇一頁。
(28) 同右、三二一頁。
(29) 黄修栄『国共関係史』下巻、二〇八六頁。
(30) 同右、二〇八六頁。
(31) Taylor, *The Generalissimo*, p. 508.
(32) Ibid., pp. 508-509.
(33) 黄修栄『国共関係史』下巻、二〇四六—二〇四七頁、福建省地方志編纂委員会『福建省志・軍事志』二九〇頁。
(34) 「福建前線指令部発表告台澎金馬軍民同胞書」『人民日報』一九六〇年六月一七日。
(35) 中共中央文献研究室編『周恩来年譜一九四九—一九七六』中巻、三二六—三二七頁、「祖国英雄児女的堅強意志」『人民日報』一九六〇年六月二八日。

(36) Kochavi, *Conflict Perpetuated*, p. 41.

(37) Adlai E. Stevenson, "Putting First Things First: A Democratic View," *Foreign Affairs*, Vol. 38, No. 2 (Jan. 1960), p. 203.

(38) Chester Bowles, "The 'China Problem' Reconsidered," *Foreign Affairs*, Vol. 38, No. 3 (Apr. 1960), pp. 480-481.

(39) 戴天昭『台湾法的地位の史的研究』（行人社、二〇〇五年）一九八―一九九頁、および Kochavi, *Conflict Perpetuated*, p. 41.

(40) 「美国玩弄『両個中国』的陰謀的前前後後」『人民日報』一九六一年八月七日。

(41) 「同斯諾談台湾問題及其他（一九六〇年一〇月二二日）」中華人民共和国外交部・中共中央文献研究室『毛沢東外交文選』（北京：中央文献出版社・世界知識出版社、一九九五年）四四八―四五四頁。

(42) この時の取材を元に書かれた本が、Edgar Snow, *The Other Side of the River: Red China Today* (New York: Random House, 1961) である。

(43) 「蒋総統堅定告美記者」『聯合報』一九六〇年一〇月一四日、「外交部発言人声明」同一九六〇年一〇月一五日。

(44) Lüthi, *The Sino-Soviet Split*, pp. 95-104.

(45) ジョン・ルイス・ギャディス『歴史としての冷戦―力と平和の追求』（慶應義塾大学出版会、二〇〇四年）二二四―二三一頁。

(46) スターリンからの書簡内容は公開されていない。日付については、「代毛主席擬復赫魯暁夫同志的信（一九五九年八月二四日）」中国外交部档案（档号一〇九―〇〇八七四―〇一、北京：中華人民共和国外交部档案館）。

(47) 「安東諾夫臨時代弁向陳副総理転交赫魯暁夫和艾森豪威爾関於互相訪問的信件等材料（一九五九年八月九日）」中国外交部档案（档号一〇九―〇〇八七四―〇二）。

(48) 「代毛主席擬復赫魯暁夫同志的信（一九五九年八月二四日）」中国外交部档案（档号一〇九―〇〇八七四―〇一）。同文書には、仮の日付として「八月二四日」と書き込まれているが、実際に何日付で同書簡が発出されたのかは不明である。ただし、次注に示す八月二五日の陳毅とアントーノフの会談記録から、同書簡は八月二五日に陳毅からアントーノフへ手交されたことがわかる。中共中央文献研究室『建国以来毛沢東文稿』第八巻（北京：中央文献出版社、一九九三年）四五九―四六〇頁に掲載された同文書（「給赫魯暁夫信」）の日付は「八月二一日」であるが、これは仮の日付であったと考えられる。なお、同書によれば、八月一七日の時点で同書簡の文面は完成しており、同日毛沢東は「（周恩来）総理に依頼し、陳毅に（ソ連側へ）手交させるように」と指示している（同右）。

(49) 「陳毅副総理接見蘇聯駐華臨時代弁安東諾夫談話記録（一九五九年八月二五日）」中国外交部档案（档号一〇九―〇〇八七四―

〇一)。

(50) 「外交部致各兄弟国家(一九五九年七月二七日)」中国外交部档案(档号一〇九—〇一九〇四—〇一)。

(51) Memorandum of Conversation with Khrushchev, Sep. 27, 1959, *FRUS, 1958-1960*, Vol. XIX (Washington, D.C.: U.S. Government Printing Office, 1996), pp. 595-599.

(52) Chang, *Friends and Enemies*, pp. 211-212; Letter from Eisenhower to Khrushchev, Sep. 29, 1959, *FRUS, 1958-60*, Vol. XIX, pp. 600-601.

(53) Lüthi, *The Sino-Soviet Split*, p. 148; Chang, *Friends and Enemies*, pp. 212-213.

(54) 「陳毅副総理接見葛羅米柯談話記録(一九五九年一〇月二日)」中国外交部档案(档号一〇九—〇〇八七三—一八)。

(55) Memorandum of Conversation between N. S. Khrushchev and Mao Zedong, Beijing, Oct. 2, 1959, in Vladislav M. Zubok, "The Mao-Khrushchev Conversations, 31 July-3 August 1958 and 2 October 1959," *CWIHP Bulletin*, 12-13, pp. 262-270.

(56) 「反対美国推行『両個中国』的政策(一九五九年一〇月一日)」『建国以来毛沢東軍事文稿』下巻(北京:軍事科学出版社・中央文献出版社、二〇〇九年)、五七—五九頁、および「不能把台湾問題上的国際問題同国内問題混淆起来(一九五九年一〇月五日)」『毛沢東文集』第八巻、八九—九〇頁。

(57) Lüthi, *The Sino-Soviet Split*, pp. 149-150.

(58) Letter from Khrushchev to Eisenhower, Oct. 12, 1959, *FRUS, 1958-1960*, Vol. XIX, pp. 606-609,「赫魯暁夫同志一九五九年一〇月一二日艾森豪威爾的復信(一九五九年一〇月一六日)」中国外交部档案(档号一〇九—〇〇八七三—一九)。この書簡が手交されたのは一〇月一六日となっているが、一〇月一四日のアントロノフと毛の会談において手交されたのがこの書簡かもしれない。

(59) Summary of a Conversation with the Chairman of the Central Committee Communist Party of China Mao-Tse Tung on 14 October 1959, *CWIHP Bulletin*, 3, pp. 56-58.

(60) Share, "From Ideological Foe to Uncertain Friend," pp. 9-17.

(61) 「駐蘇使館致外交部:蘇聯紅十字及紅新月協会主席米捷列夫与劉大使談有関我参加国際紅十字会的問題(一九五七年九月一〇日)」中国外交部档案(档号一一三—〇〇二六五—〇一)、「周恩来総理棲見蘇聯駐華大使尤金的談話紀要(一九五七年一〇月二二日)」中国外交部档案(档号一〇九—〇〇七八七—一八)。

(62) 「駐蘇使館致外交部(一九五八年八月一一日)」中国外交部档案(档号一一三—〇〇三一三—〇二)。

(63)「蘇聯対外文委致劉暁大使的備忘録（一九五八年八月九日）」中国外交部档案（档号一一三―〇〇三一三―〇二）。
(64)「関於擬復蘇聯茹可夫同志八月九日備忘録的意見請定稿事（一九五八年八月、日付不明）」中国外交部档案（档号一一三―〇〇三一三―〇二）。
(65)「報告草稿（日付不明、ただし一九五八年九月一日付喬冠華の批があり）」中国外交部档案（档号一一三―〇〇三一三―〇二）。
(66) 本備忘録は右の文書に添付されているほか、九月四日にロシア側へ手交されたものが、以下のように英訳されている。Memo. PRC Ministry of Foreign Affairs to the Soviet Embassy in China, 4 September 1958, *CWIHP Bulletin*, 6-7, pp. 161-163.
(67)「駐蘇聯大使館致外交部（一九五八年九月六日）」中国外交部档案（档号一一三―〇〇三一三―〇二）。
(68)「請出席会議商討答復蘇聯対外文委了解我国対参加国際組織的意見事（一九五八年九月九日）」中国外交部档案（档号一一三―〇〇三一三―〇二）。
(69)「請転致我委復蘇聯対外文委茹可夫同志函（一九五八年九月）」中国外交部档案（档号一一三―〇〇三一三―〇二）、日付はないが前後の文書から九月二六日前後に発電されたものと推測できる。
(70)「外交部致駐蘇使館（一九五八年九月二五日）」中国外交部档案（档号一一三―〇〇三一三―〇二）。
(71)「駐蘇聯大使館致外交部並対外文委：茹可夫所談情況（一九五八年一〇月三一日）」中国外交部档案（档号一〇九―〇一二一三―一六）。なお、本史料は劉暁大使から外交部への報告電報であり、劉がツルギコフと会談を行った日付は記されていない。
(72) 同右。
(73) 清水麗「オリンピック参加をめぐる台湾―中台関係における名称問題の一考察」『国士舘大学二一世紀アジア学会紀要』第一号（二〇〇三年）七―九頁。
(74)「中華人民共和国体育運動委員会：関於答復意奧委会望我参加明年奧運会問題（一九五九年三月一〇日）」中国外交部档案（档号一一三―〇〇三四八―〇一）。
(75)「（中華人民共和国外交部発電紙）国家体育委員会致駐瑞士大使館：答復我是否参加明年奧運会事（一九五九年三月二三日）」中国外交部档案（档号一一三―〇〇三四八―〇一）。
(76)「駐蘇使館致外交部：奧委会取消蒋帮代表資格（一九五九年五月三〇日）」中国外交部档案（档号一一三―〇〇三四七―〇一）。
(77)「外交部、対外文委、体委致駐蘇使館：請詢蘇方有関国際奧委会駆蒋事（一九五九年六月二日）」中国外交部档案（档号一一三―〇〇三四七―〇一）。

(78)「駐蘇使館致外交部：関於中国申請参加奥委会等問題（一九五九年六月一七日）」中国外交部档案（档号一一三—〇〇三四七—〇一）。
(79)「外交通報第六六期：我対国際奥委会開除蔣帮和制造『両個中国』的対策（一九五九年七月六日）」中国外交部档案（一一三—〇〇三四七—〇一）。
(80)同右。
(81)「曾湧泉副部長、栄高棠副主任接見兄弟国家使節的談話記録（一九五九年七月一四日）」中国外交部档案（档号一〇九—〇〇八七〇—〇六）、会議へ出席したのはソ連、ブルガリア、ルーマニア、ハンガリー、北朝鮮、チェコ、ポーランド、モンゴル、東ドイツ、アルバニアおよび北ベトナムの外交使節であった。
(82)「外交部、対外文委、国家体委発電致駐瑞士大使館：我対参加奥運会的態度（一九五九年一二月一八日）」中国外交部档案（档号一一三—〇〇三四八—〇一）。
(83)「中華人民共和国体育運動委員会：関於掲露国際奥委会玩弄「両個中国」陰謀的請示（一九六〇年二月二三日）」中国外交部档案（档号一一三—〇〇三四八—〇二）。
(84)「我体育総会譴責布倫戴奇竭力使蔣帮体育組織参加奥運会」『人民日報』一九六〇年二月二九日。
(85)「中華人民共和国体育運動委員会関於国際体育組織中的工作問題（一九六〇年五月一六日）」中国外交部档案（档号一一三—〇〇三四八—〇四）。
(86)清水麗「台湾における蔣介石外交—一九六一年の国連問題をめぐる原則と妥協」『常磐国際紀要』第六号（二〇〇二年三月）七六頁。
(87)「越来越孤立的不是中国、而是美国」『人民日報』一九六〇年一〇月一二日。
(88)石川誠人「信頼性の危機と維持—一九六一年国連中国代表権問題をめぐる米華関係」『中国研究月報』第六一巻第一二号（通号第七一八号、二〇〇七年一二月）二二—二六頁。
(89)井上正也『日中国交正常化の政治史』（名古屋大学出版会、二〇一〇年）一八一—一八六頁。
(90)石川誠人「信頼性の危機と維持」二二—二六頁。
(91)「抓緊時期、加強反対美国策画『両個中国』新陰謀的宣伝（一九六一年七月一二日）」中国人民解放軍総政治部連絡部編『敵軍工作史料（一九五五年—一九六五年）』第七冊（昆明：雲南国防印刷廠、一九八九年）一二〇—一二一頁。

(92)「只有一個中国 没有両個中国」『人民日報』一九六一年七月一四日。
(93) 同右。
(94) Memorandum of Conversation at White House, Jul. 28, 1961, *FRUS, 1961-1963*, Vol. XXII (Washington, D.C.: U. S. Government Printing Office, 1996), pp. 99-101.
(95) Telegram from Rusk to Drumright, Sep. 6, 1961, *FRUS, 1961-1963*, Vol. XXII, pp. 134-135.
(96) Telegram from Rusk to Drumright, Sep. 17, 1961, *FRUS, 1961-1963*, Vol. XXII, pp. 137-138.
(97) Telegram from Drumright to DoS, Oct. 6, 1961, *FRUS, 1961-1963*, Vol. XXII, pp. 148-149.
(98) Message from Bundy to Cline, Oct. 11, 1961, *FRUS, 1961-1963*, Vol. XXII, pp. 154-155.
(99) Message from Cline to Bundy, Oct. 14 and 16, 1961, *FRUS, 1961-1963*, Vol. XXII, pp. 156-159.
(100)『蒋介石日記』一九六一年一〇月九日、葉公超罷免に対する蒋介石の意図については『蒋介石日記』一九六一年一〇月一四日「上星期反省録」(Stanford: Hoover Institution, Stanford University)。
(101) Lüthi, *The Sino-Soviet Split*, pp. 160-163.
(102) 一九六〇年の中ソ対立の進行については、Lüthi, *The Sino-Soviet Split*, Chap. 5, 岡部達味『中国の対外戦略』(東京大学出版会、二〇〇二年)第四章を参照のこと。
(103) 牛軍(真水康樹訳)『冷戦期中国外交の政策決定』(千倉書房、二〇〇七年)一四二—一四七頁。
(104) Lüthi, *The Sino-Soviet Split*, p. 186.
(105)「復対赫在十五届聯大発言応持的態度(一九六〇年一〇月一四日)」吉林省档案(七七—六—一)。
(106)「駐日内瓦領事館致外交部　蘇聯在十五届聯大中的一些作法(一九六〇年一〇月二六日)」中国外交部档案(档号一一三—〇〇三三五—〇一)。
(107) Editorial Note, *FRUS, 1961-1963*, Vol. XXII, pp. 70-72.
(108)「陳毅副総理会見蘇聯駐華大使時蘇方転交的蘇共中央就裁軍問題給中共中央的信及美国就裁軍問題致蘇方的函的摘訳(一九六〇年九月一七日)」中国外交部档案(档号一一三—〇〇四四一—〇五)。
(109)「中共中央関於我代表権問題和裁軍問題給蘇共中央的復信底稿(九月二一日付周恩来の批、九月二二日日付の書き込みがあるが、発出された日付は不明)」中国外交部档案(档号一〇九—〇二二三七—〇八)。

(110) 同右。

(111) 「国際司関於今年我代表権問題答復蘇聯的意見(一九六二年七月一四日)」中国外交部档案(档号一〇九—〇三八〇八—〇五)。

(112) 「国際連合第十六回総会」外務省『昭和三七年版わが外交の近況(外交青書)』(一九六二年六月)外務省HP(http://www.mofa.go.jp/mofaj/gaiko/bluebook、二〇一三年一月六日アクセス)。

(113) 「堅決反対美国的新陰謀」『人民日報』一九六一年九月二二日。

(114) 「関於回復中国在聯合国的合法席位問題(一九五六年九月三〇日)」中華人民共和国外交部・中共中央文献研究室編『毛沢東外交文選』(北京:中央文献出版社・世界知識出版社、一九九五年)二六三—二七四頁。

(115) 「周総理接見印尼駐華大使蘇卡尼談話記録(一九六一年三月一三日)」中国外交部档案(档号一〇五—〇一七六九—〇一)。

(116) 「中国在聯合国只能有一個代表(一九六一年六月一三日)」中華人民共和国外交部・中共中央文献研究室編『毛沢東外交文選』四六八—四六九頁。

(117) 王正華編『中華民国與聯合国資料彙編 中国代表権』(台北:国史館、二〇〇一年)一四八頁。

(118) 同右、一六八—一七〇頁。

(119) 「就美国操縦聯合国大会通過侵犯我国主権的非法決議」『人民日報』一九六一年一二月二二日。

(120) 『蔣介石日記』一九六一年一二月一六日。

(121) 「外交部致駐印尼、錫蘭、柬埔寨使館並抄各駐外使館、代弁処、日内瓦代表団:摘転総理有関聯大我代表権問題指示(一九六一年一二月一八日)」中国外交部档案(档号一〇五—〇一七六九—〇六)。

第五章――「大陸反攻」への反対と「二つの中国」論の確認（一九五九―一九六二年）

はじめに

本章は、一九六二年六月から七月にかけて、中国が解放軍を福建省や広東省を中心とする中国東南沿海地域に大規模動員した背景、過程、および動員の内容について論じる。その際、中国の指導者たちが、「大陸反攻」の脅威をどのように認識し、何を意図して軍事動員を発動し、それをどのように利用したのかに注意を払いながら分析を進める。

第二次台湾海峡危機以降、中国の指導者たちは金門・馬祖を台湾・澎湖諸島に先行して「解放」することを事実上諦め、「台湾、澎湖、金門、馬祖の解放は長期的かつ複雑な課題である」との立場を採り、それを対外的にも公言するようになった。米政府が金門・馬祖の防衛にも関与することを示唆しつつ、台湾・澎湖諸島に対する集団的自衛権を主張し続ける限り、中国政府は金門への定期的な砲撃によって国府との形式的な「内戦」を継続し、その「内戦」状態を利用して「二つの中国」が生じることを防ぐほかなかったのである。

これに対し、一九五八年以降、台湾海峡の現状打破を模索したのは、むしろ蔣介石のほうであった。第二次台湾海峡危機を契機に発表された蔣介石・ダレス共同声明は「大陸反攻」の「主要な手段」は「武力の行使ではない」ことを明記していた(1)。しかし、近年の米華関係史研究によってその内実が徐々に解き明かされているように、一九五八年以降も、国府は「大陸反攻」を「軍事三割、政治七割」と規定し、中国大陸における反共産党の民衆蜂起を前提とする「反攻」作戦を追求し続けた。その後、中国大陸において推進された大躍進運動の失敗は、自然災害とあいまって中国全土にともいわれる大飢饉と社会的不安定をもたらした。これを「大陸反攻」の好機と見なした国府は、一九六一年から六二年にかけて台湾移転後初めて本格的に「大陸反攻」作戦を発動しようと試みたのであった(2)。

中国外交史研究における通説に従えば、中国政府はこの「大陸反攻」作戦を「挫く」ために、一九六二年六月に福建前線地域への大規模な軍事動員を行い、米政府に「大陸反攻の不支持を宣言」させることで、国府に「大規模な軍事冒険計画を放棄」させた(3)。しかし、近年明らかになりつつある国府の「大陸反攻」作戦の実態やそれをめぐる米華交渉と、中国において説明される軍事動員決定や発動の過程を照らし合わせると、軍事動員はやや唐突なタイミングで行われたようにも見える。国府が「大陸反攻」作戦を具体化させ、米政府への打診を行った一九六一年後半から一九六二年三月までの間に、中国の指導者たちがこれに言及、あるいは抗議したような形跡はほとんど見られない。それにもかかわらず、米華間で「大陸反攻」作戦の発動を先延ばしするとの合意が形成されつつあった六月、解放軍は突然軍事動員をはじめた。その後、「大陸反攻の不支持」を宣言したと中国側がみなす声明を米政府が発表したのは、六月二七日である。しかし、中国政府はその後直ちに軍事動員を終了したというわけでもなかった。このことは、どのように捉えるべきであろうか。

以上のような疑問に答えるためには、一九六二年に福建省沿海地域を中心に行われた軍事動員とそれをめぐる政治過程をより詳細に論じる必要がある。しかし、これまで中国側の視点から「大陸反攻」への脅威認識や軍事動員の過程が論じられることは少なかった。その一因は、中国共産党内の権力関係が微妙であった同時期の軍事・外交政策をどのように評価するかについて、定説が存在していなかったことにあるように思われる。最近では、李捷や牛軍の研究によって、一九六〇年から六二年前半に外交政策の調整が提起されたが、一九六二年後半にはそれらが否定されたことが明らかになっている(4)。中国内政の観点から見れば、この時期は大躍進の失敗から立ち直るための経済調整から、毛沢東らによる経済調整の否定へと転換した時期と重なる(5)。福建前線における解放軍の軍事動員は一九六二年夏、まさにこのような中国政治・外交の転換点において発動されていたのである。

以上のような先行研究の動向を踏まえると、毛沢東が「大陸反攻」を「挫く」ために軍事動員を行ったという従来の説明のみでは、軍事動員の目的や意味を充分に説明したことにはならないのではないか。本章においては、以下の問いに答えることを通じて、一九六二年の中国における軍事動員が持つ意味を再検討したい。

第一に、そもそも、第二次台湾海峡危機以来、中国の指導者たちの「大陸反攻」に対する脅威認識はいかなるものだったのであろうか。指導者たちは具体的にどのような地域に、どのような脅威があると認識していたのか。また、その脅威に対する自らの対応能力をどのように認識していたのか。

第二に、「大陸反攻」に対する脅威認識を抱いていたとして、中国の指導者たちはなぜこのタイミングで軍事動員を行ったのだろうか。また、軍事動員はいかなる方針のもと、どのように展開されたのであろうか。

そして第三に、「大陸反攻」の試みを「挫く」という以外の目的にも、軍事動員が利用されたということはなかったのであろうか。本章においては、軍事動員が中国の内政および外交にどのような影響を与えたのかという視点から、この問題を考察する。

以上の問題について考察するために、本章第一節は、国府の「大陸反攻」に対する中国の指導者たちの脅威認識を、近年詳細が明らかになりつつある、国府の「大陸反攻」計画の推移と照らし合わせながら論じる。第二節は、毛沢東主導のもとで行われた軍事動員の過程と内容を明らかにする。第三節では、軍事動員によって生じた台湾海峡における軍事的緊張を利用して展開された、米ソとの外交交渉について分析する。最後に、第四節では福建前線の軍隊を中心に行われた「思想教育」の内容を分析し、「蔣介石の歴史的任務」を毛沢東が国内的にも利用しようとしたことを指摘する。

1 「大陸反攻」に対する脅威認識

(1) 雲南国境地域からの「大陸反攻」

一九五八年一〇月に発表された蔣介石・ダレス共同声明において、国府は「中国本土の人民に自由を回復する」ための、「主要な手段は孫文の三民主義を実行することであり、武力の行使ではない」と声明した。これは、一般的には「大陸反攻」を事実上放棄する声明であったと見なされているが、蔣介石・国府の認識はそうではなく、第二次台湾海峡危機後の国府は、「軍事三割、政治七割」という制約を自らに課しながらも「大陸反攻」の計画や作戦準備をそれ以前よりも真剣に行った。第二次台湾海峡危機の直後から国府がまず具体化させた「大陸反攻」の計画は、中国大陸の南西部に位置する雲南省の選定した地区に突撃作戦を行い、現地の民衆の蜂起を促し、その拠点から作戦区域を拡大しようとするものであった。

雲南省に隣接する北東ビルマには、解放軍の雲南省平定により敗走した国府軍の兵力が残存しており、国府はこの兵力を遊撃隊として再編し、自らの統制下に置き続けていた。この遊撃隊は雲南省からの難民と現地住民を吸収し、一九五一年には一万四、〇〇〇名にまで規模を膨らませていたが、ビルマ政府が国連へ遊撃隊の撤退を訴えたことにより、一九五三年から一九五四年にかけて約七、〇〇〇名が台湾へ撤退した。しかし、一九五四年以降、国府は残余部隊に対する責任を公式には否定しつつも、実際は柳元麟将軍を部隊の総司令に指命し、「雲南人民反共志願軍」と名称を改めた部隊に対し、支援を続けていた。さらに、一九五八年にはいると、国府からの約一、八〇〇名の兵員補充に加え、「大躍進」政策によりビルマへ逃れた難民も吸収し、遊撃隊は一九五三年の撤退で失った規模をほぼ回復

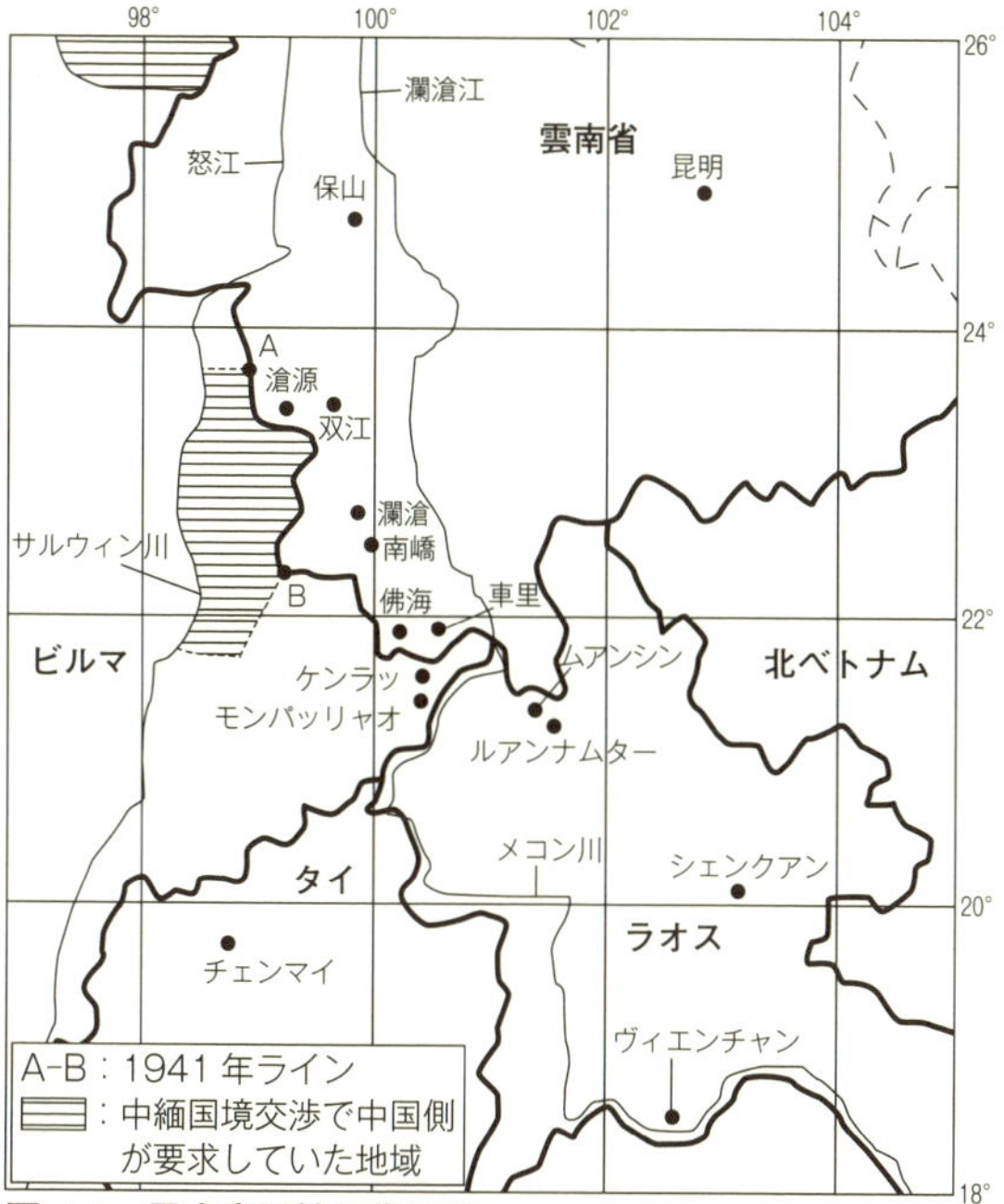

図 5-1　雲南省国境地帯略図

出典：松本三郎『中国外交と東南アジア』（慶應義塾大学法学研究会、1971年）260頁を参考に筆者作成

していた[6]。

国府はこの遊撃隊を利用し、一九五七年一二月に、チベット動乱に呼応するための「安西計画」を策定し、翌五八年九月には雲南省各地に対する突撃作戦を行った。同計画は雲南省とビルマの国境地域において、柳元麟の指揮下にある約三、〇〇〇人の兵力が一九五八年四月までに戦闘準備を完了し、命令を待って車里（現在の景洪）から瀾滄にわたる地域に対して突撃作戦を行うものであり、共産党の軍事、経済、行政組織を混乱させ、動乱を誘発し、政治的影響力を拡大することを目的としていた[7]。

遊撃隊の活動拠点はビルマ領内、もしくは中国とビルマの間で国境画定を係争中の地域であったため、中国政府はビルマ政府との関係を考慮し、遊撃隊の活動が縮小傾向にあるうちは遊撃隊掃討のための行動を起こすべきではないと判断していた。そのため、一九五三年の遊撃隊撤退から一九五七年までの間、解放軍は遊撃隊の状況、ビルマ政府との関係、および国民党特務の活動状況に注意を払いつつも、行動を起こさなかった。ビルマは非共産主義国のなかではいち早く中国政府を承認していたものの、国境画定交渉は両国間で未解決の微妙な問題であり、遊撃隊の存在は国境問題を刺激すると考えられたのである。(8)

共産党がビルマ・雲南省国境地域における遊撃隊の活動を本格的に警戒しはじめたのは、一九五八年以降であり、国府が「安西計画」のために遊撃隊の規模を回復しはじめた時期と重なる。一九五八年三月に雲南省人民委員会が作成した報告書によれば、前年末から、ビルマと係争中の国境線の一つである「一九四一年ライン」に近い雲南省の各自治州から民衆がビルマへ越境する事例が相次いだ。以前の事例が土地改革の影響を受けた地主や富農の越境であったのに対し、これらの事例は一般民衆や基層幹部を含むものであった。特に、その報告書が書かれた前後数カ月は、ビルマ領から中国領に入った「敵の特務」が行っている「寝返り工作（策反）」が越境者を増やしていると考えられた。(9)雲南省党委員会が六月に作成した報告によれば、一月から五月までに越境した民衆の総数は二万六、二一九名にのぼり、報告されたなかで最も多い原因は「敵の特務の扇動」であった。(10)

共産党はこの間、解放軍総政治部の情報機関などを通じ、遊撃隊が進行中の突撃作戦の準備についても把握を急いだと見られる。五月初旬、中国政府はビルマ政府に対し、外交ルートを通じて遊撃隊の活動に関する情報を伝え、注意を促した。中国政府によれば、ビルマ領内には、四個軍団、一一個師団、七個独立団、一個砲兵大隊、一個警備大隊の総勢五、〇〇〇人からなる遊撃隊が、中国、ビルマ、ラオス、タイの国境地帯を占拠し、数年前から雲南省国境地帯への攪乱行動を絶えず行っていた。そして、数カ月前から国府はこれらの部隊に対し、新竹や台南から出動させた空軍機による空中投下を繰り返し、武器や弾薬を供給していた。(11)

七月初旬に三週間もの時間をかけて中国とビルマの国境地域を視察した章漢夫外交副部長は、雲南国境地帯の状況を以下のように分析した。

我が国の社会主義建設の発展に伴い、アメリカと蔣介石の特務、ビルマ反動勢力の活動が強化され、域内の上層人物や地方のボス、反動分子と結び付いて破壊活動を行っている。国境地域の闘争は非常に激しく、敵の特務はあらゆる機会を利用して流言を流し、戦争の雰囲気と「変天思想」（引用者注：反動勢力の復活を呼びかける思想）をばらまいている。（中略）いかに絶えず政治工作を強化し、生産任務と敵に対する闘争を結合し、警戒を高め、敵の陰謀を暴き、国境地帯の住民の政治的意識を高め、さらに生産能力を高めるかが重要である。同時に、我々は米蔣の特務による破壊活動について情報を集め、適当な時期にビルマ政府に対して交渉を申し出る準備を進めなければならない。

そのうえで、章漢夫は「国境地帯の住民やビルマ政府との友好的な基礎のうえに国境付近の日常的な紛争を解決し、国境外のアメリカと蔣介石の特務やビルマ反動勢力の陰謀活動は機を逃さず暴き、粉砕する」ことが肝要であると結論づけた[12]。

国府の「安西計画」は、一九五八年八月に作戦準備態勢に入った。この様子を察知した総参謀部から対応を命じられた昆明軍区は、「匪賊と特務機関を攻撃するために、①戦闘準備と情報工作を強化し、②痕跡を残さぬように越境して敵を攻撃し、③土司（引用者注：西南地区の少数民族の首長で官職を与えられた者）が匪賊に呼応せぬよう対応する」という対策を提案した[13]。これに対し、総参謀部は、「対応は必ず国内で行う必要があり、ビルマ域内で戦闘を行わないことを徹底する」よう指示した[14]。

結局、九月初旬に国府が発動した遊撃隊の突撃作戦は失敗に終わった。覃怡輝の研究が国民党中央委員会第二組（大陸工作委員会）の档案に依拠して指摘したように、ビルマ領内の拠点からの出撃が遅れ、雲南省内で呼応する予定であった組織が解放軍によって壊滅させられていたことが作戦失敗の要因であった[15]。つまり、中国政府は未然に遊撃隊に呼応し得る国内の勢力を制圧することによって、遊撃隊との戦闘がビルマ政府との外交問題に発展する事態を回避したのである。このように、一九五八年夏の時点においてはビルマとの国境問題が未解決であったため、解放軍は中国領内において国府の遊撃隊に呼応し得る勢力を制圧することに全力を注いでいた。

一九五九年にはいると、国府は遊撃隊が拠点とする雲南省とビルマの国境地帯に「陸上における第一の反攻拠点」を建設する計画を立てた。石川誠人や覃怡輝の研究によれば、国府は車里、佛海（現在の勐海）、南嶠、瀾滄、滄源、双江などを攻略して瀾滄江以西、怒江以南の地域を占拠し、続いて保山を中心に雲南全省を攻略し、西南部における「反攻」の拠点を築く計画であった[16]。このような大規模作戦を展開するためには、遊撃部隊の増強と兵器や物資の補給経路を確保することが肝要であり、国府は柳元麟部隊の拠点であったケンラッ（Keng Lap）とモンパッリャオ（Mong Pa-liao）を中心に兵力の増強や飛行場の改修を進め、翌一九六〇年初頭からは遊撃部隊に対する空輸を本格化させた（**図5—1**参照）[17]。

中国側において、柳元麟が指揮する遊撃隊の新たな動きは、チベット動乱に呼応するよう、蔣介石の命をうけたものであると捉えられていた。一九五九年五月四日に黄克誠から雲南国境地域に関する報告を受けた毛沢東は、雲南省党委員会、昆明軍区、および関係各機関に命じて遊撃隊の動向に注意し、「起こり得る騒乱への対応を準備」するよう指示した[18]。中央軍事委員会は毛沢東の指示を受け、この地域における国境防衛と敵に対する闘争を強化する方策を策定し、楊成武副総参謀長を現地に派遣した[19]。このような軍事的警戒を強める一方で、一九五九年秋以降、中国はビルマとの国境交渉の妥結を急ぎ、雲南省党委員会と駐雲南ビルマ総領事の間のルートを利用し、ビルマ軍と解放軍が共同で遊撃隊に対する追討作戦を行うという計画を打診した[20]。この時、駐雲南ビルマ総領事は中緬共同作戦について積極的な反応を示さなかったが、ネ・ウィン内閣との間で中緬国境交渉は進展した。一九六〇年一月に訪中したネ・ウィン首相に対し、中国側は一九四一年ラインをほぼ承認するなど大きな譲歩を行い、両国は国境問題に関する協定と友好相互不可侵条約を締結し、国境条約締結のための中緬合同委員会を設置することに合意したのである[21]。

一九六〇年四月、ビルマのウー・ヌ首相は、ネ・ウィン総参謀長ら大型訪問団を率いて訪中した。この時、中国側はウー・ヌやネ・ウィンに対し、ビルマ領内における遊撃隊追討作戦に対する協力を改めて持ちかけた。四月一六日に行われたネ・ウィンとの会談において、周恩来は遊撃部隊がケンラッに司令部を、モンパッリャオに大型の飛行場を設置し、バンコクを経由したビルマ領内への空輸が行われていることを説明し、これに共同で対処するよう呼びかけた。[22] さらに、同一八日のウー・ヌとの会談においても、周恩来は国府が行っている米軍機による空輸に言及し、ビルマが自国領空に侵入した米軍機を追撃するよう希望すると述べた。[23]

同年一〇月一日、両国政府は中緬国境条約に調印し、続く一一月四日には「国境警備の作戦問題に関する協議」にも合意した。この「協議」は、一一月二二日に国府遊撃隊に対する共同作戦を行うことを決定し、両国部隊の作戦分担や行動範囲などを定めるものであった。[24] 同協議に基づいて行われた遊撃隊追討作戦は、党中央と中央軍事委員会の指示によって遂行され、羅瑞卿総参謀長が昆明に赴き、作戦の指揮を採った。[25] 昆明軍区は五個連隊、計八、四〇四人の兵力を同作戦に投入し、雲南省西南の国境から二〇キロメートル以内のビルマ領において、遊撃部隊の約二〇箇所の拠点、約八〇〇人の兵力に対する作戦を展開した。[26] 台北では蔣介石が特殊部隊を同地域へ増派し、応戦のための指揮を執ろうとしたものの、間もなく中緬連合軍の圧倒的優勢を知り、ビルマ北部に「大陸反攻の基地」を建設する計画が挫折したことを嘆いた。[27] 蔣介石は遊撃隊の拠点を保持するために、特殊部隊の増派やラオス右派のノサワン(Phoumi Nosavan)将軍との協力を模索し、蔣経国を現地に派遣して、戦況の立て直しにあたらせたのであった。[28]

さらに、第一回の作戦において遊撃隊の拠点を攻略できなかった中国とビルマは、一九六一年一月二二日に再び共同作戦に関する「協議」に合意し、第二回の遊撃隊追討作戦を行った。第二回作戦は、第一回の作戦区域以南、メコン川より中国側の国境から一〇〇キロメートル以内のビルマ領において、柳元麟が統率する三、二〇〇人あまりの兵力を撃退することを目標に行われた。[29] その結果、柳元麟はメコン川を渡り、ラオス、タイ領内に退却し、モンパッリャオやケンラッの拠点は中国・ビルマ連合軍に占領されることとなった。[30] 中国側の統計によれば、二度の作戦によって、連合軍が討伐した遊撃隊は合計約七四一人にのぼったという。[31]

中国・ビルマ連合軍の追討作戦から逃れた遊撃隊の一部は、ビルマ、ラオス、タイの国境にあたる山岳地帯へと拠点を移し、国府から支援を受けて活動を継続した。国府はラオス右派とともに戦う機会を窺いながら、遊撃隊の再建を図る構えであったが、米政府はビルマ政府との関係悪化を避けるため、国府に遊撃隊の撤収を求めた[32]。国府は当初、遊撃隊に対する関与を否定していたが、一九六一年二月に国府空軍が遊撃隊への空輸に利用していた米軍機ＰＢ４Ｙがビルマ領内で捕獲されると、米政府からの要求に従わざるを得なくなった[33]。こうして、一九六一年二月二八日、国府はビルマ、タイ、ラオスからの遊撃隊撤収と、残留する部隊との関係断絶を表明した。

石川誠人の研究によれば、三月一七日から四月三〇日までの期間に、四、四〇〇人あまりの遊撃隊とその眷族が台湾へと撤収したが、約三、〇〇〇人は自らの希望で撤収せず、三〇〇人はノサワン将軍の要請に応じてラオスに残留し、その後も「非正規軍」としてラオスやタイを拠点に活動を続けた[34]。そのため、中国政府は遊撃隊の活動や国府との関係を批判する宣伝を断続的に展開した。また、ラオス左派が雲南省とラオスの国境地帯を拠点とする遊撃隊を撃退すべく、中国政府に協力を要請したこともあった。これに対し、中国政府はラオス左派の部隊が中国領内から遊撃隊に対する突撃作戦を展開することを許可し、ラオス左派軍に軍需物資や武器・弾薬などを供給した[35]。とはいえ、一九六一年三月以降、遊撃隊の活動が「大陸反攻」と連動する可能性は大幅に低下し、中国の指導者たちの遊撃隊に対する脅威認識も低下した。

(2) 東南沿海地域からの「大陸反攻」

前項で示したように、国府が雲南省に突撃作戦を行い、「陸上における第一の反攻拠点」を建設する計画は、一九六一年初頭には実質的な挫折を迎えた。しかし、蔣介石は一九六一年から翌六二年にかけて、「大陸反攻」への動きをいっそう活発化させ、福建省と広東省に上陸し、軍事拠点を確保する作戦を計画し、作戦の発動を米政府に打診したのであった。

蔣介石の護衛長を務めていた胡炘将軍の伝記によれば、一九六一年二月一一日、ビルマにおける作戦を検討した国防部の作戦会議で、中国大陸の大飢饉に関する議論が行われた際、蔣介石はこれまでのような中長期的な計画以外に、短期的な「大陸反攻」作戦の計画も策定するよう指示した[36]。さらに、この年の四月には国防部に「国光作業室」が設置され、国府が独力で行う「大陸反攻」作戦の計画について検討が重ねられた[37]。

この時期に策定された「大陸反攻」作戦は「反攻初期戦役」と命名され、①福建省および広東省の沿海部の選定地区に対するパラシュート部隊や海上突撃部隊の特殊作戦によって、大陸民衆の蜂起を誘発し、②空挺部隊と海上部隊の奇襲作戦によって、上陸作戦の拠点を確保し、③上陸作戦を行い、華南地方の内陸部へ戦線を拡大するという、三つの段階によって構成されていた。上陸作戦を行う地域としては、福州、廈門および潮汕の三地区が想定され、段階ごとに作戦の指揮系統が練られていた[38]。

雲南省への「反攻」計画が挫折したにもかかわらず、蔣介石が「大陸反攻」にさらに積極的になった理由としては、第一に中国大陸における大飢饉や、中ソ対立の深刻化などを「大陸反攻」に有利な条件であると認識したことが挙げられる。大躍進がもたらした中国大陸の惨状が明らかになるにつれ、蔣介石はこれを「救済」することに使命感を燃やした[39]。第二に、ケネディ政権の「二つの中国」政策を危惧し、蔣介石が「大陸反攻」の準備を急いだという点も指摘できよう。蔣介石は第二次台湾海峡危機の過程においても、金門・馬祖の兵力を保持するための対米交渉における最後の「切り札」は単独で大陸への反撃を行うことであると考えていた[40]。国連モンゴル加盟問題などで米政府への不信をますます強めた蔣介石が、「大陸反攻」の準備を進め、米政府にその作戦発動を打診すること自体を対米交渉上の資源としようとしていたとしても、不思議ではない。

一九六二年一月から三月にかけて、蔣介石と蔣経国は「大陸反攻」作戦に対する同意を米政府に求めた。蔣介石はまずクライン（Ray S. Cline）CIA台北支局長やマッコーン（John A. McCone）CIA長官らCIAのルートを経由して、アメリカを戦争に巻き込まず、すべての行動を米政府に報告することを強調しつつ、「大陸反攻」の発動は「もはやこれ以上引き延ばすことはできない」と主張し、米政府との交渉を求めた[41]。ケネディ政権は「大陸反攻」を明確には否定しなかったが、三月にハリマン（W. Averell Harriman）極東担当国務次官補を訪台させ、一九五四年のダレス・葉公超交換公文について確認し、「大陸反攻」には慎重な準備を要するとの立場を蔣介石と蔣経国に伝えた[42]。その後、ケネディ政権は国府の「大陸反攻」を監視し、引き延ばすために、国府が要求していた空挺作戦用のC-123型輸送機を提供することや、以降の作戦研究を米華共同で行うことなど、七項目の提案を行った[43]。蔣介石はその意図が「大陸反攻」作戦発動の「引き延ばし」であることを正確に認識し、不満を抱きつつも、七項目の提案を受け容れた[44]。これは、これまで国府が検討してきた「反攻」作戦の発動を事実上無期限で延期する決断であった。

このような国府の「大陸反攻」計画や米政府への打診について、一九六二年三月までの間に中国側で情報が収集されていた形跡はあるものの、それに対して中国政府や共産党が何らかの反応を示した形跡は見あたらない。『毛沢東伝』によれば、党中央軍事委員会は同年四月頃から蔣介石による「大陸反攻」作戦発動の可能性を本格的に警戒しはじめたという[45]。実際に、四月初旬、陳毅外交部長が駐北京イギリス代理大使の帰国を見送るために現れ、国府の「大陸反攻」にわざわざ言及して、「大陸反攻」は「海岸線ではなく内陸で殲滅される」と述べたという記録もある[46]。

四月末、中央対台湾小組および中央宣伝部は、「対台湾宣伝工作を強化することに関する若干の問題」と題する文書を作成し、党中央に提出した。対台湾小組と中央宣伝部は、国府の「大陸反攻」を「心理作戦」であると位置づけ、その中国社会に対する影響について、以下のように分析していた。

彼らの反動的な宣伝は、当然それほど大きな市場を持たない。しかし、目下の状況においては、我々の軍隊、人民大衆、および海外華僑の一部に一定程度の消極的な影響を与える可能性がある。一部の部門や地方においては、最近は反動的な流言が折に触れ飛び交い、敵のラジオ放送を聴く者が著しく増え、ある地方では工場や列車のラジオ放送で敵の放送が流されるという事件が連続して発生し、反革命破壊活動と敵が内通している事件の件数が次第に増加している[47]。

このような局地的な影響を考慮して、中央対台湾工作小組および中央宣伝部は、上海、江蘇、浙江、雲南などの省・市において、重点的に対台湾宣伝工作を強化することを提案した。しかし、その内容は、あくまでも継続的な対台湾宣伝工作の強化にとどまり、国府の「大陸反攻」に対抗するための特別な宣伝工作ではなかった。つまり、上海や杭州の「解放」一三周年、台湾での「五・二四」反米暴動五周年、端午節などのタイミングで、福建前線を拠点に国民党の士官や兵士に対する宣伝を行い、中国の国内建設や対外政策の成果、米華矛盾に加え、「蔣介石集団を暴き出す」点を強調することが提案された[48]。四月三〇日になされたこの提案は、党中央の批准を経て、五月一一日付で中央宣伝部から中央局の各宣伝部、各省・市・自治区の党委員会宣伝部、解放軍総政治部、人民日報、新華社、放送(広播)事業局などに伝達され、同提案に従って台湾に対する宣伝工作を展開するよう要請がなされた[49]。

中央宣伝部による指示が伝達された五月の上旬、陳毅はチェルボネンコと会談し、中国の指導者たちの「大陸反攻」に対する認識について説明している。この会談は、米華の動きを警戒したソ連側が要請したものであった。国府が軍事的な挑発を行うのではないかとの懸念を示すチェルボネンコに対し、陳毅は予想される国府の行動に対する私見を述べた。陳毅は、米華が共同で進攻してくる可能性について、「蔣介石がアメリカとの約束を守らず、沿海地域で冒険主義的な軍事行動を起こす可能性のほうが高い」と認識していた。そして、「アメリカと蔣介石が本当に進攻してくる場合は、浙江、福建、広東など大陸東部からのみ可能であり」、その場合、敵の上陸を阻むのは難しいため、「深くおびき寄せて、沿海の数十の県を占拠させた後に殲滅すれば、台湾はよりはやく解放されるであろう」と述べていた。ただし、「そのためには国内秩序が安定していなければならず、沿海地域が占拠された後に各地で蜂起が起きるようであれば、この方法は採れない」とも述べていた[50]。

陳毅が語った「大陸反攻」に対する脅威認識は、国府によって計画された「大陸反攻」作戦の内容と通ずる部分が多い。陳毅は、国府が進攻してくる場合は東南沿海地域に上陸する可能性が高く、「大陸反攻」作戦の帰趨を決する鍵は、これら地域における共産党による統治の安定であると考えられていたのである。また、陳毅は敵の上陸を「深くおびき寄せて」、「殲滅すれば」よいと述べているが、これはこの時期の東南沿海地域における防衛戦略の方針が一九五〇年代からの延長線上にあったことを示している。東南沿海地域を防衛するためには、「敵を上陸させて殲滅する」べきか、「敵の上陸を海岸線で防ぐ」べきかは、一九五〇年代から解放軍において度々議論されてきた。「敵を上陸させて殲滅する」方針は「積極防御」戦略と呼ばれ、一九五〇年代後半から彭徳懐国防部長は、同戦略に沿った東南沿海地域の軍事建設を進めてきた[51]。彭徳懐は一九五九年の廬山会議において失脚し、その後は林彪国防部長（兼中央軍事委員会副主席）と羅瑞卿総参謀長が解放軍の日常業務を主管していた。『羅瑞卿伝』によれば、この頃、新しい戦略方針の策定が待たれていたものの、それは様々な理由から延期されていたという[52]。

（3）「難民潮」と軍事動員の決定

国府軍からの攻撃に備える解放軍の基本方針は、「敵を上陸させて殲滅する」という「積極防御」戦略に基づくものであった。しかし、五月下旬に表明された毛沢東の認識は、より悲観的なものであった。毛沢東は羅瑞卿に対し、敵に上陸を許せば不利であり、重要な都市の占領などは阻止すべきとの考えを伝えた。そして、「準備をして国民党が来ないのは問題ない。もしも今年国民党が進攻してくるとすれば、上陸させないほうが我々にとって有利である。我々はまだ準備ができていないので、来年彼らを上陸させるか否かは、状況を見て決めればよい」と述べ、「戦争準備」を命じた[53]。

「大陸反攻」との戦いに対する毛沢東の認識を悲観的なものへと変えていった原因の一つは、東南沿海地域の統治の問題にあったように思われる。特に、一九六二年五月に広東省から香港を経由した難民流出が深刻化したことは、そのタイミングから見ても、東南沿海地域での軍事動員を決定づけた要因だったのではないかと推測される。広東省から香港や澳門へ逃れる難民の存在はこの地域に固有の問題ではあったが、一九六二年春の難民流出は一九四九年以来最大規模のものであった[54]。中国の指導者たちが「大陸反攻」を警戒し、東南沿海地域における統治の問題を意識しはじめたタイミングで、難民の流出は増加した。これに対し、国府はこの難民流出を「大陸反攻」への好機と捉え、

表 5-1　香港への難民数の推移と強制送還者の割合

日付（1962 年）	難民数	強制送還	強制送還者の割合
5 月 1-20 日	125,000 人	102,000 人	81.6%
5 月　21 日	8,000 人	7,500 人	98.7%
5 月　22 日	5,500 人	5,200 人	90.0%
5 月　23 日	5,300 人	5,000 人	94.0%
5 月　24 日	7,000 人	5,400 人	77.0%
5 月　25 日	390 人	390 人	100.0%

出典：中央委員会第二組「極機密　大陸難民逃港事件専報（1962 年 6 月 6 日）」『八届中央常務委員会第三七九次会議録』中国国民党第八届中央委員会常務委員会会議記録をもとに筆者作成（数値は原文のママ）

米政府に「大陸反攻」への支援に関する新たな要求を提出しはじめたという。(55)

一九六二年の中国経済は回復基調にあり、飢餓や困窮が単純に民衆の出国を促すような状況ではなかった。しかし広東省では、間もなく私有地や自由市場の部分的容認といった調整政策に対する引き締めが強化され、食糧配給も減らされるなどの風評が流れていた。(56)そのようななか、新たな調整政策として、一九五八年以降に都市へ流入した農民を農村へ強制送還する政策が採られることとなった。国民党中央委員会第二組が収集した情報によれば、四月にこの政策が強化された結果、広東から香港への出国を求める難民が相次ぎ、五月一日から二〇日の間に一二万五、〇〇〇名の難民が香港との国境付近に押し寄せ、うち二万三、〇〇〇名が出国したという(57)（**表5—1**）。

国府はこうした動向に対して、「単純に救済するのではなく、中共に対する心理戦、思想戦、政治戦と結びつける」という方針を決定し、中国大陸向けラジオ放送や宣伝ビラなどによって反人民公社、反共産主義革命を呼びかけた。(58)五月二〇日、国府は香港へ出境した難民を台湾に受け入れる意向を発表した。難民の流出が始まった当初、難民流出に対する中国の方針は、難民との取引や食糧の供給はしないが、出国には関与しないという消極的なものであった。しかし、国府の声明が発表されると、中国の態度は一転し、広州の駅に軍と警察を配置し、難民流出を厳しく取り締まるようになったという。(59)

中国では当時、北西の国境地帯でも新疆イリ地区の住民がソ連へと逃亡する事件が発生していた。「ソ連修正主義者が新疆の少数民族に対して行った転覆活動」と位置づけられたこの事件は、大躍進の失敗がもたらした結果でもあったが、ソ連との関係悪化、民族問題、ロシア人移民の帰国という、東南沿海地域とは異なる側面も多分に存在した(60)。当時党内では、東南国境地帯の問題ではなく、新疆イリ地区や、中印国境地域における緊張を問題視する党幹部の方が圧倒的に多かったが、毛沢東はそれよりも東南沿海地域における「大陸反攻」に対する対応を重視していた(61)。

また、毛沢東は、一九五九年の段階でいわゆる「第二線」へと一旦退き、劉少奇、周恩来、陳雲、鄧小平らに経済調整を任せていた。一九六二年一月の七千人大会において、毛沢東は一方で大飢饉を招いた自身の責任を認め、調整政策に同意した。しかし他方では、自留地や家庭副業、自由市場や生産請負制などを部分的に認めるいわゆる「三自一包」政策は、一定の規模を超えたり、恒常化したりしてはならないと考えていた。未曾有の大飢饉に直面してもなお、毛沢東は大躍進の基本的な理念を信じ、「資本主義が復活する危険性」を警戒していたのである(62)。このような警戒心を持つ毛沢東から見れば、東南沿海地域における難民流出の深刻化は、「三自一包」政策から引き締め政策への転換に対する民衆の抵抗を示すように見えたのではないかと推察される。同地域における問題は北西や南西部の国境地帯における問題とは異なり、「資本主義が復活する危険性」へと結びつく問題であると認識されたのではなかろうか。

2　反「大陸反攻」の軍事動員

(1)　福建前線への公開軍事動員

現在確認できる史料によれば、毛沢東が軍事動員作戦に関する指揮を執りはじめたのは一九六二年五月二九日、羅瑞卿を地方視察先の上海に呼び、東南沿海地域の戦争準備を強化するよう指示した時であった。羅瑞卿は毛沢東の指示を北京の林彪と周恩来に伝えた。これを受け、翌三〇日に北京において軍事委員会戦略小組会議が開催され、東南沿海地域における作戦問題の研究と林彪や陳毅による講話が行われた。三一日、北京での会議内容に関する報告を羅瑞卿から受けると、毛沢東は公開の軍事動員によって国府に「政治攻勢をかける」と決定し、華東局の幹部を集め「戦争準備」に関する報告を行うよう、羅瑞卿に指示した(63)。『葉飛伝』によれば、華東局書記処書記であった葉飛(兼福建省委員会第一書記、福州軍区政治委員等)はこの日、総参謀部から国府軍の動向に関する報告を受け、福州、南京、広州軍区で戦争準備を強化せよとの命令を受けた(64)。六月一日、羅瑞卿は華東局幹部会議において、「戦争準備」に関する報告を行い、その後は北京において林彪や中央政治局に毛沢東の指示を報告し、連日作戦会議を開いた(65)。そして、六月六日に、中央政治局拡大会議において、林彪が「東南沿海における軍事準備の問題に関する報告」を行った(66)。

また、同年二月より中央軍事委員会において議論されてきた「軍の整頓を通じて戦争準備を行う(整軍備戦)」国防方針も、六月にはいり、毛沢東によって「戦争準備を通じ、軍の整頓を行う(備戦整軍)」方針へと変更された(67)。「軍の整頓を通じて戦争準備を行う」ことが議論された元々の主旨は、大飢饉およびソ連からの援助打ち切りの影響を受けた解放軍の状況にあわせ、「軍の整頓」を行うというものであった。しかし、毛沢東のリーダーシップのもとで「軍の整頓」より「戦争準備」を優先する国防方針へと変更されたのである。周恩来はこの経緯について、「軍の編成をめぐり、意見がまとまらなかった」が、毛沢東が「戦争準備を通じて軍の整頓を行う」と提案すると、「問題はすぐに解決」し、「動員が開始された」と説明している(68)。

そして、六月一〇日、党中央は「蔣介石集団の東南沿海地域への侵犯を粉砕する準備に関する指示」を出した。「今春以来、蔣介石匪賊どもは積極的に各種作戦準備や軍事配置を進めている。ここから判断するに、彼らは近い時期、おそらく台風の季節の前後に、福建省、福建省と広東省の境界、福建省と浙江省の境界の区域に対し、反革命を復活させる拠点を築くために上陸作戦を行う可能性がある」と同指示は警告したのである。また、予想される国府との戦いは、「我が国人民の革命における勝利の成果を守る」と同時に、「偉大な人民解放戦争の継続」でもあると同指

表 5-2　解放軍と国府軍の軍事バランス（1961-62 年）

		解放軍（1962 年 6 月）	国府軍（1961 年 6 月）
陸上兵力	陸上兵力	2,631,000 人	427,700 人
	装甲部隊	6,600 人× 4 個師団 重戦車 10 輌 中戦車 80 輌 自走砲 14 門	省略
	野戦砲兵部隊 対空砲兵部隊	5,500 人× 14 個師団 122-155 ミリ榴弾砲 188 門 4,000 人× 1 個師団 2,600 人× 5 個師団	省略
海上戦力	艦艇	駆逐艦 4 隻 護衛駆逐艦 4 隻 哨戒護衛艦 14 隻 駆潜艇 24 隻 潜水艦 25 隻 機雷戦艦艇 38 隻 揚陸艦 59 隻	駆逐艦 5 隻 護衛艦 5 隻 哨戒艇 17 隻 駆潜艇 16 隻 機雷戦艦艇 11 隻 揚陸艦 39 隻
航空戦力	作戦機	2,907 機	608 機
	ジェット戦闘機	2,035 機 J-2（Mig15）　735 機 J-5（Mig17）1,215 機 J-6（Mig19）　85 機	401 機 F86F,D　289 機 F100F,A　87 機 F104A,B　25 機

出典：National Intelligence Estimate（NIE43-61）: Prospects for the Government of the Republic of China, 20 Jun. 1961, CIA Freedom of Information Act（http://www.foia.cia.gov），および National Intelligence Estimate（NIE13-4/1-62）: Prospects for Communist China, 29 Jun. 1962, *Tracking the Dragon: National Intelligence Estimate on China during the Era of Mao, 1948-1976*（Washington, D.C.: U. S. Government Printing Office, 2004）, supplement CD-ROM をもとに筆者作成

示は位置づけた。「全国を解放してすでに一三年、朝鮮戦争からも九年が過ぎ、油断や怠けが増長されている」国内情勢が危惧され、「幹部や民衆の油断や怠けを取り払い、青年世代を教育し、我々の革命精神を試し、全国の団結を強める」こともまた軍事動員の目的とされたのである(69)。

これらの方針決定や指示と並行するように、各軍区から福建前線地域への部隊の移動も五月末から徐々に行われたと考えられる。瀋陽から福建前線へ動員された軍人の回想によれば、彼らは五月末に緊急命令を受け、六月五日に周恩来に見送られて瀋陽を出発した。過去の前線への軍事動員とは異なり、作戦行動や部隊番号は公開とされ、その目的は「蔣介石に警告

を加えるため」であることを、事前に知らされていたという。[70] また、ＣＩＡも、六月初旬から福建前線地域への軍事動員、およびこれら地域からの一般居留民の避難が開始されたという情報を把握していた。[71] 福建前線においては、六月一五日、一六日に地区、市、県の書記会議が開かれ、葉飛が緊急動員の報告を行い、福建前線における上陸阻止作戦を指揮した。葉飛が指揮した「戦争準備」は、中規模から大規模な戦闘を想定し、「敵の十数万、二十数万あまりの兵力を深く誘い入れ、戦略的縦深において殲滅する」ものであったとされる。[72]

この軍事動員の規模を示す中国側の史料は見あたらないので、アメリカや台湾に残されている記録からその規模を推測するしかない。西側諸国において軍事動員が本格的に警戒されたのは、六月一八日以降である。[73] 同日、ヒルズマン（Roger Jr. Hilsman）国務省情報調査局局長からラスク国務長官に宛てたメモによれば、六月一六日から一七日の間に福建前線地域に多くの部隊が集結したため、台湾海峡の情勢は緊張の度合を高めた。[74] そこで、ヒルズマンらは軍事動員に関する特別国家情報評価書（SNIE13-5-62）をまとめ、六月二〇日にケネディ大統領にブリーフィングを行った。同文書は機密解除がなされていないが、解放軍は福建前線地域に七個師団を移動させ、おそらく途中でさらに五個師団が加わって、朝鮮戦争以来最大規模の動員を行っている模様と見られていた。[75] また、六月二三日に国府の国防部スポークスマンが発表した見解によれば、陸軍約四〇万、戦闘機三〇〇機、海軍の各種小型艦四〇〇艘、および潜水艦三〇艘が福建前線付近の基地に配備されていた。[76] ただし、七月五日に提出された特別国家情報評価書（SNIE13-5/1-62）によれば、六月一七日以降は新たな師団の福州軍区入りが確認されなかったという。[77] 以上の情報を総合すると、軍事動員は六月一六日、一七日をピークに七から一二師団が前線地域へ移動し、その数は陸軍四〇万から五〇万人の兵力であり、それに加えて戦闘機、小型艦、潜水艦などの配備も行われたものと推測できる。

（２）国内外に対する反「大陸反攻」の宣伝工作

このような軍事動員と並行して、毛沢東は「東南沿海地域における蔣介石の陰謀を暴露する」ための宣伝稿作成も指示した。毛沢東は六月一一日にこの草稿に加筆した後、中央常務委員会を開催し、彭真、羅瑞卿、蕭華、陸定一、呉冷西とともに推敲するよう劉少奇に依頼した。さらに毛沢東は、この宣伝稿を内部電報として各級の党委員会に発布し、各党委員会は宣伝稿の主旨を幹部や大衆に対してわかりやすく説明し、「準備をさせる」よう指示した(78)。六月二三日に新華社から配信され、翌二四日付『人民日報』一面に掲載された宣伝稿は、その前半で国府の「大陸反攻」計画や米高官の台湾訪問などについて、その「陰謀を暴露」し、国内外に対して以下のように訴え、「全国の人民は生産努力を行い、前線を支援し、敵の特務を粛清し、後方を固めなければならない」と呼びかけた。

米帝国主義にとって一石二鳥の思惑は、蔣介石匪賊ども（蔣匪幇）の軍事的冒険が幸運にも成功すれば、米帝国主義が中国大陸に足がかりを築き、中華人民共和国の威信を挫き、蔣介石匪賊どもの兵力を分散、財政を逼迫させて、米帝国主義への依存を深めることとなろう。反対に、もしも軍事的冒険が失敗すれば、蔣介石匪賊どもが弱体化したところで、米帝国主義が長らく追求してきたように、蔣介石に代えて台湾に新たな傀儡政権を擁立し、いわゆる「二つの中国」の陰謀を実現できるであろう。（中略）

蔣介石匪賊どもはその準備に多くの労力を費やし、大陸沿海地区を侵犯しているが、実のところ非常に哀れである。政治的に言えば、中国人民は蔣介石匪賊どもの二〇年以上におよぶ血なまぐさい統治を経験しており、四大家族、地主や地方有力者、軍閥や官僚などの甚だしい罪悪行為を永遠に忘れることはない。中国人民は蔣介石匪賊どもが我が国の歴史のなかで、最大の売国奴であり、中国の主権を完全に米帝国主義に進呈し、米帝国主義による中国の分割と奴隷化を許したことも知っている。そのため、中国人民は一三年前に蔣介石匪賊どもの統治を打倒し、必ず台湾を解放するという決心を固めたのである(79)。

当時、グリーン（Marshall Green）駐香港総領事が分析したように、開始当初は軍事的な意味あいの強かった一九五八年の金門砲撃作戦において、中国政府が軍事動員の目的についてこれほど具体的かつ詳細に説明することはなかった[80]。この宣伝稿は、対内的には共産党への協力と国民党の打倒を呼びかけると同時に、対外的には自らの軍事動員が防御的なものであること、および国府の「大陸反攻」と米政府の対華政策の不当性を訴えるために作成されたと考えられる。宣伝稿発表にあたり、外交関係機関が関係各方面へ行った根回しもそれを裏づけていると言えよう。

同宣伝稿の配信に先立つ六月一八日、外交部と華僑事務委員会は連名で各在外公館に対し、海外に在住する華僑に対する宣伝工作に関する指示を出した。この指示は、新華社宣伝稿の配信を契機に各国で華僑の「思想」に対する「宣伝教育」を行い、その反応を本国へ報告せよというものであった[81]。各在外公館から寄せられた反応を総合すると、当時の中国政府が華僑の「思想」に対して抱いていた懸念を読み取ることができる[82]。第一に、大躍進が引き起こした国内の荒廃を理由に華僑の中国政府に対する支持が揺らいでいること、第二に、その結果として、国府の「大陸反攻」を支持する者が出てくることが懸念されていたのである。

また、国務院外事弁公室と広東省党委員会の指示を受け、広東省党外事小組は、新華社の宣伝稿を契機に訪れる「蔣介石匪賊どもの軍事的冒険を粉砕する期間」において行うべき「外事工作」について詳細な計画を立てた。この計画は、広州市に居住する外交使節や留学生など外国人に対して宣伝稿の内容を充分に説明し、彼らの行動範囲を広州市とその付近に限定すると同時に、外国人の広州訪問は排除しようとするものであった[83]。添付のメモによると、同様に多くの外国人が居住する上海市についてこの種の対応は検討されず、上海付近まで事態が拡大することは想定されていなかったことがわかる。

さらに、六月二三日、宣伝稿が配信されると同時に、外交部はソ連および東欧の社会主義六カ国、さらにモンゴル、北ベトナム、キューバ、北朝鮮、東ドイツの外交使節を集め、宣伝稿を手交した。説明を行った章漢夫は北ベトナム大使から米華が大陸侵攻を発動しようとしている理由を問われ、「米蔣は我が国と社会主義陣営の状況を見誤り、人民の力量を過小評価している」ためであると答えた。「中国人民は一致団結」し、「強い信念によって困難を克服しようとしている」のであり、「米帝国主義に反対するという問題においては、社会主義諸国は一致団結」しているというのが、章漢夫の主張であった[84]。

このように、軍事動員に際して中国が行う宣伝工作の軸として、六月二三日付で新華社が配信した宣伝稿は「蔣介石匪賊どもの軍事冒険を粉砕する期間」の口火を切るものと位置づけられ、その発表に際しては、関係各方面への説明と反応に対する情報収集がなされた。それらの内容からは、「蔣介石匪賊どもの軍事冒険を粉砕する」にあたり想定されていた闘争の範囲を推測することができる。軍事動員を通して中国政府が闘争を行う範囲は、直接的には福建省や広東省など国府と対峙する中国東南沿海地域、および同地域と深い繋がりを持つ各国の華僑社会であった。加えて、「蔣介石匪賊ども」を「支持」している「米帝国主義」との外交闘争が想定されており、アメリカとの外交闘争に際しては、社会主義陣営の団結を保持することが望ましいと考えられていたのである。

3　台湾海峡における軍事的緊張の利用

(1)「大陸反攻」の不支持をめぐる対米外交交渉

米政府は中国政府による軍事動員の意図や目的の把握を急いだ。ヒルズマンによれば、①軍事動員は一義的には国民党を抑止し、不測の事態に備える性質のものであると思われるが、②これが新たな台湾海峡危機をつくりだすことを目的としている可能性も排除できず、③解放軍が一九五八年に充分に利用できなかった装備を利用して金門や馬祖を攻略しようとする可能性もないとはいえないと分析された。特に、新たな台湾海峡危機の誘発は、米華の離間、国内における引き締め政策の正当化、共産党の権力掌握アピールなどの観点から、「中共にとって好都合であろう」と考えられた[85]。さらに、ケネディ政権は、①ハリマンとドブルイニン（Anatoly Dobrynin）ソ連駐米大使のチャンネル、②米中大使級会談のチャンネル、および③駐北京イギリス大使館のチャンネルを通してそれぞれ中国側の意図を探り、アメリカが「大陸反攻」を支持しないことを伝えようと試みた[86]。

中国政府も米中大使級会談を通じ、米政府への接触を図った。五月一七日のワルシャワ米中大使級会談後、次の会談は七月一二日に開催される予定であった[87]。中国側代表である王炳南駐ワルシャワ大使の回顧録によれば、北京で休暇を取っていた王炳南は、周恩来や羅瑞卿を通じ、軍事動員についてある程度は把握していたが、ある日、直ちにワルシャワへ戻り、「米国の態度がどのようなものであるか」確認するよう指示を受けたという[88]。そこで、王炳南は六月一〇日にワルシャワへ戻り、一五日にキャボット（John M. Cabot）米駐ポーランド大使を中国大使館での非公式会談に招待したのであった[89]。

この非公式会談は、中国側の都合により予定された六月一五日から二三日へと延期になった。会談の延期理由は王の「病気」とされたが、党中央の指示であったことを王炳南の回顧録は明かしている[90]。党中央が会談を延期した理由は特定できないが、おそらく会談の実施と同時に新華社配信の宣伝稿を発表することを意図していたのではないかと推測できる。六月二三日の米中大使級非公式会談で、王炳南は「蒋介石集団が中国大陸への進攻を計画し、アメリカがそれを支援していること」に言及し、「蒋介石が一旦戦争を引き起こせば、その結果はアメリカにいかなる利益ももたらさない」と警告した[91]。これに対し、キャボットは一方で国府による「大陸反攻」を支持しない姿勢を示しつつも、他方では米華相互防衛条約と「台湾決議」に触れ、解放軍による沿海島嶼攻撃を牽制した[92]。すると、会談とほぼ同時に新華社の宣伝稿が発表され、アメリカが国府を支持する理由は、「大陸反攻」を中国大陸への侵攻や「二つの中国」政策実現への足掛かりとするためであると、「米帝国主義」を糾弾したのであった[93]。

米政府が「大陸反攻」を支持しない姿勢を示したにもかかわらず、中国政府は米政府が「大陸反攻」を支持していることに対する批判を緩めず、軍事動員を解除する予兆も見られなかった。そのため、米政府は引き続き解放軍による沿海島嶼攻撃の可能性を警戒しつつ、国府の「大陸反攻」が米中の軍事衝突を招かぬよう方策を練らねばならなかった[94]。さらに六月二三日の米中非公式接触は秘密裏に行われたものであったが、六月二六日、ＢＢＣなど一部報道機関が「情報筋」による情報として米中非公式接触について報じると、米国務省スポークスマンはこれを認める声明を発表せざるを得なかった[95]。これに続き、翌二七日にはケネディが声明を発表し、台湾海峡におけるアメリカの基本的な立場はこの地域での武力行使に反対するものであると述べつつ、沿海島嶼の防衛については米華相互防衛条約と「台湾決議」と同様の立場を確認した[96]。この声明はケネディ政権が、台湾の防衛について一九五四年以来のアイゼンハワー政権期の延長線上に立つことを表明したものであった。

このように、中国政府はワルシャワ会談などを通して、自らの軍事動員や宣伝を米政府との軍事衝突へと発展させる意思がないことを伝えつつ、対外的には米政府の対華政策と国府の「大陸反攻」を糾弾し続けた。これらは、第一に「大陸反攻」をめぐる米華の齟齬を拡大し、第二に米政府が「大陸反攻」不支持を表明しようとも、その対華政策自体には決して妥協できないという姿勢を国際社会に示すものであった。

(2) 共同防衛をめぐる対ソ外交交渉

ソ連政府は軍事動員前からチェルボネンコなどを通じて中国政府に接触し、米華の動向に対する中国側の認識と対応を探っていた[97]。しかし、六月二二日にハリマンがドブルイニンと会見し、軍事動員の目的について尋ねると、ドブルイニンは報道以外の情報は知らないと述べた。ハリマンはそのようなドブルイニンに対し、アメリカは「大陸反攻」に協力する意思がないこと、同内容をワルシャワでの大使級会談で中国側に伝えることをフルシチョフに伝達するよう依頼した[98]。さらに、ハリマンはプーシキン（Georgii M. Pushkin）ソ連外務次官にも接触したが、ドブルイニンが示したソ連政府の立場を確認する結果に終わった。その立場とは、一九五九年の米ソ首脳会談でフルシチョフがアイゼンハワーに対して述べたように、「台湾は中国の一部である」という中国の立場を支持し、台湾海峡の安定について積極的な役割を果たそうとするものではなかった[99]。

ソ連政府は、米政府との接触について、中国政府に積極的に伝えようともしなかった。六月二八日にチェルボネンコは陳毅と会談した。陳毅は、ワルシャワでアメリカ側が「大陸反攻」を支持しないと述べたことを伝え、「ワルシャワ会談を通して、アメリカは責任を負うことを恐れていることがわかった。我々も今は大戦を欲しておらず、自らの建設、社会主義陣営の建設を必要としており、そうすれば一〇年、二〇年後にはアメリカに勝てるはずだ」と述べた。ソ連はこの陳毅の発言によって中国の武力不行使を確認し、六月三〇日にようやく中国側へハリマンとの談話内容を伝えたのであった[100]。そして七月二日、フルシチョフは米中衝突の可能性は低いことを確認したうえで、テレビ演説において「中国への進攻は中国人民、ソ連の各民族人民、および社会主義陣営全体の反撃を受けるであろう」と宣言した[101]。

六月二三日に新華社が配信した宣伝稿を掲載して以来、『人民日報』は諸外国による「アメリカと蔣介石の罪悪と陰謀」への抗議として、各国首脳の談話や新聞記事を次々と掲載していた。最も速く、大きく掲載されたのは北朝鮮や北ベトナムによる「米帝国主義の侵略」に対する抗議であり、アジア・アフリカ諸国、ソ連・東欧諸国の順に続いた[102]。ソ連の扱いは当初小さかったが、フルシチョフ談話が発表されると、七月四日付『人民日報』の一面に大きく転載された[103]。この事実は、中国側もソ連の支持を対外的に必要としていたことを示すものであるといえよう。

七月二日の談話を発表した後、フルシチョフは劉暁に対し、「我々とあなた方は論争もあるが、敵に反対する時はやはり一緒である。論争は続けてもよいが、団結が必要である」と述べ、表面的には中ソの団結を維持する必要性を説いた[104]。他方、数カ月後の八期十中全会において、周恩来は七月二日のフルシチョフによる談話を、「偽物であるが、表面的な価値はあり、大衆に影響を与えた」と評価した[105]。つまり、中ソ論争が深刻化するなかにおいても、ソ連は台湾海峡の緊張に際しては社会主義陣営を代表し、中国の立場を支持しようとしていた。中国もまた、ソ連の態度表明を引き出せたことで、米華に対して有利な立場で外交闘争を行うことができた。ただし、ソ連に台湾海峡において中国とともに闘う積極的な意思がないことは、フルシチョフが米中双方の武力不行使を確認した後になってようやくその立場を表明したことに如実に現れていた。このソ連の立場はこの時に始まったわけではなく、一九五八年の第二次台湾海峡危機の際にすでに見られたものだった。

このように、軍事動員や宣伝稿の発表によって展開された外交闘争を通じて、中国は一九五〇年代に形成された台湾海峡における冷戦構造を再確認した。すなわちアメリカは中国の「台湾解放」から台湾を防衛すると同時に、国府の「大陸反攻」も抑制しており、金門・馬祖など大陸沿海島嶼の防衛については曖昧さを保ちつつも、基本的にはそれらを保持する方針であった。他方で、ソ連は社会主義陣営の団結という観点から中国の「台湾解放」を支持していたが、それも中国大陸の防衛に関与する一方で、台湾や金門・馬祖「解放」への積極的支援ではなく、台湾海峡での武力紛争に巻き込まれることを強く警戒していた。そのため、中国は短期的には台湾どころか金門・馬祖を「解放」することも叶わなかったが、同様に国府の「大陸反攻」もまた封じ込められていたのである。

4 「一つの中国」論の前提としての反「大陸反攻」

(1) 蔣介石の「歴史的任務」

一九五八年の第二次台湾海峡危機の場合とは異なり、一九六二年の軍事動員に際しては、全国各地において大衆による反米運動などが行われたわけではなかった。しかし、動員された部隊を中心に、東南沿海地域では国民党を批判する多くの言説とともに「思想教育運動」が行われた。例えば、毛沢東や党中央が作戦を議論し、部隊の移動が開始された六月初旬から、『解放軍報』にはこれまでの「蔣介石の罪行」を想起させる「蹂躙された台湾（鉄蹄下的台湾）」や「人民共通の敵蔣介石（人民公敵蔣介石）」などの連載が次々と掲載された。「蹂躙された台湾」は、「蔣介石集団と米帝国主義の支配下」にある台湾において、人々がどれだけ悲惨な生活を強いられているかを描いたものである。[106]また、「人民共通の敵蔣介石」は大陸時代の蔣介石および国民党がその「反動統治」により「旧中国人民」をいかに苦しめたかを詳細に描いたものであった[107]。

東南沿海地域において国民党を批判する「思想教育運動」を行うことは、六月二二日に毛沢東が武漢において行った会議で具体的に提案されたのではないかと推測される。五月一日以来はじめての公式活動として、毛沢東は武漢において北朝鮮最高人民会議の代表団を迎えた[108]。その際、毛沢東は柯慶施華東局第一書記、陶鋳中南局第一書記（兼広東省第一書記）ら華東局および中南局の有力指導者をはじめ各省区の党委員を招集し、目下の情勢について講話を行ったという[109]。国民党中央委員会第六組が収集した情報によれば、この武漢での会議において、「回憶」や「告発」などの手法で「国民党を侮蔑」し、「敵の特務を粛清し、後方を固める」、軍事動員の手法が提起されたのだという[110]。

六月二三日の新華社宣伝稿は、国府の大陸統治における腐敗や「売国」的行為を人々が忘れていないことを理由に、蔣介石の「軍事的冒険」は失敗に終わると宣言した[111]。すると、これに呼応するかのように、解放軍では「米蔣の罪行を告発せよ」や「重なる恨みは忘れられない」というスローガンが登場した。二八日になると解放軍総政治部は、「（引用者注：米蔣の罪行を）告発する（控訴）思想教育運動」をあらゆる中隊と基層単位で展開すると決定した。この「告発する思想教育運動」は、第一に「教育を広め、認識を高め」、第二に「告発を行い、恨みを爆発させ」、第三に「我方との比較により、勝利を確信する」という三段階で構成された。その目的は、「戦争準備を強化する」ことに加え、「将兵と将校、軍人と民衆の団結を強める」ことにもあった[112]。

外交闘争を通じて中国政府が台湾海峡における冷戦構造を確認した七月初旬以降も、前線の部隊を中心とする「告発する思想教育運動」は継続された。その第一段階は、七月一六日頃までにおおむね達成されたという。『解放軍報』によれば、運動の対象に指定された単位では、全員が運動に対する認識を共有し、「米蔣の罪行とその階級的本質」について、「系統的に理解」した[113]。続く七月二〇日には、「多くの単位が教育運動の第二段階を終了」した。この段階では、各単位において人々が「解放」以前に国民党により加えられた被害を「告発」する「告発大会」が開かれた[114]。そして、最終段階で推進されたのが毛沢東による過去の著作の「学習」であり、八月半ばまでには多くの部隊が思想教育運動を終了し、「階級的自覚の基礎の上に戦闘感情を打ち立てた」と評価された[115]。軍事動員の最前線にあった解放軍福建前線部隊も、中央軍事委員会と福州軍区の指示を受け、八月初旬から徐々に通常の配備に戻っていったという[116]。

このように、一九六二年の六月から八月上旬にかけて前線に動員された部隊を中心に行われた「告発する思想教育運動」では、前線部隊、前線部隊と前線の民衆、さらには解放軍全体が「内部の団結を強めた」とされる[117]。この「思想教育運動」においては、蔣介石や国民党の大陸統治時代が「帝国主義、封建主義、官僚資本主義の反動統治」として再否定され、そのような統治から中国大陸を「解放」した共産党、とりわけ毛沢東の功績が改めて称えられた。

第二次台湾海峡危機の終盤において、毛沢東は東側諸国六カ国の軍事代表団に対し、「蔣介石の中国における歴史的任務は現在もなお完了しておらず、彼は未だに我々の（引用者注：反面）教師である」ため、「（引用者注：台湾に）蔣介石が存在したほうがよい」との考えを表明していた[118]。これは台湾・澎湖諸島・金門・馬祖のいずれも「解放」できない状況を正当化すると同時に、国内もしくは党内の団結という観点から、これら領域に残存する蔣介石・国府の利用価値を見出そうとするものであった。一九六二年に東南沿海地域で行われた軍事動員は、まさにこの「蔣介石の歴史的任務」を政治的に利用し、東南沿海地域における共産党統治の安定化を図ろうとするものであったといえよう。難民の流出などにより危惧された「内部の団結」を「思想教育運動」によって「強めた」ことは、毛沢東にとって軍事動員における重要な成果の一つであったと思われる。

（2）毛沢東革命路線の回復

地方視察を行いながら軍事動員の指揮を執った毛沢東は、七月六日に北京へ戻り、北戴河での中央工作会議と八期十中全会の準備に取りかかった。一九六二年九月に開催された八期十中全会は、中華人民共和国の歴史のなかでも一つの分岐点であったといわれる重要な会議である。なぜなら、毛沢東が「第二線」に退いて以来行われてきた経済調整路線とは打って変わり、八期十中全会においては「階級闘争をカナメとする」路線が毛沢東によって再び提起され、中国政治の方向性を変えてしまったからである。[119] 重要なことは、この転換点における毛沢東の発言のなかに、その直前に彼自身が主導して行った軍事動員との連続性が見て取れることである。

一九六二年七月二五日から八月二四日にかけて北戴河において行われた中央工作会議は、毛沢東が主宰した八期十中全会の準備会議であった。[120] この会議において、毛沢東は主導権を握り、国民党を引き合いに出しては、資本主義復活への懸念と階級闘争の必要性を主張したという。[121] 八月九日に行った講話において、毛沢東は「共産党が崩壊するか……共産党が崩壊すれば国民党が来る」と述べ、大衆のなかに未だ資産階級、右派分子、地主、富農などが潜んでいることに対する危惧の念を示した。さらに、毛沢東は広州において耳にした、「南（引用者注：香港）へ向かえば希望があり、北（引用者注：北京）へ向かえば希望なし」という流言を取り上げ、党中央の経済調整政策を叱責したのであった。[122] 毛沢東は、比較的遅く「解放」した東南部では革命の徹底が未だ不十分であり、これらの地域では政策を誤れば、国民党による転覆の可能性もあると考えていたのである。

また、毛沢東は鄧子恢や陳雲など経済調整政策にかかわる中央の幹部を「単独主義（単干）」として集中的に批判したが、それに比して、「外交や軍事部門は良好である」と評価した。さらに、「ケネディの行動ですら把握できるのに、北京の幹部が何をしているのか、全くわからない」とまで、経済調整政策を主導してきた「単独主義」を批判した。[123] この発言は、毛沢東が経済調整政策は劉少奇、鄧小平をはじめとする他の指導者に任せ、それを快く思っていなかったことに対し、外交や軍事部門は自身が掌握しており、それらを利用して行った軍事動員と米ソとの外交闘争の成果に自信を持っていた表れであると解釈することができる。

八月二三日から九月二三日まで北京で開かれた準備会議を経て、九月二四日から二七日に開催された八期十中全会では、毛沢東が繰り返し「階級闘争」の理論とその重要性を論じた。それは、米「帝国主義」やソ連「修正主義」との国際的な階級闘争からはじまり、中国社会における地主や資産階級の問題などへと広がり、最終的には党内における経済調整政策に対する批判へと進んでいった。毛沢東が自ら修正を繰り返したといわれる八期十中全会の公報は、「国外帝国主義の圧力と国内資産階級の影響は党内で修正主義思想が生まれる社会的な根源である。国内外において階級敵との闘争を進めると同時に、我々は党内における各種の機会主義と思想傾向を素早く警戒し、反対しなければならない」と警告している。[124] これは、毛沢東が当時抱いていた危機意識を如実に示しているように読み取れる。

このように、中央工作会議から八期十中全会へと至る毛沢東の言説からは、直前に行った東南沿海地域における軍事動員との連続性を読み取ることができる。この軍事動員において、毛沢東は水面下で戦争回避に努めつつも、表面的には米「帝国主義」にもソ連「修正主義」にも決して妥協的な姿勢を見せることなく、蔣介石の「大陸反攻」を「挫く」ことに成功した。また、前線地域における「思想教育運動」においては「旧中国」および当時の台湾における国民党統治を否定する一方で、毛沢東の過去の功績を再び称え、毛沢東思想のもとでの団結と階級闘争への回帰を促していた。そして一九六二年五月下旬から八月初旬にかけて展開された軍事動員とそれに伴う外交闘争、および国内の「思想教育」は、八期十中全会において毛沢東の主張を支える根拠の一つとなったといえよう。

おわりに

本章は、「大陸反攻」に対する脅威認識、脅威認識と軍事動員の関係、軍事動員の内容、および軍事動員と国内外政策との関係などに着目しながら、一九六二年初夏に行われた軍事動員の過程を論じてきた。本章の考察を通じて得られた結論は、以下の三点に集約される。

第一に、中国の指導者たちの「大陸反攻」に対する脅威認識は、「軍事三割、政治七割」の前提のもとに策定された国府の「大陸反攻」計画と通じるものがあった。国府の「大陸反攻」計画はそれに呼応する中国の民衆による蜂起を前提としていた。これに対する解放軍の基本的な方針は、たとえ国府が大陸へ進攻してきても、国内統治が盤石であればこれを「深く誘い込んで、殲滅する」ことが可能であるというものであった。しかし、一九六二年の毛沢東は国府軍を「深く誘い込んで、殲滅する」ことには消極的であった。その理由は、東南沿海地域の統治に不安を抱いていたためであったように思われる。同時期は大躍進の失敗から経済調整政策を行った不安定な時期であり、特にこれらの地域の大衆は経済調整政策とそれに対する引き締め政策との間で揺れ動いていた。五月にはいり中国東南部から多くの難民が流出し、国府が政治的な意図から難民の救済に名乗りを上げたことは、毛沢東の危機感をますます強めたと推測される。

第二に、上記のような脅威認識に基づいて発動された軍事動員は、金門・馬祖の攻撃を目的とするものではなく、国府による「大陸反攻」に政治的な圧力をかける、防御的な性格のものであった。そのため、部隊の行動は公開とされ、軍事動員に並行して「大陸反攻」を糾弾する宣伝稿の作成に力が注がれたのである。東南沿海地域における解放軍の大規模な動員が明らかになると、軍事動員の意図に注目が集まり、台湾海峡における緊張が高まった。そのようななか、対外的には米「帝国主義」に対する強硬姿勢を示しつつも、中国はアメリカとの戦争回避のための措置を慎重に講じた。同時に、中国はソ連「修正主義」に対しても、表面的には無関心を装いつつ、実際はソ連が台湾海峡において中国を支持する態度を表明することを期待した。そして、中国は最終的に、金門・馬祖は国府が占拠しているが、国府によるそれ以上の拡張である「大陸反攻」は米ソ冷戦により封じ込められているという事実を確認した。それは、第二次台湾海峡危機の過程において中国の指導者たちが到達した「一つの中国」論の前提であった台湾海峡における冷戦構造と事実上の停戦ラインが、一九六二年の段階において依然として強固であったことを示した。

第三に、国府に対する政治攻勢、米ソに対する外交闘争に加え、共産党は国内においても蔣介石の「歴史的任務」を利用した「思想教育運動」を行った。ここでは、蔣介石・国府による大陸統治が否定され、その「反動統治」から中国を「解放」した毛沢東の功績が改めて称えられた。この運動のなかでは、軍も民も毛沢東思想のもとに団結し、階級闘争を継続することが確認され、八期十中全会における毛沢東の主張を先取りするかのような言説もすでに登場していた。また、八期十中全会へと至る一連の会議における毛沢東の主張からは、軍事動員の過程から連続する危機意識を読み取ることができる。それは、国内における「資本主義の復活」を決して許してはならず、米「帝国主義」にもソ連「修正主義」にも決して妥協的であってはならないという意識であった。

以上をまとめれば、一九六二年の福建前線における軍事動員は、一義的には「大陸反攻」の阻止を意図する防御的なものであったと考えられる。しかし、それだけではなく、毛沢東は台湾海峡の緊張を利用して、国内外の環境を自らに有利な方向へ動かそうとしていたようにも見える。国際空間において、中国政府は台湾海峡における冷戦構造が動揺しないことを確認しつつ、さらに米「帝国主義」の対華政策に対する強硬な批判を展開した。また、「資本主義の復活」が懸念された東南沿海地域において、共産党は「蔣介石の歴史的任務」を利用した「思想教育」を行い、人々の「団結」と「階級的自覚」を「高めた」のであった。このように、一九六二年の軍事動員は、「一つの中国」論の前提を確認すると同時に、「一つの中国」としての中華人民共和国政府の正統性を国内外に示すものであったと位置づけることが可能であろう。

（1）「蔣介石・ダレス共同コミュニケ（一九五八年一〇月二三日）」日本国際問題研究所現代中国研究部会編『中国大躍進政策の展開資料と解説』上巻（日本国際問題研究所、一九七三年）三二八―三二九頁。

（2）当該時期の「大陸反攻」をめぐる米華関係を扱った研究として、牛大勇「『栓緊繮繩』与『大陸反攻』―肯尼迪与蔣介石的戦争之争」『北京大学学報（哲学社会科学版）』第四期第三七巻（二〇〇〇年）一七二―一八三頁、石川誠人「国府の『大陸反攻』とケネディ政権の対応」『国際政治』第一四八号（二〇〇七年）一一八―一三二頁、および石川誠人「雲南省反攻拠点化計画の構想と挫折―アメリカの許容下での『大陸反攻』の追求」『日本台湾学会報』第一〇号（二〇〇八年五月）五五―七四頁。また、同時期のケネディ政権における対華政策をめぐる議論との関係で、一九六二年の国府による「大陸反攻」の提案と中国の軍事動員に言及している研究として、Noam Kochavi, *A Conflict Perpetuated: China Policy during the Kennedy Years* (Westport: Praeger, 2002), pp. 95-135.

（3）中共中央文献研究室編（逄先知・金冲及主編）『毛沢東伝一九四九—一九七六』下巻（北京：中央文献出版社、二〇〇三年）一二二五—一二二八頁、劉志青「一九六二年的第三次台海危機」『党史博覧』二〇〇四年第四期、九頁、および鐘兆雲「二〇世紀六〇年代初福建前線緊急戦備始末」『福建党史月刊』二〇〇七年第二期、二五—二六頁など、中国の共産党史研究において、一九六二年の軍事動員は蔣介石による「大陸反攻」の試みを正しく察知し、挫いた、毛沢東の「鮮やかな戦略」であったと評価される。

（4）Li Jie, "Changes in China's Domestic Situation in the 1960s and Sino-U. S. Relations," Robert S. Ross and Jiang Changbin eds., *Re-examining the Cold War: U.S.-China Diplomacy, 1954-1973* (Cambridge: Harvard University Press, 2001), pp. 288-320, 牛軍「一九六二：中国対外政策『左』転的前夜」『歴史研究』二〇〇三年第三期、二三—四〇頁、および牛軍「中国外交的革命化進程」楊奎松主編『冷戦時期的中国対外関係』（北京：北京大学出版社、二〇〇六年）一一八—一五二頁など。これらの先行研究の説明では、一九六〇年には大躍進は難航しているが達成できるとの見通しのもと、対米、対ソ政策を中心とする対外政策の調整が行われた。しかし、六二年にはいると国内の経済が低迷を続け、国際環境がさらに悪化したことから、中国の対外政策は調整とは反対の方向へ再び振れたという。一九六二年初頭、対外政策調整の文脈から対米・対ソ政策のさらなる緩和などを提案する意見書が王稼祥から周恩来、鄧小平、陳毅らに提出されたが、同年秋には王稼祥は「三和一少（帝国主義、修正主義および反動派との和解を求め、民族解放運動への支援が少ない）」と批判され、王稼祥の提案が実行されることはなかった。

（5）同時期の国内政治上の転換と共産党内部の権力関係については、Roderick MacFarquhar, *The Origins of the Cultural Revolution, vol. 3: The Coming of the Cataclysm, 1961-1966* (New York: Columbia University Press, 1997), pp. 261-296, 銭庠理『中華人民共和国史　第五巻（一九六二—一九六五）歴史的変局』（香港：香港中文大学、二〇〇八年）二六七—二八八頁。

（6）石川誠人「雲南省反攻拠点化計画の構想と挫折」六二—六三頁。

（7）覃怡輝『金三角国軍血涙史（一九五〇—一九八一）』（台北：中央研究院・聯経出版、二〇〇九年）二一五頁。

（8）当代中国叢書編輯委員会編『当代中国軍隊的軍事工作』上冊（北京：中国社会科学出版社、一九八九年）三七三—三七五頁。

（9）「雲南省人民委員会外事処：報中緬辺境我辺民外逃状況（一九五八年三月七日）」中国外交部档案（档号一〇五—〇〇六〇四—〇一、北京：中華人民共和国外交部档案館）。

（10）「雲南省人民委員会外事処：続報辺民外逃状況（一九五八年六月一二日）」中国外交部档案（档号一〇五—〇〇六〇四—〇一）。翌一九五九年一月の報告においては、五八年一二月一二日までの越境者総数は一一万四、八一〇名にのぼったとされた（「雲南省人民

委員会外事処関於五八年辺民外逃状況的報告（一九五九年一月二四日）」中国外交部档案〈档号一〇五―〇〇六〇四―〇一〉）。
(11)「向呉努提供関於緬境蒋帮残匪的情報（一九五八年五月七日）」中国外交部档案（档号一〇五―〇〇五五四―〇三）。
(12)「章漢夫：目前中緬辺境的形成和問題（一九五八年七月二二日）」中国外交部档案（档号一〇五―〇〇五五七―〇一）。
(13)「昆明軍区致総参謀部、雲南省委：報蒋匪動態及我之対策（一九五八年八月七日）」中国外交部档案（档号一〇五―〇〇五五四―〇一）。土司とは、元の時代から続く中国西南地区における少数民族の首長であり、世襲の官職を与えられていた者を指す。
(14)「総参謀部致昆明軍区：復打撃蒋残匪意見（一九五八年八月一三日）」中国外交部档案（档号一〇五―〇〇五五四―〇一）。
(15)覃怡輝『金三角国軍血涙史』二三〇頁。
(16)同右、二四二―二四四頁。
(17)石川誠人「雲南省反攻拠点化計画の構想と挫折」六三頁、「職彭孟緝謹呈蒋中正（一九六〇年七月二七日）」『党政軍文巻』蒋経国総統文物（典蔵号〇〇五―〇一〇二〇六―〇〇〇五一―〇〇八、台北：国史館）。
(18)「関於準備応付逃緬蒋軍可能在我辺境発動暴乱的批語（一九五九年五月四日）」中共中央文献研究室・中国人民解放軍軍事科学院『建国以来毛沢東軍事文稿』下巻（北京：軍事科学出版社・中央文献出版社、二〇〇九年）三八頁。
(19)当代中国叢書編輯委員会編『当代中国軍隊的軍事工作』上冊、三七四頁。
(20)「雲南省人民委員会外事処致外交部　報□緬□有関的幾個問題的処理経過（一九五九年一一月一九日）」中国外交部档案（档号一〇五―〇〇六〇四―〇二）、□は判読できない。
(21)松本三郎『中国外交と東南アジア』（慶應義塾大学法学研究会、一九七一年）二一一―二一三頁。
(22)「総理拝会奈温的談話摘要（一九六〇年四月二〇日）」中国外交部档案（档号二〇三―〇〇〇三六―〇七）。
(23)「周総理与呉努第三次会談的摘要（一九六〇年四月二〇日）」中国外交部档案（档号二〇三―〇〇〇三六―〇七）。
(24)劉開政・朱當奎『中国曾参加一場最秘密戦争』（北京：紅旗出版社、一九九四年）一九一―一九四頁。
(25)当代中国叢書編輯委員会編『当代中国軍隊的軍事工作』上冊、三七六頁。
(26)人民解放軍雲南省軍区編『雲南省志・軍事志』（昆明：雲南人民出版社、一九九七年）三九七頁。
(27)『蒋介石日記』一九六〇年一一月二五日、一二月一日、一二月二日、一二月一〇日「上星期反省録」(Stanford: Hoover Institution, Stanford University)。
(28)『蒋介石日記』一九六〇年一二月五日、一二月二四日「上星期反省録」。

(29) 石川誠人「雲南省反攻拠点化計画の構想と挫折」六五頁、人民解放軍雲南省軍区編『雲南省志・軍事志』三九七頁。
(30) 石川誠人「雲南省反攻拠点化計画の構想と挫折」六五頁。
(31) 人民解放軍雲南省軍区編『雲南省志・軍事志』三九七頁。
(32) Memorandum of Conversation between Rusk and Yeh, Feb. 3, 1961, *FRUS, 1961-1963*, Vol. XXII, (Washington, D. C.: U. S. Government Printing Office, 1996) pp. 4-8.
(33) Telegram from DoS to Taipei, Feb. 22, 1961, *FRUS, 1961-1963*, Vol. XXII, pp. 12-13. および『蔣介石日記』一九六一年二月「上月反省録」。
(34) 石川誠人「アメリカの許容下での『大陸反攻』の追求」六七頁。
(35) 「外交部、総参謀部致越南何大使：告坎温部隊假道我境事（一九六一年四月一五日）」、「越南何大使致総参謀部、外交部：貴寧問我対部隊行動的意見（一九六一年五月二日）」中国外交部档案（一〇六―〇〇六一九―〇二）。
(36) 汪士淳『漂移歳月―将軍大使胡炘的戦争紀事』（台北：聯合文学、二〇〇六年）一七四頁、同伝記は胡大使の日記に依拠して書かれたものである。
(37) 「朱元琮将軍訪問記録」国防部史政編訳室編『塵封的作戦計画―国光計画口述歴史』（台北：国防部史政編訳室、二〇〇五年）一一―一二頁、なお朱元琮氏は「国光作業室」の初代主任である。
(38) 「修正反攻作戦初期指揮体系及確定権責（一九六一年五月一二日）」『特交档案』蔣中正総統文物（典蔵号〇〇二―〇八〇一〇二―〇〇〇〇九―〇一一、台北：国史館）、「四二〇計画概要（日付なし、一九六二年五月とみられる）」『党政軍文巻』蔣経国総統文物（典蔵号〇〇五―〇一〇二〇二―〇〇〇八五―〇〇二）。
(39) このような蔣介石の認識がよく現れている演説として、「貫徹本党的時代使命和革命任務―動員、革新、戦闘（一九六一年一一月一二、一四、一六日、第八届中央委員会第四次会議及中央評議委員第六次会議講）」秦孝儀主編『先総統蔣公思想言論総集』巻二十七（台北：国民党党史会、一九八四年）四七五―五〇七頁。
(40) 『蔣介石日記』一九五八年一〇月一九日「上星期反省録」。
(41) 「蔣中正接見克萊恩麦康等談話紀要（一九六二年一月二一日）」『党政軍文巻』蔣経国総統文物（典蔵号〇〇五―〇一〇二〇六―〇〇〇七一―〇〇一）および『蔣介石日記』一九六二年一月二七日「上星期反省録」。
(42) Draft Message from Kennedy to Harriman, Mar. 9, 1962, and Telegram from Taipei to DoS, Mar. 15, 1962, *FRUS, 1961-1963*,

Vol. XXII, pp. 192-193 and pp. 195-196.

（43）Memorandum for the Record, "White House Meeting on GRC Plans," Mar. 31, 1962, and Memorandum to Cline, Mar. 31, 1962, *FRUS, 1961-1963*, Vol. XXII, pp. 204-205 and pp. 206-207.

（44）『蔣介石日記』四月五日、六日、石川誠人「国府の『大陸反攻』とケネディ政権の対応」一二二頁。

（45）中共中央文献研究室編『毛沢東伝一九四九―一九七六』下巻、一二二五頁。

（46）Memorandum from Hilsman to Harriman, Jun. 22, 1962, Box 23, National Security Files (hereafter NSF), John F. Kennedy Library, Boston, Massachusetts (hereafter JFKL).

（47）「関於加強対台湾宣伝工作的若干問題的請示（一九六二年四月三〇日）」上海市档案（档号A二二―二―一〇二三）。

（48）同右。

（49）「中共中央宣伝部致上海市党委（一九六二年五月一一日）」上海市档案（档号A二二―二―一〇二三）。

（50）「陳毅副総理接見蘇聯駐華大使契爾年科談話記録（一九六二年五月一二日）」中国外交部档案（档号一〇九―〇三八〇三―〇九）。

（51）彭徳懐国防部長時代の「積極防御」戦略は、抗日戦争において毛沢東が使用した「積極防御」の概念に新しい意味を付与した戦略方針であり、戦争勃発を制止あるいは延期し、戦争勃発後には三―六カ月かけて即決戦から持久戦に持ち込み、徐々にイニシアチブを奪うための能力向上が重視された（浅野亮「積極防御戦略」茅原郁生編『中国軍事用語事典』〈蒼蒼社、二〇〇六年〉二五〇―二五一頁）。積極防御戦略と東南沿海地域の防衛の関係については、当代中国人物伝記叢書編輯部編纂『彭徳懐伝』（北京：当代中国出版社、二〇〇六年）三一九―三二一頁を参照のこと。

（52）黄瑤・張明哲『羅瑞卿伝』（北京：当代中国出版社、一九九六年）三六六頁。

（53）同右、三七〇頁。

（54）習仲勛主政広東編委会編『習仲勛主政広東』（北京：中共党史出版社、二〇〇七年）六八頁。

（55）石川誠人「国府の『大陸反攻』とケネディ政権の対応」一二三頁。

（56）Ezra F. Vogel, *Canton under Communism* (Cambridge: Harvard University Press, 1980), pp. 292-296.

（57）「中央委員会第二組：大陸難民逃港事件専報（一九六二年六月六日）」『八届中央常務委員会第三七九次会議記録』中国国民党第八届中央委員会常務委員会会議記録（台北：国民党中央委員会文化委員会党史館）。

（58）「関於大陸難胞集体逃港問題処理要点（一九六二年五月）」『八届中央常務委員会第三七五次会議録』中国国民党第八届中央委員

会常務委員会会議記録。
(59)「中央委員会第二組：大陸難民逃港事件専報（一九六二年六月六日）」『八届中央常務委員会第三七九次会議録』中国国民党第八届中央委員会常務委員会会議記録。
(60) 新疆イリ地区の難民流出問題については、沈志華・李丹慧『戦後中蘇関係若干問題研究―来自中俄双方的档案文献』（北京：人民出版社、二〇〇六年）四八六―五一四頁に詳しい。
(61) 中共中央文献研究室編『毛沢東伝一九四九―一九七六』下巻、一二二七―一二二八頁。
(62) 陳永発『中国共産革命七十年』下巻（台北：聯経出版、一九九八年）七七〇―七七二頁、小島朋之「毛沢東の時代―文革への道」山田辰雄等編『現代東アジアの政治』（放送大学出版会、二〇〇四年）五三―五四頁。
(63) 黄瑤・張明哲『羅瑞卿伝』三六八―三七〇頁。
(64) 林強・魯冰編『葉飛伝』下巻（北京：中央文献出版社、二〇〇七年）七三九頁。
(65) 黄瑤・張明哲『羅瑞卿伝』三七〇―三七二頁。『葉飛伝』が五月三一日に受けたとする報告および命令は、六月一日の羅瑞卿による報告を指すのかもしれない。
(66) 中共中央文献研究室編『毛沢東伝一九四九―一九七六』下巻、一二二五―一二二六頁。
(67) 軍事科学院軍事歴史研究所編『中国人民解放軍的八十年』（北京：軍事科学出版社、二〇〇七年）三七八頁。
(68)「関於国防軍工生産的幾個問題（一九六二年六月八日）」中共中央文献研究室・中国人民解放軍軍事科学院編『周恩来軍事文選』第四巻（北京：人民出版社、一九九七年）四三三―四三七頁。
(69)「中共中央関於準備粉砕蔣匪幇進犯東南沿海地区指示（一九六二年六月一〇日）」中共中央文献研究室編『建国以来重要文献選編』第一五巻（北京：世界知識出版社、一九九七年）四八一―四八六頁。
(70) 王道文「一次難忘的壮行」『党史縦横』一九九六年第一期（瀋陽：遼寧省委党史研究室）四四頁、および中共中央文献研究室編『周恩来年譜一九四九―一九七六』中巻（北京：中央文献出版社、一九九七年）四八一頁。
(71) CIA, Information Report, Jun. 19, 1962 and Jun. 20, Box 25A, NSF, JFKL.
(72) 林強・魯冰編『葉飛伝』下巻、七四〇―七四一頁。
(73) オルソップ（Joseph Alsop）記者による軍事動員に関する記事が『ワシントン・ポスト』紙に掲載されたことをきっかけに、中国の軍事動員は世論からも注目された。ケネディ大統領は同日、マッコーン中央情報局長官と会談し、オルソップが何故このような情報を知り得たのかを尋ねている（Memorandum for the Record "The Director's Meeting with the President," Jun. 18, 1962, *FRUS, 1961-1963*, Vol. XXII, pp. 246-247）。なお、同会談記録や機密開示された米公文書から、ＣＩＡはこれより早い時期から軍事動員の動向を観察していたことが見て取れる。

（74）Memorandum from Hilsman to Rusk, Jun. 18, 1962, Box 23, NSF, JFKL.

（75）Footnote 1, *FRUS, 1961-63*, Vol. XXII, p. 251.

（76）「軍事発言人昨宣布金馬当面匪軍兵力」『中央日報』一九六二年六月二四日。『朝日新聞』は、「これまでは約四〇万であった台湾海峡地帯の中共軍が、最近四八万になった」と国府情報機関の情報を報じている（「集結中共軍は四八万」『朝日新聞』一九六二年六月二四日）。

（77）Special National Intelligence Estimate (SNIE), 13-5/1-62, Jul. 5, 1962, *FRUS, 1961-1963*, Vol. XXII, pp. 289-291.

（78）中共中央文献研究室編『毛沢東伝一九四九―一九七六』下巻、一二二六―一二二七頁、および中共中央文献研究室編『建国以来毛沢東文稿』第一〇巻（北京：中央文献出版社、一九九六年）一〇一―一〇三頁。

（79）「美帝国主義支持蔣匪帮妄図竄犯大陸沿海地区」『人民日報』一九六二年六月二四日。

（80）Telegram from Hong Kong to DoS, Jun. 24, 1962, Box 25A, NSF, JFKL.

（81）「駐加尔各答総領館：関於対台湾当局闘争方案的請示（一九六二年六月二六日）」中国外交部档案（档号一一八―〇一一六〇―〇一）。六月一八日の指示電報は公開されていないが、本電報が各在外公館から寄せられた反応の中で指示電報の内容を最も明確に示している。

（82）各在外公館（インド、東ドイツ、カンボジア、スイス、ビルマ、インドネシア、デンマーク）からの返電は中国外交部档案（档号一一八―〇一一六〇―〇一―〇九）、その総括は「華僑対台湾当局妄図竄犯大陸沿海地区的反応（一九六二年七月三一日）」中国外交部档案（档号一一八―〇一一六〇―一〇）としてまとめられている。

（83）「関於粉砕蔣匪軍事冒険期間在外事工作方面幾項措置的報告（一九六二年六月一九日）」中国外交部档案（档号一一八―〇一四二九―〇二）。

（84）「章漢夫副部長接見各兄弟国家駐華使節談話記録（一九六二年六月二三日）」中国外交部档案（档号一〇九―〇三七九八―〇四）。

（85）Memorandum from Hilsman to Rusk, Jun. 18, 1962, Box 23, NSF, JFKL.

（86）Memorandum from Ball to JFK, Jun. 21, 1962, Box 23, NSF, JFKL and Telegram from DoS to London, Taipei, Hong Kong,

Warsaw, and Rome, Jun. 22, 1962, Box 25A, NSF, JFKL.

（87）Telegram from Cabot to Rusk, May 17, 1962, in Robert E. Lester, *Confidential U.S. State Department Central Files (Microform, hereafter Confidential), China 1960-January 1963, Foreign Affairs* (Bethesda: University Publications of America, 2000), Reel 3.

（88）王炳南『中美会談九年回顧』（北京：世界知識出版社、一九八五年）八六—八七頁。

（89）Footnote, *FRUS, 1961-63*, Vol. XXII, p. 273. この非公式会談は中国側の提案によるものである。もっとも、五月一七日の会談後、米国側は七月の会談を繰り上げて開催する可能性を模索していた（Telegram from Rusk to Cabot, May 30, 1962, and Telegram from Cabot to Rusk, May 31 and June 4, 1962, *Confidential, China 1960-January 1963, Foreign Affairs*, Reel 3）。しかし、これは中国の軍事動員への対応ではなく、香港への難民流出に対する食糧支援を提案するためであった（Draft Paper Prepared in the Department of State, May 28, 1962, *FRUS, 1961-1963*, Vol. XXII, pp. 231-233）。中国側への打診の結果、米側は六月四日の段階で大使級会談の繰り上げを断念した（Footnote 2, *FRUS, 1961-1963*, Vol. XXII, p. 233）。六月一五日の非公式会談は、これとは別の文脈で中国側から提案されたものである。

（90）王炳南『中美会談九年回顧』八七頁。

（91）「王炳南大使就台湾当局準備侵擾我沿海地区対美国大使的談話（一九六二年六月二八日）」中国外交部档案（档号一一一—〇〇四五三—〇二）。

（92）王炳南『中美会談九年回顧』八七—九〇頁、Telegram from Cabot to DoS, Jun. 23, 1962, *Confidential, China 1960-January 1963, Foreign Affairs*, Reel 3.

（93）「美帝国主義支持蔣匪帮妄図竄犯大陸沿海地区」『人民日報』一九六二年六月二四日。

（94）Memorandum for the Record of NSC Meeting, Jun. 26, 1962, *FRUS, 1961-1963*, Vol. XXII, pp. 281-282.

（95）Editorial Note, *FRUS, 1961-63*, Vol. XXII, pp. 283-284, and Telegram from Cabot to DoS, Jun. 27, 1962, *Confidential, China 1960-January 1963, Foreign Affairs*, Reel 3.「情報筋」が米国側なのか、中国側なのか、史料からは判断できない。

（96）Editorial Note, *FRUS, 1961-1963*, Vol. XXII, pp. 283-284.

（97）「陳毅副総理接見蘇聯駐華大使契爾年科談話記録（一九六二年五月一二日）」中国外交部档案（档号一〇九—〇三八〇三—〇九）および「外交部副部長章漢夫向駐華使節介紹有関台湾状況（一九六二年六月二三日）」中国外交部档案（档号一〇九—〇三七九八—〇四）。

(98) Memorandum of Conversation between Harriman and Dobrynin, Jun. 22, 1962, *FRUS, 1961-1963*, Vol. XXII, pp. 267-269.

(99) Telegram from Harriman to Rusk, Jul. 3, 1962, Box 25A, NSF, JFKL.

(100)「台湾問題（為中蘇両党会談準備、一九六三年一二月二四日）」中国外交部档案（档号一〇九―〇二五四〇―〇四）。

(101) "Khrushchev Vows Defense of China: Charges U.S. Plot," *New York Times*, Jul. 3, 1962,「〝中共攻撃には反撃〟フルシチョフ演説台湾海峡に触れる」『朝日新聞』一九六二年七月三日など。

(102)「朝鮮和越南報紙厳歴遣責美蔣的罪悪陰謀」『人民日報』一九六二年六月二七日、「亜非国家報紙紛紛発表評論文章」『人民日報』一九六二年六月二八日、「蘇緬柬報紙遣責美蔣陰謀挑釁」『人民日報』一九六二年六月三〇日など。

(103)「赫魯暁夫遣責美国鼓励蔣匪帮準備冒険」『人民日報』一九六二年七月四日。

(104)「赫魯暁夫与劉大使談話内容（一九六二年七月四日）」中国外交部档案（档号一〇九―〇三二九七―〇四）。

(105) 第八期十中全会における周恩来の発言、中共中央文献研究室編『毛沢東伝一九四九―一九七六』下巻、一二二七―一二二八頁。

(106) 例えば、「蔣匪帮退役軍人的悲惨生活」『解放軍報』一九六二年六月七日。

(107)「（一）蔣介石的丑悪根底」『解放軍報』一九六二年六月四日から「（七）蔣介石是中国人民的禍根子」『解放軍報』一九六二年六月一三日に至る連載。

(108)「毛主席在武漢接見朝鮮最高人民会議代表団」『人民日報』一九六二年六月二三日。

(109) Telegram from Hong Kong (Green) to DoS, Jun. 24, 1962, Box 25A, NSF, JFKL.

(110) 中国国民党中央委員会第六組編印『匪情専題研究　当前大陸匪情與敵我闘争形勢』（台北：国民党中央委員会、一九六二年一一月）九頁。

(111)「美帝国主義支持蔣匪帮妄図竄犯大陸沿海地区」『人民日報』一九六二年六月二四日。

(112)「開展控訴美蔣罪行教育運動」『解放軍報』一九六二年六月二八日。

(113)「許多試点単位取得控訴教育第一階段経験」『解放軍報』一九六二年七月一六日。

(114)「許多試点単位取得控訴教育第二階段経験」『解放軍報』一九六二年七月二〇日。

(115)「社論　把階級仇恨変為戦闘力量」『解放軍報』一九六二年八月一三日。

(116) 廈門市地方史編纂委員会編『廈門市志』（北京：方志出版社、二〇〇四年）一五四三頁。『葉飛伝』によれば、「戦争準備」をしたものの、ケネディの声明が発表され、「予期された大戦は起きなかった」。そのため、葉飛の指揮のもとで、四カ月の練兵が行われたという。しかし、これが動員された規模で行われたものなのか、福州軍区で行われたものなのかは不明である（中共中央文献研究室編『葉飛伝』七四二頁）。

（117）「社論　把階級仇恨変為戦闘力量」『解放軍報』一九六二年八月一三日。

（118）「毛沢東接見六個兄弟国家的来賓的談話記録（一九五八年一〇月二日）」中国外交部档案（档号一〇九—〇〇八二二—一六）、括弧内は筆者による。

（119）銭庠理『中華人民共和国史第五巻　歴史的変局』二六七頁。

（120）姜華宣主編『中国共産党重要会議紀事一九二一—二〇〇六（増訂本）』（北京：中央文献出版社、二〇〇六年）三二三—三二四頁。

（121）中共中央文献研究室編（金冲及主編）『周恩来伝一八九八—一九七六』第四巻（北京：中央文献出版社、一九九八年）一六四九頁、MacFarquhar, *The Origins of the Cultural Revolution*, Vol. 3, pp. 274-281.

（122）Ibid.,「在北戴河中央工作会議上的講話（一九六二年八月九日）」『毛沢東思想万歳』（中国大陸発行：一九六九年八月）四二三—四二九頁、括弧内は筆者による。

（123）同右。

（124）「中国共産党第八届中央委員会第十次全体会議的公報（一九六二年九月二七日）」中共中央文献研究室編『建国以来重要文献選編』第一五巻、六四八—六五七頁。

第六章――冷戦構造の多極化と「一つの中国」原則の形成(一九六二―一九六五年)

はじめに

これまでの章でも論じたように、一九五〇年代末以降の中国外交は、「米帝国主義」との対立を継続しつつ、「ソ連修正主義」との対立も深めていった。また、国境紛争を発端として悪化した「インド反動主義」との関係を修復することは困難であった。さらに、インドシナの反共勢力に対するアメリカの支援は除々に拡大し、中国の指導者たちは自国の安全に対する危機意識を高めた。このような国際環境に直面し、中国が新たな外交空間の拡大に活路を求めたことは、一九六三年九月の中央工作会議において、毛沢東が「二つの中間地帯論」を提起したことにも表れている。「二つの中間地帯論」における第一の中間地帯はアジア、アフリカ、ラテンアメリカ、第二の中間地帯は西欧諸国、カナダ、日本などであった。毛沢東は、第一の中間地帯諸国との関係をもって第二の中間地帯諸国との関係を勝ち取り、米ソの「覇権主義」に対抗すべきであると考えていた(1)。中仏国交正常化を軸とする六〇年代前半の中国外交は、まさにこのような「二つの中間地帯論」を体現したものであったといえる。

「二つの中間地帯」との関係は、中国政府が自ら切り開いていったというよりも、アフリカ諸国における独立機運の盛り上がりやフランスにおけるドゴール（Charles de Gaulle）外交の展開など、国際情勢の変化によるところも大きかった。とはいえ、情勢の変化に乗じて外交空間を拡大するか否かは、高度な政治的決断を要する問題であった。一九五〇年代の中国政府は台湾問題において、「二つの中国」状態が生起し得る状況下においては、第三国との外交関係打開や国際機関への参加を拒否し、積極的に関係打開を試みてこなかった。しかし、「二つの中間地帯」との関係打開に積極的に取り組むとするならば、交渉相手国のほとんどは国府とすでに外交関係を有しており、その問題をめぐり相手国との妥協点を模索しなければならないことは容易に想像できたからである。

本章は、中仏国交正常化を軸とする一九六〇年代前半の「二つの中間地帯」に対する中国外交が上記のような葛藤を抱えつつも相手国との交渉を試み、妥協を選択せざるを得なかった過程を検証する。そして、この葛藤や妥協のなかで、中国政府にとっての「一つの中国」原則が徐々に形成されていったことを明らかにしたい。

一九六〇年代にはいり、中国がまず「二つの中国」が生起し得る状況への対応を問われたのは、内戦下のラオスに樹立された連合政府との関係においてであった。中国は一九五〇年代末から自国の安全保障上重要なラオスにおいて、左派勢力を積極的に支援したが、国府もラオスの右派勢力に対する支援を強化した。そのため、中立派を中心とする連合政府が発足する過程では、ジュネーブやヴィエンチャンにおいて激しい外交闘争が繰り広げられた。しかし、ラオス危機に対する中国の対応を論じる先行研究は、ラオス連合政府成立の結果として生じた「二つの中国」問題についてはほとんど論じていない[2]。

また、ラオス問題に関する第二次ジュネーブ会議以降、中国はフランスとの関係を改善する機会を窺い、一九六四年に中仏国交正常化を成し遂げた。この中仏国交正常化に関する先行研究は、両国指導者の戦略性を強調し、仏華断交をめぐる中国の譲歩を看過してきた。とりわけ中国における関係者の回顧録や先行研究は、西側諸国の団結を揺るがした「外交上の核爆発」として、中仏国交正常化がアメリカや国府に与えた衝撃を強調してきた[3]。フランスにおいても、対中承認へと踏み切ったドゴール大統領の外交戦略が議論の焦点であった。[4]しかし、交渉の過程において、中国が①仏華断交の先行を断念し、②仏政府から台湾問題に関する言質を取れなかったことは決して小さな譲歩ではなかった。この点について、台湾には仏政府と国府が断交せずとも済んだ可能性を指摘する先行研究もあるが、それらは国府が仏政府と断交するに至った経緯を考察することに重きを置いてきた。[5]

さらに、中仏国交正常化交渉において結実しなかった「二つの中国」を回避するための中国の外交努力が看過されてきたことは、中国の対アフリカ外交に関する研究にも影響を与えてきた。一九六〇年代における中国政府と国府の承認獲得競争はアフリカ大陸を中心としていたことはよく知られている。承認獲得のための中国外交は「原則性」と「柔軟性」という視点から論じられることが多く、台湾問題は中国が決して妥協しない、確固とした「原則」であったといわれている。[6]しかし、このような先行研究において、その「原則」の内容や変化が論じられることはほとんどなく、中国が対アフリカ外交においても実は「二つの中国」の問題に関して様々な譲歩を行っていたことは注目されてこなかった。そして、中国の指導者たちが一連の譲歩をどのような外交成果につなげようとしていたのかに関しても、充分な議論が行われているとはいえない。

本章は以上のような先行研究の動向を踏まえたうえで、以下の問題について考察することを通じて、当時の中国外交が追求した「一つの中国」原則の内容とその変遷を論じる。

第一に、一九六〇年代半ばの中国外交は、どのような機会と制約のなかで、国府とすでに外交関係を有する諸国との外交交渉に挑んでいったのか。また、交渉のなかで譲歩が必要となった時に、その譲歩はどのような論理で正当化されたのか。

第二に、一九六〇年代半ばの一連の交渉を通じて、中国外交の戦略的思考やその限界などを見て取ることは可能であろうか。すなわち、中国の指導者たちが行った譲歩、あるいは譲歩しなかった部分について、一貫性や連続性が見て取れるのだろうか。

第三に、一連の交渉とその結果は、それ以前、さらにはそれ以降の「二つの中国」に反対する中国の外交闘争との関係において、どのように位置づけることが可能であろうか。

上記の問題を明らかにするために、本章は以下の節によって考察を進める。第一節は、当時の中国政府にとって安全保障上肝要であったラオス連合政府との外交関係における「一つの中国」原則を論じる。第二節は中仏国交正常化、第三節は中仏国交正常化の成果としての旧仏領アフリカ諸国との外交関係樹立における「一つの中国」原則を論じる。第四節は、これら外交関係打開の成果を梃子に、国連代表権をめぐる外交闘争を中国がいかに戦ったのかを考察する。以上の各節における考察の結果として、中国政府にとっての「一つの中国」原則はこの時期を起点として、関係諸国との相互作用の中で漸進的に形成されていったことが明らかになろう。

1　ラオス危機と「一つの中国」原則

(1)　ジュネーブ会議における外交闘争

右派政権と左派政権の争いが長らく続いていたラオスでは、一九六〇年八月に左派コン・レ（Kong Le）将軍の革命が成功し、中立を掲げるプーマ（Souvanna Phouma）政権が誕生した。しかし、同年一二月には右派勢力が再び首都ヴィエンチャンを占拠し、ブン・ウム（Boun Oum Na Champassak）内閣を成立させた。その後、西側陣営が支持するブン・ウム右派政権と、左派革命勢力であるパテト・ラオ（Pathet Lao）を後ろ盾とし、東側陣営が支持するプーマ中立派政権の対立が激化していた。中国政府は表面的には中立派政権を支持しつつ、パテト・ラオへの支援を強化していた。他方、国府はブン・ウム政権との関係を強化し、反共闘争を支援していたのである。

このようなラオスにおける紛争を調停するために、一九六一年五月一六日より、第二次ジュネーブ会議が開催され

表6-1　第二次ジュネーブ会議代表団

【代表団】

代表団長	：陳毅（国務院副総理兼外交部長）
代表	：章漢夫（外交部副部長）、姫鵬飛（外交部副部長）、喬冠華（外交部部長助理）馮鉉（国務院副秘書長）、呉冷西（新華社社長）
秘書長	：張彦（国務院外事弁公室副主任）
顧問	：熊復（中共中央対外連絡部秘書長）、陳叔亮（外交部亜州司副司長）、龔澎（外交部新聞司司長）、雷英夫（周恩来総理軍事秘書）、曾濤（新華社ハバナ支局長）、熊向輝（国務院外事弁公室組長）、龔普生（外交部国際司司長）、兪沛文（外交部礼賓司司長）、辛冠浩（対外文化連絡委員会委員）、陳明（対外貿易部三局局長）、岳欣（公安部局長）、彭華（雲南省文化局副局長）、浦寿昌（総理弁公室秘書）

出典：「出席和平解决老撾問題的拡大的日内瓦会議」『人民日報』1961年5月12日をもとに筆者作成

た。会議には一九五四年のジュネーブ会議参加国であるアメリカ、イギリス、ソ連、中国、フランス、ラオス、カンボジア、南北ベトナムに加え、ラオス国際監視委員会のインド、ポーランド、カナダ、およびタイ、ビルマの一四カ国が参加した。第二次ジュネーブ会議は中国政府が久々に出席した西側諸国との重要な国際会議であり、中国政府は陳毅を団長とする大型代表団をジュネーブへ送り込んだ（**表6―1**）。そのジュネーブ会議における中国代表団の外交目標は、左派と中立派の連合軍が軍事的に優位な状況下で、ラオス紛争に対する諸外国の関与、とりわけ米政府が軍事介入を行い得る余地を可能な限り小さくすることであった。国内的には大躍進の失敗、対外的にはソ連やインドとの新たな対立を抱える中国にとって、隣接するインドシナ半島に対する米軍の介入を食い止めることは、切実な安全保障上の課題であったに違いない。

ジュネーブ会議では開幕直後から、ラオス中立の性格や中立を担保する国際機関の権限をめぐり東西陣営双方の主張が対立した。しかし、会議場における中国代表団の活動はそれほど活発なものではなかった。中国代表団はむしろ会議の水面下で、ラオス左派および中立派と頻繁に接触し、両派と諸外国との交渉を促したといわれる(7)。こうした交渉の結果、六月二二日、チューリッヒにおいてラオス三派による共同声明が発表された。この時、軍事的に劣勢にあったラオス右派は、左派と中立派が主張する「ＳＥＡＴＯの保護を受けない」という条件を受け入れざるを得なかった。続く「実質的な討論」において、中国代表団は一貫して共同声明に基づく交渉妥結を主張し、ＳＥＡＴＯ付属議定書におけるラオス保護条項の破棄、ラオスに駐留する外国軍の撤退、国際監視団の権限縮小などについて強硬な主張を続けた[8]。そのため会議は難航したが、最終的には一九六一年末にラオス中立宣言とその付属議定書の草案が採択された。中国政府も「東南アジア集団（引用者注：SEATOを指す）のラオスに対する『保護』の問題は未だ解決が待たれる」と指摘したものの、それ以外の論点にはほぼ納得し、中立宣言と議定書の採択はラオス紛争に対する西側諸国による介入の余地を小さくするうえで「重要な進展」であると評価した[9]。

中国政府はジュネーブ会議において一方では米政府のラオス紛争に対する介入を厳しく非難したが、他方、水面下では積極的に米代表団との接触を図っていた。しかし、その意図はラオス紛争について協議することよりも、一九五四年のジュネーブ会議のように、会議を梃子にアメリカと直接接触することにあると見られていた[10]。王炳南は第一〇五回米中大使級会談（六月三〇日）の後の非公式な席上で、①米国がラオスにおける軍事力と技術協力者を引き揚げるのであれば、左派パテト・ラオによる王国政府に対する攻撃を停止し、②連合政府からノサワンやブン・ウムを排除せず、三派による連合政府を誕生させるなどの条件を提示し、ジュネーブにおけるハリマンやスティーブス（John M. Steeves）極東担当国務副次官補との直接交渉に期待感を示した[11]。続く第一〇六回米中大使級会談（八月一六日）の後にも、王炳南は非公式にラオス問題に関する意見交換を求め、ジュネーブ会談における米代表団との意見交換に意欲を示した[12]。

それでは、中国政府はどのような意図により、米政府への接近を図ったのであろうか。米国務省は、中国の外交姿勢には一九五四年と同様の積極性が見られることから、中国は米中関係の進展を望んでいる可能性はあるが、国連代表権問題などをめぐる米華の齟齬につけこみ、国内の経済危機や中ソ対立がもたらす苦境を打開することを意図している可能性もあると評価していた[13]。ジュネーブ会議における合意文書をまとめるという観点から、ハリマンは王炳南や章漢夫を窓口とする対中直接交渉をラスクに提案した[14]。しかし、ラスクは中国をジュネーブ会議における協力者とみなすことに反対し、直接交渉に同意しなかった[15]。さらに、一〇月一一日の記者会見において、陳毅はラスクとの外相会談の開催を希望する旨を公式に示唆した。しかし、ジュネーブやワルシャワでの対中接触から中国政府の誠意が感じ取れないことを理由に、ケネディはこれを一蹴したのであった。

米国務省の文書によれば、対米直接接触が拒絶された一一月以降、ジュネーブ会議の懸案事項に対する中国代表団の主張は、ソ連に比べてはるかに強硬かつ硬直的なものとなっていった[16]。一一月二八日に行われた第一〇七回米中大使級会談では、王炳南の態度も一変し、「米国は前回の会談以降も中国に対する敵意を放棄せず、中国周辺で攻撃的な行動を続け」、「国民党と協力し、沖縄周辺で軍事演習を続け、南ベトナムとラオスでの行動は攻撃的」であり、「中国の国連加盟を妨害し、ジュネーブ会議を混乱させている」と非難したのであった[17]。

ジュネーブ会議ではラオス中立宣言と付属議定書の草案が採択されたものの、ラオスでは右派勢力の対決姿勢によって、内戦が再燃し、ジュネーブ会議は無期延期を余儀なくされた。米政府は、連合政府樹立の交渉に真剣に取り組むよう右派に圧力をかけると同時に、右派への支援停止、軍事介入などを含む様々な対応策を検討した。他方、中国政府は、ラオス紛争に対する軍事介入を警告するなど強硬姿勢を示し、パテト・ラオへの支援を拡大するとともに、中国南部の国境付近に配備する通常兵力を増強した。

米政府はブン・ウムやノサワンに対し、援助停止も辞さないとの姿勢で戦闘停止を迫り、同時にラオス右派に対する支援継続を主張する国府や南ベトナムに対しても圧力を強めた。しかし、ラオスの内戦は収まらず、一九六二年五月にはラオス北部における右派の拠点であったムアンシン（Muong Sing）とルアンナムター（Luang Namtha）が相次いで陥落した（第五章図5—1参照）。ここに至り、米政府はラオス右派に見切りをつけ、国際会議の再招集を要求すると同時に、タイに米軍を配備し、タイと南ベトナムの共産化だけは断固として阻止する方針へと転換した。六月一二日、ラオス三派が連合政府協定を締結すると、七月二日から再開された第二次ジュネーブ会議において、章漢夫中国代表はＳＥＡＴＯ付属議定書のラオス条項を破棄し、ラオスをＳＥＡＴＯの保護外に置くことを再度主張した[18]。

これに対し、米政府はついに譲歩し、ＳＥＡＴＯ付属議定書のラオス条項を破棄することを承諾した。こうして、七月二一日、第二次ジュネーブ会議はラオス中立宣言と付属議定書を採択し、閉会した[19]。中国政府にとって最大の外交成果は、SEATO付属議定書のラオス条項を破棄へと追い込み、SEATOとラオスの関係を断絶させたことにあった。

(2) ラオス連合政府との外交関係樹立における「二つの中国」問題

中国政府と国府の双方にとって、新たに誕生したラオス連合政府との外交関係樹立は重要な意味を持った。中国政府にとっては、ジュネーブ会議への参加国としての威信がかかっていたし、国府にとってはラオスとともにインドシナにおける共産主義の拡張と戦うことが重要であった。また、ラオス内政に深く関与してきた中国政府から見れば、この連合政府は一次的な隠れ蓑にすぎなかった。すなわち、ラオス内戦は必ず再燃し、その時には共産勢力が勝利をおさめるためにも、中国政府はラオス内政への関与を継続すべきと考えていた。ラオス連合政府との外交関係は自国の威信のみならず、安全保障にも深く関わる問題だったのである。

一九六二年六月一二日にラオス連合政府が成立すると、中国政府と国府はラオスの左派、右派勢力を通じ、連合政府との外交関係樹立をそれぞれ追求した。中国政府は一九六一年四月にプーマ政権と外交関係を樹立し、同年一二月にはラオス北部のシェンクアン（Xiang Khoang、第五章図5―1参照）に経済文化代表処を設置していた。他方、国府はノサワン政権と外交関係を樹立し、ヴィエンチャンに領事館を設置していた。さらに、一九六二年五月にブン・ウムとノサワンが訪台した際、国府の領事館を大使館に格上げすることで合意していた。ただし、内戦の激化により、大使着任の信任状は国王に受理されていない状態であった[20]。

六月一一日、ラオスにおいて連合政府設立をめぐる協議が妥結したことを受け、経済文化代表処は外交部に対し、連合政府との外交関係樹立に向けて早急に動きはじめることを提案した。それは、以下のような認識によるものであった。

今年四月、蔣介石集団の駐ヴィエンチャン「総領事館」はすでに「大使館」に改められている。これは明らかに敵が中国とラオスの関係を破壊し、「二つの中国」をつくりだそうと計画していることを示す。早急に対策を練り、行動に移さねば、今後の中国・ラオス関係と我々経済文化代表団の地位にとって不利であろう。連合政府が成立する前に、中立派（寮方）へ我々の「二つの中国」に対する一貫した態度を主動的に説明し、この問題に対する注意を促し、できるだけ早く国王が蔣介石集団の「大使」を受け容れることを阻止してはどうか[21]。

経済文化代表処は手始めとして、ラオスの左派革命家であり、連合政府の外相となったフォルセナ（Quinim Pholsena）に中国政府の「二つの中国」に対する立場を説明することを提案した。外交部はこの提案に同意し、フォルセナ以外の連合政府の中核となる中道・左派政治家に対しても、「二つの中国」に反対する立場を伝えるよう指示した[22]。

外交部から経済文化代表処への指示に先立ってフォルセナが劉春経済文化代表処長に伝えたように、ラオス連合政府が中国の大使を受け容れることに問題はなかった。しかし、国府の代表を排除するとなれば、ノサワンら右派が反対し、ラオス三派の合意が難しくなることは容易に想像された[23]。連合政府の構成員は中立派が主だったが、右派と左派にもそれぞれ拒否権が与えられており、重要な事項は三派の同意がなければ決定できない仕組みになっていた。そこで、外交部の指示を受けた劉春はフォルセナと中立派本部に対し、「二つの中国」問題に対する中国政府の立場を説明し、国王が国府大使の信任状を受理しないための方策を探ったが、フォルセナらの国府排除に対する態度はやはり消極的であった。そこで、劉春は中立派本部とフォルセナ、さらにはプーマへと働きかけるために、本国に再度指示を求めた[24]。

劉春はラオス連合政府の「二つの中国」問題に対する立場を次のように認識していた。

目下、パテト・ラオ（老）と中立派（寮）双方が検討・処理しなければならない問題が多く、この問題（引用者注：「二つの中国」問題）を考える余裕は少ないであろう。連合政府の初歩的な反応は一様でない。フォルセナは困難を強調するばかりで、我々の理解を求めている。同時に（引用者注：パテト・ラオの）中間派と一部の中立派同志は「二つの中国」に断固として反対するという我々の立場を充分には理解していない。プーミ（引用者注：ノサワン）は、明らかに「三派一致」の原則を利用して、我々を妨害しようとしている。プーマは米国の圧力を恐れて妥協・動揺し、現状の維持を受け容れるよう、我々に要求する可能性もある。よって、この闘争は非常に重大で、引き延ばしや反復という過程を辿る可能性もある。[25]

このような認識を示したうえで、劉春は外交部に対して、①パテト・ラオと中立派に引き続き説明を行い、国府大使館を駆逐するようプーマを説得し、②ラオス中立派、左派、世論を動員して、国府の大使を「駆逐する」ための宣伝攻勢をかけ、③連合政府の所在地を国府大使館が置かれているヴィエンチャンとしないよう、プーマを説得し、④国府が外交特権を伴わない領事館としてヴィエンチャンに残留する場合、経済文化代表団はヴィエンチャンにはいり外交特権を行使するという四点を提案した[26]。

劉春の提案を受けた外交部は、この闘争を二段階に分けて展開することを決定した。その第一段階は、プーマに対して「二つの中国」問題に対する中国政府の一貫した立場を説明し、ラオス連合政府が正式に成立した後の大使交換を提案すると同時に、国府の外交代表を断固として排除し、「二つの中国」の出現を防止するよう要求するというものであった。そして第二段階とは、プーマがラオスから国府の外交代表を排除することが難しい場合、中国政府は差し当たりラオスとの大使交換を行わないが、そのことは内々に決定した措置として公表せず、再び指示が出されるまではプーマにも伝えないというものであった[27]。以上の指示からわかるように、ラオス連合政府と国府の出方がわからない状況において、外交部は国府が大使館を設置しているヴィエンチャンに経済文化代表団を派遣することに、極めて慎重であった。つまり、外交部は内戦状態にあったラオスにおいて、連合政府と大使を交換するに際しても、「二つの中国」の前例をつくり出さないよう、用心深くその機会を窺っていたのである。

これに対し、「二つの中国」問題に対するプーマの見解は、中立ラオスはいかなる国家とも外交関係を樹立できるため、国府との外交関係樹立の可能性を排除することは難しいというものであった。[28]外交部から指示を受けた翌日、劉春はプーマと会談し、中国は南北ベトナム、南北朝鮮、および南北ドイツなどの分断国家とは異なるため、国府と同時にラオス連合政府と外交関係を樹立し、国府の撤退を待つという方針には同意できないとの立場を改めて説明した。しかし、プーマは連合政府成立後に改めて検討すると答えるにとどまった。[29]この間、右派の後押しを受けたラオス国王は、連合政府に対して国府との大使交換を命じたが、信任状の受理を阻むべく、劉春らは外交努力を続けた。

その後、ラオス連合政府が成立すると、ジュネーブ協定への調印のために、プーマ首相を団長とする連合政府代表団はジュネーブへと向かった。その際、連合政府代表団員のフォルセナらは北京を経由してジュネーブ入りし、北京で周恩来や陳毅と会談し、連合政府の設立を祝った。その返礼として、フォルセナは陳毅に電報を送り、連合政府と中国政府の大使交換を望んでいることを記した。[30]この間、ラオスでは経済文化代表団が国府の外交使節と激しい外交闘争を繰り広げていた。劉春によれば、北京やジュネーブでの闘争の甲斐もあって、中立派（寮方）の「二つの中国」に反対する態度は「明確なもの」となり、国府の排除に言及するようになった。中国政府とラオス政府の外交関係樹立については、右派でさえも堂々と異議を唱えられないような雰囲気が生まれてきていた。[31]

他方、国府は一刻も早くラオス国王に大使交換の信任状を渡すべく、外交努力を続けていた。[32]国府の外交部は過去の経験に鑑み、国府大使の信任状をラオス国王が一旦承認すれば、中国政府はヴィエンチャン外交使節を置くことはないだろうと見積もっていた。そのため、国府外交部は六月二八日付で杭立武駐タイ大使に駐ラオス大使の兼任を命じ、七月一日から杭立武をヴィエンチャンに送り込んだ。そして、七月二日、杭立武はノサワンと会談し、信任状の早期受理を要請し、「中華民国合法代表として、国連やその他の国際組織における中共の陰謀を挫折させ、二つの中国のでたらめには断固として反対する」と主張した。しかし、ノサワンでさえ、目下の情勢において、中国政府との外交関係樹立を拒絶するのは困難であると、杭立武に伝えたのであった[33]。

(3) ヴィエンチャンにおける「駆蔣」闘争の展開

ラオス連合政府は七月一日、中国、北ベトナム、東ドイツ、ポーランドなど東側諸国と外交関係を樹立するが、国府、南ベトナムなどとの外交関係も排除しないと表明した[34]。しかし、国府は即座に、連合政府の姿勢は受け容れられないと抗議した。ラオスにおいて「二つの中国」状態が生起することは容認できず、ラオス連合政府が中国政府と外交関係を樹立するならば断交も辞さないと、杭立武はノサワンに対して圧力をかけたのである[35]。ところが、このように強硬な国府の態度は、ラオス連合政府を中国政府との外交関係樹立に踏み切らせる決定的な要因となった。連合政府はこの頃を境に、連合政府と中国政府が外交関係を樹立すれば国府は必ず撤退するので、中国政府は「二つの中国」状態の生起を警戒する必要はないとの論理で、中国政府に外交関係樹立を呼びかけるようになったのである[36]。

こうしたラオス連合政府の呼びかけを受け、中国政府も方針の転換を検討しはじめた。七月八日、中国外交部は党中央の批准を経て、ラオス連合政府との大使交換をめぐり「積極的な闘争」を行う方針へと転換した。周恩来は劉春に電報を送り、「国王が連合政府と我々の外交関係樹立を批准し、杭立武が携えた信任状を未だ受理していない状況であっても、貴君を臨時代理大使としてヴィエンチャンに派遣し、大使館設置の準備をする」という方針を伝えた。またこの電報においては、「二つの中国」状態の生起を回避するために、ヴィエンチャン到着直後に劉春が記者会見を開き、「中国はただ一つであり、我々は合法的な代表として、ジュネーブ協定に署名をした。この会議も我々が参加したものであり、蔣介石集団の『代表』は中国を代表できず、違法である」と主張するよう指示がなされた。さらに、「蔣介石集団の『代表』が立ち去るまでは、状況を見て蔣介石集団の『代表』を追い払ってもよいし、我々が出席せずに抗議を示してもよい」との指示もなされた[37]。同時に、周恩来はジュネーブ会議に出席中の章漢夫に対してもこの決定を伝え、プーマやフォルセナにこの決定を通知するよう指示した。[38] その目的は、中国政府との外交関係樹立を批准し、国府の信任状を受理しないようラオス国王を促すことにあった。[38]

翌日、劉春はラオス左派の実力者であるケオラ（Khamsouk Keola）厚生相と会談し、中国政府の決定を伝えたうえで、国王が中国政府との外交関係樹立を批准するタイミングについて尋ねたところ、劉春は国王の批准を待たずに、ヴィエンチャン入りすべきであるとの提案をうけた。[39] この報告を受けた外交部は、直ちに陳毅からケオラ宛の親書を準備し、その親書を携えた劉春を七月一一日にヴィエンチャン入りさせることを決定した。[40] 同日から、杭立武も再度ヴィエンチャンを訪れることが報じられており、「大使館設置の準備を行って、既成事実をつくることで、杭立武が信任状を提出することを阻止し、蔣介石集団を追い払うためにより有利な状況をつくる」ことが劉春のヴィエンチャンにおける任務とされた。[41]

こうして、七月一一日、劉春はヴィエンチャンに到着し、左派要人との会談を中心に、ラオス連合政府との外交関係樹立に向けて積極的な活動を開始した。例えば、劉春はヴィエンチャンで外国人記者に対する会見を行い、「米国が積極的に蔣介石集団の違法活動をそそのかし」ていることを指摘し、「『二つの中国』をつくり出し、中国とラオスの友好関係を阻害しようとすることを、中国人民は絶対に容認できない」と表明した。[42] 外交部は記者会見での立ち居振る舞いや発言稿などのほかにも、劉春に様々な指示を与えていた。対外的な場面においては、国府代表と同じ場所で活動するなど、「二つの中国」状態が出現するのを回避すべきであるが、具体的な状況に即して、弾力的に問題を処理するよう指示がなされた。[43]

以上のように、中国と国府が激しい外交闘争を繰り広げるなか、八月三日にプーマがジュネーブから帰国した。プーマを出迎えようと、諸外国の大使が集まった空港に劉春が突然現れ、プーマに握手を迫り、自らの存在をアピールするなど、劉春はプーマに積極的に働きかけた。[44] そして最終的に、ラオス連合政府は御前会議を開き、連合政府がジュネーブ会議の参加国でもある中国政府との外交関係樹立を拒むことは不可能であるとの結論に達した。この結論を知らされた国府は、連合政府との外交関係樹立を放棄することを決定した。たとえ連合政府が国府との外交関係を拒まないとしても、「国連代表権問題やジュネーブ会議を通し、国際社会が中共と妥協できるとの幻想を抱きつつある」時期に、「『二つの中国』が中国問題の解決に繋がるという錯覚を国際社会に与える」ことは阻止すべきであると、国府は判断したのであった[45]。その結果、ラオス連合政府が中国政府と国府、南北ベトナムを含むすべての国との外交関係樹立を宣言し、中国、北ベトナム各大使の信任状がラオス国王に受理されると、国府はラオス連合政府との断交声明を発表し、ラオスから引き揚げた。

2　中仏国交正常化交渉における「一つの中国」原則

(1)　交渉の背景と「一つの中国」原則の条件

中国政府は、ジュネーブ会議において米政府との高位級会談への道を打開することにはまたもや失敗したが、同会議への参加をきっかけに、仏政府との外交関係打開に向けて動き始めていた。一九五八年にドゴールが大統領に復活し、一九六二年にアルジェリアがフランスから独立すると、中国政府は仏政府との関係改善に対する期待感を高めた。アルジェリアの独立直後から、外交部は「ドゴールへの距離が近く、政治的地位が高い」政治家を中国へ招待する方案を陳毅に提案していたほどである[46]。

実際に、一九六一年六月にはジュネーブにおいて、陳毅とミュルヴィル（Maurice Couve de Murville）外相が会談を行った[47]。さらに、一九六二年七月にはジュネーブ会議中国代表団の王炳南が仏代表団を訪問し、中仏外交関係樹立への障害が取り除かれつつあるとの認識を示した[48]。その後、二度の会談においてフランス側から積極的な反応が見られなかったことを理由に、外交部の提案は差し戻されたが、外交部西欧司、駐スイス大使館、および駐仏新華社などは対仏関係改善の「機会を窺う」活動を継続した[49]。

このような対仏接近の提案に対する明確な方針を党中央が決定したのは、おそらく一九六三年三月であり、「相手方にある程度の兆候が見られるのを待たずに行えば、かえって我々が急いでいる（ことが露見する）」との理由から、「対仏外交関係樹立の模索を主動的に行うべきではない」とされた[50]。ただし、周恩来は「対仏工作のさらなる展開」には同意し、「相手方から要求や暗示がない場合、強要しないこと」との指示を付しつつも、「ドゴールに近く、我々に対して友好的な政治家を中国へ招待する」方案を採用した[51]。このような経緯から、党中央は政治的関係も視野に入れたフランスとの関係改善に基本的には同意していたものの、あくまでも相手の出方を見て慎重に行い、中国側が急いでいるとの印象を与えまいとしていた様子が窺える。

フランスのフォール（Edgar Faure）前首相は一九五七年にも訪中したことがあり、「ドゴールへの距離が近く、政治的地位が高い」のみならず、「我が国への態度が友好的で、一貫して我が国の承認と国連議席の回復を支持している」人物として、外交部においては常に接近すべき人物の筆頭に挙げられていた[52]。駐スイス大使館からの電報によれば、フォールは一九六三年八月二〇日に駐スイス大使館を訪れ、訪中し、中国の指導者と会談することを希望していた[53]。ただし、この電報やフォールの回想が示すように、この時点においてフォールはドゴールの考えを承知しておらず、訪中はあくまでも個人的な希望であった[54]。しかし、この電報に関する報告を外交部から受けた党中央は八月末、一〇月下旬にフォールを北京へ招待することに同意した[55]。

九月一二日、フォールは李清泉駐スイス大使を訪れ、ドゴールの密使として訪中する運びとなった旨を伝え、「もしも新たに中国を承認するとすれば、一つの中国を承認し、その一つの中国と外交関係を樹立するのみならず、国連でも中国を支持し、蔣介石に反対すべきである」と伝えた。ただし、フォールは同時に、「イギリスは台湾と領事関係があり、居留民の問題に対応することができるが、こういった問題については今後研究する余地がある」とも述べ、国府とも何らかの関係を維持することを示唆していた[56]。

ドゴールがフォールを介して中国と秘密裏に接近することを決定し、密使の役割をフォールに依頼したのは九月の上旬であったとされている(57)。ドゴールも外交戦略上の観点から、中国との関係改善に対する関心を高めていた。部分的核実験禁止条約や欧州情勢をめぐる米政府に対する反感、インドシナの「中立化」をめぐるイニシアチブへの志向などが、ドゴールを対中接近に踏み切らせたといわれている(58)。他方で、アルジェリア問題の解決により国連常任理事国である国府の支持が不要となったことや、インドシナ問題をめぐり国府が「反共」を主張していたことは、仏政府と国府の関係を冷え込ませた(59)。一九六三年前半の国府は、代理公使級であった仏政府との外交関係を大使級へ引き上げようと外交努力を重ねたが、仏政府の反応は冷淡なものであったという(60)。

ただし、中国政府と国府双方との関係に関するドゴールの立場は、フォールが中国側に伝えていたような「一つの中国を承認し、その一つの中国と外交関係を樹立する」というところまで踏み込んだものであったかどうかは定かでない。九月二六日、ドゴールはフォールに対し、対中接触に関する指示を与え、国交正常化に際していかなる前提条件も認められないという原則に加え、①国連中国代表権問題に関しては安全保障理事会も含む中国政府の代表権を認め、②台湾の国民党政権との関係については、現在より低い職位の官僚を代理大使級のポストに就けるなど、何らかの関係維持が望ましいとの立場を伝えていた(61)。

中国側は仏政府との交渉にあたり、「一つの中国」原則の内容として、どのような条件のもとで仏政府との外交関係を樹立しようとしていたのだろうか。このことを明確に示す史料は見当たらないが、次節において検証する仏政府との交渉内容から、①中国政府の承認に先立ち、まずは国府との断交を宣言すること、②「中国人民を代表する唯一の合法政府」として中国政府を承認すること、および③外交関係樹立後は外交特権を有する国府の代表は仏国に駐在しないことが条件として設定されていたと考えられる。他方で、日中国交正常化や米中国交樹立の際に中国が要求した「台湾は中華人民共和国の領土の不可分の一部である」や「中国はただ一つであり、台湾は中国の一部である」のように、「台湾は中国の一部である」という趣旨の文言挿入に中国がこだわった形跡は見られない。また、仏政府と国府の関係についても、国際法上の外交使節とはならない領事級以下の関係についてはどの程度まで許容するのか、必ずしも明確ではなかったように思われる。

（2）中国承認に先行する仏華断交の断念

フォールは一九六三年一〇月二三日から一一月二日まで夫人を伴って中国を訪問し、毛沢東、劉少奇、周恩来、陳毅ら中国の指導者と会談を行った。フォールは大同などへの小旅行を挟み、北京において周恩来や陳毅と両国の関係改善に関する会談を重ねた。その後、フォール夫妻は上海で毛沢東と会見し、帰途についた（**表6—2**）。

ドゴールは中国政府との外交関係樹立に際しては国府と断交し、国連において中国の代表権を支持することをすでに決断していた[62]。また、中国政府を承認したものの、大使級の外交関係樹立には至らなかったイギリスやオランダのような方法は採らず、一挙に国交正常化を達成することも交渉の早い段階において確認された[63]。ただし、国府と断交する手順の問題、および断交後の仏政府と国府の関係が交渉における最大の争点となった。

この問題についてフォールが示した立場は、フランスは積極的に「二つの中国」政策に関与しないが、国府が自主的に退去しない限り、強制的な措置は採れず、断交後の国府との関係については確約できないというものであった。また、実務的な問題を処理するために、より低い職位の外交使節を国府と交換する可能性もあることを示唆していた。これに対し、周恩来や陳毅の主張は、「二つの中国」政策に関与しないということは、国府と断交すること、すなわちフランスに駐在する国府の代表にはいかなる外交的地位も認められないというものであり、一〇月二三日から二五日までの三日間、交渉は平行線を辿った[64]。

一〇月二六日より大同観光へ向かったフォールは、それまでの交渉に関するドゴールへの報告草稿をまとめ、北京に残る周恩来と陳毅に託した。その際にフォールは、中国側の意見を反映させた報告草稿を完成させることで交渉の妥結とすること、中国とキューバの外交関係樹立方式にならい、両国の原則的な合意事項を黙約事項とすることを中

表 6-2　フォール訪中日程（1963 年 10-11 月）

日付	行程
10 月 19 日	香港に到着、夫人を伴い、個人としての訪問 （ドゴールの密使として指導者と会談することは秘密）
10 月 21 日	深圳から入境、呉暁達外交学会副秘書長と張錫昌（通訳）が出迎え
10 月 22 日	北京へ移動（北京飯店泊）
10 月 23 日	**11:00-13:00 周恩来総理との会談（西華廳）** 同席：張奚若外交学会会長、謝黎外交部西欧司長、呉暁達外交学会副秘書長、董寧川（通訳）、張錫昌（記録） 「中仏両国の関係改善について」
10 月 24 日	10:00　中国の経済状況に関する紹介（釣魚台） **15:00-18:00 陳毅副総理との会談（外事弁公室前廳）** 同席：謝黎、呉暁達、董寧川（通訳）、張錫昌（記録）、朱頤婉（記録） 「両国関係の改善について」 夜：芸術鑑賞（予定）
10 月 25 日	**16:00-20:00 周恩来・陳毅との会談（西華廳）** 同席：張奚若、謝黎、董寧川（通訳）、張錫昌（記録）、朱頤婉（記録） 「中仏両国関係の改善について」
10 月 26-29 日	フォール夫妻、地方都市を参観 同行者：呉暁達ほか外交学会スタッフ 26 日　北京にてドゴールへの報告をまとめる 27 日　大同市を訪問、雲崗を参観後、フフホト市へ 28 日　フフホト市を参観後、太原市へ 29 日　太原市の名勝と人民公社を参観後、北京へ
10 月 30 日	**15:00-17:30 陳毅との会談（釣魚台 15 号楼）** 同席：謝黎、呉暁達、董寧川（通訳）、張錫昌（記録）、朱頤婉（記録） 「中国の国連における合法的権利の回復について」
10 月 31 日	午前：天壇、雍和宮、瑠璃廟などを参観 **17:00-18:45 周恩来・陳毅との会談（釣魚台 15 号楼）** 同席：謝黎、呉暁達、董寧川（通訳）、張錫昌（記録）、朱頤婉（記録） 「段階的な外交関係樹立の方法について」 夜：中印国境問題に関する映画鑑賞（予定） **21:00-22:30 夫妻で劉少奇国家主席と会見（人民大会堂江蘇廳）** 同席：周恩来、陳毅、謝黎、呉暁達、董寧川（通訳）、張錫昌（記録）、朱頤婉（記録）
11 月 1 日	上海へ移動 **21:15-22:00 周恩来・陳毅との会談（上海和平飯店）** 同席：謝黎、呉暁達、董寧川（通訳）、張錫昌（記録）、朱頤婉（記録） 「直接的な外交関係樹立の方法について」
11 月 2 日	**11:00-　周恩来との会談（上海和平飯店）** 同席：謝黎、呉暁達、董寧川（通訳）、張錫昌（記録）、朱頤婉（記録） 「両国の直接的な外交関係樹立に関する交渉」 **17:00-　夫妻で毛沢東主席に接見（上海・不明）** 同席：周恩来、陳毅、謝黎、呉暁達、董寧川（通訳）、張錫昌（記録） **20:30-22:00 周恩来・陳毅との会談（上海和平飯店）** 同席：謝黎、呉暁達、董寧川（通訳）、張錫昌（記録）、朱頤婉（記録） 「中印国境紛争について」
11 月 3 日	ビルマ、インドなどを経由し、帰国

出典：中国外交部档案（档号 110-01167-01～03、110-01982-02～16）をもとに筆者作成

国側へ提案した(65)。

フォールが提示した報告草稿は全八項目で構成され、第七項目には、以下のように台湾問題に関してフランス側が受け容れられる最低限の条件が明記されていた。

中国の指導者たちは中国と外交関係を樹立する国家はフォルモサの政府との関係を断絶し、各自の代表を駆逐あるいは召喚することを要求している。（中略）しかし、彼らは前述の外交関係樹立への精神に鑑みて、我が国に対して政策の執行を強制することはない。彼らは、我々が中国との外交関係樹立に伴う法律的な結果通りに、時間や具体的な方法を決定することに同意する。このような状況下で、一名のフォルモサ代表（これを第二の中華民国の代表と見なすことはできない）をパリに置き、一名の仏国代表（低い職位の代表）をフォルモサに置く。ただしこれは国際法的な根拠を有するものではない（傍線引用者）(66)。

これに加え、フォールは中国側への口頭説明において、「ドゴールは絶対にイギリスのような方法は採らず、中国との外交関係樹立後は台湾の代表はいかなる代表性をも失う」こと、台湾との間に置かれる「（引用者注：代表）機構は徐々に縮小される」ことを信用しなければならないと強調した(67)。

このようなフォールからの提案を受け、外交部は党中央に対し、「帝国主義の矛盾を利用する」ためには、仏政府との外交関係樹立が必要であるため、交渉妥結のために「周恩来総理談話要点（以下、談話要点）」を作成することを提案した。その際に外交部は、「二つの中国」は「絶対に許容できない」が、「フランス側の困難も考慮して、蔣介石集団を駆逐する具体的な方法については交渉の余地がある」とも提案した(68)。史料上の制約から、党内および党と外交部の間で行われたやり取りは、これ以上明らかにできない。しかし、以降の交渉の流れから、中国側は外交部による提案どおり「談話要点」の草稿を作成し、その文書のなかで仏政府と国府の断交方式について譲歩する準備を開始したと考えられる。

一〇月三〇日から再開した交渉において、陳毅はフォールに対し、国連中国代表権問題における仏政府の立場を確認した。これには、外交関係樹立により得られる利益を見極めるねらいがあったと考えられる。これに対してフォールは、最終的にはドゴールの決定が必要であるという留保を示しながらも、「外交関係樹立後、フランスは中国の国連代表権と安保理議席の回復を支持する」と明言した。(69) そのため、一〇月三一日の会談においてもなお仏政府と国府の断交方式について意見の一致が見られなかったにもかかわらず、中国側は一一月一日の会談において「談話要点」の草稿を提示し、この文書を両者が完成させることで交渉を妥結させてはどうかと提案した。(70) これに対しフォールは、「談話要点」の受理についてはドゴールの承認を得る必要があり、法律上は保留となることを伝えながらも、文書の主旨に同意した。(71)

周恩来は「談話要点」に対する党中央の批准を得ると、一一月二日にフォールと文言の最終調整を行った。(72) この「談話要点」は三項目から成り、第三項に三つの黙約事項が盛り込まれていた。この段階の草稿において、第一の黙約事項は「仏政府は中国人民を代表する唯一の合法政府として中華人民共和国を承認し、台湾のいわゆる『中華民国』政府を二度と承認しない」という文言であったが、フォールの要求により、後半部分は「その結果として、台湾のいわゆる『中華民国』政府に同様の資格は属さない」と書き換えられた。(73)

以上のような交渉が妥結した後、フォール夫妻は毛沢東と会見し、「談話要点」を携えて帰国した。その「談話要点」は、以下三点の黙約事項を含んでいた。

1. フランス共和国政府は中国人民を代表する唯一の合法政府として中華人民共和国を承認し、その結果として、台湾のいわゆる「中華民国」政府に同様の資格は属さない。
2. フランスは中華人民共和国の国連における合法的な権利と地位を支持し、いわゆる「中華民国」政府の国連代表権を支持しない。

3. 中仏が外交関係を樹立した後には、台湾のいわゆる「中華民国」政府が駐仏「外交代表」およびその機構を召還する状況下において、フランスもそれに対応して台湾の外交代表とその機構を召還する。[74]

「談話要点」の内容からは、国府との断交方式については、フォールが一〇月二六日に提示した条件がほぼ維持されたと判断することができる。翻れば、中国政府は仏政府と国府の断交方式をめぐり譲歩を行ってもなお、仏政府との外交関係樹立によって得るものが大きいと考えたのであった。

(3) 「唯一の合法政府」としての承認獲得の断念

中国からの帰途、フォールはドゴール宛に長文の報告をしたため、「談話要点」の内容について説明した。この報告書において、フォールは「談話要点」を「一方的かつ非公式で、秘密のままにされるべき」文書であると位置づけ、文書化されたものを「黙約事項」とする表現方法には「明らかな欠陥」があるものの、「談話要点」の立場は完全に妥協的なものであり、これ以上の譲歩を中国政府から引き出すことは困難であると主張した。また、中国が唯一固執した、「中国人民を代表する唯一の合法政府として」との表現は、許容可能なばかりか、「人民に力点を置くために、領土という係争中の問題に対する決定を下さなくてもよい」点においてフランスにとって好都合であるともフォールは指摘した。[75]そのうえで、国交正常化の実務交渉に入るか否かの決定はドゴールに委ねられたのであった。

ドゴールが「談話要点」およびフォールの報告をどのように認識し、国交正常化を決断したのかを示す史料は見当たらない。一二月にはいり、「いかなる前提条件をも受け入れない」との原則のもとで実務交渉にあたるよう、ミュルヴィル外相からドボーマルシェ（Jacques de Beaumarchais）外務省欧州局長に指示がなされたことが、フランス外務省の文書によって確認できるのみである。その際、国府との間に少なくとも領事級の関係を保持することが望ましく、国連代表権問題については臨機応変に態度を決定するという仏政府の立場をミュルヴィルは明示した。[76]しかし、ベルンにおける交渉記録に、中国が仏華関係や国連代表権の問題を再提起した形跡は見られない。交渉において争点となったのは、「中国人民を代表する唯一の合法政府」として中国政府を承認する旨に、仏政府が公式に言及するか否かであった。

一二月一二日にベルンで行われた第一回交渉において、ドボーマルシェは照会の交換ではなく、共同声明の同時発表による関係正常化を提案し、「唯一の合法政府」として中国を承認するという文言が含まれていない声明文案を提示した(77)。アフリカ諸国歴訪（次節）の途上にあった周恩来はこの報告を受け、共同声明の同時発表は許容できるが、「唯一の合法政府」としての承認まで削除すれば、後に「二つの中国」が生起するとの理由から、同文言の重要性を再度主張するための三つの方案を党中央に提案すると同時に、この文言の削除はフォール訪中の精神に反する旨を、ドボーマルシェに対して説得するようスイス大使館に指示した(78)。しかしその後、周恩来は陳毅と相談し、党中央に対する提案に第四の譲歩案を追加した。それは、フランスがどうしても「中国人民を代表する唯一の合法政府」という文言の削除を求める場合、①正式な外交ルートにおいてフランス側が「二つの中国」への不支持を再度表明し、②共同声明とは別に中国政府が「中国人民を代表する唯一の合法政府」としての立場を対外的に表明できるならば、交渉を妥結させてもよいというものであった(79)。それに続いて、外交部も党中央に対し、交渉を早急に妥結させるためには、可能な選択肢をすべて提示し、仏政府に早急な態度表明を求めるべきであると提案した(80)。周恩来、陳毅、および外交部の提案を受けた党中央は、「交渉妥結は原則問題において曖昧であってはならないが、早ければ早いほどよい」との観点から、まずは三つの案の範囲内で交渉を進めるが、最終的には第四の案でもやむを得ないとする交渉方針を決定し、スイス大使館へ発出したのであった(81)。

党指導部が予期したように、一月二日の第二回会談においてもドボーマルシェは「中国人民を代表する唯一の合法政府」という文言の削除にこだわったため、李清泉は上述の譲歩案を提示した。それをドボーマルシェは一旦本国へ持ち帰り、検討した結果、一月九日の第三回会談において交渉は最終的な妥結をみたのであった。以上のような交渉過程を経て、一月二七日に両国政府によって同時に発表されることとなった共同声明全文は、次のように非常に簡素なものとなった[82]。

中華人民共和国政府とフランス共和国政府は外交関係の樹立を決定した。両国はこのため、三カ月以内に大使を任命する。

(4) パリにおける「駆蔣」闘争の展開

仏政府が関係諸国に対し、中国政府承認についての正式な通知を行ったのは、中国政府との交渉が妥結した直後の一九六四年一月一五日であった[83]。米政府は即座に仏政府に抗議を行うと同時に、仏政府が「外交関係の樹立に際し、中国政府は台湾問題をも含むいかなる条件も強要していない」と述べていることを理由に、国府に対しては主動的に仏政府との断交を行わないよう説得を開始した[84]。ジョンソン(Lyndon Baines Johnson)大統領は蔣介石総統宛に書簡をしたため、「毛沢東は間違いなく貴政府を試し、『二つの中国』状態が生起する責任から逃れようとしている」ため、「即座に仏政府への報復行動に出るのは慎むべき」であり、「貴殿の忍耐が毛沢東をこの上なく苦しめるであろう」と説いた[85]。

ドゴールは一月一五日付で蔣介石宛の親書を託し、ペシュコフ(General Zinovi Pechkoff)将軍を特使として訪台させた[86]。ドゴールの親書は中国政府との外交関係樹立を決断するに至った旨を伝えていたが、国府との関係には触れていなかった[87]。しかし、親書を読んだ蔣介石は、ドゴールの決意は翻らないことを確信し、ラオス連合政府が中国政府を承認した時のように、一旦仏政府が中国政府を承認すればフランスにおいて国府大使館の活動空間は実質的に奪われ、「二つの中国」政策を容認すれば台湾民衆の士気にも影響するとの理由から、即座に外交使節を引き揚げることを主張した[88]。また国民党中央常務委員会においても、断交後のフランスおよび欧州諸国との関係が検討されはじめた[89]。しかしながら、国府が主動的にフランスと断交すれば、その責任は国府が負うこととなり、国連代表権問題などにおいて西側諸国の支持を得られないと説くアメリカの説得を前に、国府は即時断交には踏み切れなかった[90]。

この間、中国においては対仏交渉の経過に対する評価がなされると同時に、共同声明発表後の宣伝方針が検討されていた。そのなかで注目すべきは、中国政府が今後起こり得る状況を冷静に予測し、仏政府と国府が領事関係を保持することは黙認する余地も残していたことである。外交部は、アメリカが国府に断交せぬよう圧力をかける状況下において、国府がパリの大使館を撤収しない可能性は充分にあり得ると考えていた。その上で、外交部は国府の「代表」が仏国にとどまる場合は断固として闘うが、国府が「外交人員」を領事としてとどまらせる場合、領事は国際法上の外交使節ではないため「正式に国家を代表しない」と見なし、「適当な範囲内で」闘争を行うことを想定していた[91]。とはいえ、共同声明発表後は「二つの中国」政策に対する反対や「台湾は中国の不可分の領土である」ことの宣伝に力を入れ、国府が領事を保持する可能性については回答を避けることが各宣伝機関や在外公館へ通達された[92]。

こうして、一月二七日、中国政府と仏政府は予定通り外交関係の樹立を発表した。共同声明は前述のとおり簡素なものであったが、ベルンでの了解に基づき、翌二八日に中国外交部のスポークスマンは、①「中華人民共和国は中国人民を代表する唯一の合法政府として仏政府と外交関係を樹立」し、②これは「ある国家の新政権を承認すれば、その国家の人民によって転覆された旧統治集団を再度承認しないことは言うまでもない」という理解に基づくものであり、③「台湾は中国の領土であり、中国政府は、台湾を中国の版図から切り離そうとするいかなる『二つの中国』の試みにも決して同意できない」と別途表明した[93]。

他方、中国側も予期していたとおり、国府は二七日の段階においては、米政府の助言を受け入れ仏政府との断交宣言や駐仏代理公使の召還を行わず、仏政府に対中承認の撤回を求める抗議を行った[94]。そのため、中国政府は仏政府に対する圧力と「二つの中国」に反対する宣伝攻勢を強めた。一月二九日に鄧小平、一月三〇日には毛沢東が仏議員訪中団と会見し、「（外交）代表を派遣したいならば、イギリスに学ぶ必要はなく」、「この点が不明確ならば、（引用者注：フランスと）大使を交換しない」などと強硬な姿勢を示した[95]。彼らはフランスの対中承認がイギリスの二の舞にならないよう釘を刺したのであった[96]。また、二月三日にはアフリカ歴訪中の周恩来がモガディシュでフランスの新聞記者と会見し、「フランスが中国との外交関係の樹立を宣言した日から、パリの蔣介石集団代表はすでに代表としての資格を失っている」と語った[97]。

この間も、アメリカはクラインCIA副局長を台北に派遣し、引き続き蔣父子の説得にあたっていた[98]。クラインは、ドゴールが中国からの圧力に戸惑いはじめているとの情報を根拠に、仏政府と断交すべきではなく、仮に断交するとしても仏政府にその責任を負わせるべきであると説いた。しかし蔣介石は、中国政府と仏政府の関係悪化は深刻な状況ではなく、仏政府から断交宣言をされれば、国府が受ける「打撃と侮辱」はむしろ大きいと考えていた[99]。この時蔣父子がクラインにもちかけたのは、仏政府との関係回復よりもむしろインドシナ半島情勢をめぐる米華協力であった。国府は仏政府が中国政府と外交関係を樹立する最大の理由とみられるインドシナの「中立化」には全く賛同できず、米華は南ベトナム支援や東南アジアにおける「反共」のためにより密接に協力すべきであると主張したのであった[100]。

蔣介石がクラインに主張したとおり、ドゴールが中国からの圧力によって中国政府との外交関係樹立を撤回する様子は見られなかった。一月三一日に記者会見を行ったドゴールは、蔣介石に敬意を表しながらも、中国政府との外交関係樹立にかける情熱を再度表明したのである[101]。この日、フランス外務省は外交関係回復に向けた先遣隊の交換について中国側へ照会するよう駐ベルン大使館に指示した[102]。このように、ドゴールの対中外交関係樹立への決意が堅かったことに加え、インドシナ情勢をめぐる見解の相違は、ドゴールと蔣介石の間に横たわる深い溝であった。記者会見でインドシナの「中立化」を再度主張したドゴールに対し、蔣介石はこの点こそがドゴールの情勢判断における誤りであり、インドシナの「中立化」のために中国政府と外交関係を樹立するような過ちを犯すべきではないと反発していた[103]。そこに、仏政府との外交関係継続、もしくは断交後の関係を模索しようとする意欲は希薄であった。

他方、中国政府は、一月三一日のドゴールによる記者会見を中国に対する「侮蔑」であると認識しつつも、それに関する論評は避け、仏外務省の照会に応じて先遣隊をパリに派遣することを決定した[104]。先遣隊としての臨時代理大使交換は、「二つの中国」問題に対する態度を明確化するよう仏政府に圧力をかけるうえで有効であり、その結果としてフランスでイギリスと同様に国府の代理公使がパリに留まる局面が現れたとしても中国側が被る実害は少ないと考えられた[105]。そのためこの先遣隊の具体的任務は、国府がパリにとどめる外交使節を追い出す「駆蔣」闘争を行い、中仏が大使を交換できる環境を整えることであるとされた。その際、国府が大使館を国連機関の代表部や領事館などに置き換える場合、この「外交代表」をめぐる闘争は「一段落する」が、闘争の最終的な目的は国府の代表を一般在外居留民としての立場まで格下げすることであるとされた[106]。

しかし、パリで「駆蔣」闘争が繰り広げられる前に、ドゴールは国府に断交の意志を明確に告げる決心をした[107]。二月一〇日にはサラッド（Pierre Salade）駐華代理公使は沈昌煥外交部長に対し、「北京政府の臨時代理大使到着に伴い、仏政府は彼らを中国代表とみなし、中華民国の外交使節はその存在理由を失う」と伝えた[108]。この通達を決定的なものと認識した国府は、同日深夜には仏政府に断交を通達した[109]。国府は一月末以降、仏政府との断交に備え、駐パリ大使館の資産を国府の駐仏ユネスコ代表部に徐々に移管し、同大使館に駐在していた新聞局の機能を「自由中国新聞センター」としてパリに残す準備を進めていた[110]。そして、断交の通達と同時に、国府は「自由中国新聞センター」の陶宗玉編集長を通じて実務関係を維持することを仏政府に提案し、陶は一般居留民としてフランスでの活動を開始したのであった[111]。

以上のように、中国政府は譲歩を重ねて早急に仏政府との外交関係樹立を発表したが、それは中国政府が置かれた国際環境に鑑み、仏政府との外交関係樹立に非常に高い戦略的価値があると判断してのことであった。しかしその結果、国府が仏政府と断交しない可能性が生じたのであった。中国政府にとって、仏政府が国府と断交するまで大使を交換しないことは既定の方針であったが、国際法上の外交使節に該当しない領事関係をどのように考えるのかは、最後まで曖昧であった。最終的に、国府は一般居留民が駐在する「自由中国新聞センター」にフランスとの実務関係を担わせることを選択した。しかし、一時的にせよ上記のような状況が生起したことは、中国政府が「二つの中国」政策に対する姿勢を柔軟化させたのではないかというイメージを国際社会に与えたのであった。

3 旧仏領アフリカ諸国との外交関係樹立交渉における「一つの中国」原則

(1) 対アフリカ外交における「二つの中国」問題と中仏国交正常化

一九六三年以前のアフリカにおいて中国政府を承認していたのは、独立を果たした諸国の中でも、反帝国主義、反植民地主義的なカサブランカ諸国に限られていた。旧仏領アフリカを中心とするブラザヴィル諸国は親西欧的であり、国府を承認した政府が多かった。独立後直ちに中国政府を承認した政府との間には、外交関係樹立に際し、台湾問題という障壁は存在しなかった[112]。こうした諸国との間に「二つの中国」問題が生起したのは、むしろ外交関係を樹立した後であった。中国政府との外交関係樹立後も、国府はこれらの諸国に対する援助政策を積極的に展開したため、台湾の国府を中国政府とは関係ない独立国家の政府として認識する国も現れはじめたためである。しかし、カサブランカ諸国と中国は反帝国主義、反植民地主義という共通の理念を掲げていたため、中国はこれらの諸国の外交政策に干渉し、「一つの中国」を強制することには踏み切れずにいた。

一九六三年五月、アフリカ独立国首脳会議に先立って行われた外相会議において、国連中国代表権問題が議論された[113]。アフリカ諸国は中国政府の国連加盟自体に関して一切異論はなかったが、その前提として国府の代表権を剝奪することに関しては、ナイジェリアなど一部の国家から異議が唱えられた[114]。このような現状に鑑み、中国外交部は、国連総会において中国政府にとって不利な結果がもたらされぬよう、アフリカ諸国に対し、正式な外交ルートを通じて「二つの中国」に反対する立場を伝える備忘録を送付することにした[115]。その際も外交部は、アフリカ諸国の中で最も中国寄りの立場を採る諸国でさえも「二つの中国」問題に関する認識は不十分であり、台湾を中国政府とは別個の主体として扱う可能性があると認識していた[116]。

このように、中国政府がアフリカ諸国へ接近した理由の一つには、国連総会を中心に見られる「二つの中国」の趨勢になんとかして反論し、自らが「中国」としての正統性を有する政府として承認されたいという願望があった。しかし、一九六三年以前の対アフリカ外交は特定の国家との間で展開されていたにすぎず、それらも含むアフリカ諸国は台湾を中国とは別個の主体として認識しがちであった。つまり、アフリカにおける外交空間の拡大は、結果として国際社会における「二つの中国」論や「一つの中国、一つの台湾」論の容認へ繋がる危険性をはらんでいた。このような状況下において、西欧の大国が、しかも「『二つの中国』には与しない」という条件のもと、中国に接近した。それがフランスだったのである。

中国政府はフランスとの国交正常化交渉において交渉の早期妥結を非常に重視していた。それは、交渉が長引けば、米政府などから妨害を受ける可能性が高まることに加え、対アフリカ外交との連関もその要因の一つであったように思われる。対アフリカ外交を打開するために周恩来がアフリカ諸国を歴訪する必要性は一九六三年前半から外交部内では度々提起されていたが、時期の未成熟を理由に先延ばしされていた。しかし、一九六三年一一月に周恩来が同年末からアフリカ諸国を歴訪する決断を下したのは、仏政府との外交関係樹立に目途が立ったからであるともいわれている[117]。

そのアフリカ歴訪において、周恩来はチュニジアを電撃訪問し、チュニジア政府との外交関係の樹立を発表した[118]。本来、中国は周恩来のチュニジア訪問前に中仏共同声明を発表することを目指していたようであることからも、対仏接近と対チュニジア接近が密接に関連づけられていたことが窺える[119]。これに対し、国府はアメリカとフランスを介してチュニジア政府を説得し、対中承認を中止、もしくは延期させようと試みた[120]。しかし、仏政府が間もなく中国政府を承認するであろうとの風評が流れる中で、チュニジアの対中承認を阻止することはできなかった[121]。また国府外交部はサラッドに接触し、チュニジアの立場が「二つの中国」であることを訴え、対アフリカ外交にも多大な影響をおよぼす中仏国交正常化への懸念を伝えたが、これも全く効果がなかった[122]。

(2) 旧仏領アフリカ諸国における「駆蔣」闘争の展開

フランスとの共同声明発表に先立ち、中仏国交正常化に対する評価と今後の方針を検討した際、中国外交部は旧仏領アフリカ諸国やベルギー、オランダ、ルクセンブルクなど欧州経済共同体（ＥＥＣ）諸国がフランスに促され、国府から中国へと承認を切り替えることを期待していた。さらに、中国を承認したこれらの諸国が国連代表権問題において中国政府招請案に賛成票を投じ、それが過半数に達する可能性に対する期待も高まった[123]。しかし実際は、左派政権の巻き返しなどに後押しされた旧仏領アフリカ諸国の一部が、国府から中国へとその承認を切り替えるにとどまった。また、旧仏領アフリカ諸国との交渉においても、中国政府は国府との断交のタイミングや「唯一の合法政府」としての承認であることを発表する方法について、相手国に対する譲歩を余儀なくされたのであった。

中仏共同声明発表後、中国政府がまず接近したのはコンゴ共和国であった[124]。コンゴは「二つの中国」の立場を採らないという姿勢を明確に表明していたが、国府との断交や「中国人民を代表する唯一の合法政府として」という文言を共同声明に盛り込むことに難色を示していた。そのため、「中国人民を代表する唯一の合法政府として」承認がなされる旨は交換公文に記載され、共同声明と同時に発表されることとなった[125]。しかし、声明発表後も国府の大使館はコンゴから撤収せず、それに対するコンゴ政府の態度も不明確であった[126]。そこで中国政府は、国府はすでに「外交代表の資格」を失ったと主張する記者会見を開催する計画を伝え、早く「駆蔣」を行うようコンゴ政府を促し、コンゴ政府は「中国人民を代表する唯一の合法政府として」中国政府を承認したことについて公式に表明するよう強いられた[127]。こうした状況を目の当たりにして、国府はコンゴとの断交を決意したのであった[128]。

コンゴとの外交関係樹立交渉で見られた上記のような中国の譲歩は、「第二〇期外交通報」に示された方針に基づいてなされたようである。コンゴのケースをはじめ、以下で論じる旧仏領アフリカ諸国との個別の外交関係樹立交渉においても、度々この文書への言及がなされている。外交部档案のなかから「第二〇期外交通報」を探し出すことはできなかったが、それ以外の文書から、この文書は一九六四年二月前半に作成された、中仏共同声明の影響力を利用して、その他諸国との外交関係樹立を推進するための基本方針であったと推察される。

コンゴと共同声明を発表した直後、中国外交部は他の旧仏領アフリカ諸国との外交関係樹立について、「『二つの中国』に反対するという立場を堅持しさえすれば、その方策には弾力性を持たせ、外交関係を樹立し、『駆蔣』を達成する」という方針のもとに、次のような三つの方式を提示した。

1. 相手が蔣介石集団と外交関係を断絶することを明確に宣言し、我が方と外交関係を樹立すると決定する場合、外交関係公表の方式は、相手政府による単独の声明発表か、我が方への電報あるいは照会でよい。

2. もしも相手が我が方の主動による外交関係樹立を希望する場合、我が方は相手に電報あるいは照会を送付し、蔣介石集団との外交関係を断絶しさえすれば、我が方は外交関係樹立に同意すると伝える。相手方は返電か照会を以て同意を示せばよい。

3. もしも相手が我が方と外交関係を樹立する前に蔣介石集団との外交関係を断絶できないが、我が方との外交関係樹立の日以降、当該国において蔣介石集団は中国を代表する外交資格を失うことに同意するのであれば、相手は「中華人民共和国政府は全中国人民を代表する唯一の合法政府である」という点を公開で確認しなければならない。公開で確認する方法としては、共同声明内に記載しても、照会や電文の交換を公開で発表するという方法でもよい。コンゴと我が国はこの方法を採った。

交渉の過程において、これ以外の方法を提示してくる国家もあるだろうが、彼らが「二つの中国」の立場を採らず、上述の方式の基本精神に符合するならば、場合によって融通をきかせることができる。上記の第一あるいは第二の方式をできるだけ勝ち取るが、第三の方式も採用できる。もしも、相手が上記三つの方式をすべて受け容れられないのであれば、目下のところ、外交関係の樹立は困難である。我が方は相手の困難に配慮し、待つことを厭わず、貿易や文化などの方面から友好関係を発展させ、相手との接触を継続することができる。[129]

実際に、一九六四年から六五年にかけて、中央アフリカ、ダホメ、モーリタニアなどがコンゴと同様にこの第三の方式にならい、中国政府と外交関係を樹立した。[130] 中央アフリカは「中国人民を代表する唯一の合法政府」として中国政府を承認する旨を中国政府に照会し、ダホメとモーリタニアは同文言を共同声明に盛り込んだ。[131] しかし、いずれの国も中国政府との外交関係樹立に際し、国府との外交関係の処遇には何ら言及しておらず、これらの諸国に駐在していた国府の大使館は戸惑った。[132] 国府はアメリカに協力を求めつつ、現地に踏みとどまって相手国との関係を改善するよう各大使館に指示を出した。しかし、現地の政府が中国政府を承認して以降、国府大使館は現地において外交使節としての扱いを受けられず、最終的には「中国人民を代表する唯一の合法政府」として中華人民共和国政府を承認し、大使を交換するという旨を現地の政府から通告された。[133] そして、相手国と中国が大使の交換を行う前に、国府は各国に断交を通達し、大使館を撤収せざるを得ない状況に追い込まれたのであった。

以上のように、中仏国交正常化後に模索された旧仏領アフリカ諸国との外交関係打開において、中国政府は引き続き外交戦略上の判断を重視し、相手国が先に国府と断交しなくとも、外交関係の樹立を公表することを決断した。しかし、中国政府はこれら諸国との交渉において、「中国人民を代表する唯一の合法政府」として中国政府が承認されることを共同声明、交換公文、または相手国からの照会などの文書に明記させようと腐心し、この条件に関しては決して譲歩しなかった。また、中国政府は交渉相手に対し、国府との断交宣言を強いなかったが、実際は大使の交換までには「駆蔣」を行うよう働きかけ、国府との断交を確認したうえで大使を交換するという方針を貫いた。ただし、このような条件では、打開できる外交空間に限界があったことも事実である。一九六四年二月の時点で、外交部はコンゴ、中央アフリカ、ダホメ、モーリタニア以外にも、オートボルタ、セネガル、ニジェール、トーゴなどと外交関係を打開できる可能性があると見通していたようであるが、旧仏領アフリカ諸国のうち六〇年代に外交関係を樹立できたのはこの四カ国にとどまったのである。[134]

4 「一つの中国」原則の発展とその限界

(1) 西側諸国との外交関係樹立方針の検討

前節まで見てきたように、中国政府は中仏国交正常化を梃子として旧仏領アフリカ諸国との関係を打開した。また、最終的には外交関係を樹立する政府と国府を断交させることにも成功した。しかし、中国外交部はフランスとの国交正常化交渉やその方式に高い評価を与えることはなく、その他の西側諸国との関係改善には慎重であった。仏政府との外交関係樹立は、その戦略的価値に鑑みた「特殊な事例」であると位置づけられ、以降の西側諸国との関係においては、簡単に同様の方式を採るべきではないことが確認された。

フランスとの大使交換を決定した直後、中国外交部は、「西側の我が国と外交関係を有さない国家に関する政策問題」を検討した。[135] この議論の全容を明らかにすることは難しいが、公開された文書からは以下のような議論の結論を指摘できる。まず、西側諸国との外交関係樹立は「原則として主動的に行わず」、国府と外交関係を有している西側諸国が関係樹立を打診してきたとしても、「相手国には先に蔣介石と断交するよう要求すべきである」とされた。「アメリカに対する重要なカードになり得る場合には、その可能性を排除しない」という留保は付されたものの、「中仏国交正常化のような方式は簡単には採らない」と、国府との断交を明言せずに外交関係樹立を公表する方式に対しては慎重であるべきことが確認されたのである。

以上の評価からも、中国にとって中仏国交正常化は、アメリカに対して非常に高い戦略的価値があるとの判断のもとで、特別になされた決断であったことを確認できる。これまでのパートナーであったソ連との協力がままならないなか、核軍縮やインドシナ情勢などの問題において、中国はフランスとともにアメリカに異議を申し立てることができると判断したのであろう。また、「二つの中国」に反対する国連外交も中国の指導者たちが中仏国交正常化を決断した理由の一つであった。一九六四年の第一九回国連総会を控えた外交部の分析において、イギリスや北欧諸国とは異なり、「二つの中国」の立場と国府の国連代表権を明確に否定するフランスの姿勢は高く評価された[136]。実際に、一九六四年に仏政府は世界保健機関や国際原子力機関において上記の立場を示す投票を行い、一九六五年の第二〇回国連総会においては、ミュルヴィル外相が中国政府の国連議席回復を訴えた[137]。フランスによる支持は中国政府の加盟や国府の脱退をもたらしたわけではなかったが、中国にとっては国連常任理事国であるフランスが明確な姿勢を示すことこそが重要であったと考えられる。

とはいえ、中国はフランスとの交渉において譲歩を重ねた結果、フランスに国府との断交を宣言させることは叶わず、「中国人民を代表する唯一の合法政府」としての承認を文書に残すことも叶わなかった。その結果、アメリカをはじめとする西側諸国は、国府がフランスと断交しないことは可能であったと認識し、ソ連ですら中仏国交正常化は中国の「譲歩」であり、「二つの中国」論を認める行為であったと認識した[138]。中国の指導者たちはおそらく、西側諸国との外交関係打開はアフリカ諸国との関係よりも国際社会に与えるインパクトが強いものの、それ故に「二つの中国」問題をめぐり妥協を繰り返すことによって受けるダメージも大きいことを、中仏国交正常化を通じて再確認したのではないだろうか。

アメリカや国府は、中仏国交正常化によって、フランス以外の西側諸国も対華政策を再検討し、中国政府との外交関係樹立へと傾くことを懸念していた[139]。しかし、一九六四年の段階においては、イタリアとオーストリアが中国との間に貿易事務所を開設した以外に新たな関係構築は見られなかった。それは一方で、アメリカの影響力が西側諸国の対中接近を抑制していたことを示すが、他方では、中国政府が仏政府との外交関係樹立を「特殊な事例」と位置づけ、アフリカ諸国に対する方針と西側諸国に対する方針も区別したため、関係打開へのハードルが依然として高かったことも示しているといえよう。

(2) 第一九回国連総会における「一つの中国」原則

本章第二節で明らかにしたように、中国が「二つの中国」問題において大幅な譲歩をしても中仏国交正常化を勝ち取ろうと決意した要因の一つは、フォールが陳毅や周恩来に対し、中仏国交正常化の当然の帰結として、仏政府は国連中国代表権問題において中国政府を支持すると述べたことにもあった。中国政府は、外交関係を樹立していない国も含む旧仏領諸国などが、仏政府の投票行動の変更に影響を受けて、国連代表権問題をめぐる中国支持票が過半数を超えることに期待していた[140]。その後、中仏国交正常化を勝ち取り、「駆蔣」にも成功した中国は、旧仏領アフリカ諸国との外交関係を打開すると同時に、国連代表権問題における支持獲得にも奔走した。

この時期、国連総会において過半数の支持票を勝ち取ることがなぜ重要だったのだろうか。一九六一年以来、西側諸国が提案し続けていた重要事項指定方式においては、三分の二以上の支持票を獲得しなければ、現状を覆すことは望めなかった。そして、中仏国交正常化を勝ち取ったとはいえ、一九六四年の段階で三分の二以上の支持票を集めることは、中国政府にとっては困難であった。当時の国連代表権問題に対する中国政府の外交努力を仔細に検討すれば、中国の指導者たちもその事実を充分に自覚していたことが裏づけられる。むしろ、この時期の中国が現実的な目標として掲げていたのは、過半数かそれに近い支持票を集めることで、重要事項指定方式を継続するアメリカの国連外交に対抗し、抗議の意を示すことであったように思われる。

中国がまず取り組んだのは、フランスが「一つの中国」の立場を支持するという確実な保証を取りつけることであった。仏政府が国連代表権問題で中国政府支持へ回ることは、「周恩来総理談話要点」の三つの黙約事項の一つであったが、これはあくまで非公式な文書であり、確実に履行される保証はなかった。実のところ、国交正常化以降、仏政府の要人は西側諸国との関係や国内の世論に対する配慮から、台湾の地位は未定であるという発言を繰り返していた。そのため、国連総会が開幕する秋までに、外交部は「今年の国連総会で仏政府は中国代表権に投票するが、同時に台湾の地位について留保の態度を表明する可能性が高い」との見通しを持つに至っていた。「国際的な影響を考えれば、何の留保もない中国代表権支持を勝ち取る必要がある」との観点から、外交部は「国連中国代表権問題をめぐる対仏工作」（以下、「対仏工作」）という文書を作成し、仏政府に対する説明・説得工作を強化した(141)。

そのような矢先、ユネスコ総会において中国代表権に関する票決が行われ、フランスの代表が投票を棄権したことが明らかになった(142)。これに対し、周恩来は外交部に、「対仏工作」の文書を再検討するよう指示した(143)。「対仏工作」は周恩来主管のもと、外交部において再検討された後、鄧小平、劉少奇、毛沢東などの批准を経て、一一月三日に駐仏大使館に発出された。国連総会の前に黄華駐仏大使はミュルヴィル外相に会談を要請し、①世界保健機関などで中国代表権を支持したことへの感謝、②「唯一の合法政府」としてなされた中仏国交正常化の「精神」、③ユネスコにおける投票行動に対する遺憾の意、④第一九回国連総会における中国の立場と「二つの中国」に対する反対（対英批判）などを伝えるよう、指示がなされた(144)。黄華と会談を行ったミュルヴィルは、仏政府は重要問題指定決議案に反対する予定であることを伝えつつも、中国を支持する諸国の提案に賛成票を投じるか否かに関しては明言を避けた(145)。

仏政府の言動に不安を覚えた外交部は、「対仏工作」のみならず、アジア・アフリカ諸国に対する工作にも力を入れた。外交部は駐アジア・アフリカ諸国の各大使館へ、「国連代表権問題に関する談話要点」を送付し、各国への説明を促した。それは、一九六四年の「国連総会は複雑な闘争となる」にもかかわらず、「外交関係を樹立したばかりの国は、我が方の立場や米帝国主義の陰謀に対する理解が足りず、その他のアジア・アフリカ諸国には説明したことがあっても、まだ理解が足りない」と考えたからである[146]。その後、周恩来の指示により、外交部は「談話要点」の内容を備忘録にまとめ、駐外機関から各国政府に送付した[147]。さらに一二月四日、『人民日報』は「アメリカの国連における中国の合法的な権利に対する阻害は必ず失敗する」という見出しの社説を掲載した[148]。

以上のように、中仏国交正常化が関係諸国に与えた影響は、中国の指導者たちの期待を下回るものであったかもしれない。しかし、それでもコンゴ、中央アフリカ、ダホメなど国府承認を中国政府承認へ切り替えた諸国に加え、セネガル、ザンビアも中国政府と新たに外交関係を樹立した。また、一〇月上旬にカイロで開催された第二回非同盟諸国首脳会議では、中国政府の国連代表権回復を要望する決議が採択された。さらに、一〇月中旬、中国は核実験にも成功した。こうした追い風を受けた中国政府が、対米闘争の成果を形にし、米政府に打撃を与えたいと考えていたことは間違いなかった。

実のところ、第一九回国連総会に臨む中国政府は、より多くの政府の支持を得るために、中国代表権問題に関する決議文にも若干の修正を施した。外交部がその翌年に作成した報告書によれば、一九六四年は「いかにフランスとアフリカ諸国に留保の態度を採らせず、同時に米帝国主義が段階的な投票（引用者注：重要事項指定決議のことであると思われる）などの方法を採るのを阻止するか」を考慮し、カンボジアやアルバニアに送付した二つの決議案文に「駆蔣」を盛り込まなかった。案文は「蔣介石集団が不当に占拠している議席を中国政府が回復」することは訴えていたものの、「蔣介石集団が別の名義で国連に残る可能性を排除するものではなく、二つの中国をつくりだす陰謀が追求される空間を残す」ものであった[149]。

しかし、一九六四年の国連総会において、中国代表権問題が審議されることはなかった。第一九回国連総会の開会に先立つ一〇月二一日、カンボジアほか九カ国とアルバニアはそれぞれ提案国となり、「中国政府の国連代表権回復」を議題とする二つの決議案審議を要請していた。しかし、第一九回国連総会では米ソ間で予算問題が紛糾し、国連中国代表権問題に関するいかなる審議も行われないまま、総会は休会を迎えた。この状況に対し、アルバニアやモーリタニアは、「アメリカとソ連が結託して中国政府の国連代表権回復を阻止している」という主旨の抗議を行ったものの、結局、国連中国代表権問題が票決に付されることはなかった。(150)

(3) 第二〇回国連総会における「一つの中国」原則

第一九回国連総会が閉幕すると、中国政府は国連の改組を求め、そうでなければ中国はアジア・アフリカ諸国とともに「第二の国連」を創設するとの主張を展開した。このような主張は、中国政府はもはや国連代表権の回復を必要としていないのではないかとの疑問を一部の関係国に抱かせた。(151) しかし、中国政府の立場はそれまでと同様、国連代表権を主動的には追求しないが、友好国の支持には感謝し、国連代表権の回復は決して放棄しないというものであった。ただし、一九六五年における中国政府の立場は、従来からの主張に加え、大国にコントロールされてきた国連に中国政府が加盟しないという選択肢もあることを主張するものであった。(152) 陳毅が九月二九日に発表した談話には、一九六五年に中国政府が展開しようとした外交闘争の本質が凝縮されている。

国連は一貫して米国にコントロールされてきた。今日の国連はさらに、米ソ両大国が政治的取引を演じる場所となった。数十カ国のアジア・アフリカ諸国や平和を愛する諸国は国連で少なからぬ努力を行っているものの、このような状況は全く改善されない。そのような国連に中国政府は加盟しなくともよい。（中略）国連は絶対に過ちを正し、徹底した改組と改革を進めなければならない。国連は過去の一切の過ちを認め、中国と朝鮮民主主義人民共和国を侵略者と譴責した決議を取り消し、アメリカを侵略者として譴責しなければならない。国連憲章は世界の大小国家が共同で審議しなおし、すべての独立国家を国連加盟国として迎え入れ、一切の帝国主義の傀儡は駆逐されるべきである。(153)

このような主張は、「国連加盟国を分裂させ、国連総会内外の情勢と融合し、米帝国主義やソ連修正主義を最大限孤立させるものである」と位置づけられたのであった[154]。

中国政府は上記のような主張を展開しつつも、友好諸国を通じ、国連総会に中国代表権の「回復」と国府の「駆逐」を訴える決議文案を提出した。一一月一五日、アルバニア、アルジェリア、カンボジアなど一〇あまりのアジア・アフリカ諸国は、「一九六四年一〇月の非同盟諸国首脳会議の勧告に従い、中華人民共和国のすべての権利を回復し、その代表を国連において中国を代表する唯一の合法的代表と認め、蔣介石の代表を国連およびそのすべての関連機関において不法に占めている席から即時、追放することを決定する」旨の案文を共同提案した。同案文には、中国政府が第一九回国連総会に提出予定であった案文で許容したような、妥協的な側面は一切見られなかった。一一月一七日の国連総会において、加盟国は西側諸国一一カ国提案の重要事項指定決議案に続き、アジア・アフリカ諸国一二カ国による中国招請案に対する票決を行った。その結果、重要事項指定決議案は賛成五六、反対四九、棄権一一、投票不参加一で可決された。中国招請案は賛成四七、反対四七、棄権二〇、投票不参加三で否決され、一九六五年も中国政府の国連加盟と国府の駆逐は叶わなかった[155]。

国連加盟は叶わなかったものの、外交部において、第二〇回国連総会における中国代表権問題の投票結果は「大きな勝利」であり、「我々を支持する国家が次第に増え、三分の二を必要とする米国提案は弱まっている」趨勢を示すものと評価された。また、「帝国主義、修正主義、反動主義が様々な方法を使い、我々を抑圧し、奮い立たせているが、我々の国際的な威信は日増しに増加し、影響力が拡大していること」をも示すものであるとされた。このような立場に立ったうえで、外交部は総会でアジア・アフリカ諸国一二カ国提案に賛成票を投じた諸国には感謝を伝え、チュニジア、オランダ、ダホメ、ラオス、イギリスなど中国政府と外交関係を有するにもかかわらず、賛成票を投じなかった諸国には抗議や保留など個別の対応を採った[156]。ただし、賛成票を投じた諸国の中でも、ソ連、ユーゴスラビア、インド等の諸国には謝意を伝えなかった[157]。このように、第二〇回国連総会をめぐり中国政府が採った言動は、まさに当時の中国外交の縮図であった。

第二〇回国連総会の後、外交部は対米闘争と「一つの中国」原則をさらに推し進めるための反省も怠らなかった。外交部は、「今回の国連総会における一二カ国案に対する投票結果は大きな勝利であるが、この提案が生まれるまでは紆余曲折を経たため、さらに我が方の立場を明確にする必要がある」と判断したのである。そこでは、第一九回国連総会ではフランスやアフリカ諸国の支持を得るために、妥協的な決議案文を許容したことが反省され、今後の方針が以下のように明示された。

今回の総会における議決の結果は、アメリカに対する闘争である国連代表権の問題において、旗幟が鮮明となったことが、我々に有利な結果をもたらしたことを示す。そのため、今後は国連のみならず、他の国際会議や組織においても、蒋介石を駆逐し、我々の合法な権利を回復するという原則的立場を堅持し、決して曖昧模糊としてはいけない。[158]

このような国連代表権をめぐる外交闘争の経緯が示すように、一九六〇年代半ばの中国が打開できる外交空間は限られたものではあったが、中国は「二つの中国」問題に関する限定的な譲歩を行うことで、新たな外交空間を打開しようとした。その結果、中国は譲歩によって得られる利益と、「二つの中国」が慣例化する危険性の両方を注意深く検討し、「二つの中国」をつくらずに国際的な地位を向上させる機会を窺い続けることが可能となったのである。

おわりに

本章は、中仏国交正常化を中心とする「二つの中間地帯」との外交関係打開において、中国政府がいかなる「一つの中国」原則を追求してきたのかを検証してきた。その結果、以下の三点が明らかになった。

第一に、一九五〇年代半ばから国際社会に登場した「二つの中国」論に対し、六〇年代初頭までの中国政府はただ反対を唱え、それらが論じるような状況が生起し得る事案への関わりを拒否するのみであったように思える。しかし、本章で論じたラオス連合政府、仏政府、旧仏領アフリカ諸国政府との交渉はいずれも「二つの中国」状態を生起させる可能性をはらんでいた。それにもかかわらず、中国政府は交渉に挑み、譲歩をしてでもこれらの政府との外交関係を勝ち取ろうとした。その理由としては、米「帝国主義」のみならず、ソ連「修正主義」やインド「反動主義」とも対立を深めるなかで、新たな外交空間を打開することが中国政府にとって切実な課題となっていたことを指摘できるであろう。ただし、交渉に挑むか否かの判断は、交渉相手の中国外交における戦略的重要性に鑑み、米政府や国府の言動や西側諸国の反応を窺いながら、非常に慎重に行われた。

第二に、その結果として、中国政府はそれまでの交渉相手に対しては譲らなかった、中国政府の承認と外交関係樹立の公表に国府との断交を先行させるという条件を事実上断念せざるを得なかった。それに代わり、フランスとの交渉以降、中国はこれまでの交渉相手には提示しなかった、「唯一の合法政府」としての関係正常化に公式に言及するという条件を提示した。しかし、台湾問題に関する言質を取られまいとする、ドゴールの老練な外交手法を前に、中国はこれも達成することができなかった。ただし、中仏国交正常化により優位に立った旧仏領アフリカ諸国との交渉において、中国政府は「唯一の合法政府」である旨、相手から公式の言質を取ることに成功した。そしてこれら諸国との関係においては、外交関係の樹立を公表した後に、現地において「駆蒋」闘争が展開された。これは、中国の指導者たちがラオスにおける外交闘争の経験などから、「合法」的な政府として相手政府との外交関係を樹立したことが伝われば、自分たちと同様に「二つの中国」に反対する国府はおのずから撤退するとの確信を強めていったことによると思われる。他方、中国は西側諸国に対して、想定していたほど優位には立てず、「駆蒋」を行える見込みは薄かった。そのため、中国政府は中仏国交正常化を例外と位置づけ、「二つの中国」政策に対する反駁を再び強めたと推察される。

第三に、以上のような、「一つの中国」原則をめぐる中国の外交交渉と政策決定の軌跡を見ていくと、「一つの中国」原則とは従来から言われてきたような台湾問題に関する固定的な原則ではなく、国府や関係諸国とのせめぎあいのなかで、漸進的に形成されてきたものであったことがわかる。中国政府は交渉相手と米華の出方を絶えず注視しながら、一体どのレベルまで国際空間における国府との併存を許容するのかについて、検討と政策決定を繰り返していた。また、一連の外交過程から、中国の国際的地位を向上させることと、元来は中国の一方的な主張にすぎなかった「一つの中国」論を「一つの中国」原則として交渉相手に要求し、「一つの中国」を国際的なコンセンサスとして構成することは、外交関係の打開か、原則への固執か、という二者択一の問題ではなかった。むしろ、両者は微妙なバランスを保ちながら、共に推し進められてきた戦略であったともいえよう。そのため、中国の国際的地位が向上すれば、「二つの中国」への国際的なコンセンサスを構成できる可能性が高まる反面、その過程で過剰な譲歩をすれば、「二つの中国」政策の許容が慣例化してしまう可能性もあった。

このように、本章で考察した一九六〇年代半ばの台湾問題をめぐる中国外交は、譲歩を行うことで西側諸国の切り崩しをはかりつつも、譲歩の範囲を用心深く限定し、「一つの中国」原則への関与を交渉相手から引き出そうと試みはじめる起点にあったと位置づけることができよう。

(1) 中華人民共和国外交部・中共中央文献研究室編『毛沢東外交文選』(北京:中央文献出版社・世界知識出版社、一九九五年)五〇六—五〇九頁、および王泰平主編『中華人民共和国外交史』第二巻(北京:世界知識出版社、一九九八年)六一—一一頁。

(2) ラオス危機に対する中国の対応を論じた先行研究として、松本三郎『中国外交と東南アジア』(慶應義塾大学法学研究会、一九七一年)九四—一七六頁、Qiang Zhai, *China and the Vietnam Wars, 1950-1975* (Chapel Hill: The University of North Carolina Press, 2000), pp. 92-111.

(3) 中国側関係者の回想録として、李清泉「学習周総理的談判芸術和外交風格」『外交学院学報』一九九六年第二期、一—五頁、張錫昌「影響世界格局的『外交核爆炸』—我所親歴的中法建交」『百年潮』二〇〇八年三月、一九—二六頁、比較的信頼のおける文献として利用されてきたものに、陳敦徳『破冰在一九六四—中法建交実録』(北京:世界知識出版社、二〇〇〇年)などがある。これら中国の公刊史料に依拠した日本における研究成果として、山影統「一九六〇年代前半の中国の対外政策―対仏国政策を中心に」『KEIO SFC JOURNAL』Vol. 8, No. 2（二〇〇八）、一二一―一三三頁がある。米華関係に対する影響については、潘敬国・張穎「中法建交中的美台因素」『当代中国史研究』第九巻第三期（二〇〇二年五月）九一―九七頁、唐小松「『法国承認中国』対美国対華政策的影響」『国際論壇』第五巻第一期（二〇〇三年一月）三三―三八頁など。公開された中国外交部档案を利用した研究成果として、姚百慧「論美国与中法建交的関係」『世界歴史』二〇一〇年第三期（二〇一〇年六月）六三―七七頁。

（4）フランス側関係者の回想として、Edgar Faure, "Reconnaissance de la China," *Espoir*, n° 138 (mars 2004), pp. 17-23 (reproduction de n° 1, 1972); Etienne Manac'h, "La politique asiatique et chinoise du général de Gaulle," *Espoir*, n° 61 (décembre 1987), pp. 34-46, など。これら回想録は、ドゴールに中国政府と国府を二重承認する意思はなく、戦略的な観点から中国政府と外交関係を樹立したと指摘してきた。フランスで一九九〇年代半ばより公開され始めた関係公文書を利用した主な先行研究には、Maurice Vaïsse, *La Grandeur : Politique étrangère du général de Gaulle, 1958-1969* (Paris : Fayard, 1996); Ngo Thi Minh-Hoang, "De Gaulle et l'unité de la Chine," *Revue d'histoire diplomatique*, n° 4 (1998), pp. 391-412, 藤作健一「ドゴールによる中国承認の起源」（大東文化大学修士論文、二〇〇二年）など。これらの研究は、ドゴールに二重承認の意思がなかったことを確認しつつ、ドゴールは台湾と何らかの関係維持を志向し、台湾問題の将来に関わる言質を取られたくないと考えていたことも指摘している。

（5）蘇宏達「『一個中国原則』與『両岸国際共存』並行的可能性評估―以一九六三年到一九六四年中華民国対法国的外交政策為例研究」『美欧季刊』第一四巻第一期（二〇〇〇年春季）八三―一一一頁、許文堂「建交與断交―一九六四年台北、巴黎、北京的角力」『戦後档案與歴史研究（中華民国史専題論文集）』（台北：国史館、二〇〇八年）一五九―二〇〇頁、王文隆「中法断交與我国対非洲農技援助策略的改変」『近代中国』第一五七号（二〇〇四年六月）一二五―一四七頁。

（6）青山瑠妙『現代中国の外交』（慶應義塾大学出版会、二〇〇七年）は、中国外交の「原則性」と「柔軟性」を描いているが、一九六〇年代の対アフリカ外交に関して、国府と外交関係を持たないことは、中国がアフリカ諸国に対し唯一強制的影響力を及ぼそうとした原則であったと指摘する（二一四―二一五頁）。張紹鐸『国連中国代表権問題をめぐる国際関係（一九六一―一九七一）』（国際書院、二〇〇七年）は、「一つの中国」原則に対する中台それぞれの「柔軟性」を扱い、中国政府についてはコンゴ共和国政府との外交関係樹立は「柔軟」であったと論じている（九六―九八頁）。

（7）Qiang Zhai, *China and the Vietnam Wars, 1950-1975* (Chapel Hill: The University of North Carolina Press, 2000), pp. 92-111.

（8）Telegram from Harriman to DoS, Sep. 12, Oct. 10, and Oct. 15, 1961, *FRUS, 1961-1963*, Vol. XXIV (Washington, D. C.: U.S.

Government Printing Office, 1996), p. 410, pp. 461-462 and pp. 470-472.

（9）「重要的進展」『人民日報』一九六一年一二月一九日。

（10）Telegram from Steeves to DoS, Jul. 6, 1961, *FRUS, 1961-1963*, Vol. XXIV, p. 289.

（11）Telegram from Beam to DoS, Jun. 30, 1961, *FRUS, 1961-1963*, Vol. XXII, pp. 87-89.

（12）Telegram from Beam to DoS, Aug. 16, 1961, *FRUS, 1961-1963*, Vol. XXII, pp. 122-124.

（13）Telegram from Hilsman to McConaughy, Jul. 7, 1961, Box 22, NSF, JFKL.

（14）Telegram from Harriman to Rusk, Jul. 18, 1961, *FRUS, 1961-1963*, Vol. XXIV, p. 303.

（15）Telegram from Rusk to Harriman, Jul. 21, 1961, *FRUS, 1961-1963*, Vol. XXIV, p. 306.

（16）ハリマンは、一連の会議において、中国は最後まで国際監視委員会による権限の問題で妥協をしなかったが、ソ連の態度は中国よりも明らかに柔軟であったと報告している。ラオスに駐留する外国私兵の問題についても、中国代表の章漢夫のみがそれを議題としないと強硬に主張し、会議の「嫌われ者」だったという（Telegram from Harriman to DoS, Nov. 27, 1961, *FRUS, 1961-1963*, Vol. XXIV, pp. 526-527）。

（17）Telegram from Harriman to DoS, Nov. 28, 1961, *FRUS, 1961-1963*, Vol. XXII, pp. 168-169.

（18）「章漢夫代理団長在拡大日内瓦会議上発言」『人民日報』一九六二年七月四日。

（19）「和平解決老撾問題拡大日内瓦会議」『人民日報』一九六二年七月二三日。

（20）「寮国致外交部（一九六二年六月三〇日）」『中寮建交（二）』中央研究院近代史研究所蔵中華民国外交部档案（以下、近史所国府外交部档案、档号〇一二・一、台北：中央研究院近代史研究所档案館）。

（21）「川壙致外交部収電（一九六二年六月一一日）」中国外交部档案（档号一〇六—〇〇六七一—〇五、北京：中華人民共和国外交部档案館）。

（22）「外交部致川壙（一九六二年六月一四日）」中国外交部档案（档号一〇六—〇〇六七一—〇五）。

（23）「川壙致外交部（一九六二年六月一三日）」中国外交部档案（档号一〇六—〇〇六七一—〇五）。

（24）「川壙致外交部（一九六二年六月一五日、四五四号）」中国外交部档案（档号一〇六—〇〇六七一—〇一）。

（25）「川壙致外交部（一九六二年六月一五日、五〇二号）」中国外交部档案（档号一〇六—〇〇六七一—〇一）。

（26）同右。

(27)「外交部致川壙（一九六二年六月一七日）」中国外交部档案（档号一〇六―〇〇六七一―〇一）。
(28)「川壙致外交部（一九六二年六月一七日）」中国外交部档案（档号一〇六―〇〇六七一―〇一）。
(29)「川壙致外交部（一九六二年六月一八日）」中国外交部档案（档号一〇六―〇〇六七一―〇一）。
(30) 劉樹発『陳毅年譜』下巻（北京：人民出版社、一九九五年）九二二―九二三頁、および「貴寧・奔舎那外交大臣致電陳毅外長」『人民日報』一九六二年六月二九日。
(31)「川壙致外交部（一九六二年六月二八日）」中国外交部档案（档号一〇六―〇〇六七一―〇一）。
(32)「外交部致泰国（一九六二年六月二九日）」『中寮建交（二）』近史所国府外交部档案（档号〇一二・一）。
(33)「泰国致外交部（一九六二年七月三日）」『中寮建交（二）』近史所国府外交部档案（档号〇一二・一）。
(34)「川壙致外交部（一九六二年七月一日）」中国外交部档案（档号一〇六―〇〇六七一―〇一）、「寮国致外交部収電（一九六二年七月三日）」『中寮建交（二）』近史所国府外交部档案（档号〇一二・一）。
(35)「致駐寮大使館廖代弁第三三七号去電抄件（一九六二年七月五日）」『中寮建交（二）』近史所国府外交部档案（档号〇一二・一）。
(36) 例えば、「川壙致外交部：関於蔣帮『大使』去万象等状況（一九六二年七月一日）」中国外交部档案（档号一〇六―〇〇六七一―〇一）。
(37)「外交部致川壙（一九六二年七月八日）」中国外交部档案（档号一〇六―〇〇六七一―〇二）。
(38)「外交部致日内瓦代表団、駐越使館（一九六二年七月八日）」中国外交部档案（档号一〇六―〇〇六七一―〇二）。
(39)「川壙致外交部（一九六二年七月九日）」中国外交部档案（档号一〇六―〇〇六七一―〇二）。
(40)「外交部致川壙（一九六二年七月一〇日）」中国外交部档案（档号一〇六―〇〇六七一―〇二）。
(41)「外交部関於立即派劉春同志去万象建館的請示（一九六二年七月一〇日）」中国外交部档案（档号一〇六―〇〇六七一―〇三）。
(42)「外交部発去劉春同志在記者招待会上的講話稿（一九六二年七月一一日）」中国外交部档案（档号一〇六―〇〇六七一―〇三）、および「我駐老撾大使館臨時代弁劉春向記者発表談話」『人民日報』一九六二年七月一九日。
(43)「外交部致川壙（一九六二年七月一一日）」中国外交部档案（档号一〇六―〇〇六七一―〇三）。
(44)「寮国杭立武致外交部（一九六二年八月三日、四日、五五一号、五五二号）」『中寮建交（四）』近史所国府外交部档案（档号〇一二・一）。
(45)「外交部沈昌煥簽呈（一九六二年八月一三日）」『中寮建交（四）』近史所国府外交部档案（档号〇一二・一）。

(46)「関於邀請法国前総理富爾来訪的建議（一九六二年六月一五日）」中国外交部档案（档号一一〇―〇一九八二―一六）。

(47)「一九六一年日内瓦会議期間陳毅副総理出席法国外長徳母維爾宴会談話紀要（一九六一年六月一六日）」中国外交部档案（档号一一〇―〇一三八九―〇三）。

(48) Note de Jacques Roux, Genève, 18 juillet 1962, Ministère des Affaires étrangèrs, *Documents Diplomatiques Français (ci-après DDF)* (Paris, Imprimerie Nationale), 1962, Tome 2, p. 81.

(49)「外交部関於開展当前対法工作的請示（一九六三年二月六日）」中国外交部档案（档号一一〇―〇一九八四―〇二）、「法美矛盾和我対法工作的意見（一九六三年三月付）」中国外交部档案（档号一一〇―〇一九八四―〇三）、および陳定民から陳毅宛書簡（一九六三年一月二二日付）、中国外交部档案（档号一一〇―〇一九八四―〇二）。

(50)「外交部向法国試探建交的意見（日付不明、未上報）」中国外交部档案（档号一一〇―〇一九八四―〇二）に記された指示。陳定民の書簡と同じファイルにて公開され、三月八日以降の指示が記されていることから、同文書は陳定民の書簡を受け、三月八日以前に作成されたものと判断した。引用部中、括弧内は原文二字が読み取れず、筆者の推測による。

(51) 前掲「外交部関於開展当前対法工作的請示（一九六三年二月六日）」に対する周恩来の指示（三月八日付）、中国外交部档案（档号一一〇―〇一九八四―〇二）。

(52) 例えば「外交部関於邀請法国前総理富爾来訪的建議（一九六二年六月一五日）」中国外交部档案（档号一一〇―〇一九八二―一六）。

(53)「駐瑞士使館致外交部：関於富爾訪華事（一九六三年八月二〇日）」中国外交部档案（档号一一〇―〇一九八二―〇一）。

(54) 同右、および Faure, "Reconnaissance de la China," p. 19.

(55)「外交部関於邀請法国前総理富爾訪華請示（一九六三年八月二四日、劉少奇、鄧小平、毛沢東が閲覧後、周恩来による八月二九日付同意が記されている）」中国外交部档案（档号一一〇―〇一九八二―一六）、「外交部致駐瑞士使館：復関於富爾訪華事（一九六三年八月二九日）」中国外交部档案（档号一一〇―〇一九八二―〇一）。

(56)「駐瑞士使館致外交部：富爾夫婦請李大使夫婦吃飯時談他訪華事（一九六三年九月一四日）」中国外交部档案（档号一一〇―〇一九八二―〇一）、中国外交部の記録によれば、フォールと李大使が接触したのは、八月二〇日、三〇日、九月一二日の三度であり、本電報は三度目の接触に関する報告である（「駐瑞士使館致外交部：総報富爾対一些重要国際問題的看法（一九六三年九月一四日）」中国外交部档案〈档号一一〇―〇一九八二―〇一〉）。

(57) Vaïsse, *La Grandeur*, p. 516.
(58) ドゴール政権の対中接近について、唐小松や潘敬国・張穎の前掲論文はドゴールの米国に対する反感が彼を対中接近へ駆り立てたとの立場に立つ。Martin の前掲論文はドゴールの対中接近と対インドシナ政策のリンケージを強調している。
(59) 蘇宏達「『一個中国原則』與『両岸国際共存』並行的可能性評估」八九―九〇頁。
(60) 許文堂「建交與断交」一六九―一七一頁。
(61) Instructions pour Edgar Faure, sénateur du jura, pour une première prise de contact avec la République Populaire de Chine, 29 septembre, 1963; Charles de Gaulle, *Lettres, Notes et Carnets (ci-après LNC)*, Tome IX, 1961-1963 (Paris: Plon, 1986), pp. 374-375.
(62) 同右。
(63) 「周恩来総理同法国前総理富爾第一次会談記録（一九六三年一〇月二三日）」中国外交部档案（档号一一〇―〇一九八二―〇八）。
(64) 同右、および「陳毅副総理同法国前総理富爾会談記録（一九六三年一〇月二四日）」中国外交部档案（档号一一〇―〇一九八二―〇九）、「周恩来総理、陳毅副総理同法国前総理富爾会談記録（一九六三年一〇月二五日）」中国外交部档案（档号一一〇―〇一九八二―一一）。
(65) 「富爾準備向戴高楽提出的報告的補充説明（一九六三年一〇月二六日）」中国外交部档案（档号一一〇―〇一九八二―〇七）。なお、「黙約事項」について、中国側の文書には以後一貫して「黙契」と記されており、それを持ち帰った仏国側の文書には“un accord tacite”（暗黙の同意）と記されている。中国における先行研究や回想録には、これがあたかも両国間で交わされた「密約」であるかのように扱われているものも多いが、本書ではフォール訪中の性質やその後の交渉の展開などに鑑みて、これは日中国交正常化における「竹入メモ」に相当するような「黙約事項」として扱うことが適当であると判断する。
(66) 「富爾準備向戴高楽提出的報告（一九六三年一〇月二六日）」中国外交部档案（档号一一〇―〇一九八二―〇七）。
(67) 「富爾準備向戴高楽提出的報告的補充説明（一九六三年一〇月二六日）」中国外交部档案（档号一一〇―〇一九八二―〇七）、なお括弧内は筆者による。
(68) 「外交部関於与法国談判建立両国外交関係的意見（一九六三年一〇月二八日）」中国外交部档案（档号一一〇―〇一九八二―一五）。
(69) 「陳毅副総理同法国前総理富爾会談記録（一九六三年一〇月三〇日）」中国外交部档案（档号一一〇―〇一九八二―一二）。
(70) 「周恩来総理、陳毅副総理同法国前総理富爾会談記録（一九六三年一〇月三一日）」中国外交部档案（档号一一〇―〇一九八二―

一三）、「周恩来総理、陳毅副総理同法国前総理富爾会談記録（一九六三年一一月一日）」中国外交部档案（档号一一〇―〇一九八二―一〇）。

(71) ただし、この段階での草稿に盛り込まれていた両国の貿易関係については、政治的関係を優先するとの立場から削除されることとなった。以上、「周恩来総理、陳毅副総理同法国前総理富爾会談記録（一九六三年一一月一日）」中国外交部档案（档号一一〇―〇一九八二―一〇）。

(72) 「周恩来総理談話要点」の草稿は何度も推敲された後に、最終的には毛沢東が朱を入れた。「談話要点」作成をめぐる推敲や議論の経緯を正確に辿ることは困難であるが、改訂稿の一部と毛沢東のコメントは、中国外交部档案（档号一一〇―〇一九八二―〇六）の中に含まれている。

(73) 「周恩来総理同法国前総理富爾会談記録（一九六三年一一月二日）」中国外交部档案（档号一一〇―〇一九八二―〇三）。草稿の原文は「法政府承認中華人民共和国政府為代表中国人民的唯一合法政府、不再承認在台湾的所謂『中華民国』政府」、変更後（後半部分）は「這就自動地包含着這個資格不再属於在台湾所謂『中華民国』政府」となっている。この変更について、フォールは後のドゴールへの報告において、「仏政府側の自発的な立場の決定を暗示する」ことを回避するために変更を要求したとしている（Rapport adressé au Général de Gaulle Président de la République Française par M. Edgar Faure, au sujet de sa mission en Chine, 7 novembre, 1963, Archives du Ministère des Affaires étrangères (La Courneuve, ci-après MAE), Asia-Oceanie (AO), Chine (1956-1967), 525.

(74) 最終的な黙約事項の文言については、「周恩来総理同富爾達成的三点黙契」劉海星・高風主編『中法建交四十年―重要文献彙編』（北京：世界知識出版社、二〇〇四年）九一―九二頁、フォールが持ち帰った仏語版は、Ministere des Affaires Etrangers, *DDF*, 1963, Tome 2 (Paris: Imprimerie National, 2001), pp. 458-459 を参照のこと。

(75) Rapport adressé au Général de Gaulle Président de la République Française par M. Edgar Faure, au sujet de sa mission en Chine, 7 novembre, 1963, MAE, AO, Chine (1956-1967), 525.

(76) Instructions, pour M. de Beaumarchais (11 décembre 1963), MAE, AO, 525.

(77) 「瑞士使館致外交部（一九六三年一二月一二日）」中国外交部档案（档号一一〇―〇一九九七―〇六）。

(78) 「雲南黄鎮致外交部（一九六三年一二月一三日）」中国外交部档案（档号一一〇―〇一九九七―〇六）、黄鎮は周恩来らに同行していた。

(79)「黄鎮致阿連外交部（一九六三年一二月一五日）」中国外交部档案（档号一一〇—〇一九九七—〇六）。

(80)「外交部関於同法方談判中法建交問題的補充請示（一九六三年一二月一七日）」中国外交部档案（档号一一〇—〇一九九七—〇六）。

(81)「外交部致駐瑞士使館：関於中法建交事（一九六三年一二月一九日）」中国外交部档案（档号一一〇—〇一九九七—〇六）、本電報は鄧小平が主管し、姫鵬飛、彭真、劉少奇、毛沢東の同意を経て発出された形跡がある。

(82)「中華人民共和国和法蘭西共和国之間建立外交関係的聯合公報（一九六四年一月二七日）」劉海星・高風主編『中法建交四十年—重要文献彙編』（北京：世界知識出版社、二〇〇四年）九二頁。

(83) Telegram (3539) from DoS to Bohlen, Jan. 15, 1964, *FRUS, 1964-1968*, Vol. XXX (Washington, D.C.: U.S. Government Printing Office, 1998), pp. 1-3.

(84) Telegram (3545) from DoS to Paris, Jan. 15, 1964 and Telegram (1269) from DoS to All American Diplomatic Posts, Jan. 16, 1964, *Confidential: China, February 1963-1966, Foreign Affairs,* Reel 24.

(85) Telegram (587) from Rusk to Taipei, Jan. 16, 1964, *FRUS 1964-1968*, Vol. XXX, pp. 4-5.

(86) ペシュコフ将軍は元駐重慶フランス代表であり、戦後初代駐華大使を務めた人物である（呉圳義『戴高楽與現代法国』〈台北：台湾商務印書館、一九八九年〉三八四頁）。

(87) Lettre au Maréchal Tchang Kaï-chek, président de la République de Chine, Taipei (Formose), 15 janvier, 1964, *LNC* Tome X, janvier 1964-juin 1966 (Paris: Plon, 1986), pp. 22-23. および楚宏達「『一個中国原則』與『両岸国際共存』並行的可能性評估」九七頁。

(88)「外交部沈部長接見美国駐華大使頼特談話記録（一九六四年一月二一日）」、「外交部沈部長接見美国駐華大使頼特談話記録（一九六四年一月二三日）」『法匪建交　総統及部長與使節談話』国史館所蔵中華民国外交部档案（以下、国史館国府外交部档案档号一七二・四／〇八一一、台北：国史館）、および Telegram (615, 616, 617) from Taipei to DoS, Jan. 21, 1964, and Telegram (628) from Taipei to DoS, Jan. 23, 1964, *Confidential: China, February 1963-1966, Foreign Affairs,* Reel 24.

(89)「中央常務委員会第十三次会議（一月二五日）修正備案（一九六四年一月二九日）」『法匪建交』近史所国府外交部档案（档号三〇五・二二／〇〇一三）。

(90)「外交部沈部長接見美国駐華大使頼特談話記録（一九六四年一月二一日）」、「外交部沈部長接見美国駐華大使頼特談話記録（一九六四年一月二三日）」『法匪建交　総統及部長與使節談話』国史館国府外交部档案（档号一七二・四／〇八一一）および

Telegram (607) from DoS to Taipei, Jan. 18, 1964, *FRUS 1964-1968,* Vol. XXX, pp. 8-9,; Telegram (620) from DoS to Taipei, Jan. 22, 1964, *Confidential: China, February 1963-1966, Foreign Affairs,* Reel 24.

(91)「中法建交状況和有関問題（一九六四年一月二四日）」中国外交部档案（档号一一〇—〇一九九八—〇一）。

(92)「転発中央関於中法建交宣伝要点的通知（一九六四年一月二六日）」中国外交部档案（档号一一〇—〇一九九八—〇三）。

(93)「奉命就中法建交事発表声明」『人民日報』一九六四年一月二九日。

(94)「外交部抗議法国與中共建交、声明反対両個中国立場（一九六四年一月二七日）」一個中国論述史料彙編小組『一個中国論述史料彙編』上冊（台北：国史館、二〇〇〇年）一五五頁。

(95)「鄧小平総理接見法国議員以貝尔納為首的法国議員団談話記録（一九六四年一月二九日）」中国外交部档案（档号一一〇—〇二〇〇五—〇一）、「毛沢東主席接見法国議員以貝尔納為首的法国議員団談話記録（一九六四年一月三〇日）」中国外交部档案（档号一一〇—〇二〇〇五—〇二）。

(96) Télégramme de Hong Kong à Paris, 5 février 1964, MAE, AO, Chine (1956-1967), 526.

(97)「周恩来総理答法新社記者問」『人民日報』一九六四年二月七日、および Télégramme de Hong Kong en Paris, 8 fevrier 1964, MAE, AO, Chine (1956-1967), 526.

(98) Memorandum from Komer to Johnson, Jan. 25, 1964, *FRUS, 1964-1968,* Vol. XXX, pp. 12-13.

(99)「総統接見頼特大使與克莱恩先生談話記録（一九六四年一月二九日）」『接待賓客』蔣経国総統文物（典蔵号〇〇五—〇一〇三〇一—〇〇〇一〇—〇一〇、台北：国史館）。

(100) 同右、および「総統接見頼特大使與克莱恩先生談話記録（一九六四年二月一日）」『接待賓客』蔣経国総統文物（典蔵号〇〇五—〇一〇三〇一—〇〇〇一〇—〇一一）、Telegram (658) from Cline to DoS, Jan. 27, 1964, and Telegram (680) from Wright to DoS, Jan. 29, 1964, *FRUS, 1964-1968,* Vol. XXX, pp. 13-15 and pp. 19-21.

(101) Conférence de presse du 31 jqnvier 1964, Charles de Gaulle Org. (http://www.charles-de-gaulle.org).

(102) Télégramme de Paris à Berne, 31 janivier 1964, MAE, AO, Chine (1956-1967), 526.

(103) Télégramme de Taipeh à Paris, 2 février 1964, MAE, AO, Formose (1956-1967), 61.

(104)「関於対戴高楽在記者招待会上的談話表態事（一九六四年二月三日）」中国外交部档案（档号一一〇—〇二〇〇七—〇五）、「関於法国建館先遣人員来華和我建館先遣人員赴法問題的請示（一九六四年二月三日）」および「鄧小平的批（一九六四年二月四日）」中国外交部档案（档号一一〇—〇二〇〇〇—〇一）。

(105)「関於法国建館先遣人員来華和我建館先遣人員赴法問題的請示（一九六四年二月三日）」および「鄧小平的批（一九六四年二月四日）」、同右。

(106)「請審批〝我赴法臨時代弁的工作方針和任務〟（一九六四年二月六日）」中国外交部档案（档号一一〇—〇二〇〇〇—〇二）。

(107) Note pour MM. Pompidou et Couve de Murville, 6 février 1964, *LNC*, Tome X janvier 1964-juin 1966, p. 32.

(108)「外交部沈部長接見法国駐華大使館代弁薩莱徳公使談話記録（一九六四年二月一〇日）」『法匪建交　総統及部長與使節談話』国史館国府外交部档案（档号一七二・四／〇八一一）。

(109)「照会（一九六四年二月一〇日）」、Aide-Mémoire de la République de Chine, 10 février 1964, MAE, AO, Formose (1956-1967), 61.

(110)「中央常務委員会第十三次会議（一月二五日）修正備案（一九六四年一月二九日）」『法匪建交』近史所国府外交部档案（档号三〇五・二二／〇〇一三）、および「聯教組代表団張兆致発外交部（一九六四年二月八日）」『関閉駐法大使館』近史所国府外交部档案（档号三一〇・一一／〇〇〇七）。

(111) Aide-Mémoire de la République de Chine, 10 février 1964, et Télégramme de Paris en Taipeh, 11 février 1964, MAE, AO, Formose (1956-1967), 61. および「法国高士銘致外交部（一九六四年二月一四日）」『法匪建交』近史所国府外交部档案（档号三〇五・二二／〇〇一一）。

(112) 一九六三年までに中国を承認したアフリカ諸国は以下のとおり（括弧内は承認時期と旧宗主国）。エジプト（五六年五月三〇日・イギリス）、モロッコ（五八年一一月一日・フランス）、スーダン（五九年二月四日・イギリス）、ギニア（五九年一〇月四日・フランス）、ガーナ（六〇年七月五日・イギリス）、マリ（六〇年一〇月二七日・フランス）、ソマリア（一九六〇年一〇月二七日・英／伊）、コンゴ（六一年二月二〇日・ベルギー）、タンガニーガ（六一年一二月九日・イギリス）、アルジェリア（一九六二年七月独立、中国は五八年一二月二〇日から臨時政府を承認・フランス）、ウガンダ（六二年一〇月一八日・イギリス）、ザンジバル（六三年一二月一一日・イギリス）、ケニア（六三年一二月一四日・イギリス）、ブルンジ（六三年一二月二一日・ベルギー）。エジプトとマリは中国承認に先立ち国府との断交（承認撤回）を発表したが、それ以外の諸国は元来国府と外交関係を有さなかった（国立政治大学国際関係研究中心顧問委員会編『中共於国際双邊関係中対台湾地位等問題的主張研究〈一九四九年十月—一九九六年三月〉』〈台北：国立政治大学国際関係研究中心、一九九六年〉二四—四一頁）。

(113)「駐坦使館致外交部並新華社：非洲首脳会議上有関我国的問題（一九六三年五月三一日）」中国外交部档案（档号一一三—

〇〇四四八―〇二)。

(114)「駐坦使館致外交部：何大使約見坦外長(一九六三年六月一二日)」中国外交部档案(档号一一三―〇〇四四八―〇二)。

(115)「非洲首脳会議上有関我国的問題(一九六三年五月三一日)」中国外交部档案(档号一一三―〇〇四四八―〇二)、「関於開展非洲工作的建議(一九六三年七月一八日)」中国外交部档案(档号一一三―〇〇四四八―〇三)。

(116)「外交部関於向非洲国家説明我反対『両個中国』立場的請示(一九六三年八月一二日)」中国外交部档案(档号一一三―〇〇四四八―〇三)。「我が国が国連加盟を急いでいるという印象を与えぬようにする」ため、発案段階ではアフリカの三二独立国すべてに発出される予定であった備忘録は、中国と国交を有する一一カ国のみに発出された(「外交部発電：向非洲建交国家遞交関於反対『両個中国』問題備忘録〈一九六三年八月一九日〉」中国外交部档案〈档号一一三―〇〇四四八―〇三〉)。

(117)陳敦徳『周恩来飛往非洲』(北京：解放軍文芸出版社、二〇〇七年)一五二―一五三頁。

(118)チュニジアは中国とも国府とも外交関係を有しておらず、国連代表権については一九六一年まで棄権、六二年と六三年は中国の代表権を支持してきた(喜田昭治郎『毛沢東の外交』〈法律文化社、一九九二年〉一七八―一七九頁)。

(119)「駐阿爾巴尼亜使館致外交部：関於和法方談判建交事(一九六四年一二月二七日)」中国外交部档案(档号一一〇―〇一九九七―〇五)。

(120)「土耳其致外交部(一九六三年一二月三〇日)」『我争取突尼西亜』近史所国府外交部档案(档号二二一・一/〇〇〇二)。

(121) Telegram from Rusk to Tunis, Jan. 7, 1964, and Telegram from Tunis to Rusk, Jan. 9, 1964; Telegram from Tunis to Rusk (434), Jan. 9, 1964, in *Confidential: China, February 1963-1966, Foreign Affairs*, Reel 24.

(122)「土耳其致外交部(一九六三年一二月三〇日)」、および「楊次長約見法国駐華代弁薩莱徳談話記録(一九六四年一月四日)」、「楊次長為周匪訪非事再度約見法代弁談話記録(一九六四年一月七日)」『我争取突尼西亜』いずれも近史所国府外交部档案(档号二二一・一/〇〇〇三)。

(123)「中法建交状況和有関問題(一九六四年一月二四日)」中国外交部档案(档号一一〇―〇一九九八―〇一)。

(124)コンゴは一九六四年二月二二日に中国承認、同年四月一七日に国府と断交した(国立政治大学国際関係研究中心顧問委員会編『中共於国際双邊関係中対台湾地位等問題的主張研究』三八―三九頁)。

(125)「外交通報第三〇期：関於中剛(布)建交状況(一九六四年三月七日)」中国外交部档案(档号一〇八―〇一三三五―〇二)。

(126)「要求澄清剛果(布)加納外長九日在記者招待会上的談話(一九六四年四月一三日)」中国外交部档案(档号一〇八―〇一三三七

一〇一）。

(127)「指示甘代弁挙行記者招待会（一九六四年四月一三日）」および「復挙行記者招待会事（一九六四年四月一六日）」中国外交部档案（档号一〇八—〇一三三七—〇一）。

(128)「剛果（布市）致外交部（一九六四年四月一六日）」『剛（布）匪建交』近史所国府外交部档案（档号二〇五・二二／〇〇〇一）。

(129)「関於同非洲西亜国家談判建交和駆蔣的方針問題（一九六四年二月二六日）」中国外交部档案（档号一〇八—〇一三八八—〇二）。

(130) 中央アフリカは一九六四年九月二九日に中国承認、同年一一月五日に国府と断交、ダホメは六四年一一月一二日に中国承認、翌六五年四月八日に国府と断交、モーリタニアは六五年七月一九日に中国承認、同年九月一一日に国府と断交した（国立政治大学国際関係研究中心顧問委員会編『中共於国際双邊関係中対台湾地位等問題的主張研究』三九—四一頁）。

(131) 同右。

(132)「中非致外交部（一九六四年九月二九日）」『我與中非共和国断交（非洲司）』近史所国府外交部档案（档号二二一・一／〇〇〇三）、「達荷美致外交部（一九六四年一一月一三日）」『達荷美與匪共建交（非洲司）』近史所国府外交部档案（档号二〇五・二二／〇〇〇二）、「茅利塔尼亜致外交部（一九六五年七月一六日）」『茅匪建交（非洲司）』近史所国府外交部档案（档号二〇五・二二／〇〇〇一）。

(133)「陳澤溎（中非）発外交部収電（一九六四年一〇月二二日）」および「中央通訊社参考消息一八〇八号（一九六四年一一月四日）」『我與中非共和国断交（非洲司）』近史所国府外交部档案（档号二二一・一／〇〇〇三）、「達荷美致外交部（一九六五年三月二六日）」『中達断交（非洲司）』近史所国府外交部档案（档号二二一・一／〇〇〇四）、「茅利塔尼亜致外交部（一九六五年九月二日）」『茅匪建交（非洲司）』近史所国府外交部档案（档号二二一・一／〇〇〇二）。

(134)「外交部関於同非洲西亜国家談判建交和駆蔣的方針問題（一九六四年二月二六日）」中国外交部档案（档号一〇八—〇一三八八—〇二）。

(135)「外交部対西方未建交国家幾個政策問題的請示（一九六四年三月一七日）」中国外交部档案（档号一一〇—〇一九九〇—〇一）。

(136)「外交部関於台湾問題和我国在聯合国的席位問題（一九六四年四月一〇日）」中国外交部档案（档号一一三—〇〇四六〇—〇一）。

(137) 王泰平『中華人民共和国外交史』第二巻（北京：世界知識出版社、一九九八年）三七九—三八〇頁。

(138)「外交部関於台湾問題和我国在聯合国的席位問題（一九六四年四月一〇日）」中国外交部档案（档号一一三—〇〇四六〇—〇一）。

(139) 司法行政部調査局編印『匪情研究専報　匪法建交與世局演変』（台北：司法行政部調査局、一九六四年三月、国立政治大学国際関係研究中心資料室蔵）六〇—六四頁。

(140)「中法建交状況和有関問題（一九六四年一月二四日）」中国外交部档案（档号一一〇―〇一九九八―〇一）。
(141)「外交部就聯合国我代表権問題対法国進行工作的請示（一九六四年一〇月一七日）」中国外交部档案（档号一一〇―〇二〇〇九―〇一）。
(142)「駐法使館致外交部：聯合国科教文組織会議状況（一九六四年一〇月二三日）」中国外交部档案（档号一一〇―〇二〇〇九―〇一）。
(143)「関於就聯合国我代表権問題対法国進行工作的請示（一九六四年一〇月二九日）」中国外交部档案（档号一一〇―〇二〇〇九―〇一）。
(144)「外交部致駐法使館：就聯合国我代表権問題対法国進行工作（一九六四年一一月三日）」中国外交部档案（档号一一〇―〇二〇〇九―〇一）。
(145)「駐法使館致外交部（一九六四年一一月）」中国外交部档案（档号一一〇―〇二〇〇九―〇一）。
(146)「外交部致駐亜非各館：関与我聯合国代表権問題談話要点（一九六四年一一月一六日）」中国外交部档案（档号一一三―〇〇四六二―一六）。
(147)「関於就我国在聯合国代表権問題向建交国家送交備忘録的請示（一九六四年一一月二一日）」中国外交部档案（档号一一三―〇〇四六二―一六）。
(148)「美国阻撓恢復中国在聯合国合法権利必将失敗」『人民日報』一九六四年一二月四日。
(149)「外交通報一七九期（一九六五年一二月四日）」中国外交部档案（档号一一三―〇〇四八五―〇三）。
(150) 外務省『我が国外交の近況（外交青書）』第九号（一九六五年七月、http://www.mofa.go.jp/mofaj/gaiko/bluebook/1965/s40-2-1.htm#4、二〇一二年一二月一六日アクセス）。
(151)「外交部致各駐外使館、代弁処：対我恢復在聯合国代表権問題的態度（外交通報一三一期、一九六五年二月一九日）」および「外交部致各駐外使館、代弁処：対我恢復在聯合国代表権問題的態度（外交通報一二〇期、一九六五年八月一〇日）」中国外交部档案（档号一一三―〇〇四八五―〇一）。
(152)「聯合国往口那里去？」『人民日報』一九六五年二月一五日。
(153)「陳毅副総理兼外長挙行中外記者招待会発表重要談話」『人民日報』一九六五年一〇月七日。
(154)「外交通報一六〇期（一九六五年一〇月一〇日）有関聯合国部分的節録（日付不明）」中国外交部档案（档号一一三―〇〇四八五―〇一）。

(155) 王正華編『中華民国與聯合国資料彙編　中国代表権』(台北：国史館、二〇〇一年)二四九—二七六頁。
(156)「外交部致各駐外使館、代弁処：就二十届聯大表決我代表権問題的表態(外交通報一七一期、一九六五年一一月二二日)」中国外交部档案(档号一一三—〇〇四八五—〇一)。
(157)「外交部致各駐外使館、代弁処：就二十届聯大表決我代表権問題的表態(外交通報一七二期、一九六五年一一月二三日)」中国外交部档案(档号一一三—〇〇四八五—〇一)。
(158)「外交部致各駐外使館、代弁処：関於進一歩明確恢復我聯合国代表権立場事(外交通報第一七九期、一九六五年一二月四日)」中国外交部档案(档号一一三—〇〇四八五—一八)。

結論――「一つの中国」原則の起源とその論理

本書は、①金門・馬祖の「解放」、および②「二つの中国」に対する反対に関する議論に注目しながら、一九五四年から一九六五年における中国の対台湾政策が軍事的闘争から政治的闘争へとその力点を移行させ、それに伴い「一つの中国」原則が形成されはじめた過程を論じた。また、その過程において外交という手段が重要性を増していったことを明らかにした。

今日、「一つの中国」原則は台湾と国際社会それぞれに対して、中国の対台湾政策における原則として唱えられ、それは台湾に対する「平和統一」政策の「基礎」であるとまでいわれている。そのため、この「一つの中国」原則が形成される過程についての歴史的解釈は、毛沢東を中心とする中国の指導者たちが過去の政策決定において「台湾解放」という究極的な目標を堅持してきたということを過度に強調する傾向、あるいはそれらの政策決定が常に「主動」的であったという側面を強調する傾向が強かった。しかし、同時代的な史料と多国間関係の視点に依拠した実証により、各段階における指導者たちの政策決定には現実的な状況に即した判断を重視する、「受動」的な側面も多分に存在していたことが明らかになった。

すなわち、「一つの中国」原則に関する従来の説明は、「主権の完成」や「領土の回復」という規範（あるいは道理）を中国外交が一貫して追求し、その当然の結果として、「一つの中国」原則が形成されてきたと主張している。

しかし、実際には、冷戦という当時の厳然とした国際環境、そこにおける中華人民共和国の相対的な国力や国際的な地位という要因が中国の指導者たちを拘束してきた。拘束してきたというよりむしろ、指導者たちが後者を優先的に考慮して決定を下した場面も多々あった。そうした数々の政策決定を積み重ねるなかで、「台湾解放」という究極的な目標と、国際環境の変容に即応する現実的あるいは合理主義的な行動を均衡させ、調和させるために、中国外交は「一つの中国」原則を漸進的に形成することとなった。

以下では、まず金門・馬祖の「解放」と「二つの中国」問題の二つの文脈に即して、本書がこれまで明らかにしてきた、「二つの中国」原則の形成過程をまとめる。さらに、そのような過程を経て形成された「一つの中国」原則を構成していた論理について、幾つかの要素に着目しながら考察する。

1 「一つの中国」論の形成

(1) 金門・馬祖の「解放」

朝鮮戦争が休戦を迎え、ジュネーブ会議が閉幕した一九五四年の段階において、中国の指導者たちは、アメリカの関与がある限り「台湾解放」は困難であり、長期的な課題にならざるを得ないと考えた。しかし、指導者たちは同時に、中国大陸沿海に位置する国府占領下の島嶼を数年以内に「解放」し、東南沿海地域の安全を確保すると同時に、「台湾解放」に一歩近づきたいとも考えていた。そこで、一九五五年に解放軍は大陳列島など浙江省沿海の島々を「解放」したが、金門・馬祖など福建省沿海の島々は「解放」できなかった。ただしこの時、中国の指導者たちはあくまでも、台湾・澎湖諸島に先行して、数年後に金門・馬祖を「解放」したいと考えていた。その手段として、共産党は福建前線の軍事建設と並行して、米中大使級会談と台湾に対する「平和解放」の呼びかけを行い、政治外交的な手段をもって国府軍が金門・馬祖から撤退せざるを得ないような状況をつくりだそうとした。海南島や大陳列島など、中華人民共和国成立以降に共産党が「解放」した島々のほとんどは、国府軍が撤退した結果として「解放」されたものであったことを考えれば、この発想は極めて自然であったようにも思える。

米中関係に関するこれまでの研究において、一九五五年から開始された米中大使級会談は、「平和共存」のもとで米中関係の打開を意図する中国政府が積極的に提案したものであると考えられてきた。しかし、第一次台湾海峡危機との連続性に着目すれば、中国政府と国府を対等な主体と見なす停戦交渉を拒絶し、現状変更を志向する好戦的な国家としてのイメージを溶解し、米政府に金門・馬祖の放棄を迫ることが、中国が対米直接交渉に応じた主要な動機であったと考えられる。その背景には、金門・馬祖を放棄することによって台湾海峡を狭む中国と国府の停戦ラインを画定し、対中戦争勃発を回避するよう米国に求める国際世論の高まりがあった。また、本書においては、社会主義陣営が正当性を失わないようなかたちでの問題解決を促す、ソ連からの勧告が存在していたことも明らかになった。とはいえ、中国政府が意図した、交渉によって米政府に金門・馬祖の放棄を迫ることは容易でなかった。最大の理由は、米華相互防衛条約がすでに締結されていたにもかかわらず、中国政府が国府の国際的な主権は一切認めないという前提に立って交渉に臨んだことにあろう。

それでも中国の指導者たちは、台湾・澎湖諸島に先行して、金門・馬祖を早期「解放」することを諦めなかった。その現れが一九五八年の金門砲撃・封鎖作戦であるが、同作戦は軍事的には失敗し、政治的にも当初の目的を達成することができたとはいい難かった。その最大の原因は、米政府との交渉において金門・馬祖からの国府軍撤退を迫る前に、軍事的な金門封鎖が破られてしまったことにある。それでも中国は作戦を継続し、国際世論を利用して、米政府に金門・馬祖の放棄を迫ろうとした。しかし、一九五五年と同様に、米政府に金門・馬祖の放棄を迫るような国際世論は、中国政府と国府を対等な主体と見なし、台湾海峡における停戦交渉を呼びかけていた。すなわち、「二つの中国」の容認を前提とする停戦に応じないまま、金門・馬祖を手に入れるという選択肢が中国に提示されたことは、ついに一度もなかったのである。そこで、中国の指導者たちは金門・馬祖を先行して「解放」する方針から台湾・澎湖諸島の「解放」と同様に長期棚上げとする方針へと転じた。その決定は、台湾海峡における停戦ラインを画定し、「二つの中国」の併存を固定化させる停戦案は受け入れないという決定と表裏を成すものであった。さらに、二度の台湾海峡危機を通じ、中国の指導者たちは国府の「大陸反攻」が次第に封じ込められつつあることを確認した。「大陸反攻」が否定されたのではなく、封じ込められたことは、中国政府が停戦を拒否しながらも、その道義的な責任を国府に着せられるという上ではかえって好都合であった。

このように、一九五八年までの間に、「一つの中国」論の背景となる台湾海峡における冷戦構造と事実上の停戦ラインを、中国の指導者たちはかなり明確に認識し、それらを「一つの中国」論として肯定するようになっていた。その論理を構成したのは、第一に、金門・馬祖を台湾・澎湖諸島に先行して「解放」することは諦め、長期的な将来において、台湾・澎湖・金門・馬祖を一括して「解放」するための努力を継続するという点である。また、第二点として、この第一点を認める代わりに、国府を国際的な主体であるとみなす停戦交渉や停戦協定の締結を「二つの中国」の固定化と位置づけ、これには応じないことを決定した。そして第三に、金門・馬祖を国府軍が占領することは認めるものの、国府が主張する「大陸反攻」に正当性はなく、それは封じ込められるべきであるという点を国内外に訴えた。以上のような論理を、第二次台湾海峡終盤以降の中国は国際社会に対して、積極的に主張しはじめた。

一九五八年以降の中国の指導者たちは、上記のような台湾海峡における冷戦構造と事実上の停戦ラインに対する挑戦を行わない代わりに、そこから後退もしない努力を継続的に行ってきたように思える。それを明確に見て取れるのが一九六二年の東南沿海地域における軍事動員であった。第二次台湾海峡危機の後、米国やソ連からは金門・馬祖と引き換えに何らかの停戦を実現するという議論が出てきていた。また、大躍進政策の失敗に乗じて、蔣介石は「大陸反攻」への動きを本格化させているように見えた。そこで中国の指導者たちは、金門・馬祖の対岸に大規模な軍事動員をかけ、金門・馬祖を砲撃することなく台湾海峡に軍事的緊張をつくりだした。その際に、中国が米国やソ連との間で確認したことは上記の三点であり、とりわけ蒋介石・国府の「大陸反攻」には正当性がないという点が強調されたのであった。

(2) 「二つの中国」問題

台湾海峡危機に代表される米中の軍事的緊張と、国連や国際機関における中国代表権問題および諸国の中国承認問題は、従来の研究においては個別の問題として、切り離して論じられることが多かった。しかし本書各章の考察を通じて、これら二つの問題は毛沢東ら共産党の指導者たちから見ても、蒋介石ら国民党の指導者たちから見ても密接に関わりあう問題として認識されていたことが明らかになった。二つの問題は交錯しており、互いに影響を与えあいながら「一つの中国」論を形成してきたのである。

中国政府が国際社会における「二つの中国」の固定化への反対を明確に打ち出し、西側諸国に対する批判を行いはじめたのは、第一次台湾海峡危機の停戦をめぐる議論が契機であった。その時、中国政府が主張した論理は、中国政府は停戦のための協議を排除しないが、朝鮮やベトナムのような分断国家ではないので、国際的な交渉相手として国府を認めるわけにはいかないというものであった。しかし、現実的には中国政府と国府の統治領域は分断されている状態が続いたため、国際社会においては分断状況への対応として「二つの中国」論が度々論議され、それは国際機関や中国承認問題における「二つの中国」政策として顕在化した。中国政府は当初、「二つの中国」の状況が生起し得る事案はすべて拒否する方針であり、それを貫こうとした。しかし、その方針はアジア・アフリカ諸国や社会主義諸国の認識あるいは利益と合致しないこともあった。また、国際機関参加への道が開かれ、とりわけそれが文化やスポーツなど政治の介入を嫌う領域に関する機関である場合には、参加を拒否することで自らの道義的責任を問われるということも、中国の指導者たちは自覚しはじめた。

このように、「二つの中国」論への対応に苦慮しはじめた時期であったからこそ、第二次台湾海峡危機において、中国政府は「二つの中国」論に対する反駁を一層強めた。ただし、二度目の危機であり、中国政府の意図にも不明瞭な点が多かったため、停戦を求める国際世論は第一次台湾海峡危機時に比べ、ますます高まった。何よりも中国の指導者たちの政策決定に大きな影響を与えたのは、ソ連からの停戦勧告が一九五五年よりもさらに強まっていたことであろう。ただし、中国政府にとって幸運であったのは、台湾の国府も停戦を拒否し、「二つの中国」論に対して反駁していたことであった。そこで、中国政府は金門・馬祖の「解放」を棚上げし、停戦を拒否すると同時に、中国政府と国府はともに「二つの中国」論に反対する立場に立っているとの宣伝攻勢を台湾および国際社会に対してかけた。それまで中国政府は「二つの中国」論に対し、「二つの中国に反対する」と繰り返すのみであったが、「ただ一つの中国しかなく、二つの中国はない」というようなフレーズをもって反対を主張しはじめたのもこの頃であった。

一九六〇年代にはいると、冷戦構造が多極化をむかえる中で、中国政府には「二つの中国」政策に反対するための新たな戦略が必要となった。それまでのように、「二つの中国」状態が生起し得る事案を拒否し、「二つの中国」論に対する国府の反駁に期待するだけでは、対処が不十分になってきたのである。なぜなら、この時期に出てきた議論は、中国政府に国際社会への参入を迫る一方で、国府も中国政府とは異なる主体として国際社会にとどめることを志向していたからである。こういった妥協案に応じるよう、西側諸国が国府に対してかける圧力も次第に強まっていた。このような状況に直面し、中国政府は国府との正統性争いにようやく本腰を入れるようになった。すなわち、国際社会における「中国」としての正統性を国府から勝ち取り、国府が主張する「漢賊不両立」ではなく、自らが主張する「一つの中国」論に対する支持を国際社会から勝ち取ろうと、動きはじめたのである。国府による「正統中国」の主張にかげりが見られる一方で、台湾と中国の分断が固定化し、国府が分断を受け容れるかもしれないという可能性を感じ取った時、中国の指導者たちは自らの主張する「一つの中国」論に対する国際的なコンセンサスを獲得し、「一つの中国」原則を構築することを決意したといえよう。

2 「一つの中国」論の射程

上記のような経緯を経て形成された「一つの中国」論は、その形成過程からみて、一体どのような論理によって構成されていたと特徴づけられるのであろうか。次に、本書における分析から明らかになった、「一つの中国」論を構成している論理についてまとめたい。

(1) 「台湾解放」と国家安全保障

まず、「台湾解放」と「一つの中国」論の関係に言及しなければならない。「台湾解放」は中国の国家統一の最終段階と位置づけられており、毛沢東時代において、目標としての「台湾解放」が放棄されることはなかった。しかし、毛沢東も認めていたように、朝鮮戦争勃発以降も米政府の対中封じ込め政策が継続したこと、さらには米華相互防衛条約が締結されたことによって、この「台湾解放」の遂行は長期的な課題とならざるを得なかった。「一つの中国」原則とは、「台湾解放」を放棄しないながらも、実質的にはそれに代わるものとして形成されてきた論理だったのである。

このように考えれば、「一つの中国」論には、長期間にわたり「台湾解放」よりも国家安全保障を優先させるという論理が内包されているように思える。「台湾解放」が純粋に中国革命の継続としての意味しか持たなければ、どんなに困難な状況があり、たとえ現有する資源の一部を失うとしても、中国の人民は「台湾解放」のために戦わなければならなかったであろう。しかし、中国の指導者たちはそれを選ばなかった。実質的には「台湾解放」を棚上げし、そして中長期的には武力による「台湾解放」も可能となるような実力をつけるために、目前にある国家の軍事建設や経済建設に励んだのであった。

（2）国家建設と愛国主義

「台湾解放」という究極的な目標が長期的な課題であると認識され、さらには金門・馬祖の「解放」までもが長期的に棚上げされる過程において、「台湾解放」のスローガンを共産党が目指す社会主義国家の建設に利用し、台湾海峡を隔てた「敵」の存在を強調することによって国民の愛国意識を高める運動が形成されてきた。そのような論理と運動もまた、中華人民共和国の成立時から一貫して存在したのではなく、「台湾・澎湖・金門・馬祖の解放」が「複雑で長期的な闘争」と位置づけられるに伴い、試行錯誤を繰り返しつつ、漸進的に形成されたものであった。なぜならば、「台湾解放」や金門・馬祖の「解放」をスローガンとして掲げつつも、それを長期にわたり実現できないことは、中国大陸における共産党の威信に関わり、大きなリスクも伴うものだったからである。

近年の台湾海峡危機に関する研究は、金門に対する軍事作戦と大衆動員の相関関係を強調する傾向にあるが、中国大陸において「台湾解放」のスローガンを大衆に対していかに宣伝するかという方針が固まったのは、むしろ第二次台湾海峡危機後の時期であったように思える。共産党は台湾海峡における現状変更を長期にわたり追求しないという方針を定める一方で、「台湾解放」という究極的な目標が国内において風化することを恐れた。また、「大陸反攻」を掲げつつ、大陸へ多くの特務を送り込む、蔣介石の攻勢にも対抗する必要があった。そのため、共産党は「台湾解放」を阻む「米帝国主義」や「人民の敵蔣介石」に関する論理を定式化し、ラジオ放送や大衆動員を通じて繰り返し国民に「教育」するようになったのであった。

（3）「中国」としての国際的地位と正統性

国際的な地位の向上は、国家の安全保障や国家建設と並んで、「一つの中国」論において重要視される論理であったといえる。「台湾解放」がアメリカとの衝突なしに実現できなくなってしまった以上、中国はそれに相応する国際的な地位を手に入れる必要があった。このような願望は用心深く隠されていたが、当時の中国の指導者たちにとって、これはかなり切実な願望であったと推測される。国際的な地位を向上させるにあたり、中国は米華の外堀から次第に埋めていく戦略を採っていた。そのような周辺国の支持を得るにあたり重要であったのが、道義的な正しさであった。「一つの中国」論は実際には台湾海峡における停戦交渉を拒否するなかで出てきた論理であったが、その道義的な責任はできる限り国府に転嫁できるよう、工夫が施されたのである。このような努力は、とりわけアジア・アフリカ諸国との関係を考慮してなされていた。

そして、国際的な地位を向上させる結果として、中国が最終的に欲していたのが、「中国」としての正統性であった。このことも、当時は用心深く隠されていた。国連安保理の議席に象徴されるように、国際社会における「中国」としての正統性は国府に認められている部分も多かったが、革命政権である中国政府がそれにとって代わりたいなどと言うことは憚られたためである。しかし、この正統性の所在こそが、国府の「漢賊不両立」と中国政府の「一つの中国」論における最大の相違であった。台湾海峡における停戦を拒否し、「二つの中国」論に反対するという点においては、「漢賊不両立」と「一つの中国」論は論理を共有していた。しかし、中国政府はあくまでも「一つの中国」論に対する国際的な支持を勝ち取ることで、一体何が「一つの中国」なのかという解釈権を国府から奪取しなければならなかった。

このように、「一つの中国」論を構成する論理を歴史的に見てみると、それは極めて過酷なパワーポリティクスのなかで、中国外交がプラグマティックな選択を行い続けた結果として構成されてきたことがわかる。もちろん、「一つの中国」論は「台湾解放」を決して否定せず、それを包摂する論理構成になっている。そのため、革命継続のイデオロギー、失地回復、屈辱の近代史からの脱却などの論理が「一つの中国」論の底には流れている。しかし、戦後国際政治のなかで中国政府が積み重ねてきた決定の中には、現実主義的な情勢認識のもと、プラグマティックになされたものも数多くあり、それらが新しい論理を形成してきたこともまた重要な側面であろう。

3 「一つの中国」原則の起源

上記のような過程を経て形成された「一つの中国」論は、どのような外交交渉を経るなかで「一つの中国」原則として構築されはじめたのか。一九五〇年代半ばから国際社会に登場した「二つの中国」状態が生起し得る事案への関わりを拒否するのみであった。しかし、一九六〇年代半ばになると、ソ連やインドとの関係悪化を背景として、それが「二つの中国」状態を生起させる可能性をはらんでいたとしても、中国政府は戦略的に重要な諸国との外交関係を打開する必要に迫られた。

ラオス連合政府、フランス、旧仏領アフリカ諸国との関係打開において、中国政府がそれまでの交渉相手に対しては譲らなかった、相手政府による対中承認に国府との断交を先行させるという条件を貫くことは困難であった。そこで、中国政府はこの条件については妥協し、相手政府と国府の断交を待たずに、外交関係樹立の表明へと踏み切ることとなった。それに代わり、中国政府を「唯一の合法政府」と見なし外交関係を樹立する旨を、公式の文書において言及するよう、中国政府は交渉相手に要求した。これは、相手政府が中国政府を「唯一の合法政府」と見なすことを表明すれば、国府が自ら相手政府との断交を表明するであろうとの計算に基づく方針であったように思える。また、当時の中国外交にとっては、これが相手政府に対して譲歩できる最大限の条件であり、これ以上の譲歩は「二つの中国」状態を許容し得るという誤ったメッセージを国際社会へ与えることになると考えられていたようにも見える。

こうした一連の外交過程からは、中国の国際的地位を向上させることと、元来は中国の一方的な主張にすぎなかった「一つの中国」論から「一つの中国」原則を構築するために、交渉相手に「一つの中国」への関与を表明するよう要求することは、外交関係の打開か、原則か、という二者択一ではなく、微妙なバランスを保ちながら、ともに推し進められてきたことが見て取れた。つまり、中国の国際的地位が向上すれば、「一つの中国」への国際的なコンセンサスを構成できる可能性は高まる。ただし、その過程で過剰な譲歩をすれば、「二つの中国」状態の許容が慣例化してしまう可能性もあった。このような、西側諸国の切り崩しをはかりつつも、譲歩の範囲を用心深く限定し、「一つの中国」への関与を交渉相手から引き出そうと試みる交渉は、一九六〇年代末から一九七〇年代にかけて行われる西側諸国との外交関係樹立へと受け継がれていったのである。

巻末史料

史料1―1　台湾解放の宣伝方針に関する中共中央の指示（抄訳、一九五四年九月二五日）※

（一）「台湾解放」の方針

　社会主義建設と平和な国際環境のために、我々は「台湾解放」の戦略任務に取り組まねばならず、この問題に消極的な態度を示すことは完全な過ちである。全国の人民を動員し、この歴史的任務に向かい一緒に努力するために、中央人民政府は周恩来の外交報告を起草し、各民主党派は連合宣言を出した。各級の地方党組織と軍隊の党組織は上記の両文書と七月二三日、および八月二〇日の人民日報社説を根拠に、「台湾解放」に関する宣伝を遂行しなければならない。

（二）宣伝工作を正確に進めるための説明事項

（甲）なぜ現在「台湾解放」の任務を強調するのか？

一、ジュネーブ会議後、東南沿海部に対する国府軍の攻撃が激化している。

二、アメリカは朝鮮、台湾、インドシナの三方向から我が国を侵略する意図があり、「東南アジア集団防衛条約」、国府との「共同安全保障条約」、「北東アジア集団防衛」などをつくり出そうと企んでいる。

三、「台湾解放」はもとより我々の既定方針である。

（乙）「台湾解放」は米国との戦争を引き起こすのではないか？

一、アメリカはすでに台湾を侵略しており、消極的態度を見せれば、侵略者に誤解を与える。

二、ジュネーブ会議の結果、米政府はこれ以上の戦争を望んでいない。

三、台湾は我が国の領土であることは世界中が公認しており、米国の行動は非難される。

四、ただし、アメリカとの戦争の可能性には備える必要がある。

（丙）「台湾解放」は長期的で複雑な闘争であり、我々はそのために強大な海空軍を持たなければならない。

（丁）「台湾解放」は階級闘争でもあり、大陸に未だに残る反革命分子は、これを機に暴かれなくてはならない。

（三）宣伝範囲と内容
国内の宣伝以外に、台湾の敵が占領している地域、華僑、日本・韓国・フィリピン・タイ、および全世界に対して宣伝を進めなければならない。
敵地に対する宣伝：我が国の発展と人々の幸福、蔣介石以外の軍人・政治家への投降呼びかけ
華僑に対する宣伝：我が国の発展と台湾の蔣介石集団との違い、祖国統一への支援呼びかけ
アジア諸国に対する宣伝：平和共存五原則と中印・中緬共同声明の立場を強調
全世界に対する宣伝：台湾の「国連信託統治」に反対、対中封じ込めに反対、国連代表権を主張

（四）宣伝の方法
（甲）新聞、ラジオ、各種刊行物を利用した宣伝
（乙）各地党組織（報告員・宣伝員）を介した、各機関、企業、学校などへの宣伝
（丙）前線における工作：江蘇、浙江、福建、広東各省は闘争の最前線であり、沿海地域の住民、漁民および敵軍の行動を掌握する必要があり、雲南ではビルマとの国境地帯における国民党残余軍への対応が必要である
（丁）書簡の募集：各地の蔣賊の軍人や役人の家族、親友などの情況を調査し、中央宣伝部、統一戦線工作部、中央公安局、および中央軍事委員会総政治部の統括の下、これらの人々から台湾向けの書簡を募集
（戊）各省の党委員会は、宣伝工作の進行状況を中央宣伝部へ報告
（五）人民解放軍の一級以上の機関は当方針に沿って政治工作を行い、その実施状況を中央軍事委員会総政治部へ報告する。
（六）党中央は中央宣伝部の下に「解放台湾宣伝委員会」を設置し、中央の各関係部門の責任者が参加し、台湾解放の宣伝工作を指導し、管理することに同意した。

※「中共中央関於解放台湾的宣伝方針的指示（一九五四年九月二五日）」湖北省档案（档号SZ一―〇二―〇一八〇―〇〇四）。

史料2—1　中央宣伝部による対台湾宣伝工作の基本状況と改善に関する意見の報告（抄訳、一九五六年二月一八日）※

（一）この一年あまりの間に対台湾宣伝工作には相当の進展があり、以下のようにすでに一定規模の対台湾宣伝網が構築された。

一、対台湾ラジオ放送は毎日一二時間の放送を行うまでになり、敵が阻害している台北以外の地域にはおおむね届いている。放送内容はニュースのみならず、民主人士、投降兵、蔣介石側の軍人と役人の家族などによる手紙や呼びかけが、月平均八〇編ほど含まれる。

二、香港・マカオ、東南アジア、日本などにおける新聞における宣伝が増加した。

三、東南沿海の前線から一三〇万個の宣伝品を国府占領下の島嶼へ放ち、国府軍向けのラジオ放送班を四つ結成した。

四、上海で顕著に見られるように、国民党軍人と役人の家族による台湾向け書簡を募集する仕組みを組織化した。

目下の宣伝工作には主に以下のような欠点もある。

一、内容が冗長で、台湾における愛国主義の発揚や米侵略者の攻撃に的を絞れていないものもある。

二、宣伝対象が明確さに欠け、台湾の軍部上層を分裂させることには注意を払っているが、台湾の各層の人民大衆を考慮したものであるとはいえない。

三、宣伝戦略に積極性と柔軟さが足りず、我々に有利な宣伝の材料を十分に利用できていない。

このような欠点の主要な原因は、我々の指示に深みがなく、特に台湾解放は長期的な問題であるという点が貫徹されていない点にある。特に、台湾の情況に関する研究が不足しており、宣伝工作に経験主義と盲目さの問題が出ている。

（二）周恩来の政治報告をうけ、「台湾解放」の闘争と対台湾宣伝工作は新たな段階へと入り、今後の対台湾宣伝工作では米帝国主義侵略者を攻撃することに集中し、国民党の軍人と役人の分裂を誘い、台湾の各階層人民の覚悟を高めるために、以下のような方法で愛国主義の旗幟を掲げる。

一、祖国の繁栄と強大化を強調し、新中国の各種工作の成果を繰り返し紹介する。

二、米帝国主義者が全中国人民（台湾人民も含む）を敵視していることを強調する。

三、中国人は中国を愛し、台湾と海外の国民党軍人と役人は愛国心を持つことが唯一の希望ある活路であることを強調する。

宣伝の戦略として、当面はアメリカの台湾に対する暗黒統治のみを攻撃し、台湾人民と国民党の軍人と役人が米国の侵略に反対し、台湾の平和解放を要求するすべての闘争を積極的に支持する。また、台湾宣伝工作に関わる人員は、台湾に対する宣伝工作の長期性を十分に理解し、焦ってはならない。

（三）一九五六年度の対台湾宣伝工作の配置としては、台湾向けラジオ放送と香港における宣伝を強化することを主軸とする。同時に、東南沿海地域の前線と香港以外の海外各地（特に日本）での宣伝能力、および台湾の軍人と役人の大陸親族をさらに活用し、台湾平和解放の宣伝闘争に参加させる。

（四）対台湾宣伝工作の改善のためには、指導と責任の分担を強化する必要がある。台湾解放宣伝委員会を頻繁に開催できない情況に鑑み、対台湾宣伝工作は中央宣伝部が直接管理し、関係部門との調整を随時行う。分担が不明確であった、香港・マカオ・海外における宣伝工作は帰国華僑委員会の党組が、各地民主人士による書簡は統一戦線部、投降兵による書簡は解放軍総政治部が統一戦線部と協力して担当する。国民党軍人と役人の大陸家族については各地党委員会の指導のもと、党委員会の宣伝部門、解放軍政治機関、地方公安部門が担当する。書簡の郵送経路については、宣伝部が解放軍総政治部、外交部、公安部、交通部、郵電部、華僑事務委員会などと研究を行い、解決する。

対台湾宣伝工作における、調査研究工作の必要性は極めて切実な問題である。宣伝工作を担当するすべての人員は、中央の政策、国際情勢と外交政策、台湾各層の情況、海外華僑の状況の研究に努め、経験主義と盲目さを克服する必要がある。中央宣伝部、中央調査部、解放軍総参謀部、総政治部、外交部、華僑事務委員会をはじめとする関係各機関はそれぞれ調査研究工作を立ち上げ、相互に交流を行う必要がある。

※「中央批発中宣部関於対台湾宣伝工作的基本状況和改進意見的報告（一九五六年二月二五日）」福建省档案（档号一〇一―五―八一四）。

史料2—2　中央宣伝部による対台湾宣伝工作の状況と改善に関する意見の報告（一九五七年六月六日）※

（一）この一年、対台湾宣伝工作は大きな発展を遂げ、台湾向けラジオ放送、前線の蔣介石の軍隊（蔣軍）への宣伝、香港や海外での宣伝、各地での民主人士や蔣軍軍人の家族に対する工作も進歩した。中央と地方に対台湾工作組を設置したことで全国的な指導能力が高まり、民主党派や民主人士に対して「放」の方針を採ったことは、対台湾工作を全面的に開かれた段階へと進歩させた。さらに、この一年は宣伝の影響も拡大し、「平和解放」の呼びかけが徐々に台湾へ浸透した。

（二）この時期の工作の欠点は、工作に参加した多くの同志に焦りがみられ、台湾解放闘争の長期性や複雑性に対する認識が不足していたことである。宣伝においては、蔣介石集団の上層部に対する働きかけを強調し、台湾解放の方針に対する全体的な説明が足りなかった。今年二月に香港で我が方が送った和平交渉の風波は、結果的に利用されてしまい、我々の政治的損失となった。課題であった香港・マカオや海外華僑に対する宣伝強化や台湾に関する調査研究の充実についても、未だに不足がある。

（三）今後当面の時期は、我が国の発展と愛国主義、全国人民の台湾解放の決心と平和解放の方針、国際社会におけるアメリカによる「二つの中国」の陰謀への反対を全力で宣伝していく必要がある。明確にしておかなければならないのは、①平和解放を基調とする宣伝を続けるが、それが唯一の方法だと誤解されないようにする、②香港での宣伝を続けるが、和平交渉に関する情報の取り扱いには注意する、③蔣介石とアメリカの矛盾を強調するが、台湾解放に有利となるような矛盾に限定する、④台湾内部の人心を掌握する宣伝も続けるが、蜂起は促さないことである。

（四）対台湾宣伝工作はすでに全面的に展開されたので、今後長期にわたっては、研究に力を入れ、その質を高め、長期的な計画のもとで、焦らず少しずつ前進させる。具体的には、①台湾における各階層の思想状況と政治動向、および蔣介石集団による宣伝の傾向などを研究し、アメリカの台湾社会への浸透、台湾の政治、経済、軍事など具体的なテーマについて組織的な研究を行う。②香港、海外華僑、および日本における対台湾宣伝工作により大きな注意を払い、宣伝の前哨地でより有利な状況をつくり出す。③民主人士や投降兵に対する工作は信頼と「放」の方針を続けるが、当面の問題は彼らの思想に対する指導をいかに進めるかであり、整風が一段落ついたら、統一戦線工作部と協力し、この問題に対応する。④蔣介石集団の家族が書簡を書く工作は、今後は各地に対する指導を強め、その質を向上させる。

※「中共中央批転中央宣伝部関於対台湾宣伝工作的情況和改進意見的報告（一九五七年七月二九日）」福建省档案（档号一〇一―一二―一六〇）。

史料4―1　中共中央の対台湾工作に関する通知（抄訳、一九五九年五月二七日）※

（一）一九五六年七月二九日の中央の台湾への平和解放工作に関する指示以来、各省市の委員は蔣介石側人員の家族や親友の調査、台湾向けラジオ放送の組織、人脈情報の収集（綫索）と中央への提供など、多くの工作を行った。これらは対台湾工作や米帝国主義に反対する闘争に一定の効果をもたらし、今後もこの工作を重視すべきである。

（二）目下の台湾地域の状況は我々にとって有利である。米蔣間の亀裂は深まり、台湾内部の民族意識と愛国心は日に日に高まっている。しかし、米帝国主義は台湾地区から撤兵せず、蔣介石もすぐに和平交渉を受け容れようとはしない。台湾・澎湖・金門・馬祖の解放は長期的で複雑な闘争である。また、国内外の階級闘争の形勢が変化するに伴い、闘争は起伏のあるものになるであろう。対台湾工作は必ず長期的な計画のもと、水が細く、長く流れるように行わなければならない。

（三）蔣氏父子と陳誠を中心とする台湾実力派に対する工作は、中央が掌握し、それ以外に関係を構築してはならない。各省市の党委員会は引き続き人脈に関する情報を発見したら中央に連絡する。各省市の党委員会の対台湾工作における主要任務は、蔣介石側人員の家族や親友が団結するよう教育し、党の対台湾政策を宣伝し、台湾に対する通信方法およびラジオ放送を恒常的に組織することである。目下の状況において、台湾にいる親族や親友を訪問することは提唱しない。

（四）広東、福建、浙江、江蘇、湖南等の省委員会と上海市委員会は現有の対台湾工作機関を健全化し、常務委員一名の責任のもと、各党委員会の指導のもとで工作を進める。地、県、区の党委員会は対台湾工作機関を設置する必要はない。上記以外の省、市、自治区の党委員会は関係部門（統一戦線、宣伝、公安、軍区）を指定し、この工作を行い、特別な対台湾工作機関を設置しない。

※　「中央関於対台工作的幾項通知（一九五九年五月二七日）」福建省档案（档号一〇一―一二―一六〇）。

主要参考文献一覧

Ⅰ．史料

未公刊史料

〈中華人民共和国外交部档案館（北京）〉
　中華人民共和国外交部档案
〈華東師範大学冷戦研究中心（上海）〉
　沈志華編『中蘇関係：俄国档案原文復印件匯編』全一九巻（二〇〇四年編）
〈上海市档案館（上海）〉
　市委（上海市党委員会）系統档案
〈福建省档案館（福州）〉
〈国史館（台北）〉
　蔣中正総統文物（籌筆・特交档案・特交文電）
　蔣経国総統文物（忠勤档案・党政軍文巻・接待賓客）
　陳誠副総統文物（石叟叢書）
　中華民国外交部档案

〈中央研究院近代史研究所（台北）〉
中華民国外交部档案
〈国民党党史館（台北）〉
中国国民党第七届中央委員会常務委員会会議記録
中国国民党第八届中央委員会常務委員会会議記録
〈国防部史政編訳局（台北）〉
中華民国国防部档案
〈政治大学国際関係研究中心（台北）〉
国防部情報局『三年来共匪派出與邀進各種代表団調査』（一九六一年）
国防部情報局『三年来匪偽重要組織人事彙編』（一九六一年）
国防部情報局『偽政権中央重要組織人事調査彙編』（一九六二年）
国防部情報局『二年来匪偽重要組織人事彙編』（一九六三年）
司法行政部調査局『最近両年匪情概述』（一九五七年）
司法行政部調査局『従共匪統戦座談会的発言看匪区真象』（一九五七年）
司法行政部調査局『韓戦中止後的共匪外交活動』（一九五七年）
司法行政部調査局『共匪糧食問題之研究』（一九五八年）
司法行政部調査局『現階段大陸人民的反共運動』（一九五八年）
司法行政部調査局『共匪現行外交政策及対外活動』（一九六〇年）
司法行政部調査局『共匪現階段的僑務工作』（一九六〇年）
司法行政部調査局『共匪対台陰謀活動』（一九六一年）
司法行政部調査局『共匪対外貿易之研究』（一九六二年）
司法行政部調査局『匪印衝突之全面研判』（一九六二年）
司法行政部調査局『匪法建交與世局演変』（一九六四年）
中国国民党中央委員会第六組『匪情専題研究：匪軍被駆労働生産的分析』（一九六〇年）

中国国民党中央委員会第六組『匪情専題研究：匪軍内部矛盾』（一九六二年）
中国国民党中央委員会第六組『匪情専題研究：当前大陸匪情與敵我闘争形勢』（一九六二年）
憲兵司令部情報処『対共匪民兵組織與運用之研究』（一九六一年）
行政院新聞局敵情研究室『共匪対外文化統戦之分析』（一九六三年）

〈Hoover Institution, Stanford University (Stanford, CA)〉
『蔣介石日記』
中国国民党第七届中央委員会常務委員会会議記録
〈National Archives and Records Administration (College Park, MD)〉
Record Group 59 (RG59): General Records of the Department of State
〈John F. Kennedy Library (Boston, MA)〉
National Security Files (NSF)
President's Office Files
〈The National Archives UK (Kew, London)〉
UK Foreign Office Files 371 (FO371)
〈Archives du Ministère des Affaires étrangères (La Courneuve)〉
Asie-Oceanie, Chine 1956-1967/Formose 1956-1967

公刊史料集（マイクロフィルム・インターネット上での公開を含む）

蔡相煇主編『蔣中正先生在台湾軍事言論集』全三冊（台北：国民党党史会出版、一九九四年）
一個中国論述史料彙編小組『一個中国論述史料彙編　史料文件』全二巻（台北：国史館、二〇〇〇年）
姜華宣主編『中国共産党重要会議紀事一九二六―二〇〇六（増訂本）』（北京：中央文献出版社、二〇〇六年）
廉正保編『解密外交文献　中華人民共和国建交档案一九四九―五五』（北京：中国画報出版社、二〇〇六年）
劉海星・高風主編『中法建交四十年　重要文献』（北京：世界知識出版社、二〇〇四年）

劉樹発『陳毅年譜』上下巻（北京：人民出版社、一九九五年）
毛沢東『毛沢東思想万歳』（中国大陸・詳細不明、一九六九年）
彭徳懐伝記編写組『彭徳懐軍事文選』（北京：中央文献出版社、一九八八年）
秦孝儀主編『先総統蔣公思想言論総集』全四〇巻（台北：国民党党史会、一九八四年）
人民出版社編輯部『帝国主義和一切反動派都是紙老虎』（広州：広東人民出版社、一九五八年）
邵銘煌・薛化元『蔣中正総裁批簽档案目録』（台北：中国国民党党史館・国立政治大学歴史系、二〇〇五年）
沈志華編『蘇聯歴史档案選編』全三四巻（北京：社会科学文献出版社、二〇〇二年）
沈志華編『朝鮮戦争―俄国档案敵解密文件』全三巻（台北：中央研究院近代史研究所、二〇〇三年）
粟裕文選編纂組『粟裕文選』（北京：軍事科学出版社、二〇〇四年）
王焰主編『彭徳懐年譜』（北京：人民出版社、一九九八年）
王正華『中華民国與聯合国資料彙編　中国代表権』（台北：国史館、二〇〇一年）
張聞天文集編輯組『張聞天文集』第四巻（北京：中共党史出版社、一九九五年）
中華人民共和国外交部・档案館編『中華人民共和国外交大事記』第一―四巻（北京：世界知識出版社、二〇〇二年）
中華人民共和国外交部・档案館『中華人民共和国外交档案選編　一九五四年日内瓦会議』（北京：世界知識出版社、二〇〇六年）
中華人民共和国外交部・档案館編『中華人民共和国代表団出席一九五五年亜非会議』（北京：世界知識出版社、二〇〇七年）
中華人民共和国外交部・中共中央文献研究室『周恩来外交文選』（北京：中央文献出版社、一九九〇年）
中華人民共和国外交部・外交史研究室『周恩来外交活動大事記一九四九―一九七五』（北京：世界知識出版社、一九九三年）
中華人民共和国外交部・中共中央文献研究室『毛沢東外交文選』（北京：中央文献出版社・世界知識出版社、一九九五年）
中共中央宣伝部弁公庁・中央档案館編研部編『中国共産党宣伝工作文献選編』全四巻（北京：学習出版社、一九九六年）
中共中央文献研究室『建国以来毛沢東文稿』全一三巻（北京：中央文献出版社、一九九〇―一九九二年）
中共中央文献研究室編『建国以来重要文献選編』全二〇冊（北京：中央文献出版社、一九九二年）
中共中央文献研究室『毛沢東文集』全八巻（北京：人民出版社、一九九九年）
中共中央文献研究室『毛沢東軍事文集』（北京：軍事科学出版社・中央文献出版社、一九九三年）
中共中央文献研究室『劉少奇年譜　一八九八―一九六九』上下巻（北京：中央文献出版社、一九九六年）

中共中央文献研究室『周恩来年譜　一九四九―一九七六』上中下巻（北京：中央文献出版社、一九九七年）
中共中央文献研究室・中国人民解放軍軍事科学院『周恩来軍事文選』全四巻（北京：人民出版社、一九九七年）
中共中央文献研究室・中国人民解放軍軍事科学院『建国以来毛沢東軍事文稿』上中下巻（北京：軍事科学出版社・中央文献出版社、二〇〇九年）
中国人民解放軍軍事科学院毛沢東軍事思想研究所年譜組『毛沢東軍事年譜　一九二六―一九五八』（南寧：広西人民出版社、一九九四年）
中国人民解放軍総政治部連絡部編『敵軍工作史料（一九五五年―一九六五年）』第七冊（昆明：雲南国防印刷廠、一九八九年）

CIA, *CIA Research Reports: China, 1946-1976* (Microform) (University Publications of America)
National Intelligence Council, *Tracking the Dragon: National Intelligence Estimate on China during the Era of Mao, 1948-1976* (Washington, D.C.: U. S. Government Printing Office, 2004)
U.S. Department of State, *The Department of State Bulletin* (Washington, D.C.: U.S. Government Printing Office)
U.S. Department of State, *Foreign Relations of the United States: Diplomatic Papers* (Washington, D.C.: U.S. Government Printing Office)
—1952-1954, Vol. XIV (1985)
—1955-1957, Vol. II (1986)
—1955-1957, Vol. III (1986)
—1958-1960, Vol. XIX (1996)
—1961-1963, Vol. XXII (1996)
—1961-1963, Vol. XXIV (1994)
—1964-1968, Vol. XXX (1998)
U.S. Department of State, *Confidential U.S. State Department Central Files* (Microform) (University Publications of America)
—China, 1955-1959, Foreign Affairs/Internal Affairs (Pt1 and Pt 2)
—China, 1960-January 1963, Foreign Affairs/Internal Affairs

— China, February 1963-1966, Foreign Affairs/Internal Affairs
Central Intelligence Agency, Freedom of Information Act Reading Room (http://www.foia.cia.gov/)
The Woodrow Wilson International Center for Scholars, Cold War International History Project (CWIHP): Virtual Archives (http://www.wilsoncenter.org/)
The National Security Archive (http://www.gwu.edu/~nsarchiv/NSAEBB/NSAEBB66/)
Federation of American Scientists: Presidential Directives and Executive Orders (http://fas.org/irp/offdocs/direct.htm)

de Gaulle, Charles, *Lettres, Notes et Carnets,* (Paris: Plon),
— Tome IX 1961-1963 (1986)
— Tome X janvier 1964-juin 1966 (1986)
Ministère des Affaires étrangèrs, *Documents Diplomatiques Français,* (Paris: Imprimerie Nationale),
— 1963, Tome 1 et 2 (2001)
— 1964, Tome 1 et 2 (2002)

日本国際問題研究所中国部会編『新中国資料集成』全五巻（日本国際問題研究所、一九七一年）
日本国際問題研究所現代中国研究部会編『中国大躍進政策の展開　資料と解説』上下巻（日本国際問題研究所、一九七三年）
毛沢東著（太田勝洪編訳）『毛沢東外交路線を語る』（現代評論社、一九七五年）

新聞・雑誌

『人民日報』
『解放軍報（内部）』
『参考消息（内部）』
『内部参考（内部）』
『世界知識』

『中央日報』
『聯合報』
『宣伝週報』
『匪情研究』
Foreign Affairs
New York Times

回想録・伝記・オーラルヒストリー

陳存恭等訪問（王素陳等整理）「滇緬邊区反共遊撃隊後期戦況紀要―訪問前雲南人民反共救国志願軍総指揮柳元麟将軍談話摘記」『軍事史評論』第二期（一九九五年六月）一一一―一二五頁
陳毅伝編写組『陳毅伝』（北京：当代中国出版社、二〇〇六年）
当代中国人物伝記叢書編輯部編纂『彭徳懐伝』（北京：当代中国出版社、一九九三年）
当代中国人物伝記叢書編輯部編纂『粟裕伝』（北京：当代中国出版社、二〇〇〇年）
国防部史政編訳室編『塵封的作戦計画―国光計画口述歴史』（台北：国防部史政編訳室、二〇〇五年）
黄華『親歴与見聞―黄華回憶録』（北京：世界知識出版社、二〇〇八年）
黄瑤・張明哲『羅瑞卿伝』（北京：当代中国出版社、一九九六年）
黄鎮伝編委員会『黄鎮伝』上下巻（北京：中央文献出版社、二〇〇七年）
李清泉「学習周総理的談判芸術和外交風格」『外交学院学報』一九九六年第二期、一―五頁
林強・魯冰主編『葉飛伝』上下巻（北京：中央文献出版社、二〇〇七年）
劉樹発『陳毅年譜』上下巻（北京：人民出版社、一九九五年）
羅瑞卿『羅瑞卿軍事文選』（北京：当代中国出版社、二〇〇六年）
沈錡『我的一生―沈錡回憶録』全二巻（台北：聯経出版、二〇〇〇年）
師哲口述（李海文整理）『中蘇関係見証録』（北京：当代中国出版社、二〇〇五年）
童小鵬『風雨四十年』（北京：中央文献出版社、一九九七年）

王道文「一次難忘的壮行」『党史縦横』一九九六年第一期、四四頁
王炳南『中美会談九年回顧』（北京：世界知識出版社、一九八五年）
呉冷西『憶毛主席』（北京：新華出版社、一九九五年）
呉冷西『十年論戦』上下巻（北京：中央文献出版社、一九九九年）
徐則浩『王稼祥伝』（北京：当代中国出版社、二〇〇六年）
葉飛『葉飛回憶録』（北京：解放軍出版社、二〇〇七年）
張群口述・陳香梅筆記『張岳公閒話往事』（台北：伝記文学出版社、一九八七年）
張錫昌「影響世界格局的『外交核爆炸』―我所親歴的中法建交」『百年潮』二〇〇八年三月、一九―二六頁
鄭文翰『秘書日記里的彭老総』（北京：軍事科学出版社、一九八八年）
中共中央文献研究室編（金冲及主編）『周恩来伝一八九八―一九七六』全四巻（北京：中央文献出版社、一九九八年）
中共中央文献研究室編（逄先知・金冲及主編）『毛沢東伝一九四九―一九七六』上下巻（北京：中央文献出版社、二〇〇三年）
中華人民共和国外交部外交史編集室編『新中国外交風雲』第一―四輯（北京：世界知識出版社、一九九〇―一九九六年）

Association for Diplomatic Studies and Training (ADST), *Foreign Affairs Oral History Collection* (CD-ROM) (Washington, D.C.: Lauinger Library, Georgetown University, 2000)
Green, Marshall, John H. Holdridge, and William N. Stokes, *War and Peace with China: First-hand Experiences in the Foreign Service of the United States* (Betheda: Dacor Press, 1994)
Gromyko, Andrei, *Memoir* (New York: Doubleday, 1989)［アンドレイ・グロムイコ（読売新聞社外報部訳）『グロムイコ回想録―ソ連外交秘史』（読売新聞社、一九八九年）］
Khrushchev, Nikita, *Khrushchev Remembers* (New York: Little, Brown & Company, 1970)［ニキータ・フルシチョフ（タイムライフブックス編集部訳）『フルシチョフ回想録』（タイムライフインターナショナル、一九七二年）、ニキータ・フルシチョフ（佐藤亮一訳）『フルシチョフ―最後の遺言』（河出書房新社、一九七五年）］
Rankin, Karl Lott, *China Assignment* (Seattle: University of Washington Press, 1964)
Rusk, Dean, *As I Saw It* (New York: W. W. Norton, 1990)

Tucker, Nancy Bernkopf, *China Confidential: American Diplomats and Sino-American Relations, 1945-1996* (New York: Columbia University Press, 2001)
Faure, Edgar, "Reconnaissance de la China," *Espoir*, n° 138 (mars 2004), pp. 17-23 (reproduction de n° 1, 1972)
Manac'h, Etienne, "La politique asiatique et chinoise du général de Gaulle," *Espoir*, n° 61 (décembre 1987), pp. 34-46
劉暁（毛里和子訳）「劉暁大使のモスクワ日記―一九五五年―六二年」『国際政治』九五号（一九九〇年）一七七―二〇四頁

Ⅱ．辞典・事典・年表・人物録等

天児慧ほか編『現代中国事典』（岩波書店、一九九九年）
茅原郁生編『中国軍事用語事典』（蒼蒼社、二〇〇六年）
川田侃・大畠英樹編『国際政治経済辞典』（東京書籍、一九九三年）
山田辰雄編『近代中国人名辞典』（霞山会、一九九五年）

Ⅲ．研究書・論文

蔡世山編『両岸関係秘聞録』（香港：香港文匯出版社、一九九六年）
陳鴻瑜「一九五三年緬甸在聯合国控告中華民国軍隊入侵案」『海華與東南亜研究』第四巻第三期（二〇〇四年七月）一―三四頁
陳兼「関於中国和国際冷戦史研究的若干問題」『華東師範大学学報』第三三巻第六期（二〇〇一年一一月）一六―二五頁
陳敦徳『新中国外交談判』（北京：中国青年出版社、二〇〇四年）
陳敦徳『探路在一九六四―周恩来飛往非洲』（北京：解放軍文芸出版社、二〇〇五年）
陳敦徳『破冰在一九六四―中法建交紀実』（北京：解放軍文芸出版社、二〇〇七年）
陳永発『中国共産革命七十年』上下巻（台北：聯経出版、一九九八年）

陳永発主編『両岸分途　冷戦初期的政経発展』（台北：中央研究院近代史研究所、二〇〇六年）
陳三井「中法断交前的一段外交秘辛―法国専使団的艱困訪華行」『近代中法関係史論』（台北：三民書局、一九九四年）二六三―二七四頁
陳欣之「法国戴高楽政府與中共建立外交関係的回顧」『問題與研究』第三六巻第七期（一九九七年七月）五九―七二頁
戴超武『敵対与危機的年代―一九五四―一九五八年的中美関係』（社会科学文献出版社、北京、二〇〇三年）
戴萬欽「蘇聯在一九五八年台湾海峡軍事衝突中之角色」『淡江史学』第一四期（二〇〇三年一二月）七一―九一頁
当代中国叢書編輯委員会編『当代中国軍隊的軍事工作』上下巻（北京：中国社会科学院出版社、一九八九年）
鄧礼峰『新中国軍事活動紀実』（北京：中央党史資料出版社、一九八九年）
段承恩「從口述歴史中滇緬邊区遊擊隊與鴉片、馬幫之関係」『中国歴史学会史学集刊』第三六期（二〇〇四年七月）二八五―三一四頁
福建省地方志編纂委員会『福建省志・軍事史』（北京：新華出版社、一九九五年）
高朗『中華民国外交関係之演変』（台北：五南図書出版、一九九三年）
高素蘭「中共対台政策的歴史演変（一九四九―二〇〇〇）」『国史館学術集刊』第四期（台北：国史館、二〇〇四年）一九〇―二二七頁
国立政治大学国際関係研究中心顧問委員会編『中共於国際双辺関係中対台湾地位等問題的主張之研究』（台北：国立政治大学国際関係研究中心、一九九六年）
国立政治大学歴史学系『冷戦與台海危機』（台北：国立政治大学歴史学系、二〇一〇年）
観鴻全『從拖延到拒絶―一九六二至一九六三年美国対国府反攻政策之演変』（嘉義：国立中正大学歴史研究所碩士論文、二〇〇一年）
宮力『毛沢東与美国』（北京：世界知識出版、一九九八年）
宮力等主編『從解凍走向建交』（北京：中央文献出版社、二〇〇四年）
韓鋼「近三十年来党史史料的整理、編纂和利用」『中共党史研究』二〇一〇年第七期、一三―二五頁
韓念龍主編『当代中国外交』（北京：中国社会科学出版社、一九八七年）
何迪「『台湾危機』和中国対金門・馬祖政策的形成」『中国現代史』一〇号（一九八八年三月）三八―四一頁
賀之軍「五〇年代中期『和平解放台湾戦略』形勢初探」『台湾研究集刊』一九九六年第三期、三八―四三頁
胡哲峰「周恩来与一九五八年金門炮戦」『軍事歴史研究』一九八八年第二期、二五―三四頁
胡縄主編『中国共産党的七十年』（北京：中共党史出版会、一九九九年）
黄修栄『国共関係七十年紀実』（重慶：重慶出版社、一九九四年）

黄修栄『国共関係史』上下巻（広州：広東教育出版社、二〇〇二年）
姜長斌・羅伯徳・羅斯編『従対峙走向緩和』（北京：世界知識出版社、二〇〇〇年）
姜平主編『謝雪紅与台湾民主自治同盟』（広州：広東人民出版社、二〇〇二年）
姜平主編『李済深与中国国民党革命委員会』（広州：広東人民出版社、二〇〇四年）
軍事科学院軍事歴史部『中国人民解放軍的七十年』（北京：軍事科学出版社、一九九七年）
軍事科学院軍事歴史研究所編『中国人民解放軍八十年大事記』（北京：軍事科学出版社、二〇〇七年）
軍事科学院軍事歴史研究所編『中国人民解放軍的八十年』（北京：軍事科学出版社、二〇〇七年）
李丹慧編『中国与印度支那戦争』（香港：香港天地図書有限公司、二〇〇〇年）
李福鐘「『解放台湾』與台海危機―一九四九年以来的中国対台政策」『現代学術研究』専刊八（台北：財団法人現代学術研究基金会、一九九七年）二二一―二五一頁
李捷「改革開放以来中共党史人物研究的回顧与展望」『中共党史研究』二〇一〇年第七期、二〇―二二頁
李俊融『中共和美国会談與台海危機関聯性之研究（一九五五―一九六三）』（台北：国立政治大学東亜研究所碩士論文、二〇〇〇年）
李暁海「従両次炮撃金門看毛沢東対台湾政策敵変化」『軍事歴史』二〇〇一年第三期、四五―四七頁
聯合報社編訳『蘇聯特務在台湾―魏景蒙日記中的王平档案』（台北：聯経出版、一九九五年）
廉生保主編『中華人民共和国外交大事記』（北京：世界知識出版社、二〇〇三年）
林蘊暉『中華人民共和国史第四巻（一九五八―一九六一）烏托邦運動』（香港：香港中文大学、二〇〇八年）
林暁光「朝鮮戦争与建国初期我国東南沿海防衛戦略的転換」『中国現代史』二〇〇四年第二期、一〇三―一一一頁
林正義『一九五八年台海危機期間美国対華政策』（台北：台湾商務印書館、一九八五年）
柳金財「論五〇年代以来中華民国政府関於『一個中国論述』内涵的持続與変遷」『近代中国』第一四二期、一一一―一四二頁
劉開政・朱當奎『中国曾参加一場最秘密戦争』（北京：紅旗出版社、一九九四年）
劉守仁「対中共争取和平解放台湾方針的歴史考察」『軍事歴史』一九九五年第一期、二四―二八頁、三九頁
劉暁鵬「回顧一九六〇年代中華民国農技外交」『問題與研究』第四四巻第二期（二〇〇五年三／四月）一三一―一四五頁
劉暁鵬「従非洲維持美台聯盟―重新検視『先鋒案』」『台湾史研究』第一四巻第二期（二〇〇七年六月）一六一―一八一頁
劉志攻『中華民国在聯合国大会的参與』（台北：台湾商務印書館、一九八五年）

劉志青「一九六二年的第三次台海危機」『党史博覧』二〇〇四年第四期、九—一二頁
羅致政・宋允文『解構「一個中国」：国際脈絡下的政策解析』（台北：台湾智庫、二〇〇七年）
牛大勇・沈志華編『冷戦与中国的周辺関係』（北京：世界知識出版社、二〇〇四年）
牛大勇「『栓緊繮縄』与『大陸反攻』—肯尼迪与蒋介石的戦争之争」『北京大学学報〈哲学社会科学版〉』第四期第三七巻（二〇〇〇年）一七二—一八三頁
牛軍「毛沢東国際戦略思想深源」『国際政治研究』一九九五年第一期、四—一〇頁
牛軍「一九六二：中国対外政策『左』転的前夜」『歴史研究』二〇〇三年第三期、二三—四〇頁
牛軍「三次台湾海峡軍事闘争決策研究」『中国現代史』二〇〇五年第一期、一〇九—一二〇頁
牛軍「一九五八年炮撃金門決策的再探討」『国際政治研究』二〇〇九年第三期、一六一—一八四頁
牛軍「三十年来当代中国外交研究」『中共党史研究』二〇一〇年第七期、一八—二〇頁
牛軍「中国対外政策分析中的歴史座標」『外交評論』二〇一〇年第四期、二七—三一頁
潘敬国・張穎「中法建交中的美台因素」『当代中国史研究』第九巻第三期（二〇〇二年五月）九一—九七頁
裴堅章主編『中華人民共和国外交史（第一巻）一九四九—一九五六』（北京：世界知識出版社、一九九四年）
裴黙農『周恩来与新中国外交』（北京：中共中央党校出版社、二〇〇二年）
銭江『周恩来与日内瓦会議』（北京：中共党史出版社、二〇〇五年）
銭庠理『中華人民共和国史第五巻（一九六二—一九六五）歴史的変局』（香港：香港中文大学、二〇〇八年）
人民解放軍雲南省軍区編『雲南省志・軍事史』（昆明：雲南人民出版社、一九九七年）
邵銘煌「快刀與黒猫—蒋中正反攻大陸的想望」呂芳上編『蒋中正日記與民國史研究』（台北：世界大同出版有限公司、二〇一一年）五八七—六一一頁
沈志華「一九五八年砲撃金門前中国是否告知蘇連？—兼談冷戦史研究中史料的解読与利用」『中共党史研究』二〇〇四年第三期、三五—四〇頁
沈志華・李丹慧『戦後中蘇関係若干問題研究』（北京：人民出版社、二〇〇六年）
沈志華編『中蘇関係史綱』（北京：新華出版社、二〇〇七年）
沈志華『中華人民共和国史　第三巻（一九五六—一九五七）　思考與選択』（香港：香港中文大学、二〇〇八年）

沈志華「炮撃金門―蘇聯的応対与中蘇分岐」『歴史教学問題』二〇一〇年第一期、四―一一頁
蘇格『美国対華政策与台湾問題』（北京：世界知識出版社、一九九八年）
蘇宏達「『一個中国原則』與『両岸国際共存』並行的可能性評估―以一九六三年到一九六四年中華民国対法国的外交政策為例研究」『美欧季刊』第一四巻第一期（二〇〇〇年春季）八三―一一一頁
覃怡輝「李彌部隊退入緬甸期間（一九五〇―一九五四）所引起的幾項国際事件」『人文及社会科学集刊』第一四巻第四期（二〇〇二年）、五六一―六〇四頁
覃怡輝「李彌将軍在滇緬邊区的軍事活動」『中華軍史学会会刊』第七期（二〇〇二年）七五―一一六頁
覃怡輝『金三角国軍血涙史（一九五〇―一九八一）』（台北：中央研究院・聯経出版、二〇〇九年）
唐小松「『法国承認中国』対美国対華政策的影響（一九六四―一九六六）」『国際論壇』第五巻第一期（二〇〇三年一月）三三―三八頁
陶文釗『中美関係史』（上海：上海人民出版社、一九九九年）
田克勤・孫成武「従『和平解放台湾』到『一国両制』」『社会科学戦線』一九九五年第三期、一三四―一四一頁
王棟「一九六二年台海危機与中美関係」『中共党史研究』二〇一〇年第七期、六〇―六九頁
王功安・毛磊主編『毛沢東与国共関係』（武漢：武漢出版社、二〇〇三年）
王国璋「中共如何取代我国在連合国之席位」『問題與研究』第三二巻、第五期（一九九三年五月）、一一―二三頁
王泰平主編『中華人民共和国外交史（第二巻）一九五七―一九六九』（北京：世界知識出版社、一九九八年）
王文隆『外交下郷、農業出洋：中華民国農技援助非洲的実施和影響』（台北：国立政治大学歴史学系、二〇〇四年）
王文隆「中法断交與我国対非洲農技援助策略的改変」『近代中国』一五七（二〇〇四年六月）一二五―一四七頁
王文隆「台海両岸政府在達荷美的外交競逐（一九六四―一九六六）」『国史館館刊』第二一期（二〇〇九年）、一五五―一九〇頁
王文隆「中華民国與加拿大断交前後政府的処置（一九六八―一九七〇）」『国立政治大学歴史学報』（二〇〇九年）二六三―三〇四頁
王正華「蒋介石與一九六一年連合国中国代表権問題」『国史館館刊』第二一期（二〇〇九年）
王正華「従『蒋中正日記』看一九六一年中華民国的対美交渉」呂芳上編『蒋中正日記與民國史研究』（台北：世界大同出版有限公司、二〇一一年）六九五―七二一頁
汪士淳『漂移歳月―将軍大使胡炘的戦争紀事』（台北：連合文学、二〇〇六年）
翁台生『ＣＩＡ在台活動秘辛―西方公司的故事』（台北：聯経出版、一九九一年）

翁台生『黒猫中隊―U2高空偵察機的故事』(台北：聯経出版、一九九〇年)
呉圳義『戴高楽與現代法国』(台北：台湾商務印書館、一九八九年)
習仲勛主政広東編委会『習仲勛主政広東』(北京：中共党史出版社、二〇〇七年)
廈門市地方史編纂委員会編『廈門市志』(北京：方志出版社、二〇〇四年)
徐焰『毛沢東与抗美援朝戦争』(北京：解放軍出版社、二〇〇四年)
徐焰『台海大戦』上・下巻(台北：風雲時代出版社、一九九五年)
徐焰「五十年代中共中央在東南沿海闘争中的戦略方針」『中共党史研究』一九九二年第二期、五二―六〇頁
許文堂「建交與断交―一九六四年台北、巴黎、北京的角力」『戦後档案與歴史研究(中華民国史専題論文集)』(二〇〇八年)一五九―二〇〇頁
楊奎松『走向破裂　毛沢東與莫斯科的恩恩怨怨』(香港：三聯書局、一九九九年)
楊奎松「毛沢東的『冷戦』観」『二十一世紀』第六六巻(二〇〇一年)六一―七〇頁
楊奎松「毛沢東与両次台海危機―二〇世紀五〇年代中後期中国対美政策変動原因及趨向」『史月月刊』二〇〇三年第一一期、五二―五九頁および第一二期、四八―五五頁
楊奎松主編『冷戦時期的中国対外関係』(北京：北京大学出版社、二〇〇六年)
楊奎松「新中国的革命外交思想与実践」『史学月刊』二〇一〇年第二期、六二―七四頁
楊瑞春『国特風雲―中国国民党大陸工作秘档(一九五〇―一九九〇)』(台北：稲田出版、二〇一〇年)
姚百慧「約翰遜政府与中国在聯合国的代表権問題―以一九六六年研究委員会提案為中心的討論」『首都師範大学学報(社会科学版)』二〇〇六年第六期、二四―二九頁
姚百慧「美国与中法建交」華東師大「第一届国際冷戦史暑期培訓班」論文(未公刊)
姚百慧「論美国与中法建交的関係」『世界歴史』二〇一〇年第三期、六三―七七頁
姚百慧「中法建交談判中関於台湾問題的『三項默契』―『周恩来談話要点』形成考釈」『当代中国史研究』二〇一二年第二期、七一―八一頁
尹家民『両岸惊涛中的毛沢東和蔣介石』(北京：中共中央党校出版社、二〇〇一年)
郁曼飛・林暁光「五〇年来中国共産党対台湾政策的発展変化」『中共党史資料』第六九輯(一九九九年)一三七―一五九頁

曾鋭生（陳淑銖記録）「一九五〇年代蔣中正先生反攻大陸政策」『国史館館刊』復刊第一九期（一九九六年）一九―三二頁
章百家「中共対外政策和新中国外交史研究的起歩与発展」『当代中国史研究』第九巻第五期（二〇〇二年九月）
章百家「中国内政与外交―歴史思考」『国際政治研究』二〇〇六年第一期、二一―四頁
章百家「中国外交成長歴程中的観念変遷―従革命的、民族的視角到発展的、全球的視野」『外交評論』二〇〇九年第三期、一―四頁
張歴歴『外交決策』（北京：世界知識出版社、二〇〇七年）
張民軍「美国的遏制政策与第二次亜非会議的失敗」『歴史教学問題』二〇〇七年第二期、五七―六〇頁
張淑雅「美国対台政策的転変的考察　一九五〇年一二月―一九五一年五月」『中央研究院近代史研究所集刊』第一九期（一九九〇年六月）四六九―四八六頁
張淑雅「韓戰期間美国対台軍援政策初探」『中華民国八十年学術討論会　第二巻　国際関係史』（台北：近代中国出版社、一九九一年一二月）
張淑雅「安理会停火案―美国應付第一次台海危機策略之一」『中央研究院近代史研究所集刊』第二二期（下）（一九九三年六月）六三―一〇六頁
張淑雅「中美共同防禦条約的簽訂―一九五〇年代中美結盟過程之探討」『欧美研究』二三：三号（一九九三年九月）五一―九九頁
張淑雅「台海危機前美国対外島政策　一九五三―一九五四」『中央研究院近代史研究所集刊』第二三期（下）（一九九四年六月）二九五―三三〇頁
張淑雅「金馬撤軍？―美国應付第一次台海危機策略之二」『中央研究院近代史研究所集刊』第二四期（上）（一九九五年六月）四一三―四七二頁
張淑雅「杜勒斯與対日講和中的台湾問題　一九五〇―一九五二」『中華民国国史專題論文集　第三届討論会』（国史館、一九九六年）一〇七三―一〇九四頁
張淑雅「文攻武嚇下的退縮―美国決定與中共挙行大使級談判的過程分析　一九五四―一九五五」『中央研究院近代史研究所集刊』第二五期（一九九六年六月）三八一―四二四頁
張淑雅「藍欽大使與一九五〇年代的美国対台政策」『欧美研究』二八：一号（一九九八年三月）一九三―二六二頁
張淑雅「臺海危機與美国対『反攻大陸』政策的転変」『中央研究院近代史研究所集刊』第三六期（二〇〇一年一二月）二三一―二三三、二三五―二九七頁

張淑雅「一九五〇年代美国対台決策模式分析」『中央研究院近代史研究所集刊』第四〇期（二〇〇三年六月）一―五四頁
張淑雅「拡大衝突、操控美国、放棄反攻？―従『蔣介石日記』看八二三砲戦」呂芳上編『蔣中正日記與民國史研究』（台北：世界大同出版有限公司、二〇一一年）六三三―六五八頁
張淑雅「主義為前鋒、武力為後盾―八二三砲戦與『反攻大陸』宣伝的転変」『中央研究院近代史研究所集刊』第七〇期（二〇一一年一二月）一―四九頁
張威「論蘇聯在第二次台湾海峡危機中的決策」『歴史教学問題』二〇〇八年第二期、六五―六八頁
張錫昌『戦後法国外交史』（北京：世界知識出版社、一九九三年）
張亜斌・劉健美・王耕南「五〇、六〇年代中共和平解放台湾的可貴探索」『延辺大学学報　社会科学版』一九九九年第二期、一二一―一二七頁
鐘兆雲「二〇世紀六〇年代初福建前線緊急戦備始末」『福建党史月刊』二〇〇七年第二期、二五―二七頁
鐘延麟「中共聯合国中国代表権問題中『双重代表』案的立場與影響」『共党問題研究』第二八巻第三期（二〇〇二年三月）七八―八八頁
周軍「新中国初期人民解放軍未能遂行台湾戦役計画原因初探」『中共党史研究』一九九一年第一期、六七―七四頁
卓遵宏「従八二三砲戦的爆発論両岸的戦争與政治策略」『中華軍史学会会刊』第六期（二〇〇一年八月）五四七―五七七頁

Accinelli, Robert, *Crisis and Commitment: United States Policy toward Taiwan, 1950-1955* (Chapel Hill: University of North Carolina Press, 1996)
Anderson, Benedict, *Imagined Communities: Reflections on the Origin and Spread of Nationalism* (New York: Verso, 1983)［ベネディクト・アンダーソン（白石さや・白石隆訳）『増補　想像の共同体』］（ＮＴＴ出版、一九九七年）］
Armstrong, J. D., *Revolutionary Diplomacy: Chinese Foreign Policy and the United Front Doctrine* (Berkeley: University of California Press, 1977)
Chang, Gordon H., "To the Nuclear Brink: Eisenhower, Dulles, and the Quemoy-Matsu Crisis," *International Security*, Vol. 12, No. 4, (Spring, 1988), pp. 96-123
Chang, Gordon H., *Friends and Enemies: The United States, China, and the Soviet Union, 1948-1972* (California: Stanford University Press, 1990)

Chang, Gordon H. and He Di, "The Absence of War in the U.S.-China Confrontation over Quemoy and Matsu in 1954-1955: Contingency, Luck, Deterrence?," *The American Historical Review*, Vol. 98, No. 5 (Dec., 1993), pp. 1500-1524

Chang, Jung, & Jon Halliday, *Mao: The Unknown Story* (New York: Random House, 2005) [ユン・チアン（土屋京子訳）『マオ—誰も知らなかった毛沢東』上下巻（講談社、二〇〇五年）]

Chang, Su-ya, *Pragmatism and Opportunism: Truman Policy toward Taiwan, 1949-1952* (Ph.D. dissertation, The Pennsylvania State University, 1988)

Chang, Su-ya, "The United States and the Long-Term Disposition of Taiwan in the Making of Peace with Japan, 1950-1952," *Asian Profile*, 16 (October 1988), pp. 459-470

Chang, Su-ya, "Reluctant Alliance: John Foster Dulles and the Making of the United States-Republic of China Mutual Defense Treaty of 1954," *Chinese Yearbook of International Law and Affairs*, Vol. 12 (1992-94), pp. 126-171

Chang, Su-ya, "Unleashing Chiang Kai-shek? Eisenhower and the Policy of Indecision toward Taiwan"『中央研究院近代史研究所集刊』第二〇期（一九九一年六月）, pp. 369-401

Chang, Su-ya, "The Limited War Controversy: U.S. Policy toward Chinese Communist Intervention in the Korea War, Summer 1950-Spring 1951,"『中央研究院近代史研究所集刊』第二一期（一九九二年六月）

Chen, Jian, *China's Road to the Korean War* (New York: Columbia University Press, 1994)

Chen, Jian, *Mao's China and the Cold War* (Chapel Hill: University of North Carolina Press, 2001)

Christensen, Thomas J., *Useful Adversaries: Grand Strategy, Domestic Mobilization, and Sino-American Conflict, 1947-1958* (Princeton: Princeton University Press, 1996)

Divine, Robert A., *Eisenhower and the Cold War* (Oxford: Oxford University Press, 1981)

Elman, Colin & Miriam Fendius Elman eds., *Bridges and Boundaries: Historians, Political Scientists, and the Study of International Relations* (Cambridge: MIT Press, 2001) [コリン・エルマン、ミリアム・フェンディアス・エルマン編（渡辺昭夫監訳）『国際関係研究へのアプローチ—歴史学と政治学の対話』（東京大学出版会、二〇〇三年）]

Fairbank, John K., ed., *The Chinese World Order: Traditional China's Foreign Relations* (Cambridge: Harvard University Press, 1968)

Fairbank, John K., "China's Foreign Policy in Historical Perspective," *Foreign Affairs*, No. 47, Issue 3 (Apr. 1969), pp. 449-463

Foot, Rosemary, "The Search for Modus Vivendi: Anglo-American Relations and China Policy in the Eisenhower Era," in Warren I. Cohen and Akira Iriye, eds., *The Great Powers in East Asia, 1953-1960* (New York: Columbia University Press, 1990), pp. 143-163

Gaddis, John Lewis, *Strategies of Containment: A Critical Appraisal of Postwar American National Security Policy* (New York: Oxford University Press, 1982)

Gaddis, John Lewis, *Long Peace: Inquiries into the History of the Cold War* (New York: Oxford University Press, 1987)〔ジョン・ルイス・ギャディス（五味俊樹ほか訳）『ロング・ピース―冷戦史の証言「核・緊張・平和」』（芦書房、二〇〇二年）〕

Gaddis, John Lewis, *We Now Know: Rethinking Cold War History* (New York: Oxford University Press, 1997)〔ジョン・ルイス・ギャディス（赤木完爾・齊藤祐介訳）『歴史としての冷戦―力と平和の追求』（慶應義塾大学出版会、二〇〇四年）〕

Gaddis, John Lewis, *The Cold War: A New History* (New York: Penguin Press, 2005)〔ジョン・L・ガディス（河合秀和・鈴木健人訳）『冷戦―その歴史と問題点』（彩流社、二〇〇七年）〕

Garver, John W., *The Sino-American Alliance: Nationalist China and American Cold War Strategy in Asia* (New York: M. E. Sharpe, 1997)

Garver, John W., *China's Decision for Rapprochement with the United States, 1968-1971* (Boulder: Westview Press, 1982)

George, Alexander L., and Richard Smoke, *Deterrence in American Foreign Policy: Theory and Practice* (New York: Columbia University Press, 1974)

Goh, Evelyn, *Constructing the U.S. Rapprochement with China, 1961-1974* (New York: Cambridge University Press, 2005)

Gordon, Leonard H. D., "United States Opposition to Use of Force in the Taiwan Strait, 1954-1962," *Journal of American History*, Vol. 72, No. 3 (Dec. 1972)

Grasso, June, "The Politics of Food Aid: John F. Kennedy and Famine in China," *Diplomacy and Statecraft*, Vol. 14, No. 4 (Dec. 2003), pp. 153-178

Halle, Louis J., *The Cold War as History* (New York: Harper & Row, 1967)〔ルイス・J・ハレー（太田博訳）『歴史としての冷戦―超大国時代の史的構造』（サイマル出版会、一九七〇年）〕

Halperin, M. H., and Tang Tsou, "United States Policy toward the Offshore Islands," *Public Policy*, Vol. 15 (Cambridge: Harvard

University Press, 1966), pp. 119-138

Harding, Harry, *A Fragile Relationship: The United States and China since 1972* (Washington, D. C.: Brookings Institution, 1992)

Harding, Harry, and Yuan Ming, eds., *Sino-American Relations, 1945-1955: A Joint Reassessment of a Critical Decade* (Wilmington: Scholarly Resources, 1989)

Hershberg, James G., and Chen Jian, "Reading and Warning the Likely Enemy: China's Signals to the United States about Vietnam in 1965," *The International History Review*, XXVII, 1 (Mar. 2005), pp. 47-84

Hinton, Harold C., *China's Turbulent Quest: An Analysis of China's Foreign Relations since 1949* (Bloomington: Indiana University Press, 1972)

Jia, Qing-guo, *Unmaterialized Rapprochement: Sino-American Relations in the Mid-1950s* (Ph.D. dissertation, Cornell University, 1988)

Johnston, Alastair Iain and Robert S. Ross, *New Direction in the Study of China's Foreign Policy* (Stanford: Stanford University Press, 2006)

Johnston, Alastair Iain, *Social States: China in International Institutions, 1980-2000* (Princeton: Princeton University Press, 2007)

Kalicki, J. H., *The Pattern of Sino-American Crisis: Political-Military Interactions in the 1950's* (New York: Cambridge University Press, 1975)

Kaufman, Victor S., "A Response to Chaos: The United States, the Great Leap Forward, and the Cultural Revolution, 1961-1968," *The Journal of American-East Asian Relations*, Vol. 7, Nos. 1-2 (1998), pp. 73-92

Kaufman, Victor S., "'Chirep': The Anglo-American Dispute over Chinese Representation in the United Nations, 1950-71," *English Historical Review*, 115/ 461 (2000), pp. 354-377

Kaufman, Victor S., "Trouble in the Golden Triangle: The United States, Taiwan and the 93rd Nationalist Division," *The China Quarterly*, 166 (2001), pp. 440-456

Kim, Samuel S. ed., *China, The United Nations, and World Order* (Princeton: Princeton University Press, 1979)

Kim, Samuel S. ed., *China and The World: Chinese Foreign Policy In The Post-Mao Era* (Boulder: Westview Press, 1984)

Kim, Samuel S., ed., *China and The World: Chinese Foreign Policy Faces The New Millennium* (Boulder: Westview Press, 1998)

Kochavi, Noam, "Limited Accommodation, Perpetuated Conflict: Kennedy, China, and the Laos Crisis, 1961-1963," *Diplomatic History*, Vol. 26, No. 1 (Winter 2002), pp. 95-135

Kochavi, Noam, *A Conflict Perpetuated: China Policy during the Kennedy Years* (Westport: Praeger, 2002)

Lampton, David ed., *The Making of Chinese Foreign and Security Policy: In the Era of Reform* (Stanford: Stanford University Press, 2001)

Li, Xiaobing, "Chinese Intentions and the 1954-55 Offshore Islands Crisis," *Chinese Historians* 2 (January 1990) pp. 45-58

Liu, Hsiao-pong, "Planting Rice on the Roof of the UN Building: Analysing Taiwan's 'Chinese' Techniques in Africa, 1961-present," *The China Quartely*, 198 (Jun. 2009), pp. 381-400

Lüthi, Lorenz M., *The Sino-Soviet Split: Cold War in the Communist World* (Princeton: Princeton University Press, 2008)

MacFarquhar, Roderick, *The Origins of the Cultural Revolution 1: Contradiction among the People, 1956-1957* (New York: Columbia University Press, 1974)

MacFarquhar, Roderick, *The Origins of the Cultural Revolution 2: The Great Leap Forward, 1958-1960* (New York: Columbia University Press, 1983)

MacFarquhar, Roderick, *The Origins of the Cultural Revolution 3: The Coming of the Cataclysm, 1961-1966* (New York: Columbia University Press, 1999)

MacFarquhar, Roderick, Timothy Cheek, and Eugene Wu, eds., *The Secret Speeches of Chairman Mao: From the Hundred Flowers to the Great Leap Forward* (Cambridge: Harvard University Press, 1989)［ロデリック・マックファーカー、ティモシー・チーク、ユージン・ウー編（徳田教之ほか訳）『毛沢東の秘められた講話』上下巻（岩波書店、一九九三年）］

Mao, Lin, "China and the Escalation of the Vietnam War: The First Years of the Johnson Administration," *Journal of Cold War Studies*, Vol. 11, No. 2 (Spring, 2009), pp. 35-69

Marks, Frederick W., *Power and Peace: The Diplomacy of John Foster Dulles* (Westport: Praeger, 1995)

Martin, Garett, "Playing the China Card?: Revisiting France's Recognition of Communist China, 1963-1964," *Journal of Cold War Studies* (Win. 2008), Vol. 10, No. 1, pp. 52-80

Mayers, David Allan, *Cracking the Monolith: U.S. Policy Against the Sino-Soviet Alliance, 1949-1955* (Baton Rouge and London:

Louisiana State University Press, 1986)

Nakatsuji, Keiji, "The Short Life of the Official 'Two China' Policy: Improvisation and Postponement in 1950," *UCLA Historical Journal,* 6 (1985) pp. 33-49

Ning, Lu, *The Dynamics of Foreign Policy Decisionmaking in China* (Boulder, Westview Press, 1997)

Niu Jun, "Chinese Decision Making in Three Taiwan Strait Crisis," in Michael D. Swaine, et al., eds., *Managing Sino-American Crises: Case Studies and Analysis* (Washington, D. C.: Carnegie Endowment for International Peace, 2006)

Oksenberg, Michael, "Mao's Policy Commitments, 1921-1976," *Problems of Communism,* Vol. 25, No. 6 (Nov.-Dec., 1976), pp. 1-26

Pye, Lucian W., "Mao Tse-tung's Leadership Style," *Political Science Quarterly,* Vol. 91, No. 2 (Summer, 1976)

Quigley, Kevin, "A Lost Opportunity: A Reappraizal of the Kennedy Administration's China Policy in 1963," *Diplomacy & Statecraft,* Vol. 13, No. 3 (Sep. 2002), pp. 175-198

Robinson, Thomas W. and David Shambaugh eds., *Chinese Foreign Policy: Theory and Practice* (Oxford: Clarendon Press, 1994)

Ross, Robert S., *Negotiating Cooperation: The United States and China, 1969-1989* (Stanford: Stanford University Press, 1995)

Ross, Robert S. and Jiang Changbin eds., *Re-examining the Cold War: U.S.-China Diplomacy, 1954-1973* (Cambridge: Harvard University Press, 2001)

Ross, Robert S. and William C. Kirby eds., *Normalization of U.S.-China Relations: An International History* (Cambridge: Harvard University Press, 2006)

Schoenbaum, Thomas J., *Waging Peace and War: Dean Rusk in the Truman, Kennedy, and Johnson Years* (New York: Simon & Schuster, 1988)

Schwartz, Benjamin I., *Communism and China: Ideology in Flux* (Cambridge: Harvard University Press, 1968) ［ベンジャミン・I・シュウォルツ（石川忠雄・小田英郎訳）『中国共産党史』（慶應通信、一九六四年）］

Shambaugh, David, *The Beautiful Imperialist: China Perceives America, 1972-1990* (Princeton: Princeton University Press, 1993)

Share, Michael, "From Ideological Foe to Uncertain Friend: Soviet Relations with Taiwan, 1943-82," *Cold War History,* Vol. 3, No. 2 (January 2003), pp. 1-34.

Share, Michael, "The Soviet Union, Hong Kong, and the Cold War, 1945-1970" *CWIHP Working Paper,* No. 41 (Washington, D. C.:

Woodrow Wilson International Center for Scholars, 2003)

Shen, James C. H., *The U.S. and Free China: How the U.S. Sold Out Its Ally* (Washington, D.C.: Acropolic Books, 1983)

Snow, Edgar, *The Other Side of the River: Red China Today* (New York: Random House, 1961)

Solinger, Dorothy J., *Regional Government and Political Integration in Southwest China 1949-54* (Berkley: University of California Press, 1977)

Solinger, Dorothy J. ed., *Three Visions of Chinese Socialism* (Boulder: Westview Press, 1984)

Soman, Appu Kuttan, *Double-Edged Sword: Nuclear Diplomacy in Unequal Conflicts: The United States and China, 1950-1958* (Westport: Praeger, 2000)

Stolper, Thomas E., "China, Taiwan, and the Offshore Islands," *International Journal of Politics,* 15 (Spring-Summer 1985), pp. 1-162

Stolper, Thomas E., *China, Taiwan, and the Offshore Islands: Together with a Implication for Outer Mongolia and Sino-Soviet Relations* (New York: M. E. Shape, 1985)

Su, Ge, *A Horrible Dilemma: The Making of the U.S.-Taiwan Mutual Defense Treaty, 1948-1955* (Ph.D. Dissertation, Brigham Young University, 1987)

Sun, Yi, "Militant Diplomacy: The Taiwan Strait Crisis and Sino-American Relations, 1954-1958," in Kathryn C. Statler and Andrew L. Johns, eds., *The Eisenhower Administration: the Third World, and the Globalization of the Cold War* (Lanham: Rowman & Littlefield, 2006), pp. 125-150.

Sutter, Robert G., *U.S. Policy toward China: An Introduction to the Role of Interest Groups* (Lanham: Rowman & Littlefield Publishers, 1998)

Sutter, Robert G., *The United States and East Asia: Dynamics and Implications* (Lanham: Rowman & Littlefield, 2003)

Szonyi, Michael, *Cold War Island: Quemoy on the Front Line* (London: Cambridge University Press, 2008)

Tang, Tsou, "Mao's Limited War in the Taiwan Strait," *Orbis* 3 (Oct. 1959), pp. 332-350

Tang, Tsou, "The Quemoy Imbroglio: Chiang Kai-shek and the United States," *Western Political Quarterly,* 12 (December, 1959), pp. 1075-1091

Taylor, Jay, *The Generalissimo: Chiang Kai-shek and the Struggle for Modern China* (Cambridge: Harvard University Press, 2009)

［陶涵（林添貴訳）『蔣介石與現代中国的奮闘』（台北：時報出版、二〇一〇年）］

Thomas, John R., “The Limits of Alliance: The Quemoy Crisis of 1958,” in Raymond L. Garthoff ed., *Sino-Soviet Military Relations* (New York: Frederick A. Praeger, 1966), pp. 114-49

Tsang, Steve ed., *In the Shadow of China; Political Developments in Taiwan since 1949* (Honolulu: University of Hawaii Press, 1993)

Tucker, Nancy Bernkopf, *Patterns in the Dust: Chinese-American Relations and the Recognition Controversy, 1949-1950* (New York: Columbia University Press, 1983)

Tucker, Nancy Bernkopf, “John Foster Dulles and the Taiwan Roots of the ‘Two China’ Policy,” in Richard H. Immerman, ed., *John Foster Dulles and Diplomacy of the Cold War* (Princeton: Princeton University Press, 1990), pp. 235-262.

Tucker, Nancy Bernkopf, *Taiwan, Hong Kong, and the United States, 1945-1992: Uncertain Friendships* (New York; Twayne Publishers, 1994)

Van Ness, Peter, *Revolution and Chinese Foreign Policy: Peking's Support for Wars of National Liberation* (Berkeley: University of California Press, 1970)

Vogel, Ezra F., *Canton under Communism* (Cambridge: Harvard University Press, 1980)

Waltz, Kenneth N., *Man, the State, and War* (New York: Columbia University Press, 1893)

Wang, Dong, “The Quarrelling Brothers: New Chinese Archives and a Reappraisal of the Sino-Soviet Split, 1959-1962,” *CWIHP Working Paper*, No. 49 (Washington, D. C.: Woodrow Wilson International Center for Scholars, 2006)

Wehrle, Edmund F., “‘A Good Bad Deal’: John F. Kennedy, W. Averll Harriman, and the Neutralization of Laos, 1961-1962,” *Pacific Historical Review*, Vol. 67, No. 3, (1998), pp. 349-377

Westad, Odd Arne, ed., *Brothers in Arms: The Rise and Fall of the Sino-Soviet Alliance, 1945-1963* (Stanford: Stanford University Press, 1998)

Whiting, Allen S., *China Crosses the Yalu: The Decision to Enter the Korean War* (Stanford: Stanford University Press, 1961)

Whiting, Allen S., “Quemoy 1958: Mao's Miscalculations,” *The China Quartely*, No. 62 (Jun. 1975), pp. 263-70

Whiting, Allen S., “Sino-American Detente,” *The China Quarterly*, No. 82 (Jun. 1980)

Whiting, Allen S., “China's Use of Force, 1950-96, and Taiwan,” *International Security*, Vol. 26, No. 2 (Fall 2001)

Wolff, David, "One Finger's Worth of Historical Events': New Russian and Chinese Evidence on the Sino-Soviet Alliance and Split, 1948-1959," *CWIHP Working Paper*, No. 30 (Washington, D. C.: Woodrow Wilson International Center for Scholars, 2000)

Xia, Yafeng, *Negotiating with the Enemy, U.S.-China Talks during the Cold War, 1949-1972* (Bloomington: Indiana University Press, 2006)

Yong, Kenneth R., *Nationalist Chinese Troops in Burma: Obstacle in Burma's Foreign Relations, 1949-1961* (Ph.D. dissertation, New York University, 1970)

Zhang, Shu Guang, *Deterrence and Strategic Culture: Chinese-American Confrontation, 1949-1958* (Ithaca: Cornell University Press, 1992)

Zhang, Xiaoming, "China's Involvement in Laos during the Vietnam War, 1963-1975," *The Journal of Military History*, Vol. 66, No. 4 (Oct. 2002), pp. 1141-1166

Zhai, Qiang, *The Dragon, the Lion, and the Eagle: Chinese-British-American Relations, 1949-1958* (Kent: The Kent State University Press, 1994)

Zhai, Qiang, *China and the Vietnam Wars, 1950-1975* (Chapel Hill: The University of North Carolina Press, 2000)

Zhao, Quansheng, *Interpreting Chinese Foreign Policy: the Micro-Macro Linkage Approach* (Hong Kong and New York: Oxford University Press, 1996)

Zubok, Vladislav M., *A Failed Empire: The Soviet Union in the Cold War from Stalin to Gorbachev* (Chapel Hill: The University of North Carolina Press, 2007)

Li, Li, "De Gaulle et Mao Zedong, " *Espoir*, n° 79 (mars 1992), pp. 45-54

Morel-Francoz, Robert, "Les préliminaires de la 'reconnaissance' de la Chine populaire par la France en 1964, " *Revue d'histoire diplomatique*, 96 (1982), pp. 125-137

Ngo, Thi Minh-Hoang, "De Gaulle et l'unité de la Chine," *Revue d'histoire diplomatique*, n° 4 (1998), pp. 391-412

Su, Hungdah, "La Chine nationaliste et les Etats-Unis vis-à-vis de la nouvelle politique chinoise de la France (1963-1964)," *Revue d'histoire diplomatique*, n° 4 (2004), pp. 369-405

Vaïsse, Maurice, *La Grandeur : Politique étrangère du général de Gaulle, 1958-1969* (Paris: Fayard, 1996)
青山瑠妙「建国前夜の米中関係―中共側の視点から」『国際政治』第一一八号（一九九八年五月）二七―四五頁
青山瑠妙「中国の台湾政策―一九五〇年代前半まで」『日本台湾学会報』第四号（二〇〇二年七月）二〇―三九頁
青山瑠妙「一九五〇年代後半の中国の対外政策」『法学政治学論究』第四三号（一九九九年一二月）四三―七九頁
青山瑠妙『現代中国の外交』（慶應義塾大学出版会、二〇〇七年）
浅野亮「未完の台湾戦役―戦略転換の過程と背景」『中国研究月報』第五二七号（一九九二年）一―一四頁
浅野亮「中国共産党の『剿匪』と『反革命の鎮圧』活動（一九四九―一九五一）」『アジア研究』第三九巻第四号（一九九三年）一―二八頁
家近亮子『蔣介石の外交戦略と日中戦争』（岩波書店、二〇一二年）
池田直隆『日米関係と「二つの中国」―池田・佐藤・田中内閣期』（木鐸社、二〇〇四年）
石井明『中ソ関係史の研究　一九四五―一九五〇』（東京大学出版会、一九九〇年）
石井明ほか編『記録と考証　日中国交正常化・日中平和友好条約締結交渉』（岩波書店、二〇〇三年）
石川誠人「第二次台湾海峡危機へのアメリカの対応―大陸反攻放棄声明に至るまで」『法学研究』第二九号（立教大学、二〇〇二年）八五―一一七頁
石川誠人「信頼性の危機と維持―一九六一年国連中国代表権問題をめぐる米華関係」『中国研究月報』第六一巻第一二号（通号七一八号、二〇〇七年一二月）二一―三三頁
石川誠人「国府の『大陸反攻』とケネディ政権の対応」『国際政治』第一四八号（二〇〇七年三月）一一八―一三二頁
石川誠人「アメリカの許容下での『大陸反攻』の追求―雲南省反攻拠点化計画の構想と挫折」『日本台湾学会報』第一〇号（二〇〇八年五月）
泉谷陽子『中国建国初期の政治と経済―大衆運動と社会主義体制』（御茶の水書房、二〇〇七年）
泉川泰博「第二次台湾海峡危機の再検証―二超大国の狭間の中国外交」『国際政治』第一三四号（二〇〇三年）二六―四一頁
井尻秀憲著『アメリカ人の中国観』（文藝春秋、二〇〇〇年）
井上正也「日中LT貿易の成立と池田政権一九六〇―一九六二」『六甲台論集　法学政治学篇』第五三巻一号（二〇〇六年）一―二九

頁
井上正也「国連中国代表権問題と池田外交―国府『分断固定化』構想をめぐって　一九五七―一九六四年」『神戸法学雑誌』第五七巻一号（二〇〇七年）一七一―二五八頁
井上正也『日中国交正常化の政治史』（名古屋大学出版会、二〇一〇年）
入江昭『米中関係史―敵対と友好のイメージ』（サイマル出版会、一九七一年）
入江昭『米中関係のイメージ（増補版）』（平凡社、二〇〇二年）
宇佐美滋『米中国交樹立交渉の研究』（国際書院、一九九六年）
袁克勤「米華相互防衛条約の締結と『二つの中国』問題」『国際政治』第一一八号（一九九八年五月）六〇―一〇二頁
袁克勤『アメリカと日華講和―米・日・台関係の構図』（柏書房、二〇〇一年）
緒方貞子（添谷芳秀訳）『戦後日中・米中関係』（東京大学出版会、一九九二年）
岡部達味『現代中国の対外政策』（東京大学出版会、一九七一年）
岡部達味『中国をめぐる国際環境』（岩波書店、二〇〇一年）
岡部達味『中国の対外戦略』（東京大学出版会、二〇〇二年）
小此木政夫・赤木完爾共編『冷戦期の国際政治』（慶應通信、一九八七年）
川島弘三『中国党軍関係の研究』上中下巻（慶應通信、一九八八―八九年）
川嶋周一『独仏関係と戦後ヨーロッパ国際秩序―ド・ゴール外交とヨーロッパの構築一九五八―一九六九』（創文社、二〇〇七年）
川島真「中国外交における象徴としての国際的地位―ハーグ平和会議、国際連盟、そして国際連合へ」『国際政治』第一四五号（二〇〇六年）一七―三五頁
川島真「中国における行政文書史料の状況」学術創成プロジェクト「グローバリゼーション時代におけるガバナンスの変容に関する比較研究」ＨＰ（二〇〇七年、http://www.global-g.jp/eastasia/、二〇一〇年一月六日アクセス）
川島真・服部龍二編『東アジア国際政治史』（名古屋大学出版会、二〇〇七年）
川島真編『中国の外交―自己認識と課題』（山川出版社、二〇〇七年）
川島真・毛里和子『グローバル中国への道程―外交一五〇年』（岩波書店、二〇〇九年）
川島真・清水麗・松田康博・楊永明『日台関係史―一九四五―二〇〇八』（東京大学出版会、二〇〇九年）

菅英輝編著『冷戦史の再検討―変容する秩序と冷戦の終焉』（法政大学出版局、二〇一〇年）
神田豊隆「佐藤内閣と『二つの中国』―対中・対台湾政策におけるバランスの模索」『国際関係研究』第二一号（二〇〇四年）二五―五〇頁
神田豊隆「池田政権の対中積極政策―『自由陣営の一員』と『国連』」『国際政治』第一五二号（二〇〇八年）八三―九七頁
神田豊隆『冷戦構造の変容と日本の対中外交―二つの秩序観一九六〇―一九七二』（岩波書店、二〇一二年）
貴志俊彦・土屋由香編『文化冷戦の時代―アメリカとアジア』（国際書院、二〇〇九年）
喜田昭次郎『毛沢東の外交―中国と第三世界』（法律文化社、一九九二年）
牛軍（真水康樹訳）『冷戦期中国外交の政策決定』（千倉書房、二〇〇七年）
許奕雷「ケネディ政権と台湾の大陸反攻」『国際関係研究（日本大学国際関係学部国際関係研究所）』第二三（三）号（二〇〇二年）四三―五九頁
許奕雷「ケネディ政権期の米中大使級会談」『大学院論集（日本大学大学院国際関係研究科）』第一〇号（二〇〇〇年）六九―八七頁
許奕雷「ケネディ政権と第一六回国連総会中国代表権問題」『大学院論集（日本大学大学院国際関係研究科）』第九号（一九九九年）五一―六八頁
金鐘編（松田州二訳）『人間・周恩来―紅朝宰相の真実』（原書房、二〇〇七年）
久保亨ほか『現代中国の歴史―両岸三地一〇〇年のあゆみ』（東京大学出版会、二〇〇八年）
高文謙著（上村幸治訳）『周恩来秘録―党機密文書は語る』上下巻（文藝春秋、二〇〇七年）
呉瑞雲「戦後中華民国の反共連合政策―台日韓反共協力の実像」『中央研究院東北アジア地域研究人材育成論文シリーズ1』（台北：中央研究院、二〇〇一年）
小島朋之『中国政治と大衆路線―大衆運動と毛沢東、中央および地方の政治動態』（慶應通信、一九八五年）
小島朋之『現代中国の政治―その理論と実践』（慶應義塾大学出版会、一九九九年）
小島朋之『中国現代史―建国50年、検証と展望』（中央公論新社、一九九九年）
金野純『中国社会と大衆動員』（御茶の水書房、二〇〇八年）
戴天昭『台湾戦後国際政治史』（行人社、二〇〇一年）
戴天昭『台湾法的地位の史的研究』（行人社、二〇〇五年）

佐藤英夫『対外政策』（東京大学出版会、一九八九年）
塩川伸明『民族とネイション―ナショナリズムという難問』（岩波書店、二〇〇八年）
清水麗「一九七〇年代の台湾の外交政策に関する一考察―外交と内政と中台関係の相互作用」『東アジア地域研究』第六号（東アジア地域研究学会、一九九九年七月）四一―五三頁
清水麗「蔣経国時代初期の対日政策―日台断交を一事例として」『筑波大学地域研究』第一七号（筑波大学地域研究研究科、一九九九年）二三七―二四八頁
清水麗「第二次吉田書簡（一九六四年）」をめぐる日中台関係の展開」『筑波大学地域研究』第一九号（筑波大学地域研究研究科、二〇〇一年）一七五―一八七頁
清水麗「台湾における蔣介石外交―一九六一年の国連問題をめぐる原則と妥協」『常磐国際紀要』第六号（常磐大学国際学部、二〇〇二年三月）七三―九四頁
清水麗「オリンピック参加をめぐる台湾―中台関係における名称問題の一考察」『国士舘大学二一世紀アジア学会紀要』第一号（二〇〇三年）
清水麗「米中接近と国際的孤立の中の台湾―国連脱退をめぐる政治過程」杉田米行編『アジア太平洋地域における平和構築―その歴史と現状分析』（大学教育出版、二〇〇七年）
下斗米伸夫『アジア冷戦史』（中央公論新社、二〇〇四年）
朱建栄『毛沢東の朝鮮戦争―中国が鴨緑江を渡るまで』（岩波書店、一九九一年）
朱建栄『毛沢東のベトナム戦争―中国外交の大転換と文化大革命の起源』（東京大学出版会、二〇〇一年）
添谷芳秀『日本外交と中国一九四五―一九七二』（慶應通信、一九九五年）
添谷芳秀編著『現代中国外交の六十年―変化と持続』（慶應義塾大学出版会、二〇一一年）
高木誠一郎「米中関係における台湾問題（上）（下）―「大同」と「小異」のダイナミックス」『中国経済』一九九六年三月号、一一二―一二〇頁および一〇月号、一六―三一頁
高木誠一郎「米国と中国・台湾問題―『一つの中国』原則を中心として―」『国際問題』第四八八号（二〇〇〇年一一月）三〇―四三頁
高木誠一郎『米中関係―冷戦後の構造と展開』（日本国際問題研究所、二〇〇七年）

高松基之「第一次台湾海峡危機とアイゼンハワー・ダレスの対立―心理的、力学的、史的考察」『アジアクォータリー』第一〇（二）号（一九七八年六月）七二―一〇三頁
高松基之「ダレス外交の原動力―国務長官と大統領・国務省との関係を中心にして」『帝塚山大学論集』第二八号（帝塚山大学教養学会、一九八〇年四月）六四―八六頁
高松基之「第一次・第二次台湾海峡危機に対するアイゼンハワー政権の対応の比較分析」『帝塚山大学紀要』第二三号（帝塚山大学、一九八六年）一―一六頁
高松基之 "A Comparative Analysis of the Eisenhower Administration's Response to Two Taiwan Strait Crises in 1954-58"『アメリカ研究』第二一号（アメリカ学会、一九八七年）一二九―一四六頁
高松基之「チャイナ・ディファレンシャル緩和問題をめぐってのアイゼンハワー政権の対応」『国際政治』第一〇五号（日本国際政治学会、一九九四年一月）六〇―七九頁
高松基之「ケネディ大統領の政策決定スタイルの特徴とリーダーシップについての一考察―ベトナム戦争への対応を事例として」『同志社アメリカ研究』三八号（同志社大学アメリカ研究所、二〇〇二年）五三―七三頁
田中明彦『日中関係一九四五―一九九〇』（東京大学出版会、一九九一年）
張剣波「一九五八年台湾海峡危機と中ソ関係」『早稲田政治公法研究』七四号（二〇〇三年一二月）二五―五五頁
張紹鐸『国連中国代表権問題をめぐる国際関係（一九六一―一九七一年）』（国際書院、二〇〇七年）
趙全勝（真水康樹・黒田俊郎訳）『中国外交政策の研究―毛沢東、鄧小平から胡錦濤へ』（法政大学出版局、二〇〇七年）
陳肇斌『戦後日本の中国政策―一九五〇年代東アジア国際政治の文脈』（東京大学出版会、二〇〇〇年）
寺池功次「ラオス危機と米英のSEATO軍事介入計画」『国際政治』第一三〇号（二〇〇二年五月）三三―四七頁
鳥潟優子「ドゴールの外交戦略とベトナム和平仲介」『国際政治』第一五六号（二〇〇九年三月）九〇―一〇六頁
中川昌郎「中国における台湾人組織―その現在的意義について」石川忠雄教授還暦記念論文集編集委員会編『現代中国と世界―その政治的展開』（石川忠雄教授還暦記念論文集編集委員会、一九八二年）五五五―五八四頁
中川昌郎「中国における台湾問題―二・二八事件記念集会をめぐって」衛藤瀋吉編『現代中国政治の構造』（日本国際問題研究所、一九八二年）二七六頁―三一四頁
中逵啓示「アイゼンハワー政権と朝鮮停戦―「大量報復」戦略を軸に」『社会文化研究』第一四号（広島大学総合科学部、一九八八

年）二九―五三頁
中逵啓示 “The Short Life of the U.S. Official ‘Two China’ Policy — Improvisation, Policy, and Postponement, 1950”『社会文化研究』第一五号（広島大学総合科学部、一九八九年）二四一―二六五頁
中逵啓示「朝鮮停戦交渉開始への道―第三次世界大戦回避のための努力」『国際政治』第一〇五号（日本国際政治学会、一九九四年一月）一―一三頁
野村浩一『蔣介石と毛沢東―世界戦争のなかの革命』（岩波書店、一九九七年）
服部隆行『朝鮮戦争と中国―建国初期中国の軍事戦略と安全保障問題の研究』（溪水社、二〇〇七年）
林大輔「イギリスの中華人民共和国政府承認問題―一九四八―一九五〇」『法学政治学論究』第七六号（二〇〇八年）三八八―四一六頁
平川幸子「『二つの中国』ジレンマ解決への外交枠組み―『日本方式』の一般化過程の分析」『国際政治』第一四六号（二〇〇六年）一四〇―一五五頁
平松茂雄『現代中国の軍事指導者』（勁草書房、二〇〇二年）
平松茂雄『台湾問題―中国と米国の軍事的確執』（勁草書房、二〇〇五年）
福田円「中国の台湾政策（一九五八年）―金門・馬祖を『解放せず』という決定と『一つの中国』政策」『法学政治学論究』第六八号（二〇〇六年三月）一六七―一九四頁
福田円「毛沢東時代における対台湾政策の形成―立体的な視角とマルチ・アーカイブのおもしろさ」東京大学東洋文化研究所、『明日の東洋学』ｎｏ．23（二〇一〇年三月）
福田円「毛沢東の対『大陸反攻』軍事動員（一九六二年）―台湾海峡における『現状』と蔣介石の『歴史的任務』」『日本台湾学会報』第一二号（二〇一〇年五月）一四九―一七一頁
福田円「中仏国交正常化（一九六四年）と『二つの中国』原則の形成―仏華断交と『唯一の合法政府』をめぐる交渉」『国際政治』第一六三号（二〇一一年一月）一三九―一五三頁
福田円「台湾問題をめぐる中ソ関係（一九五四―一九六二）」添谷芳秀編『現代中国外交の六十年―変化と持続』（慶應義塾大学出版会、二〇一一年）一六五―一八八頁
藤作健一「ドゴールによる中国承認の起源」（大東文化大学修士論文、二〇〇二年）

細谷雄一『外交による平和―アンソニー・イーデンと二十世紀の国際政治』（有斐閣、二〇〇五年）
前田直樹「第一次台湾海峡危機とアイゼンハワー政権―危機処理をめぐる米台摩擦」『広島法学（広島大学法学会）』第一八（四）号（一九九五年三月）一四九―一八〇頁
前田直樹「米国の中国政策と台湾の経済的・政治的発展―予備的考察としてのアイゼンハワー政権期」『広島法学（広島大学法学会）』第二三（二）号（一九九九年一〇月）一九七―二二〇頁
前田直樹「台湾・輸出主導型経済政策の胎動とアメリカ援助政策の転換」『広島東洋史学報』（広島東洋史学研究会）第五号（二〇〇〇年）一―一八頁
前田直樹「第二次台湾海峡危機をめぐる米台関係―大陸武力反攻と『ショーケース』化」『現代台湾研究』（台湾史研究会）第二三号（二〇〇二年七月）一三七―一五二頁
前田直樹「一九五八年米中ワルシャワ会談と米国による台湾単独行動の抑制」『広島法学』（広島大学法学会）第二七（二）号（二〇〇三年一一月）三三一―三四八頁
前田直樹「一九五〇年代日・米・台関係研究と台湾所蔵資料」『アジア社会文化研究』（アジア社会文化研究会）第五号（二〇〇四年二月）一六七―一八〇頁
前田直樹「『反共』から『自由中国』へ―末期アイゼンハワー政権の台湾政策の変化」『日本台湾学会報』第六号（二〇〇四年五月）九三―一〇六頁
前田直樹「台湾海峡における『一中一台』状況の原型成立と米国の介在」『現代台湾研究』（台湾史研究会）第二八号（二〇〇五年七月）三三―四三頁
益尾知佐子『中国政治外交の転換点―改革開放と「独立自主」の対外政策』（東京大学出版会、二〇一〇年）
松岡完ほか編著『冷戦史―その起源・展開・終焉と日本』（同文舘、二〇〇三年）
松岡完『一九六一ケネディの戦争』（朝日新聞社、一九九九年）
松田康博「中国の台湾政策―『解放』時期を中心に」『新防衛論集』第二三巻第三号（一九九六年一月）三二―四八頁
松田康博「中国の台湾政策―一九七九年―一九八七年」『国際政治』第一一二号（一九九六年五月）一二三―一三八頁
松田康博「台湾の大陸政策（一九五〇―五八年）―『大陸反攻』の態勢と作戦」『日本台湾学会報』第四号（二〇〇二年七月）一―一九頁

松田康博『台湾における一党独裁体制の成立』（慶應義塾大学出版会、二〇〇六年）
松村史紀『「大国中国」の崩壊―マーシャル・ミッションからアジア冷戦へ』（勁草書房、二〇一一年）
松本三郎『中国外交と東南アジア』（慶應義塾大学法学研究会、一九七一年）
松本はる香「台湾海峡危機（一九五四―五五）と米華相互防衛条約の締結」『国際政治』第一一八号（一九九八年五月）八五―一〇一頁
松本はる香「台湾海峡危機（一九五四―五五）における国連安保理停戦案と米国議会の台湾決議」『紀要』第一一四号（愛知大学国際問題研究所、二〇〇〇年一二月）一七三―一九四頁
水本義彦『同盟の相剋―戦後インドシナ紛争をめぐる英米関係』（千倉書房、二〇〇九年）
三船恵美「中ソ対立期における中国の核開発をめぐる米国の戦略―一九六一年―一九六四年における四パターンの米中関係からの分析視角」『中国研究月報』第六〇巻第八号（二〇〇六年八月）一五―二六頁
宮城大蔵『バンドン会議と日本のアジア復帰―アメリカとアジアの狭間で』（草思社、二〇〇一年）
宮城大蔵『戦後アジア秩序の模索と日本―「海のアジア」の戦後史一九五七―一九六六』（創文社、二〇〇四年）
宮城大蔵『海洋国家日本の戦後史』（筑摩書房、二〇〇八年）
三宅康之「中国の『国交樹立外交』―一九四九―一九五七年」『紀要　地域研究・国際学編』（愛知県立大学）』第三九号（二〇〇七年）一六九―一九七頁
三宅康之「中国の『国交樹立外交』―一九五八―一九六四年」『紀要　地域研究・国際学編』（愛知県立大学）』第四〇号（二〇〇八年）一〇三―一三〇頁
毛沢東秘録取材班『毛沢東秘録』上下巻（産経新聞社、一九九九年）
毛里和子『中国とソ連』（岩波書店、一九八九年）
毛里和子編『毛沢東時代の中国』（日本国際問題研究所、一九九〇年）
毛里和子・毛里興三郎訳『ニクソン訪中機密会談録』（名古屋大学出版会、二〇〇一年）
毛里和子『新版　現代中国政治』（名古屋大学出版会、二〇〇四年）
毛里和子・増田弘監訳『周恩来・キッシンジャー秘密会談録』（岩波書店、二〇〇四年）
森聡『ヴェトナム戦争と同盟外交―英仏の外交とアメリカの選択―一九六四―一九六八年』（東京大学出版会、二〇〇九年）

山影統「一九六〇年代前半の中国の対外政策―対仏国政策を中心に」『KEIO SFC JOURNAL』Vol. 8, No. 2（二〇〇八年）、一二一―一三三頁
山極晃・毛里和子編『現代中国とソ連』（日本国際問題研究所、一九八七年）
山極晃『米中関係の歴史的展開―一九四一年～一九七九年』（研文出版、一九九七年）
山口信治「中国外交にとってのジュネーブ会議と第一次台湾海峡危機」『国際情勢』第八〇号（二〇一〇年）五七―六六頁
山田辰雄・小島朋之・小此木政夫編『現代東アジアの政治』（放送大学出版会、二〇〇四年）
山本勲『中台関係史』（藤原書店、一九九九年）
湯浅成大「アイゼンハワー期の対中国対策―米中『非』接近の構図」『国際政治』第一〇五号（一九九四年一月）
湯浅成大「冷戦初期アメリカの中国政策における台湾」『国際政治』第一一八号（一九九八年五月）四六―五九頁
林克・徐濤・呉旭君（村田忠禧訳・解説）『「毛沢東の私生活」の真相』（蒼蒼社、一九九七年）
廉舒「中国の対米戦略と対英政策―一九五〇年代前半を中心に」『法学政治学論究』第七二号（二〇〇七年）一―三五頁
若林正丈『台湾―分裂国家と民主化』（東京大学出版会、一九九二年）
若林正丈『台湾の政治―中華民国台湾化の戦後史』（東京大学出版会、二〇〇八年）

初出一覧

著者は本書に関わる研究として、これまで以下の論文を発表した。これらの論文の内容は本書の一部に反映されているが、本書執筆の過程で大幅な加筆修正を行ったものもある。これらの論文と本書の内容に相違が見られる場合は、本書の内容が著者にとって最新の研究成果であるとご判断いただければ幸いである。

「中国の台湾政策（一九五八年）―金門・馬祖を『解放せず』という決定と『一つの中国』政策」『法学政治学論究』第六八号（二〇〇六年三月）一六七―一九四頁

「毛沢東の対『大陸反攻』軍事動員（一九六二年）―台湾海峡における『現状』と蔣介石の『歴史的任務』」『日本台湾学会報』第一二号（二〇一〇年五月）一四九―一七一頁

「中仏国交正常化（一九六四年）と『一つの中国』原則の形成―仏華断交と『唯一の合法政府』をめぐる交渉」『国際政治』第一六三号（二〇一一年一月）一三九―一五三頁

「台湾問題をめぐる中ソ関係（一九五四―一九六二）―「一つの中国」原則の形成におけるソ連要因」添谷芳秀編著『現代中国外交の六十年―変化と持続』（慶應義塾大学出版会、二〇一一年）一六五―一八八頁

あとがき

本書は、毛沢東や周恩来をはじめとする中国の指導者たちが、武力による「台湾解放」から外交による「二つの中国」の回避へと政策の重点を移行させるなかで、「一つの中国」が中国外交の原則として構築されはじめた過程を明らかにしている。この過程において、指導者たちは国家安全保障、国家建設、国際的な地位の向上といった要因を考慮せざるを得ず、時にはそれらを台湾問題に優先させることを積極的に選択することもあった。つまり、「一つの中国」とは中国外交における固定的な原則ではなく、「台湾解放」という究極的な目標と国際環境に即応するプラグマティックな行動を調和させる、中国外交の選択であると結論づけることが可能であろう。

このような議論を世に問う理由は、第一に、これまでの中台関係史の研究には、客観的な史料に基づく実証研究があまりにも少ないことにある。特に中国共産党の対台湾工作については、現在の運用のみならず、これまでの歴史もその多くが謎に包まれている。そうした領域と国際社会との接点である「台湾問題をめぐる中国外交」に着目することで、冷戦期の中台関係や対台湾工作の実態に少しでも迫りたいと考えた。第二に、「一つの中国」原則の起源という視点を設定したのは、台湾問題をめぐる外交交渉の実証を積み重ねることで、中国外交において様々な「原則」が形成される過程の一端を論じられないかと考えたからである。つまり、本書の結論は、その他の問題領域をめぐる中国外交における原則の分析にも演繹が可能ではないかと期待している。

このような動機のほかに、本書のねらいは台湾問題をめぐる今日的な議論に示唆を与えることにもある。今日、中国が主張する「一つの中国」原則は、日本をはじめとする東アジア諸国と中国・台湾の関係のみならず、東アジアの地域協力にも少なからぬ影響を与えている。この「一つの中国」原則が、実は中国や台湾をとりまく政治的状況や交渉相手の出方によって変容し得るという発想は、日本と中国・台湾の関係、あるいは東アジア地域全体として台湾問題にどのように関与していくのかを柔軟かつ戦略的に構想するうえで有用なのではないかと考えている。とりわけ、台湾において馬英九政権が発足した二〇〇八年以降、「一つの中国」や台湾海峡における停戦をめぐる議論は、ふたたび東アジア国際政治において争点化しつつある。本書はそのような議論を理解する際に、歴史的な視座から貢献を果たすことができるのではないかと期待している。

筆を擱くにあたって、私がこのような研究を行い、本書を刊行するに至った経緯を、これまでお世話になった方々のことも交えながら、思い起こしてみたい。

私が中国と台湾の関係に興味を持ったのは、おそらく高校生の時であった。中学生の時に初めての海外旅行で上海郊外を訪れた私は、広大で活気にあふれる中国と、そこで出会ったおおらかな人々に魅了された。しかし、一九九五年から九六年にかけてのいわゆる第三次台湾海峡危機に関する報道に接し、中国がなぜ台湾に向けてミサイルを放つのか、そもそも台湾とは中国にとって一体どのような地域なのかと、次々と疑問が湧いてきた。

国際基督教大学の国際関係学科に進学した後も、中国と台湾、両者を取り巻く東アジア国際政治についてより深く理解したいという思いは変わらず、二人の恩師との出会いをきっかけに、政治外交史の手法でこの研究を続けることを決めた。「西欧外交史」などのご講義をなさっていた植田隆子先生は、外交史料に依拠しつつ、一つの歴史過程を異なる主体の視点から説明し、その相互関係を考察することの面白さを教えてくださった。また、栗山尚一先生はご自身の体験談も交えながら外交交渉の面白さを教えてくださったのみならず、小島朋之先生をご紹介くださった恩人でもある。

「トルーマン政権の台湾海峡中立化」に関する卒業論文を執筆した大学四年時から、その後長きにわたる大学院生活は、慶應義塾大学の小島朋之ゼミでお世話になった。小島先生はあらゆる意味でスケールが大きく、ゼミの先輩や同輩と切磋琢磨できる環境は刺激的であった。小島先生のもとで、分析の軸とする史料を英語史料から中国語史料へと切り替え、第二次台湾海峡危機における共産党内の政策決定に関する修士論文をまとめた。この論文は本書の第三章の下敷きとなっているが、当時は中国の公刊史料をなぞっているにすぎないという感触しか残らず、不完全燃焼であった。第三章を既存の第二次台湾海峡危機に関する研究とは異なるものへと書き替えることは、結局、本書執筆の過程においても最後の最後まで取り組んだ課題となった。

この間、小島先生は私が中台関係の専門家から直々にご指導をいただける環境も整えてくださった。そのなかでも、今日に至るまで最も長く、あらゆる面でご指導を仰いできたのは、松田康博先生である。先生に対する感謝の気持ちを言葉で言い表すことはとてもできない。先生が築かれたご業績に少しでも近づくべく精進を重ねることでしかご恩に報いることはできないと、肝に命じている。また、岡田充氏は私の研究活動に的確なアドバイスをくださるにとどまらず、時には私を取材に同席させ、中台関係の「現場」を知る機会もくださっている。

博士課程に進学した後、私はようやく留学する機会を得た。当時は陳水扁政権の末期で、中台関係は緊張していたが、留学先の政治大学東亜研究所では中国の学術・研究機関との交流が盛んに行われていることが衝撃的だった。台湾の恩師である邱坤玄先生は、そのようなセカンド・トラックの中台交流における中心人物の一人であり、先生のご指導や東亜研究所での経験をきっかけに、自分の研究内容と現在の中台関係との結節点について真剣に考えるようになった。「『一つの中国』原則の形成」という発想は、おそらくこの時期に育まれたものである。

台湾では、授業がない日のほとんどを档案館で過ごし、王文隆氏をはじめ歴史学系の仲間もでき、台湾における冷戦期米華関係研究の第一人者である張淑雅先生にご指導いただく機会にも恵まれた。また、日本から台湾を訪れる研究者からも多くを学んだ。川島真先生は档案館にとどまらず、現地を訪れて史料を発掘することの面白さと重要性を教えてくださった。先生がいらっしゃらなければ、金門、馬祖、廈門、福州などに何度も足を運ぶことはなかったであろう。また、岩谷將氏の史料収集に同行させていただいたことは、私の史料収集と管理に対する考え方を根本的に変える経験であった。

台湾からの帰国後は努めて中国での史料調査を行ったが、それが中華人民共和国外交部档案の公開が一挙に進んだ時期であったことは、後から考えれば幸運であった。序章にも書いたように、外交部档案の公開にも制約は多いが、それでも初めて得る情報、台湾、アメリカ、イギリスの史料と親和性のある情報が多く含まれており、それまでに各国で収集した史料が、外交部の档案を媒介にしてようやく繋がると感じた。また、中国においても、档案館で姚百慧氏をはじめ新たな仲間に出会い、沈志華先生、牛軍先生ら中国を代表する冷戦史研究者からご指導いただく機会があったことは、私にとって大きな励みとなった。さらに、黄慶華先生は、フランスでの史料収集にまでご一緒させてくださった。

他方で、帰国後の最大の悲しみは、小島朋之先生が若くして亡くなられたことである。先生のご指導を受けながら、ご存命中に何の成果も出せなかったことは痛恨の極みであるが、それを研究活動の原動力に変えなければいけないと思ってきた。その後、二〇一一年に慶應義塾大学に博士学位論文を提出し、主査の梅垣理郎先生、副査の高木誠一郎先生、阿川尚之先生、松田康博先生、神保謙先生には、審査前の学内報告の段階から建設的なコメントを沢山いただいた。本書はその博士論文に加筆修正を行ったものであり、小島先生がお元気な時にくださった課題や学位論文を審査してくださった先生方からのご指摘にできるだけこたえようと努力した、一つの中間報告でもある。

指導教授を亡くしても、変わらず研究を続けられたのは、上に挙げた方以外にも、多くの方がご指導とご支援をくださったからである。特に、家近亮子先生は『蔣介石日記』を利用し、蔣介石の視点を研究に取り入れるきっかけをくださった。国分良成先生には、現代中国政治研究における自分の研究の位置づけを考える数々の機会をご提供いただだき、本書の出版に際しても相談に乗っていただいた。また、各種研究会での活動、学会での報告、そして査読付雑誌への論文投稿を通じても、多くの方にお世話になった。紙幅の関係上、お一人ずつのお名前を挙げることはできないが、日本国際政治学会、アジア政経学会、日本台湾学会、現代中国学会および各種研究プロジェクトでお世話になっている諸先生、史料収集、内容に関する議論、論文の推敲などに力を貸してくださる同世代の研究者に感謝の気持ちを伝えたい。

また、私は二〇〇九年から国士舘大学二一世紀アジア学部に奉職している。それまでは、自分が一人前の研究者になれるのかどうか半信半疑であったが、このような機会に恵まれたことで、一生をかけて研究にも教育にも精進する覚悟がついた。ユニークな学部の自由な雰囲気のなかで、のびのびと研究および教育に取り組めることに、日々感謝している。とりわけ、前川和也先生と原田信男先生には、歴史を調査し、書くということについて、日ごろから多くのご助言と励ましをいただいている。

これらの恩師や仲間との出会いに加え、長年にわたり各地での史料調査を行うためには資金的な支えも重要であった。台湾留学に際しては教育部の台湾奨学金をいただき、慶應義塾大学大学院高度化推進研究費、森泰吉郎記念研究振興基金研究者育成費、松下国際財団（現松下幸之助記念財団）研究助成、慶應義塾大学東アジア研究所現代中国研究センター、国士舘大学特色ある教育・研究支援プログラム、日本学術振興会科学研究費（若手研究B、課題番号二四七三〇一四九）から助成を受けたことにより、各国での史料調査とそれを効率よく整理する機材の導入が可能となった。記して感謝を申し上げたい。

そして、本書の刊行に際しては、平成二四年度日本学術振興会科学研究費（研究成果公開促進費、課題番号二四五一五三）をいただいた。編集をご担当くださった慶應義塾大学出版会の乗みどり氏は、作業が遅いうえに往生際が悪く原稿をなかなか提出できない私に、辛抱強くお付き合いくださった。色々なご無理を申し上げたにもかかわらず、立派な本に仕上げてくださった印刷所および装丁家の方とあわせて、敬意と感謝を表したい。

最後になってしまったが、私の精神面を支えてくれている友人や家族たちにも、この場を借りて一言お礼をいいたい。研究の節目で、幼なじみや高校・大学時代からの友人たちと食事をしたり、お酒を飲んだりする時間は、私にとって何よりの充電である。また、時間さえあれば中国や台湾を飛びまわり、まだまだ自分のことで精一杯な私を、家族はいつも温かく見守ってくれる。なかでも、祖母静子は本書の刊行を誰よりも心待ちにし、母恵子はいつも私の健康を気遣ってくれた。そして、博士課程に進学してからの八年間、手賀裕輔氏はいかなるときも私を支え、一緒に歩んでくれた。研究者としても、人間としても信頼できる伴侶に出会え、私は幸せ者だと思っている。

以上のように、本書の刊行は様々な人との出会いや交流、そして協力なくしては成り立たなかったが、本書における誤りや不足はすべて著者である私の責任である。不十分なところは大いにご議論、ご批判いただき、これからの研究に繋げていきたいと考えている。とはいえ、中台関係、中国外交、および東アジア国際政治について理解し、議論しようとする読者に対し、本書が少しでも新しい知見や発想を提供することができれば、これほど嬉しいことはない。

二〇一三年一月

福田　円

ら行

な行

は行

ま行

や行

〈事　項〉

や行

ら行

な行

は行

ま行

た行

索　引

〈人　名〉

福田　円（ふくだ　まどか）

国士舘大学21世紀アジア学部准教授。1980年生まれ。

慶應義塾大学大学院政策・メディア研究科後期博士課程単位取得退学。博士（政策・メディア）。

主要業績：『現代中国外交の六十年』（共著、慶應義塾大学出版会、2011年）、『日中関係史　1972-2012　I　政治』（共著、東京大学出版会、2012年）、「中仏国交正常化（1964年）と『一つの中国』原則の形成」『国際政治』第163号（2011年）など。

中国外交と台湾
──「一つの中国」原則の起源

2013年2月28日　初版第1刷発行
2014年2月28日　初版第2刷発行

著　者────福田　円
発行者────坂上　弘
発行所────慶應義塾大学出版会株式会社
〒108-8346　東京都港区三田2-19-30
TEL〔編集部〕03-3451-0931
〔営業部〕03-3451-3584〈ご注文〉
〔　〃　〕03-3451-6926
FAX〔営業部〕03-3451-3122
振替　00190-8-155497
http://www.keio-up.co.jp/
装　丁────鈴木　衛（写真提供　PANA通信社）
印刷・製本──萩原印刷株式会社
カバー印刷──株式会社太平印刷社

Printed in Japan ISBN 978-4-7664-2010-4